Sistemas operacionais de tempo real
e sua aplicação em sistemas embarcados

Blucher

Gustavo Weber Denardin

Carlos Henrique Barriquello

Sistemas operacionais de tempo real
e sua aplicação em sistemas embarcados

Sistemas operacionais de tempo real e sua aplicação em sistemas embarcados
© 2019 Gustavo Weber Denardin e Carlos Henrique Barriquello
Editora Edgard Blücher Ltda.

2ª reimpressão – 2022

Ilustrações
Gustavo Weber Denardin e Carlos Henrique Barriquello

Imagem da capa
iStockphoto

Blucher

Rua Pedroso Alvarenga, 1245, 4° andar
04531-934 – São Paulo – SP – Brasil
Tel.: 55 11 3078-5366
contato@blucher.com.br
www.blucher.com.br

Segundo o Novo Acordo Ortográfico, conforme 5. ed.
do *Vocabulário Ortográfico da Língua Portuguesa*,
Academia Brasileira de Letras, março de 2009.

É proibida a reprodução total ou parcial por quaisquer
meios sem autorização escrita da editora.

Todos os direitos reservados pela Editora
Edgard Blücher Ltda.

Dados Internacionais de Catalogação na Publicação (CIP)
Angélica Ilacqua CRB-8/7057

Denardin, Gustavo Weber
Sistemas operacionais de tempo real e sua aplicação em sistemas embarcados / Gustavo Weber Denardin, Carlos Henrique Barriquello. – São Paulo : Blucher, 2019.
474 p. : il.

Bibliografia
ISBN 978-85-212-1396-3 (impresso)
ISBN 978-85-212-1397-0 (e-book)

1. Processamento eletrônico de dados em tempo real 2. Sistemas embarcados (Computadores) 3. Sistemas operacionais (Computadores) I. Título II. Barriquello, Carlos Henrique

19-0129

CDD 005.43

Índice para catálogo sistemático:
1. Sistemas operacionais (Computadores)

À minha amada Marília, por ser essa pessoa carinhosa quando eu preciso de um colo, mas também essa mulher forte quando eu preciso de apoio nos momentos mais difíceis; por estar sempre ao meu lado e me apoiar nas minhas decisões; por formar essa família que me faz tão feliz ao lado de nossa filha canina Blusher; e, principalmente, por me fazer aproveitar o melhor da vida.

Gustavo Weber Denardin

Com todo amor e carinho, à minha amada Gisele, que se dedica incansavelmente todos os dias a cuidar de nosso lar, de mim e de nossos filhos felinos Kiko e Nena, e ainda de sua carreira profissional; que sempre tem muita paciência comigo, me apoia, me conforta, me diverte, me anima, me compreende, me perdoa, que me enche de orgulho e me faz ser um homem melhor.

Carlos Henrique Barriquello

Agradecimentos

Inicialmente, gostaríamos de agradecer ao professor Alexandre Campos, que nos inspirou e incentivou durante nossa vida acadêmica, sendo nosso orientador no trabalho de conclusão de curso, mestrado e doutorado. Além disso, foi o grande responsável por despertar nosso interesse sobre os sistemas operacionais de tempo real, apresentando uma implementação bem simples de um sistema multitarefas em um microcontrolador. Naquela época, ele previu o futuro ao nos dizer que muito em breve a maioria das aplicações de microcontroladores para sistemas embarcados seria baseada em sistemas multitarefas. E, hoje, isso já é uma realidade.

Com certeza este agradecimento se estende aos colegas do grupo de pesquisa GEDRE – Inteligência em iluminação. As salas de estudo e laboratórios do GEDRE foram os locais em que o material deste livro deu os primeiros passos, assim como foram os locais em que nosso sistema operacional de tempo real, BRTOS, foi criado e aprimorado. Em especial, agradecemos ao Prof. Ricardo Nederson do Prado, coordenador do grupo, e aos colegas de pós-graduação Rafael Adaime Pinto, Juliano de Pelegrini Lopes, Diogo Vargas, Victor Oberto, André Luís Kirsten, Jacson Hansen, Marcelo Cosetin, Marcelo Freitas da Silva, assim como todos os alunos de graduação que fazem do GEDRE um grupo coeso, produtivo e muito agradável de conviver. Dentre os alunos de graduação daquela época, gostaríamos de agradecer especialmente ao que é hoje colega de profissão, Vinícius Pozzobon Borin, por suas contribuições para o desenvolvimento e primeiros testes do BRTOS.

Agradecemos também ao amigo Sérgio Prado, que foi um grande incentivador do desenvolvimento do BRTOS, assim como da criação desse livro. Ademais, por ter se dedicado a escrever o prefácio deste livro, contextualizando a importância das informações que tentamos passar neste material para a concepção de sistemas embarcados modernos.

Finalmente, agradecemos aos que mais amamos, nossas famílias, que sempre nos apoiaram em todas as etapas de nossas vidas, das quais fazem parte nossos filhos caninos e felinos, que, com suas demonstrações de amor e carinho, nos ajudam a relaxar após árduos dias de trabalho. E, como não poderia deixar de ser, expressamos nossa gratidão às nossas esposas, Marília e Gisele, pelo apoio, amor, carinho e dedicação incontestáveis.

Prefácio

Bem no início da minha carreira, trabalhei em um projeto que envolvia um terminal utilizado em um sistema de automação de estacionamentos. O terminal tinha um *display* gráfico de 13 polegadas, um teclado matricial de mais de 100 teclas, diversas interfaces de comunicação como RS232, RS485, PS/2 e porta paralela (naquela época não era muito comum ter uma interface Ethernet em um dispositivo embarcado, e USB tinha acabado de ser inventado), além de muitas entradas e saídas digitais de controle. A plataforma de *hardware* do terminal era baseada no processador 68000 da antiga Motorola e o código-fonte era todo escrito em linguagem C, com alguns poucos trechos em *assembly*. Eram milhares de linhas de código-fonte, e eu fui o responsável pelo projeto durante alguns anos.

Dar manutenção naquele código-fonte era sempre uma batalha pessoal. Não era fácil gerenciar a interface com o usuário, atender aos diversos protocolos suportados pelo terminal, ler as entradas digitais e tomar decisões (muitas delas com restrições de tempo), tudo ao mesmo tempo. Isso em uma plataforma de *hardware* com algumas dezenas de MHz e algumas centenas de *kilobytes* de memória RAM e EPROM (naquela época também não era comum o uso de memória *flash* NOR/NAND como conhecemos hoje).

Todo o processamento da aplicação acontecia na função *main*, em uma técnica que conhecemos como *super-loop*. Em específico, lembro de um comentário no código inserido pelo desenvolvedor original do terminal. O comentário dizia: "atualiza o *display* a cada 100 ms". Com tantas operações acontecendo ao mesmo tempo, me pergunto até hoje como o desenvolvedor garantia a atualização do *display* a cada 100 ms (o laço principal tinha mais de 800 linhas). Talvez o compilador dele fosse mágico e respeitasse os comentários no código! Por mais que ele utilizasse um *timer* para contar o tempo, garantir que a iteração no *loop* da função *main* acontecesse no tempo esperado, com muitas interrupções ocorrendo ao mesmo tempo, era praticamente impossível naquela aplicação.

Me lembro também do medo que tinha de alterar o código-fonte, principalmente nos primeiros meses, quando assumi o projeto. Por diversas vezes, uma simples alteração no *loop* principal da aplicação impactava todo o fluxo de execução do sistema (atualização do *display*, leitura das teclas, acionamento das saídas digitais, comunicação com a impressora etc). Para evitar esse tipo de problema, na maioria das vezes eu colocava o que considerava importante em uma rotina de tratamento de interrupção. Mas, depois de um tempo, conforme as rotinas de tratamento de interrupção começavam a ficar grandes, acabava impactando o tratamento das rotinas no *loop* principal e de outras interrupções. Enfim, não era nada fácil manter esse código.

Esse projeto ficou marcado na minha memória por ser um dos meus primeiros contatos com sistemas embarcados e com a linguagem C em um produto comercial. E, olhando para trás, eu me pergunto se minha vida não teria sido muito mais fácil se tivesse podido utilizar nesse projeto um sistema operacional de tempo real.

Utilizando um sistema operacional de tempo real, eu poderia ter dividido e implementado todas as funcionalidades do terminal em tarefas simples e independentes. E, com um escalonador preemptivo baseado em prioridades, eu poderia atribuir prioridades às tarefas e, de forma mais fácil e assertiva, gerenciar as restrições de tempo da aplicação. Com o uso de um sistema operacional de tempo real, poderia até refatorar partes do código para trabalhar por eventos (alguns trechos da aplicação eram baseados em *polling*, o que causava o desperdício de preciosos ciclos de CPU). Dividindo a aplicação em tarefas, o código ficaria muito mais modular e de fácil manutenção. E um código mais modular facilita os testes e incentiva seu reúso.

A grande vantagem do uso de um sistema operacional de tempo real é um controle maior sobre as restrições de tempo da aplicação. Mas, pelo fato de incentivar uma melhor arquitetura da aplicação, traz diversas outras vantagens, como um código mais modular, orientado a eventos, reutilizável e de fácil manutenção, características estas que passamos a valorizar com o tempo e a experiência na área.

E ninguém melhor que o Gustavo Weber Denardin e o Carlos Henrique Barriquello para escrever um livro sobre esse assunto. Conheço há algum tempo o Gustavo, desde quando ele entrou em contato comigo para ajudá-lo a divulgar seu sistema operacional de tempo real, o Brazilian Real-Time Operating System, ou BRTOS para os mais íntimos. Se o leitor ainda não conhece o BRTOS, deveria dar uma olhada no projeto. É um sistema operacional de tempo real muito bem escrito, com baixíssimo consumo de RAM e *flash* e suporte para diversas plataformas de *hardware*.

Da teoria à prática, e com exemplos baseados no BRTOS e no FreeRTOS (um dos sistemas operacionais de tempo real mais utilizados no mundo), os autores exploram neste livro diversos temas relacionados ao desenvolvimento de aplicações com um sistema operacional de tempo real, incluindo detalhes sobre o funcionamento do escalonador e dos diversos algoritmos de escalonamento existentes, gerenciamento de tarefas, comunicação e sincronização de tarefas, gerenciamento de tempo e memória, tratamento de interrupções, desenvolvimento de *drivers* e projetos com sistemas operacionais de tempo real.

É um livro bastante didático e de conteúdo abrangente. Pegue seu microcontrolador preferido, baixe o código-fonte do BRTOS ou FreeRTOS, leia o livro e aplique os exercícios propostos, aprenda bastante e divirta-se!

Sérgio Prado
CTO da Embedded Labworks
Consultoria e treinamentos em sistemas embarcados
São Paulo, janeiro de 2018

Conteúdo

Figuras **19**

Tabelas **25**

Listagens **27**

1 Introdução aos sistemas de tempo real **37**
   1.1 Sistemas *foreground/background* 39
   1.2 Sistemas operacionais 42
   1.3 Motivações para sistemas operacionais de tempo real 43
   1.4 Definições relativas a sistemas operacionais 52
       1.4.1 Tarefas, corrotinas, processos e *threads* 52
       1.4.2 Prioridades 60
       1.4.3 Sistemas multitarefas 60
       1.4.4 Recursos 61
       1.4.5 Núcleo (*kernel*) 62
       1.4.6 Reentrância e funções seguras 70
       1.4.7 Variáveis globais voláteis e estáticas 75
   1.5 Resumo 79
   1.6 Problemas 80

2 Sistemas operacionais de tempo real **83**
   2.1 Núcleo não preemptivo 84
   2.2 Núcleo preemptivo 86
   2.3 Bloco de controle de tarefas 88
   2.4 Marca de tempo (*timer tick*) 90
   2.5 Interrupções e exceções em sistemas de tempo real 95
   2.6 Inversão de prioridades 101
   2.7 Seções críticas de código e exclusão mútua 105
   2.8 *Deadlock* (impasse) 107

14 Sistemas operacionais de tempo real e sua aplicação em sistemas embarcados

2.9 Sobrecarga (*overload*) 108

2.10 Vantagens e desvantagens de núcleos de tempo real 109

2.11 Sistemas operacionais de tempo real BRTOS e FreeRTOS 110

2.12 Resumo 113

2.13 Problemas 115

3 Gerenciamento de tarefas 117

3.1 Instalação de tarefas 121

3.2 Inicialização de sistemas operacionais de tempo real 128

3.3 Escalonamento de tarefas 130

    3.3.1 Escalonamento dirigido por tempo 133

        3.3.1.1 FIFO e SJF 133

        3.3.1.2 Executivo cíclico 135

        3.3.1.3 *Round-robin* 138

    3.3.2 Escalonamento dirigido por prioridades 140

        3.3.2.1 Escalonamento por taxa monotônica 142

        3.3.2.2 Escalonamento por "prazo monotônico" e "prazo mais cedo primeiro" 148

    3.3.3 Gerenciamento de tarefas aperiódicas 151

    3.3.4 Aspectos práticos na implementação de escalonadores . 155

        3.3.4.1 μC/OS II 157

        3.3.4.2 BRTOS 161

    3.3.5 Organização de TCB em listas encadeadas: o exemplo do FreeRTOS 164

    3.3.6 Limiar ou *threshold* de preempção 172

3.4 *Idle task* ou tarefa ociosa 176

3.5 Resumo 178

3.6 Problemas 179

4 Objetos básicos do sistema operacional 181

4.1 Objetos de sincronização 182

    4.1.1 Sincronização de atividades 182

        4.1.1.1 Semáforos 186

    4.1.2 Sincronização de recursos 191

        4.1.2.1 Semáforos de exclusão mútua (*mutex*) 196

    4.1.3 Grupo de eventos (*event groups*) 202

4.2 Objetos de comunicação 210

Conteúdo   15

       4.2.1   Caixas de mensagem (*message mailboxes*) 212

       4.2.2   Filas de mensagens (*message queues*) 218

  4.3   Sincronização por múltiplos objetos do sistema (*queue sets*) . . . 226

  4.4   Notificação de tarefas (*task notifications*) 229

       4.4.1   Objetos de comunicação sinalizados por notificação de tarefa 234

            4.4.1.1   *Stream buffers* 234

            4.4.1.2   *Message buffers* 238

  4.5   Resumo 240

  4.6   Problemas 242

5 Gerenciamento de tempo 245

  5.1   Temporizadores *hard* e *soft* 246

  5.2   Modelos de temporizadores em *software* (implementação da marca de tempo) 250

  5.3   Temporizadores em *software* para execução de *callbacks* 256

  5.4   Implementação de temporizadores em *software* para execução de *callbacks* 257

       5.4.1   Gerenciamento de temporizadores com listas ordenadas 259

       5.4.2   Gerenciamento de temporizadores com roda de sincronismo 261

       5.4.3   Gerenciamento de temporizadores com *heap* binário . . . 265

       5.4.4   Comparação das estratégias de gerenciamento de temporizadores 271

  5.5   Sistemas com suporte ao modo *tickless* 272

  5.6   Resumo 275

  5.7   Problemas 276

6 Gerenciamento de memória 277

  6.1   Alocação dinâmica de memória em sistemas embarcados 279

  6.2   Técnicas de alocação dinâmica de memória 282

  6.3   Gerenciamento de memória em RTOS 286

  6.4   Alocação estática de memória no FreeRTOS 294

  6.5   Resumo 297

  6.6   Problemas 298

7 Arquiteturas de interrupções 299

  7.1   Arquitetura de interrupção unificada 302

16 Sistemas operacionais de tempo real e sua aplicação em sistemas embarcados

7.2   Arquitetura de interrupção segmentada   305

7.3   Comparando as duas abordagens   315

     7.3.1   Latência de interrupção   316

     7.3.2   Utilização de recursos   317

     7.3.3   Determinismo   318

     7.3.4   Complexidade   319

     7.3.5   Arquiteturas de interrupção de RTOS conhecidos   319

7.4   Resumo   320

7.5   Problemas   321

8   Desenvolvimento de *drivers*   323

8.1   Comunicação serial   325

8.2   Teclados   329

8.3   Cartão SD e sistema de arquivos FAT   332

     8.3.1   Sistema de arquivos FAT   334

     8.3.2   FatFs by Chan   335

8.4   *Displays* (telas)   338

     8.4.1   *Displays* gráficos e suporte a *touchscreen*   347

8.5   Padronização de *drivers*   351

8.6   FreeRTOS+IO   354

8.7   BRTOS *device drivers*   362

8.8   Resumo   366

8.9   Problemas   367

9   Projetos de sistemas embarcados baseados em RTOS . . .   369

9.1   Distribuição do sistema embarcado em tarefas   370

9.2   Definição de prioridades entre tarefas   376

9.3   Tarefas periódicas a partir de funções de *delay*   379

9.4   Uso da biblioteca padrão do C e seu impacto na pilha das tarefas   382

9.5   Utilizando funções de *callback*   382

     9.5.1   Gancho de tarefa ociosa   383

     9.5.2   Gancho de marca de tempo   384

     9.5.3   Gancho de alocação de memória   384

     9.5.4   Gancho de verificação de pilha   385

9.6   Corrotinas no FreeRTOS   387

9.7   Ferramentas para monitoramento do sistema   389

     9.7.1   Lista de tarefas com suas principais informações   389

| 9.7.2 | Estatísticas de tempo de execução | 393 |

9.7.2 Estatísticas de tempo de execução 393

9.8 *Shell*, console ou terminal 398

    9.8.1 FreeRTOS+CLI 399

    9.8.2 BRTOS Terminal 404

9.9 Traçamento ou *tracing* 407

9.10 Portando um sistema operacional de tempo real 411

9.11 Abstração de um RTOS a módulos externos 422

9.12 Configuração de sistemas operacionais de tempo real 429

9.13 Utilizando uma unidade de proteção de memória 432

9.14 Gerenciamento de múltiplos núcleos em um RTOS 445

9.15 Códigos demonstrativos de uso de RTOS 449

    9.15.1 Sistema multitarefa cooperativo com protothreads 449

    9.15.2 Sistema embarcado com alta concorrência 452

    9.15.3 Reprodutor de arquivos de áudio WAV 455

    9.15.4 Exemplo de tarefa *gatekeeper* 464

9.16 Resumo 467

9.17 Problemas 467

Referências 469

Índice remissivo 473

Figuras

Figura 1.1   Exemplo de um sistema *foreground/background*.   40

Figura 1.2   Alocação de múltiplas tarefas.   54

Figura 1.3   Estados das tarefas.   55

Figura 1.4   Pilha de uma tarefa recém-instalada.   64

Figura 1.5   Pilha de uma tarefa sendo executada pela primeira vez. . . .   65

Figura 1.6   Alocação das variáveis locais da tarefa executando pela primeira vez.   66

Figura 1.7   Pilha da tarefa após entrar na função *OSDelayTask()*.   67

Figura 1.8   Pilha da tarefa com contexto salvo, ou seja, preparada para ceder o processador a outra tarefa.   67

Figura 1.9   Pilha da segunda tarefa com ponteiro de pilha na posição para despachar a tarefa para o processador.   68

Figura 1.10 Pilha da segunda tarefa logo após a alocação das variáveis locais.   68

Figura 1.11 Estados das tarefas utilizando funções não reentrantes. . . .   72

Figura 2.1   Modo de operação de um núcleo não preemptivo.   85

Figura 2.2   Modo de operação de um núcleo preemptivo.   88

Figura 2.3   Exemplo de atraso de tarefa em uma marca de tempo.   92

Figura 2.4   Exemplo de execução quase imediata de tarefa utilizando uma marca de tempo para atraso.   93

Figura 2.5   Exemplo em que uma tarefa perde seu prazo devido a tarefas de maior prioridade.   93

Figura 2.6   Exemplo de aninhamento e latência de interrupções.   98

Figura 2.7   Latência, resposta e recuperação de interrupção em sistemas *foreground/background* ou sistemas não preemptivos.   100

Figura 2.8   Latência, resposta e recuperação de interrupção em núcleos preemptivos.   100

20 Sistemas operacionais de tempo real e sua aplicação em sistemas embarcados

Figura 2.9   Latência, resposta e recuperação de interrupção em núcleos preemptivos que utilizam a interrupção de *software* para troca de contexto. 102

Figura 2.10 Exemplo de inversão de prioridades. 103

Figura 2.11 Exemplo de controle de recurso compartilhado por tarefa *gatekeeper*. 105

Figura 3.1   Exemplo do comportamento temporal de uma tarefa periódica. 118

Figura 3.2   Exemplo do comportamento temporal de uma tarefa aperiódica. 118

Figura 3.3   Análise dos parâmetros de instalação de uma tarefa a partir do TCB do BRTOS e da pilha virtual da tarefa no processador ARM Cortex-Mx. 123

Figura 3.4   Visualização de informação de tarefas disponibilizada pelo sistema BRTOS. 124

Figura 3.5   Visualização de informação de tarefas disponibilizada pelo sistema FreeRTOS. 124

Figura 3.6   Diagrama de tempo das tarefas apresentadas na Tabela 3.2. . 136

Figura 3.7   Exemplo de divisão de tarefas para permitir escalonamento executivo cíclico. 138

Figura 3.8   Exemplo de escalonamento por *round-robin*. 139

Figura 3.9   Escalonamento *round-robin* associado a prioridades. 139

Figura 3.10 Estrutura de escalonamento por prioridades. 141

Figura 3.11 Escalonamento das tarefas apresentadas na Tabela 3.5. . . . 144

Figura 3.12 Representação temporal das tarefas contidas na Tabela 3.6. . 146

Figura 3.13 Representação temporal das tarefas apresentadas na Tabela 3.7. 147

Figura 3.14 Representação temporal das tarefas contidas na Tabela 3.6, com escalonamento realizado pelo algoritmo EDF. 150

Figura 3.15 Escalonamento das tarefas apresentadas na Tabela 3.8. . . . 152

Figura 3.16 Escalonamento das tarefas apresentadas na Tabela 3.8, com a modificação de que a tarefa C passe a ser a de menor prioridade do sistema. 153

Figura 3.17 Escalonamento das tarefas apresentadas na Tabela 3.9, em que um evento assíncrono ocorre no tempo 3. 154

Figura 3.18 Tabela de prioridades do µC/OS II. 157

Figura 3.19 Máscara de *bits* do µC/OS II. 158

Figuras   21

Figura 3.20 Procedimento de inclusão de tarefa na lista de prontos no µC/OS II. 158

Figura 3.21 Lista de prontos do µC/OS II com a inclusão da tarefa de prioridade 37. 159

Figura 3.22 Lista de prontos do µC/OS II quando interrompida durante a inclusão da prioridade 37. 161

Figura 3.23 Alocação de prioridades no BRTOS. No exemplo, as priorida-des 0, 5 e 8 estão alocadas. 161

Figura 3.24 Exemplo de organização da lista de prontos do FreeRTOS. . 167

Figura 3.25 Exemplo de organização da lista de prontos do FreeRTOS a partir da estrutura de listas, com a tarefa A de prioridade 5 em execução. 171

Figura 3.26 Mesmo exemplo de lista de prontos do FreeRTOS com pri-oridade 5, após a troca da tarefa em execução para a tarefa B. 173

Figura 3.27 Comportamento em tempo de execução do conjunto de tarefas com escalonador preemptivo. 175

Figura 3.28 Comportamento em tempo de execução do conjunto de tarefas com *threshold* de preempção. 176

Figura 4.1 Sinalização por semáforo. 183

Figura 4.2 Sinalização *rendezvous*. 184

Figura 4.3 Sincronização por barreira. 185

Figura 4.4 Exemplo de semáforo controlando acesso a recurso comparti-lhado. 194

Figura 4.5 Comunicação não vinculada utilizando fila de mensagem. . 210

Figura 4.6 Comunicação fortemente acoplada utilizando fila de mensa-gem. 211

Figura 4.7 Sinalização *rendezvous* com troca de dados por caixa de men-sagem. 214

Figura 4.8 Operação de uma fila de mensagens. 219

Figura 4.9 Operação de filas FIFO (a) e filas LIFO (b). 220

Figura 4.10 Uso de memória e processo de cópia para enviar e receber uma mensagem. 222

Figura 5.1 Oscilação mecânica da tecla pode causar múltiplas interrup-ções. 246

Figura 5.2 Diagrama de blocos de um temporizador *hard*. 248

Figura 5.3	Modelo de temporizador em *software* com contador.	251
Figura 5.4	*Overflow* do contador do sistema ocorrendo em 32000.	251
Figura 5.5	Diagrama de tempo da execução da tarefa de gerenciamento de temporizadores.	259
Figura 5.6	Gerenciamento de temporizadores do FreeRTOS usando duas listas encadeadas e ordenadas.	260
Figura 5.7	Gerenciamento de temporizadores do µC/OS III usando uma roda de sincronismo.	262
Figura 5.8	Exemplo de um *heap* binário mínimo.	266
Figura 5.9	Implementação de *heap* binário mínimo empregando vetor.	267
Figura 5.10	Remoção da raiz e reordenação do *heap* binário mínimo.	268
Figura 5.11	Inserção de um novo nó e reordenação do *heap* binário mínimo.	269
Figura 5.12	Análise de consumo médio de corrente em um processador utilizando um RTOS sem suporte ao modo *tickless*.	274
Figura 5.13	Análise de consumo médio de corrente em um processador utilizando um RTOS com suporte ao modo *tickless*.	274
Figura 6.1	Exemplo de fragmentação de memória.	279
Figura 6.2	Estados de um mapa de alocação de memória.	281
Figura 6.3	Processo de desfragmentação de um *heap*.	282
Figura 6.4	Exemplo de distribuição de memória em blocos alocáveis.	283
Figura 6.5	Exemplo de alocação de memória no *buddy system*.	284
Figura 6.6	Disposição típica dos segmentos de memória em um sistema embarcado.	289
Figura 7.1	Processamento de uma interrupção dividida em múltiplas partes na arquitetura segmentada.	301
Figura 7.2	Execução da RSI2 em uma arquitetura segmentada no contexto da tarefa interrompida.	312
Figura 7.3	Execução da RSI2 em uma arquitetura segmentada no contexto de uma interrupção.	313
Figura 8.1	Modelo de camadas de *software*.	324
Figura 8.2	Pinos de um cartão SD e suas conexões para um barramento SD e SPI.	333
Figura 8.3	Conexões internas de um *display* de sete segmentos na configuração catodo comum (a) e anodo comum (b).	339
Figura 8.4	Conexões em um *display* de sete segmentos com ponto decimal.	340

Figuras 23

Figura 8.5 Conexões para três dígitos em um *display* de sete segmentos. 342

Figura 8.6 Exemplos de objetos gráficos comumente utilizados em interfaces gráficas de telas sensíveis ao toque. 347

Figura 9.1 Exemplo de saída da função *vTaskList()* do FreeRTOS. 392

Figura 9.2 Exemplo de saída da função *OSTaskList()* do BRTOS. 393

Figura 9.3 Exemplo de saída da função *vTaskGetRunTimeStats()* do sistema FreeRTOS. 397

Figura 9.4 Exemplo de saída da função *OSRuntimeStats()* do BRTOS. 398

Figura 9.5 Linha de tempo vertical de execução das tarefas com utilização de objetos e serviços do sistema. 409

Figura 9.6 Linha de tempo horizontal de execução das tarefas com utilização de CPU. 410

Figura 9.7 Gráfico de utilização de objetos do sistema. 411

Figura 9.8 *Stack frame* (a) e conjunto de registradores (b) de um processador ARM Cortex-M3. 414

Figura 9.9 *Stack frame* de um processador ARM Cortex-M4. 422

Figura 9.10 Exemplo de tarefas agrupadas em processos, em que cada processo tem permissão de acesso a uma quantidade limitada de memória e periféricos. 433

Figura 9.11 Uso de uma região de memória para detecção de estouro de pilha. 435

Figura 9.12 Regiões de memória agrupadas por processo. 437

Tabelas

Tabela 2.1	Principais características de modelos de programação concorrente para o desenvolvimento de sistemas de tempo real	111
Tabela 3.1	Tempo computacional para a execução de um conjunto fictício de tarefas	134
Tabela 3.2	Tempo computacional e período de um conjunto de tarefas	136
Tabela 3.3	Tempo computacional de um conjunto de tarefas com períodos não múltiplos	137
Tabela 3.4	Conjunto de tarefas em que o escalonamento executivo cíclico torna-se inviável	137
Tabela 3.5	Conjunto de tarefas escalonáveis pelo algoritmo RM	144
Tabela 3.6	Conjunto de tarefas não escalonáveis pelo algoritmo RM	145
Tabela 3.7	Tarefas com períodos múltiplos	146
Tabela 3.8	Conjunto de tarefas periódicas e aperiódicas	152
Tabela 3.9	Conjunto de tarefas periódicas, em que a tarefa C é uma tarefa servidor	153
Tabela 3.10	Conjunto de tarefa periódicas	174
Tabela 3.11	Pior caso de tempo de resposta para um conjunto de tarefa sob diferentes escalonadores	175
Tabela 3.12	Conjunto de tarefas com tempos de computação, períodos e prazos	180
Tabela 5.1	Comparação entre estratégias de gerenciamento de temporizadores	272
Tabela 8.1	Tabela de codificação para um display cadoto comum	341
Tabela 8.2	Modos de transferência de dados do FreeRTOS+IO	355
Tabela 9.1	Permissões de acesso de uma MPU no FreeRTOS	439

Listagens

Listagem 1.1	Agendamento de processos por *flags*.	44
Listagem 1.2	Exemplo de solução para a execução concorrente de três controladores de um quadricóptero com diferentes taxas de ativação.	47
Listagem 1.3	Função que deve apresentar uma continuação local.	57
Listagem 1.4	Função com continuação local.	57
Listagem 1.5	Função com continuação local usando diretamente *switch*.	58
Listagem 1.6	Função com continuação local usando *switch* por meio de macros de pré-processador.	58
Listagem 1.7	Macros de pré-processador da biblioteca Protothreads com uso do *switch*.	59
Listagem 1.8	Exemplo de *protothread* com uso do *switch* por meio de macros da biblioteca Protothreads.	59
Listagem 1.9	Exemplo de *protothread* com uso do *switch* com as macros da biblioteca Protothreads expandidas.	60
Listagem 1.10	Código-fonte de uma tarefa exemplo escrita para o sistema BRTOS.	63
Listagem 1.11	Código-fonte de uma segunda tarefa exemplo escrita para o sistema BRTOS.	63
Listagem 1.12	Exemplo de função reentrante.	71
Listagem 1.13	Exemplo de função não reentrante.	72
Listagem 1.14	Exemplo de uso da função *strtok()*.	73
Listagem 1.15	Resultado das execuções sequenciais da função *strtok()*.	73
Listagem 1.16	Código-fonte da função *strtok()*.	74
Listagem 1.17	Código-fonte da função *strtok_r()*.	74
Listagem 1.18	Exemplo de uso da função *strtok_r()*.	75
Listagem 1.19	Formato para declaração de variáveis com qualificador.	76

Listagem 1.20 Exemplo de uso do qualificador *volatile* para variáveis em sistemas multitarefa ou com interrupções. 76

Listagem 1.21 Uso do qualificador *static* para delimitar o acesso a uma variável global. 77

Listagem 1.22 Exemplo de uso de uma variável local estática. 78

Listagem 1.23 Função *memcpy()* da biblioteca padrão da linguagem C utilizando o qualificador *const*. 79

Listagem 2.1 Exemplo de estrutura de dados de um bloco de controle de tarefas. 89

Listagem 3.1 Exemplo de código para instalação de uma tarefa no BRTOS. 122

Listagem 3.2 Exemplo de código para instalação de uma tarefa no sistema FreeRTOS. 122

Listagem 3.3 Estrutura mínima de uma tarefa em ambos os sistemas. . 122

Listagem 3.4 Exemplo do uso de parâmetro na criação de uma tarefa utilizando o FreeRTOS e a pilha de protocolos TCP/IP LwIP. 126

Listagem 3.5 Exemplo de código para inicialização de uma aplicação utilizando o sistema operacional BRTOS. 128

Listagem 3.6 Exemplo de código para inicialização de uma aplicação utilizando o sistema operacional FreeRTOS. 129

Listagem 3.7 Tabela contendo as informações para escolha da tarefa de maior prioridade pronta para execução no µC/OS II. . . . 160

Listagem 3.8 Procedimento de escolha da maior prioridade pronta para execução. 160

Listagem 3.9 Procedimento de inclusão de uma tarefa na lista de prontos. 162

Listagem 3.10 Procedimento de remoção de uma tarefa da lista de prontos. 162

Listagem 3.11 Listas do FreeRTOS para gerenciamentos das tarefas. . . . 164

Listagem 3.12 Procura pela tarefa de mais alta prioridade no FreeRTOS. 165

Listagem 3.13 Verificação do topo de prioridade atual no FreeRTOS. . . 165

Listagem 3.14 Atualização da variável de topo de prioridade do sistema FreeRTOS com otimização. 166

Listagem 3.15 Procura pela tarefa de mais alta prioridade no FreeRTOS com otimização. 166

Listagem 3.16 Modelo do bloco de controle de tarefas do FreeRTOS. . . 168

Listagem 3.17 Formato da estrutura de item de lista no FreeRTOS. 169

Listagem 3.18 Estrutura de lista no FreeRTOS. 170

Listagens

Listagem 3.19	Função para determinar a próxima tarefa a executar no FreeRTOS.	172
Listagem 3.20	Código simplificado da tarefa ociosa no FreeRTOS.	178
Listagem 4.1	Exemplo de implementação de estrutura de barreira.	186
Listagem 4.2	Criando um semáforo contador no FreeRTOS.	189
Listagem 4.3	Criando um semáforo contador no BRTOS.	189
Listagem 4.4	Criando um semáforo binário no FreeRTOS.	190
Listagem 4.5	Criando um semáforo binário no BRTOS.	190
Listagem 4.6	Utilizando um semáforo para sincronismo entre uma tarefa e uma interrupção no FreeRTOS.	191
Listagem 4.7	Utilizando um semáforo para sincronismo entre uma tarefa e uma interrupção no BRTOS.	192
Listagem 4.8	Sinalização de um semáforo por uma tarefa no FreeRTOS.	192
Listagem 4.9	Utilização de semáforo para acessar dados compartilhados.	193
Listagem 4.10	Recurso com semáforo encapsulado.	195
Listagem 4.11	Criando e utilizando um *mutex* no FreeRTOS.	199
Listagem 4.12	Criando e utilizando um *mutex* no BRTOS.	199
Listagem 4.13	Criando e utilizando múltiplos *mutexes* no BRTOS.	200
Listagem 4.14	Criando e utilizando um *mutex* recursivo no FreeRTOS.	201
Listagem 4.15	Procedimento de criação de um grupo de eventos no sistema FreeRTOS.	205
Listagem 4.16	Procedimento de definição de um conjunto de *bits* em um grupo de eventos no FreeRTOS por uma tarefa.	205
Listagem 4.17	Procedimento de definição de um conjunto de *bits* em um grupo de eventos no FreeRTOS por uma interrupção.	205
Listagem 4.18	Exemplo de espera por alterações de um conjunto de *bits* em um grupo de eventos no FreeRTOS.	208
Listagem 4.19	Exemplo de sincronização por barreira de duas tarefas a partir de um conjunto de *bits* em um grupo de eventos no FreeRTOS.	209
Listagem 4.20	Criando e utilizando uma *mailbox* para sincronismo de tarefas.	214
Listagem 4.21	Notificação do FreeRTOS como *mailbox* para sincronismo de tarefas.	215
Listagem 4.22	Exemplo de passagem de ponteiro de uma *string* por caixa de mensagem.	216

Listagem 4.23 Exemplo de passagem de valor por caixa de mensagem. . 217

Listagem 4.24 Utilizando uma fila para cópia de dados recebidos por uma interrupção de porta serial no FreeRTOS. 223

Listagem 4.25 Tarefa enviando uma mensagem para uma fila no FreeRTOS. 223

Listagem 4.26 Utilizando uma fila para cópia de dados recebidos por uma interrupção de porta serial no BRTOS. 224

Listagem 4.27 Uso de filas de tamanho dinâmico no BRTOS. 225

Listagem 4.28 Uso de filas para envio de diferentes eventos do sistema. . 227

Listagem 4.29 Uso de filas para envio de diferentes eventos do sistema. . 228

Listagem 4.30 Elementos adicionados ao TCB do FreeRTOS para suportar as notificações de tarefas. 229

Listagem 4.31 Utilizando a notificação de tarefas como um semáforo binário para sincronismo entre uma tarefa e uma interrupção no FreeRTOS. 231

Listagem 4.32 Utilizando a notificação de tarefas como um semáforo contador para sincronismo entre uma tarefa e uma interrupção no FreeRTOS. 233

Listagem 4.33 Definição da macro que implementa a função *xTaskNotify-Give()* a partir da função genérica *xTaskGenericNotify()* no FreeRTOS. 233

Listagem 4.34 Exemplo de inicialização de um *stream buffer* no FreeRTOS. 236

Listagem 4.35 Exemplo de uso de *stream buffer* para receber dados de uma porta serial. 237

Listagem 4.36 Otimização da recepção de dados de uma porta serial utilizando *stream buffer* e gatilho dinâmico. 238

Listagem 4.37 Macros que definem a API do *message buffer*. 239

Listagem 4.38 Exemplo de uso do *message buffer* para enviar mensagens de tamanhos variados no FreeRTOS. 240

Listagem 5.1 Pseudocódigo para *debouncing* de tecla mecânica. 246

Listagem 5.2 Código baseado no teste temporal implementado no sistema µC/OS II. 253

Listagem 5.3 Código do teste temporal implementado no sistema BRTOS. 254

Listagem 5.4 Trecho do código em que se adiciona uma tarefa à lista de espera por tempo no sistema FreeRTOS. 254

Listagem 5.5 Trecho do código de teste temporal implementado no sistema FreeRTOS. 255

Listagens

Listagem 5.6   Exemplo de implementação de gerenciamento de *software* timers. 258

Listagem 5.7   Exemplo de criação de temporizador em *software* com o FreeRTOS. 260

Listagem 5.8   Funções de manipulação de temporizadores em *software* no FreeRTOS. 261

Listagem 5.9   Procedimento de remoção do nó raiz e reordenação do *heap* binário. 268

Listagem 5.10   Procedimento de inserção de um nó e reordenação do *heap* binário. 269

Listagem 5.11   Exemplo de criação de temporizador em *software* com o BRTOS. 270

Listagem 5.12   Funções de manipulação de temporizadores em *software* no BRTOS. 271

Listagem 6.1   Variáveis com valor predefinido. 289

Listagem 6.2   Exemplo de interrupção de *reset* de um processador ARM Cortex-Mx. 290

Listagem 6.3   Definições de região de *heap* do FreeRTOS. 292

Listagem 6.4   Definição das funções de alocação e desalocação de memória no BRTOS. 293

Listagem 6.5   Exemplo de código para instalação de uma tarefa com alocação estática de memória no FreeRTOS. 295

Listagem 6.6   Criando um semáforo binário e contador no FreeRTOS com alocação estática de memória. 296

Listagem 6.7   Exemplo de criação de uma fila com alocação estática de memória no FreeRTOS. 296

Listagem 7.1   Agendamento de um *tick counter* do sistema BRTOS em RSI1. 306

Listagem 7.2   Processamento de um *tick counter* do sistema BRTOS em RSI2. 307

Listagem 7.3   Código de postagem de um semáforo no sistema CoOS. . 309

Listagem 7.4   Código de postagem de um semáforo dentro de interrupções no sistema CoOS. 309

Listagem 7.5   Inserção na fila de deferimento de processamento do CoOS. 310

Listagem 7.6   Desbloqueio do escalonador no CoOS. 311

Listagem 7.7   Desbloqueio do escalonador no CoOS. 311

Listagem 7.8	Remoção e execução dos serviços na fila de deferimento de processamento do CoOS.	313
Listagem 8.1	Exemplo de um *driver* UART.	327
Listagem 8.2	Exemplo de uma função de inicialização de um *driver* para teclado.	330
Listagem 8.3	Exemplo da tarefa de tratamento de eventos e interrupção de um *driver* para teclado.	331
Listagem 8.4	Exemplo da função que permite a utilização das teclas em um *driver* para teclado.	332
Listagem 8.5	Porte de adaptação do *mutex* do sistema FreeRTOS para a biblioteca FatFs.	336
Listagem 8.6	Exemplo de uso da biblioteca FatFs para a leitura de um arquivo.	338
Listagem 8.7	Acionamento de um display de sete segmentos a partir de uma tarefa do FreeRTOS.	343
Listagem 8.8	Envio de um comando para o controlador de um *display* LCD alfanumérico utilizando *delay* como controle de tráfego de dados.	344
Listagem 8.9	Envio de um comando para o controlador de um *display* LCD alfanumérico utilizando semáforo como controle de tráfego de dados.	345
Listagem 8.10	Envio de um comando para o controlador de um *display* LCD alfanumérico utilizando uma função de controle de tráfego de dados.	346
Listagem 8.11	Exemplo da tarefa de tratamento de interrupção de um *driver* para tela sensível ao toque.	348
Listagem 8.12	Exemplo de função para retornar a posição do toque na tela.	349
Listagem 8.13	Exemplo da tarefa de tratamento de eventos de um *driver* para tela sensível ao toque.	350
Listagem 8.14	Exemplo de uma tarefa utilizando os eventos de toque de uma interface gráfica com tela sensível ao toque.	350
Listagem 8.15	Exemplo de uma tarefa utilizando *soft timers* para interagir com um controle deslizando em uma interface gráfica.	352
Listagem 8.16	Formato da estrutura de periféricos disponíveis e exemplo de tabela de *drivers* disponíveis.	356
Listagem 8.17	Função que inicializa os periféricos e atribui as funções para a API do *driver*.	356

Listagens 33

Listagem 8.18 Exemplo de implementação de função *open* para uma porta serial UART. 357

Listagem 8.19 Exemplo de implementação de função *read* para uma porta serial UART. 359

Listagem 8.20 Exemplo de implementação de função *ioctl* para uma porta serial UART. 360

Listagem 8.21 Definição dos macros que implementam as funções de escrita (*FreeRTOS_write()*) e de leitura (*FreeRTOS_read()*). . . . 361

Listagem 8.22 Exemplo de uso de um periférico UART com o modelo de *driver* FreeRTOS+IO. 361

Listagem 8.23 Exemplo de uso do modelo de *driver* do BRTOS. 363

Listagem 8.24 Exemplo de tabela de *drivers* disponíveis. 365

Listagem 8.25 Funções de leitura/escrita e configuração dos *drivers* no BRTOS. 365

Listagem 8.26 Exemplo de implementação de função *read()* no BRTOS para uma porta serial UART. 366

Listagem 8.27 Definição das macros que implementam as funções *OSGPIOWrite()* e *OSGPIORead()*. 366

Listagem 9.1 Exemplo de uso da função *vTaskDelay()* do FreeRTOS para gerar uma tarefa periódica. 380

Listagem 9.2 Exemplo de uso da função *vTaskDelayUntil()* do FreeRTOS para gerar uma tarefa periódica. 381

Listagem 9.3 Exemplo de implementação de tarefa periódica no BRTOS. 381

Listagem 9.4 Função para criação de corrotinas no FreeRTOS. 387

Listagem 9.5 Exemplo de uso de corrotinas no FreeRTOS. 388

Listagem 9.6 Implementação do escalonador das corrotinas a partir do gancho da tarefa ociosa no FreeRTOS. 388

Listagem 9.7 Exemplo de uso da função *vTaskList()* do FreeRTOS para obtenção de informação das tarefas em execução. 391

Listagem 9.8 Exemplo de uso da função *OSTaskList()* do BRTOS para obtenção de informação das tarefas em execução. 392

Listagem 9.9 Configuração para habilitar as estatísticas de tempo de execução no arquivo FreeRTOSConfig.h. 395

Listagem 9.10 Função para implementar as estatísticas de tempo de execução no FreeRTOS. 395

Listagem 9.11 Uso da função de estatística de tempo de execução do sistema FreeRTOS. 396

Listagem 9.12 Cálculo estatístico de tempo de execução do FreeRTOS. . 396

Listagem 9.13 Configuração para habilitar as estatísticas de tempo de execução no arquivo BRTOSConfig.h. 397

Listagem 9.14 Exemplo de uso da função de estatística de tempo de execução do BRTOS. 397

Listagem 9.15 Exemplo de tarefa que implementa um terminal utilizando o FreeRTOS+CLI. 399

Listagem 9.16 Protótipo de função de comando no FreeRTOS+CLI. . . . 401

Listagem 9.17 Exemplo de comando para imprimir as tarefas instaladas no sistema FreeRTOS. 401

Listagem 9.18 Exemplo de comando para imprimir os comandos registrados no sistema. 402

Listagem 9.19 Exemplo de comando com parâmetros. 403

Listagem 9.20 Registro de um comando a partir da API FreeRTOS+CLI. 404

Listagem 9.21 Exemplo de implementação de uma tarefa para gerenciar o terminal no BRTOS. 405

Listagem 9.22 Exemplo de tabela de comandos estáticos no BRTOS. . . . 405

Listagem 9.23 Exemplo de comando de terminal no BRTOS. 406

Listagem 9.24 *String parsing* para os argumentos de um comando. 406

Listagem 9.25 Registro dinâmico de comando no terminal no BRTOS. . . 407

Listagem 9.26 Sequência de macros para a troca de contexto no BRTOS. 413

Listagem 9.27 Salvamento de contexto para um ARM Cortex-M3 no BRTOS. 415

Listagem 9.28 Salvamento de ponteiro de pilha no TCB para um ARM Cortex-M3 no BRTOS. 415

Listagem 9.29 Restaura o ponteiro de pilha no processador com o ponteiro de pilha da tarefa selecionada pelo escalonador. 416

Listagem 9.30 Restaura o contexto de uma tarefa para um ARM Cortex-M3 no BRTOS. 416

Listagem 9.31 Definições para troca de contexto em processadores ARM no BRTOS. 417

Listagem 9.32 Função que prepara a pilha para as tarefas em processadores ARM no BRTOS. 417

Listagem 9.33 Definições para despachar a primeira tarefa e interrupções de troca de contexto para processadores ARM no BRTOS. 419

Listagem 9.34 Implementação de região crítica em processador ARM no BRTOS. 419

Listagens 35

Listagem 9.35 Configuração e rotina de tratamento de interrupção da marca de tempo em processadores ARM para o BRTOS. . 420

Listagem 9.36 Salvamento e restauração de contexto para um ARM Cortex-M4 no BRTOS. 423

Listagem 9.37 Camada de adaptação do Segger emWin para o BRTOS. . 425

Listagem 9.38 Apresentação parcial da camada de adaptação do lwIP para o BRTOS. 426

Listagem 9.39 Adaptação da função de criação de uma tarefa do CMSIS-RTOS ao FreeRTOS. 427

Listagem 9.40 Adaptação da função de *delay* e da função de criação de semáforos do CMSIS-RTOS para o FreeRTOS. 428

Listagem 9.41 Definições de um conjunto de configurações do FreeRTOS. 430

Listagem 9.42 Extensões de linguagem do GCC para modificações no endereço de variáveis. 436

Listagem 9.43 Definições de endereços para utilização da MPU no FreeRTOS para um ARM Cortex-M4. 440

Listagem 9.44 Verificação da configuração de regiões de memória no *linker* utilizando o compilador GCC. 440

Listagem 9.45 Estrutura de parâmetros que definem uma tarefa com restrições de acesso pela MPU. 441

Listagem 9.46 Exemplo de uso da função *xTaskCreateRestricted()* no suporte a MPU do FreeRTOS. 442

Listagem 9.47 Exemplo de uso da função *xTaskCreateRestricted()* no suporte a MPU do FreeRTOS. 443

Listagem 9.48 Exemplo de uso da função *vTaskAllocateMPURegions()* no suporte a MPU do FreeRTOS. 444

Listagem 9.49 Código parcial da função utilizada pelo FreeRTOS para incluir uma tarefa na lista de prontos. 446

Listagem 9.50 Modificação da função *xTaskCreate()* para suportar múltiplos núcleos. 447

Listagem 9.51 Instalação de duas instâncias da tarefa exemplo a partir da função *xTaskCreatePinnedToCore()* que permite especificar o núcleo que irá executar a tarefa. 447

Listagem 9.52 Instalação de duas instâncias da tarefa exemplo a partir da função *xTaskCreatePinnedToCore()* especificando diferentes parâmetros para cada instância. 448

Listagem 9.53 Implementação da função *xPortGetCoreID()* a partir de instruções específicas do microcontrolador ESP32. 449

Listagem 9.54 Corrotina (*protothread*) que escreve os dados em arquivo. . 450

Listagem 9.55 Corrotina (*protothread*) leitora dos dados do arquivo de registro. 451

Listagem 9.56 Código que implementa a instalação de duas tarefas para a reprodução de arquivos de áudio WAV. 456

Listagem 9.57 Tarefas para a reprodução de arquivos de áudio WAV. . . 457

Listagem 9.58 Tarefa que realiza a leitura do cartão de memória SD com os arquivos de áudio a serem reproduzidos. 458

Listagem 9.59 Função que reproduz os arquivos de áudio WAV. 459

Listagem 9.60 Estrutura com as informações dos dados contidos nos *buffers* utilizados pelo reprodutor de áudio WAV. 460

Listagem 9.61 Código que implementa a reprodução de arquivos de áudio WAV. 461

Listagem 9.62 Cabeçalho de arquivo de áudio WAV. 463

Listagem 9.63 Exemplo de tarefa *gatekeeper* para processar mensagens do protocolo MQTT no FreeRTOS AWS. 464

Listagem 9.64 Tipo da variável de evento utilizada para solicitar ações para a tarefa *gatekeeper* de mensagens MQTT no FreeRTOS AWS. 465

Listagem 9.65 Exemplo de requisição para a tarefa *gatekeeper* de mensagens MQTT no FreeRTOS AWS. 466

Capítulo 1

Introdução aos sistemas de tempo real

Sistemas operacionais de tempo real são uma subclasse de sistemas operacionais destinados à concepção de sistemas computacionais, geralmente embarcados, em que o tempo de resposta a um evento é fixo e deve ser respeitado sempre que possível. Esses sistemas são conhecidos na literatura como sistemas de tempo real e são caracterizados por possuírem requisitos específicos de sequência lógica e tempo que, se não cumpridos, resultam em falhas no sistema a que se dedicam. Ressalta-se que o tempo de resposta aos eventos controlados em um sistema de tempo real não deve ser necessariamente o mais rápido possível. A prioridade é o cumprimento dos prazos de todos os eventos controlados pelo sistema.

Existem dois tipos de sistemas em tempo real: *soft* e *hard*. Em um sistema de tempo real *soft*, o sistema pode continuar funcionando mesmo que restrições temporais não sejam respeitadas. Isso não significa que o sistema irá funcionar corretamente, mas que durante os períodos em que os prazos são perdidos ocorrerá inconsistência em seu funcionamento, voltando a operação correta quando os prazos voltarem a ser cumpridos. Um sistema de aquisição de dados pode ser considerado *soft*, pois possui restrições temporais, mas a perda de prazos não implica falha geral do sistema. Já sistemas de tempo real *hard* devem seguir suas restrições temporais rigidamente, de forma a evitar o colapso total do sistema. Normalmente sistemas *hard* são utilizados em aplicações que estão diretamente relacionadas à vida de pessoas, como o sistema de controle de um avião. A maioria dos sistemas em tempo real existentes utilizam uma combinação de requisitos *soft* e *hard*.

Normalmente os sistemas em tempo real são embarcados. Isso significa que o sistema computacional é completamente encapsulado e dedicado ao dispositivo ou sistema que controla. Diferentemente de computadores de propósito geral, como o computador pessoal, um sistema embarcado realiza um conjunto de tarefas predefinidas, geralmente com requisitos específicos. Já que o sistema é dedicado a tarefas específicas, pode-se otimizar o projeto reduzindo tamanho, recursos computacionais e custo do produto/produção.

Alguns exemplos de sistemas embarcados são:

- Automotivos: controle de injeção eletrônica, controle de tração, controle de sistemas de frenagem antibloqueio (ABS) etc.;
- Domésticos: micro-ondas, lavadouras de louça, lavadouras de roupa etc.;
- Comunicação: telefones celulares, roteadores, equipamentos de GPS etc.;
- Robótica: robôs industriais, humanoides, *drones* etc.;
- Aeroespacial e militar: sistemas de gerenciamento de voo, controle de armas de fogo etc.;
- Controle de processos: processamento de alimentos, controle de plantas químicas e controle de manufaturas em geral.

Este capítulo irá discutir as principais motivações para a utilização de sistemas operacionais de tempo real na concepção de sistemas embarcados, destacando os principais impactos na utilização desse tipo de sistema frente às técnicas tradicionais de projeto. Ainda, descrevem-se os principais conceitos envolvidos em sistemas de tempo real. No texto os termos "processador" e *"central processing unit* (CPU)" serão utilizados de forma análoga para evitar o uso dos mesmos termos em longas sequências de texto.

1.1 Sistemas *foreground/background*

O ensino de projetos de sistemas embarcados usualmente se inicia com sistemas de baixa complexidade. Isso deve-se ao fato de ser o primeiro contato com uma mudança de paradigma de programação, em que em vez de se projetar um *software* sequencial, projeta-se um *software* que responda a eventos. Ademais, provavelmente será o primeiro contato com o projeto de um *software* que deve executar indefinidamente, enquanto o sistema estiver energizado. Existem várias formas de escrever um código que se comporte dessa maneira. No entanto, devido à sua simplicidade, normalmente começa-se utilizando o conceito *foreground/background*, também conhecido por superlaço. Nesse tipo de projeto, um laço infinito executa determinadas tarefas por meio da chamada de funções, sempre que a condição de solicitação de uma dessas tarefas ocorrer. Esse laço infinito é conhecido por *background*. Rotinas de serviço de interrupção (RSI) são utilizadas para o tratamento de eventos síncronos e assíncronos. Quando o sistema encontra-se nessas rotinas, define-se que se está em *foreground*.

As posições de *foreground* e *background* são também conhecidas por "nível de interrupções" e "nível de tarefas", respectivamente. A Figura 1.1 demonstra um diagrama temporal de operação de um sistema *foreground/background*.

Note que apesar do *foreground/background* ser um modelo de programação em que se desempenham tarefas a partir de testes de condições, a execução de tais testes e das funções que respondem a essas condições ainda é sequencial, somente sendo interrompida pelas rotinas de serviço de interrupção. Esse comportamento faz com que o tempo de resposta a uma condição dependa da posição atual do código no momento em que a condição se torna verdadeira. Portanto, para garantir os requisitos temporais de projeto, as operações críticas devem ser executadas pelas RSI. Como a maioria dos processadores permite alterar o nível de prioridade de suas interrupções, pode-se projetar a resposta temporal do sistema utilizando esse recurso. No entanto, como o código no âmbito de *background* somente será executado quando não houverem interrupções sendo tratadas, deve-se evitar que as rotinas de serviço de interrupção sejam longas a ponto de prejudicarem a execução do código em *background*.

Normalmente em sistemas utilizando superlaço as informações disponibilizadas pelas RSI são processadas no *background*, salvo nos casos em que as restrições temporais impeçam tal abordagem. Por exemplo, ao implementar um terminal de

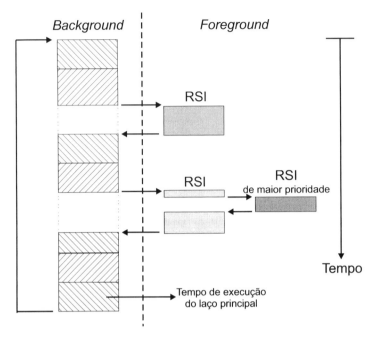

Figura 1.1 Exemplo de um sistema *foreground/background*.

Fonte Adaptado de Labrosse (1998).

comandos, o caractere digitado é recebido pela RSI, mas a ação relacionada a esse caractere é tomada em uma função executada no laço principal. O tempo para que essas informações sejam processadas é conhecido como "tempo de resposta de tarefa". O pior caso de tempo de resposta de tarefa em sistemas utilizando superlaço depende do tempo de execução do laço de *background*. É fácil perceber esse comportamento, pois o pior caso ocorre quando o evento a ser processado acontece logo após o seu teste no laço, sendo necessário um ciclo completo do laço para voltar a esse teste.

Nesse modelo de programação o tempo de execução de um ciclo do laço não é constante devido às tomadas de decisão inerentes ao código. Ainda, alterações no código afetam também o tempo de execução do laço. Assim, apesar do pior tempo de resposta de tarefa ser previsível, sucessivas execuções do laço podem apresentar grande variação de tempo de execução. Quando as tarefas do laço possuem grandes diferenças em tempo de execução, como a atualização de uma tela gráfica e a atualização de um terminal serial, a variação do tempo de execução do laço pode ir de poucos microssegundos a centenas de milissegundos.

Introdução aos sistemas de tempo real

Um outro aspecto que deve ser considerado quando projetando sistemas *foreground/background* é garantir que o código da RSI seja completamente executado antes que ocorra nova interrupção de um mesmo evento. No caso de ocorrer um agendamento de uma nova interrupção, antes que sua rotina de serviço da interrupção anterior seja completamente executada, poderá haver perda de dados e, consequentemente, as tarefas de *background* deixarão de ser alimentadas com esses dados. Ainda, no caso de ocorrer uma rajada de eventos, o processador poderá ficar excessivamente ocupado em modo *foreground*, prejudicando o tempo de resposta das tarefas em *background*.

Com o intuito de melhorar o tempo de resposta e otimizar o consumo de energia em sistemas utilizando superlaço, a abordagem mais utilizada é acionar os modos de baixo consumo de energia do processador no final do processamento do laço. A maioria dos processadores e microcontroladores permite configurar a saída do modo de baixo consumo de energia a partir da ocorrência de interrupções. Assim, executa-se todo o processamento por rotinas de serviço de interrupção e por funções em *background* acionadas por essas RSI.

A maioria das aplicações baseadas em microcontroladores ainda são projetadas utilizando-se o conceito *foreground/background*, principalmente quando se consideram cenários com baixa complexidade ou sem necessidade de rígidos requisitos em tempo de resposta. Isso deve-se aos desenvolvedores estarem acostumados com uma realidade em que as restrições de processamento e memória são muito grandes. Por esse mesmo motivo uma parcela considerável dos desenvolvedores de sistemas embarcados ainda tem pouco ou nenhum conhecimento em sistemas operacionais.

No entanto, nos últimos anos esse cenário tem se modificado. Atualmente sistemas embarcados são baseados em processadores e microcontroladores de alto desempenho com barramentos de 16, 32 e até 64 *bits*. Dispositivos de alto desempenho e baixo custo são oferecidos por uma grande variedade de fabricantes, geralmente com quantidades generosas de memória interna e uma grande gama de periféricos. Ademais, cada vez mais existem sistemas operacionais disponíveis, sejam estes gratuitos ou com licenças comerciais. Uma parcela de sistemas embarcados inclusive já permite o uso de sistemas operacionais de maior porte, como o Linux.

Apesar de a tecnologia atual viabilizar cada vez mais o uso de sistemas operacionais em sistemas embarcados, não significa que devemos fazer uso desse recurso em todo e qualquer projeto. Uma das perguntas que se pretende responder durante este capítulo é por que devemos utilizar um sistema operacional de tempo real no projeto de sistemas embarcados.

1.2 Sistemas operacionais

Um sistema operacional (SO) é um *software* ou conjunto de *softwares* cuja função é servir de interface entre um sistema microprocessado e o usuário (podendo este ser o usuário final ou o projetista de um sistema embarcado). Há basicamente duas formas distintas de se conceituar um sistema operacional:

- visão *top-down*: pela perspectiva do usuário ou projetista de aplicativos, provendo abstração do *hardware*, ou seja, fazendo o papel de intermediário entre o aplicativo e o *hardware* do sistema microprocessado;

- visão *bottom-up*: opera como gerenciador de recursos, ou seja, controla quais tarefas podem ser executadas, quando podem ser executadas e que recursos (*display*, comunicação etc.) podem ser utilizados.

De forma simplista pode-se dizer que um sistema operacional possui as funções de gerenciamento de tarefas, gerenciamento de memória e gerenciamento de recursos. Outros recursos importantes que um sistema operacional pode prover são sistemas de arquivos (FAT, NTFS, EXT3, ReiserFS etc.) e implementação de protocolos de comunicação, como TCP/IP e *universal serial bus* (USB).

De maneira geral, a utilização de sistemas operacionais encontra-se bastante difundida. Encontramos sistemas operacionais em computadores pessoais, telefones celulares, videogames, centrais de entretenimento etc. No entanto, existem distinções no projeto de SO que os tornam mais susceptíveis ao uso em determinadas aplicações. Por exemplo, os sistemas operacionais destinados ao uso em computadores pessoais têm características diferenciadas dos sistemas utilizados em *smartphones* e sistemas embarcados com restrições de tempo real.

O objetivo do texto a seguir é discutir a utilização de sistemas operacionais em sistemas embarcados e que impactos sua utilização irá trazer, tanto para o desenvolvedor do sistema quanto para o usuário final. Conceitos clássicos sobre sistemas operacionais e exemplos de implementação serão apresentados. Ainda, pretende-se apontar alguns dos motivos pelos quais há uma tendência cada

Introdução aos sistemas de tempo real

vez maior de utilização de sistemas operacionais, a partir de uma análise das vantagens e desvantagens de seu uso em sistemas embarcados.

Um bom ponto de partida para analisar o porquê de se utilizar um sistema operacional é definir o que é um *software* embarcado de qualidade. Apesar desse assunto poder se estender demasiadamente, existem boas práticas que deveriam ser aplicadas a todo e qualquer sistema embarcado. Assim, pode-se dizer que sistemas embarcados devem:

- realizar as tarefas a que se destinam corretamente;
- realizar essas tarefas no tempo esperado;
- ter comportamento previsível;
- ter seu código desenvolvido de forma a facilitar a manutenção;
- permitir a análise estática de sintaxe e fluxo de dados do código, bem como a análise de comportamento do código em tempo de execução;
- ter desempenho em tempo de execução previsível;
- ter requisitos de memória previsíveis.

Essa lista de requisitos pode ser ampliada, dependendo das características de uma dada aplicação. Felizmente, os tópicos listados anteriormente são um bom ponto de partida para analisar o impacto de se utilizar um sistema operacional de tempo real na concepção de um sistema embarcado.

1.3 Motivações para sistemas operacionais de tempo real

À medida que os sistemas embarcados crescem em complexidade, a implementação de um sistema *foreground/background* torna-se inviável, ou pelo menos de difícil concepção e manutenção. Ainda, certos sistemas embarcados necessitam de conexão com interfaces Ethernet, *wireless*, pilha TCP/IP, USB, RS-232, *displays*, memórias, entre outros. Portanto, o *software* a ser desenvolvido deve interagir com cada um desses dispositivos. Entretanto, como muitos desses dispositivos são comuns a vários projetos de sistemas embarcados, é importante reusar o máximo possível do *software* desenvolvido para evitar a replicação, a cada novo projeto, do esforço já dispendido por algum outro engenheiro de *software*. Somando-se a isso os problemas relacionados à interação entre esses recursos, dificilmente pode-se desenvolver soluções que permitam a reutilização de código com o emprego da técnica do superlaço.

Ao se projetar um sistema embarcado, deve-se implementar um agendamento de tarefas. Uma forma bastante simples de se implementar esses agendamentos consiste na utilização de um laço infinito contendo diversos testes de *flags*. Um *flag* pode ser visto como um semáforo, que indica se devemos avançar e executar um determinado código ou se devemos esperar para executá-lo. A Listagem 1.1 apresenta um exemplo de agendamento de processos utilizando *flags* em um laço infinito.

```
1  for (;;){
       // Somente atualiza o display se display_flag = 1
3      if (display_flag == 1){
           display_flag = 0;
5          atualiza_display();
       }
7
       /* Somente processa se houver tecla pressionada,
9      ou seja, se teclado_flag = 1 */
       if (teclado_flag == 1){
11         teclado_flag = 0;
           trata_teclado();
13     }
15     /* Somente atualiza o relogio se a interrupção de tempo
       configurar relogio_flag = 1 */
17     if (relogio_flag == 1){
           relogio_flag = 0;
19         atualiza_relogio();
       }
21 }
```

Listagem 1.1 Agendamento de processos por *flags*.

No método apresentado, a indicação de um *flag* (que nada mais é do que a troca de estado de um *bit*) pode ser gerado por uma interrupção. No caso de um relógio digital, por exemplo, uma interrupção associada a um temporizador assinala com o *flag* a cada 1 segundo que o relógio deve ser atualizado.

Embora esse método seja satisfatório para sistemas mais simples, como um forno de micro-ondas, algumas desvantagens podem ser citadas. No caso do forno, cada tarefa pode ser executada até que seja concluída. O código de processamento do teclado ocupa o tempo que for necessário para tratar as entradas de usuários pelo teclado. Novamente, nesse caso as tarefas são muito simples, e o tempo de processamento mais longo para a tarefa mais complexa é ainda muito curto para causar um problema.

Introdução aos sistemas de tempo real

Para melhor analisar o problema do desenvolvimento de sistemas embarcados deve-se partir do princípio mais fundamental nesse tipo de sistema. Em sistemas eletrônicos analógicos (tempo contínuo), todas as operações podem, caso necessário, ser executadas ao mesmo tempo, ou seja, concorrentemente. Ainda, as operações são em sua maior parte executadas instantaneamente. Obviamente isso não é possível em sistemas baseados em processadores, pois processadores só podem realizar uma operação por vez, já que são máquinas sequenciais. Complementarmente, essas operações levam tempo, ou seja, as operações não são executadas instantaneamente. Esses princípios são fundamentais para entender que as necessidades temporais do sistema em desenvolvimento são de grande importância para o projeto de um sistema embarcado.

Em um sistema simples, como um controlador de temperatura, pode-se facilmente determinar um conjunto de tarefas que descrevem sua operação. Por exemplo, o sistema deverá adquirir a temperatura do local/material que se pretende controlar a partir de um sensor de temperatura, ajustar/linearizar o sinal, compará-lo com a temperatura desejável, gerar um sinal de controle para o atuador do sistema e esperar um determinado tempo antes de voltar a executar esse conjunto de tarefas. Verifica-se que esse sistema apresenta algumas características básicas, como:

- executa em um laço contínuo;
- completa sua operação em cada passagem do laço;
- leva um determinado tempo para completar uma operação;
- repete sua operação periodicamente;
- não realiza outras tarefas enquanto espera pela próxima execução;
- necessita de uma mecanismo de controle de tempo para gerenciar sua periodicidade, sendo que a maioria das implementações utiliza um temporizador em *hardware* para isso.

Nesse exemplo, o período de execução do laço e o tempo máximo para completar uma operação são requisitos do sistema. Já o tempo de execução de uma operação e o tempo restante (tempo ocioso) dependem de como o código foi implementado e do *hardware* utilizado. Se considerarmos que o período entre ativações desse sistema de controle de temperatura é de 50 ms e que o tempo de execução de uma operação é de 5 ms, facilmente conclui-se que a ocupação do processador é de 10%. Três observações podem ser realizadas a partir desse exemplo: (1) em sistemas embarcados as tarefas devem ser realizadas completamente a cada vez que são ativadas; (2) em um sistema prático deve haver algum tempo livre; (3) possuir um período que determina o espaçamento entre ativações não significa que necessariamente se tem o tempo total entre ativações para completar um operação, ou seja, o atraso excessivo de processamento das informações pode causar problemas com o comportamento geral do sistema.

O exemplo anterior de sistema permite construir uma solução ótima para o *software* com o mínimo possível de complexidade a partir de uma estrutura de laço infinito. No entanto, percebe-se que tal sistema consiste somente em uma operação bem definida. Quando é preciso aumentar a escala do sistema embarcado para múltiplas operações, outras preocupações surgem no projeto. No entanto, o uso de laço infinito no projeto não deve ser descartado inicialmente, mesmo em projetos de sistemas com múltiplas operações.

Suponha que se deseja conceber o *software* para o controle de um quadricóptero, em que é necessário realizar controles de arfagem, rolagem e guinada. Cada um desses controles individualmente pode ser visto como o mesmo problema do controle de temperatura do exemplo anterior. No entanto, estabilizar o quadricóptero no ar depende da realização das três operações. Assume-se que os requisitos de tempo para esses controles são:

- o controle de arfagem deve ser realizado 25 vezes por segundo (período de 40 ms);
- o controle de rolagem deve ser realizado 50 vezes por segundo (período de 20 ms); e
- o controle de guinada deve ser realizado 100 vezes por segundo (período de 10 ms).

O *software* de controle desse sistema pode ser desenvolvido a partir da extensão da abordagem utilizada para o controle de temperatura. No entanto, além de realizar a execução periódica das três operações, deve-se realizá-la com diferentes taxas. O exemplo apresentado na Listagem 1.2 é uma possível abordagem para realizar os três controles em diferentes taxas. Note que agora é necessário que haja uma coordenação entre as operações, realizada pela análise da variável *flag*.

A implementação do controle de temperatura e do controle de quadricóptero concebida dessa maneira não necessita nem mesmo de interrupções de um

Introdução aos sistemas de tempo real

```
1   int flag = 0;

3   while(1){
      swith(flag){
5       case 0:
          ExecutaControleGuinada();
7         ExecutaControleRolagem();
          ExecutaControleArfagem();
9         flag = 1;
          break;
11
        case 1:
13        ExecutaControleGuinada();
          flag = 2;
15        break;

17      case 2:
          ExecutaControleGuinada();
19        ExecutaControleRolagem();
          flag = 3;
21        break;

23      case 3:
          ExecutaControleGuinada();
25        flag = 0;
          break;
27    }
      // Espera de 10 ms
29    Espera_ms(10);
    }
```

Listagem 1.2 Exemplo de solução para a execução concorrente de três controladores de um quadricóptero com diferentes taxas de ativação.

hardware temporizador, pois pode ser realizada por um simples contador ou até mesmo por contagens de ciclos de *clock* do processador, para controlar a periodicidade da execução das operações. Note que existem níveis de aplicações críticas em que não se permite o uso de interrupções. Por exemplo, o controle de temperatura em um reator nuclear.

Todavia, ao considerar maior complexidade no sistema em desenvolvimento, a abordagem utilizada até o momento começa a apresentar suas deficiências. Considerando-se uma série de tarefas secundárias ao controle do quadricóptero, como um sistema de rádio frequência para o controle do equipamento, uma câmera para capturar imagens aéreas e um sistema de armazenamento em memória não volátil de informações do voo, surgem novos desafios no projeto desse sistema embarcado. Assim, baseando-se nos requisitos do sistema, pode-se iniciar o projeto do *software* embarcado pelo desenvolvimento individual de cada uma das operações que devem ser realizadas. No entanto, é improvável que a união dos trechos individualizados de código funcione corretamente utilizando o método proposto anteriormente.

O problema em unir as diferentes operações do sistema embarcado proposto é o paralelismo de tarefas assíncronas, ou seja, a existência de concorrência entre tarefas que são independentes e que não possuem períodos de ativação múltiplos. A análise desse problema fica mais clara quando se percebe que:

- existem operações que devem ser executadas em intervalos regulares;
- existem operações que são ativadas aleatoriamente (tarefas aperiódicas);
- existem operações que devem ser executadas simultaneamente;
- existem operações de longa duração na execução;
- e que os requisitos de tempo de cada operação são muito diferentes.

Uma análise mais profunda dos requisitos temporais permite identificar as principais dificuldades existentes na técnica de projeto anterior para o caso proposto. Os laços de controle de arfagem, rolagem e guinada possuem período de 25, 50 e 100 ms, respectivamente. Imagine que o tempo de execução de cada controlador seja de 2 ms. As tarefas secundárias podem ser caracterizadas a título de exemplo como:

- controle por radiofrequência: conexão com um rádio por comunicação *serial peripheral interface* (SPI) e um pino de I/O para informar a chegada de um pacote. Os pacotes de controle do rádio têm 20 *bytes* e a taxa de transmissão da SPI está configurada para 500 kb/s. Note que um novo comando pode chegar a cada 312,5 µs;
- leitura dos sensores: antes de os laços de controle serem executados, a informação já deve ter sido lida. Assim, os dados dos sensores como giroscópio e acelerômetro são adquiridos por uma conexão I2C (*inter-integrated circuit*) a 400 MHz. Os dados dos sensores devem ainda ser filtrados e pós--processados para então serem aproveitados pelos algoritmos de controle;
- conexão com a câmera: conexão por meio de interface DCMI (*digital camera memory interface*). A conexão de dados é paralela e existem dois pinos de controle para sincronia dos quadros de imagem. Uma vez que a captura de imagem é disparada, quadros de imagem devem ser adquiridos pela interface a uma taxa de 54 MHz, em que a cada dois ciclos um valor de 32 *bits* é adquirido. O tempo total para aquisição de uma imagem pode atingir até 1,5 ms. Após a aquisição da imagem os dados são salvos em um cartão

SD. A taxa de escrita no cartão é de 500 kB/s, o que significa um tempo total de 600 ms para salvar uma imagem;

- conexão com a memória não volátil: conexão com memória *flash* por SPI a uma taxa de 1 Mb/s. Os dados de giroscópio, acelerômetro e outros sensores devem ser salvos a cada 500 μs para análises posteriores de padrões de voo; o tempo de escrita dos dados na *flash* pode ser de até 100 μs.

Se existem operações com taxas de execução na faixa de microssegundos e o método de *polling* for utilizado como apresentado anteriormente, a taxa de verificação de cada operação deve ser muito alta. Por exemplo, pelo menos a cada 312,5 μs para retirar os dados do rádio antes que um novo pacote de dados seja recebido. Ou, ainda, pelo menos a cada 500 μs para atender aos requisitos de armazenamento da memória não volátil. A conclusão é que se torna praticamente impossível projetar o *software* desse sistema embarcado de uma maneira simples. Nesses casos o uso de interrupções é imprescindível para o projeto do sistema.

Interrupções são a forma de o *hardware* informar que um determinado periférico necessita atenção. Eventos típicos do mundo real que ocorrem em um sistema microprocessado e geram interrupções são: a transição de estado de um pino de entrada/saída conectado a um teclado, dados sendo recebidos por uma porta serial, um temporizador expirando sua contagem, entre outros. Quando uma interrupção ocorre, um código específico, projetado pelo desenvolvedor, deve atender a solicitação do periférico que a gerou. Esse trecho de código, conforme visto anteriormente, chama-se rotina de serviço de interrupção. Muitos sistemas embarcados são projetados tendo na coordenação de tratamento de eventos as rotinas de serviço de interrupções.

Se for aplicado o método de gerenciamento por eventos/interrupções no exemplo do sistema embarcado do quadricóptero, verifica-se o seguinte comportamento:

- o controle de arfagem é ativado por uma interrupção de um temporizador a cada 40 ms;

- o controle de rolagem é ativado por uma interrupção de um temporizador a cada 20 ms;

- o controle de guinada é ativado por uma interrupção de um temporizador a cada 10 ms;

- a leitura dos pacotes do rádio é realizada a partir de uma interrupção gerada pela transição de um pino de entrada/saída. A transição de estado no pino é proveniente do próprio rádio ao receber um pacote de dados por radio frequência;

- a leitura dos sensores é realizada a partir de uma interrupção de um temporizador, programada para ocorrer a cada 500 µs, conforme determinado pela operação de salvamento de dados de voo na memória não volátil do sistema;

- a aquisição das imagens pela câmera não é disparada por uma interrupção, mas sim por uma requisição do rádio.

O que se obtém ao utilizar essa abordagem é um conjunto de operações, realizadas por determinados trechos de código que são ativados por interrupções e que cooperam entre si. Pode-se perceber facilmente que se somente um processador está disponível no sistema, essas operações não podem ocorrer concorrentemente. Assim, no instante em que um desses trechos de código for disparado por um evento, os recursos computacionais disponíveis serão direcionadas para completar essa operação.

Portanto, em um sistema baseado em eventos ocorre a aparente execução concorrente de um conjunto de tarefas individuais. Apesar de as interrupções facilitarem o projeto de um sistema embarcado, na maioria dos casos o comportamento do sistema em tempo de execução não pode ser previsto ou analisado. Uma das maiores dificuldades em se utilizar um sistema embarcado dirigido por interrupções é que os desenvolvedores devem ser altamente qualificados, tanto em *hardware* quanto em *software*. Isso ocorre principalmente porque a forma com que as tarefas partilham o uso do processador em tempo é muito restritiva. Dessa maneira, quando a abordagem por interrupções é empregada por desenvolvedores inexperientes, o resultado em termos de desempenho e comportamento pode deixar a desejar.

Outro potencial problema com tarefas independentes e com diferentes requisitos de tempo em um sistema baseado em prioridades é a definição de prioridades. Caso os códigos sejam todos executados nas rotinas de serviço de interrupção, existe a possibilidade de configurar parcialmente os níveis de prioridade. No entanto, com a abordagem *foreground/background*, todas as operações possuem a mesma prioridade. A impossibilidade de se projetar um sistema embarcado com prioridades pode fazer com que um sistema seja não realizável, uma vez que tarefas com grandes restrições temporais podem ser atrasadas pelo processamento de uma tarefa com menor importância quanto ao cumprimento de prazos.

Com o objetivo de suprir as deficiências de sistemas *foreground/background* para aplicações de maior complexidade e simplificar o projeto de sistemas por parte do desenvolvedor, surge o conceito de sistemas operacionais de tempo real (do inglês *real-time operating systems* – RTOS). Esses sistemas minimizam a complexidade de sistemas processados para o desenvolvedor, permitindo que ele se concentre nos principais objetivos do sistema em desenvolvimento. Ainda, se os *drivers* já estiverem disponíveis no sistema, não há nem mesmo necessidade de se conhecer detalhes de periféricos como temporizadores e conversores analógico/digital e até mesmo interrupções.

Um grande número de sistemas embarcados possuem restrições temporais bem definidas, pois são criados especificamente para um propósito. Geralmente esses sistemas interagem com eventos externos, que podem ser únicos ou múltiplos, ou, ainda, síncronos ou assíncronos. Quanto maior a quantidade de eventos a serem tratados, maior a complexidade do sistema e mais difícil se torna o projeto baseado em superlaço. Um sistema embarcado deve receber esses eventos, tratá-los e tomar decisões baseadas nesses eventos, provendo respostas em período hábil e limitado, independentemente de quantos e quais eventos ocorrerem. Portanto, o sistema deve ser o mais determinístico possível. Essa característica da maioria dos sistemas embarcados incentivou a criação de sistemas operacionais que possibilitassem o cumprimento de tais prazos da melhor forma possível.

Assim, um RTOS deve gerenciar os recursos limitados de um sistema embarcado e tentar cumprir da forma mais eficiente possível suas restrições temporais. No entanto, somente utilizar um RTOS não necessariamente faz com que o sistema opere de forma determinística. O projetista deve utilizar os recursos do RTOS e técnicas de projeto de sistemas de tempo real de forma a obter o comportamento desejado para o sistema projetado.

Um RTOS pode ser implementado de duas formas básicas: somente o núcleo (mais conhecido como *kernel*) ou o sistema operacional completo. O núcleo geralmente implementa os serviços básicos do sistema, como gerenciamento de tempo e memória, semáforos, filas, entre outros. Um sistema operacional completo deve possuir *drivers* para diversos periféricos, sistema de arquivos, pilhas de comunicação, entre outros recursos comumente utilizados. Apesar de um sistema mais completo trazer facilidades ao usuário, nada impede que desenvolvedores criem seus próprios *drivers* e pilhas de protocolos utilizando as facilidades providas pelo sistema operacional.

Uma característica comum dos RTOS é a de que o *hardware* do sistema deve gerar uma interrupção periódica, conhecida por marca de tempo (ou, ainda, *timer tick*). Essa marca de tempo é utilizada para o gerenciamento de tempo, agendamento de tarefas e outras funções básicas do sistema. No entanto, existem sistemas operacionais que não requerem interrupções de tempo periódicas, operando completamente a partir de eventos assíncronos.

Um sistema operacional de tempo real suporta tipicamente as seguintes funções:

- multitarefas, que normalmente implica:

  - ativar e desativar tarefas;

  - configurar prioridade de tarefas;

  - agendamento de tarefas;

- comunicação e sincronização entre tarefas;

- gerenciamento de memória;

- gerenciamento de tempo.

A seguir, os principais conceitos relativos a sistemas operacionais de tempo real serão abordados. A partir do melhor entendimento desses conceitos, será possível analisar como os recursos disponibilizados por essa modalidade de sistema operacional pode ajudar no projeto de sistemas embarcados e no cumprimento de suas restrições temporais.

1.4 Definições relativas a sistemas operacionais

1.4.1 Tarefas, corrotinas, processos e *threads*

O conceito de tarefas, corrotinas, processos e *threads* é muitas vezes erroneamente interpretado. Portanto, vamos separar nesta seção a análise tradicional desses conceitos e o que geralmente se aplica a sistemas operacionais de tempo real.

Em sistemas operacionais tradicionais, os termos mais utilizados em referência a estruturas de concorrência são "processos" e "*threads*", apesar de nada impedir o uso de corrotinas. Nesses sistemas, um processo é um agrupamento de recursos relacionados, por exemplo: memória, arquivos abertos, *threads* etc. Já as *threads* são o fluxo de execução do processo e são escalonadas pelo sistema operacional. Consequentemente, são as *threads* que possuem contexto e pilha (do inglês *stack*). As *threads* compartilham o espaço de memória alocado pelo processo, arquivos abertos etc. Nesse tipo de sistema operacional mais tradicional, um processo pode conter uma ou mais *threads*.

No entanto, quando falamos em sistemas operacionais de tempo real, principalmente em sistemas embarcados, o conceito de processo possui uma complexidade incompatível com a maioria das aplicações. Portanto, geralmente os RTOS utilizam muitas vezes a nomenclatura de tarefas e *threads*. Nesse contexto, uma tarefa não é equivalente a um processo, muito menos uma *thread* tem o mesmo conceito anteriormente definido. Analisando de forma mais simplista, não existem processos quando nos referimos a um RTOS, e as tarefas assumem o papel anteriormente definido para as *threads*.

Assim, uma tarefa tem como atribuição executar uma ação por meio de uma sequência de instruções. Tarefas podem realizar funções de sistema, como gerenciar o *driver* de um periférico, ou funções definidas pelo usuário/desenvolvedor, implementando uma funcionalidade específica do sistema embarcado concebido. A principal característica de uma tarefa é ser uma entidade que o sistema operacional pode executar concorrentemente. Dessa forma, podemos dizer que uma tarefa é um programa simples que pensa possuir o processador somente para si e que, ao ser instalado no sistema, recebe a sua própria área de pilha. Esse conceito é praticamente o mesmo aplicado a *threads* em sistemas operacionais tradicionais.

A Figura 1.2 demonstra um sistema com múltiplas tarefas compartilhando um mesmo processador. Note que cada tarefa possui sua pilha, sendo utilizada para alocar variáveis locais, armazenar informações de retorno das funções e interrupções executadas durante sua ativação, e armazenar o contexto da tarefa quando interrompida. O contexto da tarefa são os dados contidos nos registradores de propósito geral do processador, bem como de seus registradores especiais, por exemplo, o contador de programa e o registrador de estado do processador. Verifica-se que quando uma tarefa assume o processador, as informações contidas nos registradores em sua última ativação (ou seja, seu contexto) são carregadas novamente nos registradores do processador. A posição da pilha da qual se busca essa informação é definida pela última posição conhecida do ponteiro de pilha (*stack pointer*) da tarefa sendo restaurada, que é armazenada em uma estrutura de dados especial do sistema operacional conhecida por bloco de controle de tarefa. Portanto, não só é necessário possuir uma pilha por tarefa como também é necessário armazenar a posição atual do ponteiro de pilha de cada tarefa.

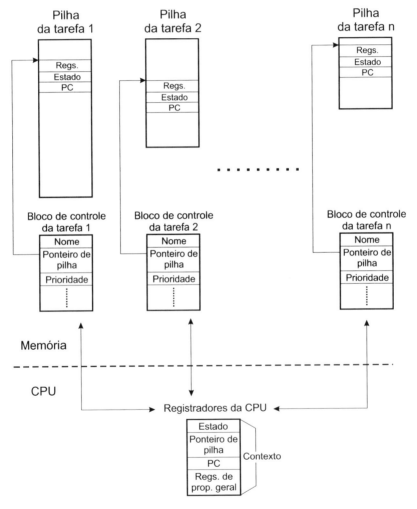

Figura 1.2 Alocação de múltiplas tarefas.

Fonte Adaptado de Labrosse (1998).

Nesses sistemas mais simples não existe obrigatoriamente a necessidade de se criar regiões de memória protegida, como no caso de processos. Assim, apesar de tarefas possuírem sua própria pilha, compartilham a memória global do sistema sem nenhuma restrição. Isso não impede que certos RTOS implementem a proteção de regiões da memória, mas normalmente esse recurso está associado a um suporte oferecido pelo *hardware* utilizado.

As tarefas tipicamente se apresentam como laços infinitos que podem estar em cinco condições ou estados: execução, pronto para execução, espera, interrompido e inativo. Quando a tarefa está no estado de execução, recebe os recursos do processador do sistema e realiza as ações a que se destina. Já no estado "pronta para execução", a tarefa está pronta para ser executada, embora ainda não tenha recebido os recursos do processador. No estado de espera a tarefa para de executar suas ações e passa a esperar por um determinado evento. Quando uma rotina de serviço de interrupção é executada, necessariamente precisa interromper a tarefa em execução. O estado inativo ocorre quando uma tarefa encontra-se na memória, mas não foi disponibilizada para o agendador de tarefas. A Figura 1.3 apresenta os estados das tarefas em um sistema multitarefas, bem como as possíveis alterações entre estados.

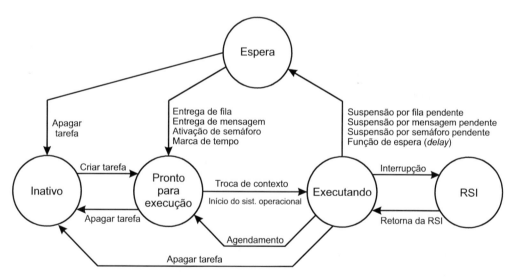

Figura 1.3 Estados das tarefas.

Fonte Adaptado de Labrosse (1998).

As corrotinas são similares às tarefas, também possuem prioridade, estados e uma função que é executada no momento em que a corrotina assume o controle do processador. No entanto, existem diferenças importantes entre tarefas e corrotinas. Uma das mais significativas está relacionada à pilha da tarefa, que não existe nas corrotinas, ou seja, uma corrotina não possui contexto próprio. Assim, uma corrotina pode armazenar um valor em um registrador antes de ser interrompida e, quando retornar à sua execução, o valor dessa variável pode ou não ser o mesmo, pois outra corrotina pode ter alterado o valor do registrador durante sua execução.

Enquanto o conceito de tarefa é tipicamente associado a um escalonamento preemptivo, ou seja, a cessões involuntárias do controle do processador, o escalonamento de corrotinas é essencialmente cooperativo, pois uma corrotina deve suspender explicitamente sua execução para permitir que outra corrotina possa executar. Assim, o escalonador somente deve decidir qual corrotina deve assumir o processador no momento em que a corrotina em execução interrompe-se. A política de escolha pode ser baseada em prioridades, em ordenações (FIFO, por exemplo), entre outras.

Uma implementação convencional de um ambiente de gerência para corrotinas pode implicar um comportamento indesejado para certas aplicações. Se, por exemplo, uma corrotina é bloqueada ao realizar uma operação de entrada ou saída (como escrever em um *display* ou ler dados de um conversor A/D), nenhuma outra corrotina receberá o controle do processador. Assim, todo o sistema é bloqueado, o que pode comprometer consideravelmente seu desempenho. Note que, para esse bloqueio ocorrer, a corrotina deve acessar um código de espera que não ceda o processador ou acessar um objeto de sincronismo do sistema vinculado às tarefas.

Apesar disso, uma solução para esse problema geralmente é implementada em bibliotecas de entrada e saída na maioria dos sistemas com suporte a corrotinas. Nessas bibliotecas é possível associar um tempo máximo de espera para o término de uma operação. Assim, ao realizar uma operação de entrada ou saída com esse recurso a corrotina é suspensa, permitindo que o gerenciador de corrotinas entregue o processador a outra corrotina. Quando a corrotina interrompida é reativada, a função de entrada ou saída é retomada, finalizando sua operação ou suspendendo novamente a corrotina se a operação não se completou no tempo especificado.

Uma biblioteca de corrotinas em linguagem C foi desenvolvida, por Simon Tatham, utilizando a diretiva *switch* de forma não trivial (TATHAM, 2000). A implementação se baseia no conceito de continuação local, que representa um ponto de "retorna e continua" em uma função. Assim, a função deve apresentar múltiplos pontos de entrada e saída. Por exemplo, considerando a função *func()* da Listagem 1.3, gostaríamos de poder executá-la de forma que, a cada execução, o valor de retorno fosse dependente da execução anterior. Isto é, que a função *func()* retornasse, na primeira execução, o valor 0, na segunda, 1, na terceira, 2, e assim sucessivamente. Para conseguir esse efeito, é necessário modificar a função *func()* para que ela possa armazenar seu estado de execução, bem como os dados a ele associados, conforme mostrado na Listagem 1.4. Note que a função passou a conter uma variável "estado" que mantém seu estado de execução e que é utilizada para selecionar o ponto de continuação com as diretivas *switch* e *goto*. Além disso, as variáveis foram declaradas com o qualificador *static* para que sejam preservadas entre execuções consecutivas da função.

```
int func(void){
  int i = 0;
  for(i = 0; i < 10; i++){
    return i;
  }
}
```

Listagem 1.3 Função que deve apresentar uma continuação local.

```
int func(void){
  static int i, estado = 0;
  switch(estado){
    case 0: goto LABEL0;
    case 1: goto LABEL1;
  }
  LABEL0: /* primeira execução da função inicia neste ponto */
  for(i = 0; i < 10; i++){
    estado = 1;
    return i;
    LABEL1:;/* próximas execuções continuam a partir deste ponto */
  }
}
```

Listagem 1.4 Função com continuação local.

Embora essa solução possa ser utilizada para implementar os pontos de continuação local das corrotinas, o código tem um custo alto de manutenção, pois deve-se acrescentar um novo rótulo e uma nova entrada na seleção no bloco de *switch* para cada ponto de continuação local a ser incluído na corrotina. Por isso, Tatham se baseou em uma forma não trivial de se usar o *switch-case* para reescrever o código da corrotina de forma mais enxuta, a qual foi proposta primeiramente por Tom Duff e usada em seu famoso *dispositivo de Duff* (DUFF, 1988). Dessa forma, consegue-se utilizar o posicionamento da diretiva *case* do *switch* e realizar conjuntamente a seleção e o salto até o ponto de continuação local, evitando, portanto, o uso do *goto*, conforme mostrado na Listagem 1.5.

```c
int func(void){
  static int i, estado = 0;

  switch(estado){
    case 0: /* primeira execução da função inicia neste ponto */
    for(i = 0; i < 10; i++){
      estado = 1;
      return i;
      case 1: ; /* próximas execuções continuam a partir deste ponto */
    }
  }
}
```

Listagem 1.5 Função com continuação local usando diretamente *switch*.

Note que uma diretiva *case* foi colocada dentro do laço *for*, e isso, embora não seja usual, é válido na linguagem C. Além disso, a variável "estado", que é utilizada para identificar o ponto de continuação local, precisa assumir um valor único para cada ponto, porém a escolha do valor é arbitrária. Por isso, é possível utilizar a macro __LINE__ do pré-processador da linguagem C para gerar automaticamente o valor de "estado" e da respectiva diretiva *case*, e ainda "esconder" todos esses detalhes em macros de pré-processador, conforme apresentado na Listagem 1.6.

```c
#define crBegin    static int estado=0; switch(estado) { case 0:

#define crReturn(x) do { estado=__LINE__; return x; \
                       case __LINE__:; } while (0)
#define crFinish    }

int func(void){
  static int i;
  crBegin;
  for (i = 0; i < 10; i++)
    crReturn(i);
  crFinish;
}
```

Listagem 1.6 Função com continuação local usando *switch* por meio de macros de pré-processador.

Essa implementação de corrotinas pelo emprego do *switch* serviu como base para a criação da biblioteca de corrotinas do sistema operacional de tempo real FreeRTOS [1] e da biblioteca Protothreads,[2] a qual é utilizada no sistema Contiki [3]

---

[1] O *kernel* FreeRTOS foi criado por David Barry em 2003. Ver freertos.org.
[2] Ver www.dunkels.com/adam/pt.
[3] Contiki é um sistema operacional *open source* para a internet das coisas. Ver www.contiki-os.org.

Introdução aos sistemas de tempo real

e na implementação da pilha de TCP/IP uIP.[4] As corrotinas implementadas pela biblioteca Protothreads são também denominadas *protothreads*.

As corrotinas implementadas com a diretiva *switch* ocupam pouca memória de dados para manter o contexto de execução, que consiste basicamente no número da linha associado ao ponto de continuação local e, em geral, pode ocupar apenas dois *bytes* de RAM por corrotina. Note que as variáveis locais não são mantidas, sendo necessário utilizar variáveis estáticas ou globais caso haja necessidade de preservar as variáveis entre execuções consecutivas. Além disso, a implementação é altamente portável, uma vez que não requer codificação de instruções diretamente em *assembly*. Por outro lado, tal implementação tem a limitação de não permitir o uso do *switch* no código da corrotina. Caso se pretenda utilizar a diretiva *switch*, uma implementação alternativa para o compilador GCC está disponível na biblioteca Protothreads e faz uso de uma extensão do compilador que permite utilizar rótulos como ponteiros. Na Listagem 1.7 tem-se algumas das macros disponíveis na biblioteca Protothreads. Já a Listagem 1.8 apresenta um exemplo de uso dessa biblioteca, e a Listagem 1.9 demonstra como ficará o código resultante após a expansão das macros.

```
1  struct pt { unsigned short lc; };
   #define PT_THREAD(name_args)  char name_args
3  #define PT_BEGIN(pt)          switch(pt->lc) { case 0:
   #define PT_WAIT_UNTIL(pt, c)  pt->lc = __LINE__; case __LINE__: \
5                                if(!(c)) return 0
   #define PT_END(pt)            } pt->lc = 0; return 2
7  #define PT_INIT(pt)           pt->lc = 0
```

Listagem 1.7 Macros de pré-processador da biblioteca Protothreads com uso do *switch*.

```
1  static PT_THREAD(exemplo(struct pt *pt)){
     PT_BEGIN(pt);
3
     while(1) {
5      PT_WAIT_UNTIL(pt, contador == 1000);
       printf("Contagem máxima alcançada.\n");
7      contador = 0;
     }
9    PT_END(pt);
   }
```

Listagem 1.8 Exemplo de *protothread* com uso do *switch* por meio de macros da biblioteca Protothreads.

Apesar de corrotinas terem limitações, usualmente consomem menos recursos do sistema, o que as torna interessantes para sistemas com limitações

---

[4] Adam Dunkels. The uIP Embedded TCP/IP Stack The uIP 1.0 Reference Manual. 2006

```
static char exemple(struct pt *pt){
   switch(pt->lc) { case 0:

     while(1) {
       pt->lc = 8; case 8:
       if(!(contador == 1000)) return 0;
       printf("Contagem máxima alcançada.\n");
       contador = 0;
     }
   } pt->lc = 0; return 2;
}
```

Listagem 1.9 Exemplo de *protothread* com uso do *switch* com as macros da biblioteca Protothreads expandidas.

extremas de memória e capacidade de processamento. Por outro lado, atualmente a maioria dos processadores e microcontroladores dispõe de recursos suficientes para executar um sistema multitarefas completo, deixando as corrotinas em segundo plano para a maioria das implementações.

1.4.2 Prioridades

O gerenciamento de um sistema multitarefas pode se tornar bastante complexo se várias tarefas precisarem ser executadas ao mesmo tempo em um determinado momento. Para ajudar nessa gerência de tempo e recursos, regras precisam ser definidas. Uma das possíveis maneiras de se implementar regras é a partir de prioridades de execução. Dessa forma é possível definir a ordem de execução das tarefas que concorrem à execução em um mesmo momento.

Em um sistema operacional de tempo real podem existir dois cenários: sistemas que permitem múltiplas tarefas com uma mesma prioridade ou sistemas que somente suportam uma tarefa por prioridade. Um estudo aprofundado sobre a utilização de prioridades será apresentado na seção sobre escalonadores de sistemas operacionais, no Capítulo 3, em que se aborda o principal assunto vinculado a prioridades: como distribuí-las entre as tarefas do sistema.

1.4.3 Sistemas multitarefas

Um sistema multitarefas executa a função de multiplexador de um processador, compartilhando a utilização deste entre várias tarefas. Pode-se dizer que um sistema multitarefas opera como um sistema *foreground/background* com múltiplos *backgrounds*. Nesse caso, em vez de existir um grande laço com diversos testes, existe um laço em cada tarefa com uma condição de execução. Essa condi-

Introdução aos sistemas de tempo real

ção pode ser um evento assíncrono, tempo ou até mesmo a ordem de inclusão da tarefa no sistema.

Os sistemas multitarefas tendem a maximizar a utilização do processador, além de possibilitar a construção modular de um sistema baseado nas ações que chamamos de tarefas. Um dos aspectos mais importantes da multitarefa é permitir que o desenvolvedor gerencie de uma melhor forma a complexidade inerente às aplicações de tempo real. Sistemas embarcados são normalmente mais fáceis de projetar e manter quando se utiliza um sistema multitarefas, principalmente por permitir um "isolamento virtual" entre as tarefas executadas pelo sistema. Esse isolamento, quando bem projetado, permite um melhor reaproveitamento de código, pois torna os diversos módulos que compõem o sistema independentes. Assim, a adição ou remoção de funcionalidades não influencia a execução de outras tarefas realizadas pelo sistema. Apesar disso, muitos desenvolvedores têm dificuldade na depuração de um sistema multitarefa, por existirem múltiplas sequências de código sendo executadas concorrentemente.

Um sistema com a habilidade de gerir múltiplas tarefas não é considerado um sistema operacional. Para ser considerado um sistema operacional com capacidades mínimas, um sistema deve gerenciar memória, recursos, tempo, entre outros, e, ainda, permitir formas de comunicação e sincronização entre tarefas. Os principais aspectos relativos a essas funcionalidades de um sistema operacional serão apresentados no decorrer dos capítulos seguintes.

1.4.4 Recursos

O gerenciamento de recursos é uma das funções de um sistema operacional. Pode-se dizer que os principais recursos a serem gerenciados são o processador, a memória e os periféricos do sistema. Um recurso é, portanto, qualquer entidade utilizada por uma tarefa. Apesar desse conceito mais abrangente, em que o processador é um recurso a ser gerenciado, a forma de implementação do gerenciamento do processador difere dos outros recursos. Portando, iremos nos referir a recursos no texto de forma genérica como periféricos e memória. Exemplos de recursos são dispositivos de entrada/saída, como teclados, *displays*, conversores A/D etc., ou, ainda, variáveis, estruturas, vetores, matrizes, entre outros.

Os recursos podem ser utilizados por mais de uma tarefa, sendo chamados de recursos compartilhados. Cada tarefa deve obter direito exclusivo de acesso a um recurso compartilhado para evitar corrupção de dados ou mau funcionamento. Imagine que duas tarefas compartilhem um *display LCD* alfanumérico. Se uma tarefa interromper o processo de escrita no *display* de uma outra tarefa, pode haver duas situações de falha: o protocolo de comunicação com o *display* poderá ser afetado ou a mensagem escrita na tela poderá conter erros, misturando as informações das duas tarefas. O acesso exclusivo de um recurso é conhecido em sistemas operacionais por exclusão mútua, e técnicas para garantir essa condição serão discutidas com mais detalhes no Capítulo 4.

1.4.5 Núcleo (*kernel*)

O núcleo é o módulo central de um sistema operacional e é responsável pelo gerenciamento do processador, da memória, do tempo e dos demais recursos de um sistema computacional. Pode ainda ser visto como o elo entre esses recursos computacionais e as tarefas por ele executadas. Entre as principais funções de um núcleo estão a criação e eliminação de tarefas, a sincronização e comunicação entre essas tarefas e a decisão de qual tarefa deve executar em um determinado momento. O processo de troca da tarefa que está em execução pelo processador também é realizado pelo núcleo.

Em sistemas mais simples, como os baseados em corrotinas, a troca de tarefas ocorre simplesmente pelo retorno da função que implementa a tarefa executada no momento e, logo após, pela chamada da função que contém a próxima tarefa a ser executada. No entanto, na maioria dos sistemas multitarefas a troca da tarefa em execução é realizada por um procedimento conhecido como troca ou chaveamento de contexto. Quando um núcleo multitarefa decide executar uma tarefa diferente, este salva o contexto da tarefa em execução na área de armazenamento de contexto, ou seja, a pilha da tarefa sendo executada no momento. Uma vez que essa operação é realizada, altera-se a pilha em uso para a da nova tarefa e restaura-se o contexto dessa tarefa a partir de sua pilha para o processador. No momento em que o contexto é restaurado, um dos registradores alterados é o contador de programa (*program counter*), fazendo com que o código da nova tarefa passe a ser executado.

Para melhor exemplificar o que acontece durante uma troca de contexto será utilizada uma sequência de figuras da pilha de duas tarefas em determinados momentos desse processo, bem como seus respectivos ponteiros de pilha. O processador utilizado no exemplo é um ARM Cortex-M4. Ainda, para melhor

Introdução aos sistemas de tempo real

acompanhar o exemplo, as listagens 1.10 e 1.11 descrevem o código contido em cada tarefa, escrito para o sistema Brazilian Real-time Operating System (BRTOS). Note que ambas as tarefas declaram pelo menos uma variável local e, da mesma forma, ambas desistem do processador por um determinado tempo utilizando uma função de atraso do sistema.

```
void task_1(void){
  int milisec = 0;
  int sec = 0;

  while(1){
    OSDelayTask(1000);
    milisec++;
    if (milisec >= 1000){
      milisec = 0;
      sec++;
    }
  }
}
```

Listagem 1.10 Código-fonte de uma tarefa exemplo escrita para o sistema BRTOS.

```
void task_2(void){
  int i = 0;

  while(1){
    i++;
    OSDelayTask(10000);
  }
}
```

Listagem 1.11 Código-fonte de uma segunda tarefa exemplo escrita para o sistema BRTOS.

Iniciando a análise da troca de contexto entre essas tarefas, a Figura 1.4 apresenta a pilha da primeira tarefa após sua instalação. Note na figura que a posição do ponteiro de pilha de uma tarefa que acabou de ser instalada aponta para o topo do contexto a ser restaurado.

No caso do processador ARM, o conteúdo do contexto são seus registradores de propósito geral, contador de programa e registrador de condições. Pode-se notar no contexto apresentado, a partir do endereço 0x2001550C, a seguinte ordem de registradores: R4, R5, R6, R7, R8, R9, R10, R11, *backup* de LR, R0, R1, R2, R3, R12, LR, PC, PSR (registrador de condições). Algumas observações são importantes neste ponto:

```
0x200154d0 - 0x2001550C(-0x3c) <Memory Rendering 3>

32-Bit Hex - TI Style    ∨

0x200154D0    00000000 00000000 00000000 00000000 00000000
0x200154E4    00000000 00000000 00000000 00000000 00000000
0x200154F8    00000000 00000000 00000000 00000000 00000000
0x2001550C    04040404 05050505 06060606 07070707 08080808
0x20015520    09090909 10101010 11111111 FFFFFFFD 00000000
0x20015534    01010101 02020202 03030303 12121212 00000000
0x20015548    0000189D 01000000 00000000 00000000 00000000
0x2001555C    00000000 00000000 00000000 00000000 00000000
0x20015570    00000000 00000000 00000000 00000000 00000000
0x20015584    00000000 00000000 00000000 00000000 00000000
0x20015598    00000000 00000000 00000000 00000000 00000000
0x200155AC    00000000 00000000 00000000 00000000 00000000
```

Figura 1.4 Pilha de uma tarefa recém-instalada.

- a ordem de instalação dos registradores nesse exemplo segue o porte[5] oficial do BRTOS para processadores ARM Cortex-Mx;

- o registrador PC contém o endereço do início da tarefa a ser executada, 0x189D no exemplo apresentado;

- o *backup* do registrador LR é necessário para uma tomada de decisão no momento da restauração do contexto;

- os registradores R0, R1, R2, R3, R12, LR, PC e PSR estão no final do contexto porque são salvos nessa ordem pelo *hardware* nos processadores ARM Cortex-Mx.

Quando a tarefa do exemplo assume o processador, o conteúdo da pilha é copiado para seus registradores e o ponteiro de pilha passa a apontar para o início de sua pilha (0x20015550 no exemplo), como apresentado na Figura 1.5. Como o registrador contador de programa recebe o endereço da tarefa que estava armazenado na pilha, essa tarefa passa a ser executada pelo processador.

Logo no início da tarefa as suas variáveis locais são armazenadas na pilha, assim como alguns registradores são alocados para serem utilizados como ponteiros e/ou variáveis auxiliares no processo de leitura e escrita da memória. A Figura 1.6 demonstra o código C/*assembly* desse processo (Figura 1.6 (a)), bem como a pilha e seu ponteiro após a alocação das variáveis (Figura 1.6 (b)). Note

---

[5] Qualquer RTOS preemptivo possui duas partes, uma independente e outra dependente do processador utilizado. O porte é o código dependente do processador, que deve ser implementado sempre que se quiser prover suporte de um determinado RTOS a uma nova plataforma.

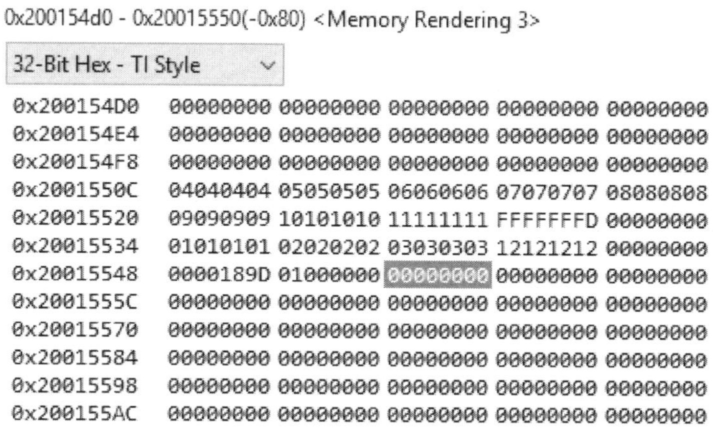

Introdução aos sistemas de tempo real   65

```
0x200154d0 - 0x20015550(-0x80) <Memory Rendering 3>

32-Bit Hex - TI Style      ∨

0x200154D0    00000000 00000000 00000000 00000000 00000000
0x200154E4    00000000 00000000 00000000 00000000 00000000
0x200154F8    00000000 00000000 00000000 00000000 00000000
0x2001550C    04040404 05050505 06060606 07070707 08080808
0x20015520    09090909 10101010 11111111 FFFFFFFD 00000000
0x20015534    01010101 02020202 03030303 12121212 00000000
0x20015548    0000189D 01000000 00000000 00000000 00000000
0x2001555C    00000000 00000000 00000000 00000000 00000000
0x20015570    00000000 00000000 00000000 00000000 00000000
0x20015584    00000000 00000000 00000000 00000000 00000000
0x20015598    00000000 00000000 00000000 00000000 00000000
0x200155AC    00000000 00000000 00000000 00000000 00000000
```

Figura 1.5 Pilha de uma tarefa sendo executada pela primeira vez.

nesse exemplo que foram ocupados 24 *bytes* para gerenciar as variáveis locais, deslocando o ponteiro da pilha para a posição 0x20015538. Os 24 *bytes* foram ocupados no armazenamento dos registradores R0, R7, LR, além das variáveis *milisec* e *sec* do exemplo. Perceba ainda que para acessar as variáveis *milisec* e *sec*, o código utiliza a posição do ponteiro de pilha somado com 0x0C e 0x08, respectivamente.

Ao executar a função **OSDelayTask()**, a pilha da tarefa é utilizada em mais 32 *bytes* para armazenar as variáveis locais da função, sendo deslocada para a posição 0x20015518, como demonstrado na Figura 1.7.

Como a função **OSDelayTask()** é uma desistência temporária do processador, ocorrerá uma troca de contexto. Os registradores do processador nesse momento são então armazenados na pilha da tarefa em execução, para possibilitar a entrega do processador a outra tarefa, deslocando o ponteiro da pilha da tarefa para a posição 0x200154D4. O deslocamento é proporcional aos 68 *bytes* do contexto completo do processador, conforme descrito anteriormente. Nota-se claramente no exemplo que os registradores R4, R5, R6, R8, R9, R10 e R11 não foram utilizados pela tarefa (mantiveram o valor padrão na instalação da tarefa), como pode ser verificado na Figura 1.8. Essa posição do ponteiro de pilha será armazenada no bloco de controle da tarefa, de forma a permitir que na próxima ativação dessa tarefa seu contexto possa ser restaurado. Verifique ainda que o endereço de retorno para essa tarefa está armazenado no contexto como o conteúdo a ser restaurado para o registrador contador de programa, no endereço 0x2E636, demonstrando que a tarefa irá retornar em uma posição diferente de seu início.

66 Sistemas operacionais de tempo real e sua aplicação em sistemas embarcados

▦ Disassembly ⊠   🗋 Memory Browser

```
                Enter location here

                task_1():
♦ 0000189c:     B580                    push        {r7, lr}
  0000189e:     B084                    sub         sp, #0x10
  000018a0:     AF00                    add         r7, sp, #0
  000018a2:     6078                    str         r0, [r7, #4]
     66             int milisec = 0;
  000018a4:     2300                    movs        r3, #0
  000018a6:     60FB                    str         r3, [r7, #0xc]
     67             int sec = 0;
  000018a8:     2300                    movs        r3, #0
  000018aa:     60BB                    str         r3, [r7, #8]
     71                 OSDelayTask(1000);
  000018ac:     F44F707A                mov.w       r0, #0x3e8
  000018b0:     F02CFE56                bl          #0x2e560
     72                 milisec++;
  000018b4:     68FB                    ldr         r3, [r7, #0xc]
  000018b6:     3301                    adds        r3, #1
  000018b8:     60FB                    str         r3, [r7, #0xc]
```

(a) Código em linguagem *assembly*.

0x200154d0 - 0x20015538(-0x68) <Memory Rendering 3>

```
32-Bit Hex - TI Style    ∨

0x200154D0    00000000 00000000 00000000 00000000 00000000
0x200154E4    00000000 00000000 00000000 00000000 00000000
0x200154F8    00000000 00000000 00000000 00000000 00000000
0x2001550C    04040404 05050505 06060606 07070707 08080808
0x20015520    09090909 10101010 11111111 FFFFFFFD 00000000
0x20015534    01010101 02020202 00000000 00000000 00000000
0x20015548    07070707 00000000 00000000 00000000 00000000
0x2001555C    00000000 00000000 00000000 00000000 00000000
0x20015570    00000000 00000000 00000000 00000000 00000000
0x20015584    00000000 00000000 00000000 00000000 00000000
0x20015598    00000000 00000000 00000000 00000000 00000000
0x200155AC    00000000 00000000 00000000 00000000 00000000
```

(b) Mapa de memória.

Figura 1.6 Alocação das variáveis locais da tarefa executando pela primeira vez.

Como o ponteiro de pilha da tarefa que está deixando de ser executada está salvo, o sistema operacional pode buscar pela próxima tarefa a ser executada. Assim que essa tarefa é escolhida, seu bloco de controle de tarefas é acessado para copiar a última posição conhecida de seu ponteiro de pilha. Dessa forma, o ponteiro de pilha do processador recebe o ponteiro de pilha da próxima tarefa, que aponta para a posição 0x2001568C no exemplo apresentado na Figura 1.9.

Introdução aos sistemas de tempo real

```
0x200154d0 - 0x20015518(-0x48) <Memory Rendering 3>

32-Bit Hex - TI Style    ∨

0x200154D0   00000000 00000000 00000000 00000000 00000000
0x200154E4   00000000 00000000 00000000 00000000 00000000
0x200154F8   00000000 00000000 00000000 00000000 00000000
0x2001550C   00000000 05050505 20015518 07070707 03E80808
0x20015520   09090909 000003E8 20019284 00000000 20015538
0x20015534   000018B5 02020202 00000000 00000000 00000000
0x20015548   07070707 00000000 00000000 00000000 00000000
0x2001555C   00000000 00000000 00000000 00000000 00000000
0x20015570   00000000 00000000 00000000 00000000 00000000
0x20015584   00000000 00000000 00000000 00000000 00000000
0x20015598   00000000 00000000 00000000 00000000 00000000
0x200155AC   00000000 00000000 00000000 00000000 00000000
```

Figura 1.7 Pilha da tarefa após entrar na função *OSDelayTask()*.

```
0x200154d0 - 0x200154D4(-0x4) <Memory Rendering 3>

32-Bit Hex - TI Style    ∨

0x200154D0   00000000 04040404 05050505 06060606 20015518
0x200154E4   08080808 09090909 10101010 11111111 FFFFFFFD
0x200154F8   00000000 00000026 10000000 E000ED04 12121212
0x2001550C   0002E5A5 0002E636 21000000 07070707 03E80808
0x20015520   09090909 000003E8 20019284 00000000 20015538
0x20015534   000018B5 02020202 00000000 00000000 00000000
0x20015548   07070707 00000000 00000000 00000000 00000000
0x2001555C   00000000 00000000 00000000 00000000 00000000
0x20015570   00000000 00000000 00000000 00000000 00000000
0x20015584   00000000 00000000 00000000 00000000 00000000
0x20015598   00000000 00000000 00000000 00000000 00000000
0x200155AC   00000000 00000000 00000000 00000000 00000000
```

Figura 1.8 Pilha da tarefa com contexto salvo, ou seja, preparada para ceder o processador a outra tarefa.

Note que a penúltima posição do contexto (endereço 0x200156C8) contém o valor a ser copiado para o contador de programas. Esse valor é diferente do contido na tarefa anterior. O endereço inicial da tarefa anterior era 0x189D, enquanto o endereço contido nessa nova pilha é 0x18D1. Portanto, assim que esse contexto for restaurado, o contador de programa será modificado para esse valor e o processador passará a executar a nova tarefa.

Ainda nesse exemplo, quando a nova tarefa for despachada para o processador, o ponteiro da pilha irá apontar para a posição de memória 0x200156D0. Como existem variáveis locais a serem alocadas e registradores a serem salvos, o ponteiro será deslocado para a posição 0x200156B8, como pode ser notado na

```
0x20015650 - 0x2001568C(-0x3c) <Memory Rendering 3>

┌─────────────────────────┐
│ 32-Bit Hex - TI Style  ∨│
└─────────────────────────┘
0x20015650   00000000 00000000 00000000 00000000 00000000
0x20015664   00000000 00000000 00000000 00000000 00000000
0x20015678   00000000 00000000 00000000 00000000 00000000
0x2001568C   04040404 05050505 06060606 07070707 08080808
0x200156A0   09090909 10101010 11111111 FFFFFFFD 00000000
0x200156B4   01010101 02020202 03030303 12121212 00000000
0x200156C8   000018D1 01000000 00000000 00000000 00000000
0x200156DC   00000000 00000000 00000000 00000000 00000000
0x200156F0   00000000 00000000 00000000 00000000 00000000
0x20015704   00000000 00000000 00000000 00000000 00000000
0x20015718   00000000 00000000 00000000 00000000 00000000
0x2001572C   00000000 00000000 00000000 00000000 00000000
```

Figura 1.9 Pilha da segunda tarefa com ponteiro de pilha na posição para despachar a tarefa para o processador.

Figura 1.10. Note que a variável i declarada no início da Listagem 1.11 foi alocada na posição de memória 0x200156C4 e já foi incrementada uma primeira vez, pois a figura apresenta um extrato da pilha dessa tarefa logo após o incremento da variável i. Esse processo de troca de contexto acontece constantemente enquanto um sistema multitarefa executa, pois esse procedimento é o que permite que várias tarefas diferentes possam executar concorrentemente.

```
0x20015650 - 0x200156B8(-0x68) <Memory Rendering 3>

┌─────────────────────────┐
│ 32-Bit Hex - TI Style  ∨│
└─────────────────────────┘
0x20015650   00000000 00000000 00000000 00000000 00000000
0x20015664   00000000 00000000 00000000 00000000 00000000
0x20015678   00000000 00000000 00000000 00000000 00000000
0x2001568C   04040404 05050505 06060606 07070707 08080808
0x200156A0   09090909 10101010 11111111 FFFFFFFD 00000000
0x200156B4   01010101 02020202 00000000 12121212 00000001
0x200156C8   07070707 00000000 00000000 00000000 00000000
0x200156DC   00000000 00000000 00000000 00000000 00000000
0x200156F0   00000000 00000000 00000000 00000000 00000000
0x20015704   00000000 00000000 00000000 00000000 00000000
0x20015718   00000000 00000000 00000000 00000000 00000000
0x2001572C   00000000 00000000 00000000 00000000 00000000
```

Figura 1.10 Pilha da segunda tarefa logo após a alocação das variáveis locais.

Como se pode ver nesse exemplo, o uso de um núcleo de tempo real permite que a aplicação seja dividida em múltiplas tarefas. Normalmente essa divisão irá simplificar o projeto de sistemas embarcados, pois possibilita isolar parcialmente as diversas tarefas que irão compor o sistema como um todo, evitando assim interferências no comportamento de uma tarefa pelas outras. No entanto, além de exigir um projeto adequado na distribuição de tarefas, o uso do núcleo adiciona sobrecarga (*overhead*) ao sistema devido a vários motivos. Entre eles estão:

- o espaço de código extra ao sistema para implementar os serviços providos pelo núcleo;

- a memória RAM para as estruturas de dados;

- cada tarefa possui a própria pilha. Devido a isso, existe uma tendência de maior ocupação de memória RAM conforme cresce o número de tarefas instaladas;

- quanto maior for a quantidade de registradores do processador, maior será o *overhead*, pois o tempo requerido para realizar o chaveamento de contexto depende de quantos registradores devem ser salvos e restaurados pelo processador. Devido a isso, o desempenho de um sistema operacional não deve ser simplesmente julgado por quantos chaveamentos de contexto o núcleo é capaz de realizar por segundo (a menos que um determinado processador seja escolhido para realizar tal análise);

- o núcleo consome tempo de processamento. A utilização do núcleo é extremamente dependente da implementação e do número de tarefas e serviços do sistema utilizados na concepção do sistema embarcado.

Devido a essa sobrecarga, microcontroladores de baixo custo foram por muito tempo inadequados para executar um núcleo de tempo real, sendo um dos principais fatores para a pouca quantidade de memória RAM disponível. Até pouco tempo atrás era comum encontrar microcontroladores com memória RAM entre 128 e 512 *bytes*. No entanto, atualmente os microcontroladores possuem memória suficiente para executar um número razoável de tarefas em um sistema operacional, pois é comum encontrar modelos variando de poucos quilobaites até centenas de quilobaites de memória RAM.

O núcleo de um sistema operacional de tempo real pode ser dividido em três componentes básicos. São eles:

- escalonador (*scheduler*): implementa um ou mais algoritmos destinados a determinar quando e qual tarefa deve ser executada;

- objetos: são estruturas de dados especiais do núcleo, destinadas a possibilitar a sincronização, troca de dados, exclusão mútua etc., entre tarefas sendo executadas concorrentemente em um sistema operacional de tempo real. Exemplos de objetos são semáforos, filas, *mutexes* etc.;

- serviços: são as funções que definem as possíveis operações a serem realizadas com um objeto do sistema operacional, além de permitirem o gerenciamento de tempo e outros recursos do sistema em utilização. Pode-se dizer que os serviços de um RTOS são a sua *application programming interface* (API).

A partir do uso de um núcleo multitarefa e seus objetos e serviços, pode-se atingir um melhor aproveitamento do processador, pois tais ferramentas possibilitam uma melhor organização na execução das tarefas a que o sistema se destina. Um código bem estruturado evita desperdício de processamento e possibilita um melhor gerenciamento dos recursos existentes. É importante ressaltar que utilizar de forma adequada os objetos e serviços do sistema operacional é fundamental para se obter os possíveis benefícios de um sistema multitarefa, o que demanda experiência por parte do desenvolvedor. Maiores detalhes sobre esses serviços serão apresentados no Capítulo 4, que aborda os objetos providos por sistemas operacionais.

1.4.6 Reentrância e funções seguras

Reentrância refere-se à capacidade de uma função ser executada concorrentemente de forma segura. Assim, mais de um trecho de código concorrente pode utilizar uma função reentrante sem a possibilidade de danificar os dados por ela processados. Esse tipo de função pode ser interrompida em qualquer momento e resumida mais tarde sem que ocorram perdas de dados. Para que isso seja possível as funções reentrantes devem:

- utilizar somente variáveis locais (implementadas em registradores da CPU ou alocadas na pilha);

- invocar somente funções que também sejam reentrantes.

Um exemplo de função reentrante é apresentado na Listagem 1.12. Essa função é parte da biblioteca padrão da linguagem C e tem como objetivo copiar

Introdução aos sistemas de tempo real

dados de uma posição de memória para outra. Como os argumentos da função *strcpy()* são alocados na pilha da tarefa que invocou a função, *strcpy()* pode ser chamada por diversas tarefas sem que os dados de cada tarefa sejam danificados. Note, no entanto, que se o destino da cópia de memória em execuções concorrentes da função for o mesmo, ocorrerá corrupção de dados. Essa falha não se deverá à implementação da função, mas sim a um erro de projeto do sistema em desenvolvimento.

```
void strcpy(char *dest, char *src){
  while(*src){
    *dest++ = *src++;
  }
}
```

Listagem 1.12 Exemplo de função reentrante.

O termo reentrância precede o conceito de tarefas/*threads*, sendo comumente utilizado no contexto de sistemas baseados no superlaço. Em um sistema *foreground/background*, uma função reentrante pode ser utilizada tanto no *background* quanto no *foreground*, ou seja, no laço principal e nas rotinas de tratamento de interrupção. Com o surgimento dos sistemas multitarefa surgiu uma nova categoria de função, a das funções seguras (*thread safe*). Apesar de serem muito semelhantes, pequenas diferenças separam as duas categorias de funções.

Como previamente discutido, uma função reentrante pode ser executada, interrompida e voltar à execução. Ademais, pode ser executada concorrentemente por múltiplas tarefas, desde que em cada chamada os dados/parâmetros/entradas providos sejam únicos. Já uma função segura pode ser executada simultaneamente por múltiplas tarefas, mesmo que cada chamada faça referência ou forneça os mesmos dados ou entradas, pois o acesso a estes será realizado sequencialmente.

Um exemplo de função não reentrante é apresentado na Listagem 1.13. A função *swap()* tem como objetivo trocar o conteúdo de seus dois argumentos. Iremos assumir que estamos utilizando um sistema operacional que permita a interrupção da execução de uma tarefa em detrimento de outra tarefa de maior prioridade. Vamos assumir, ainda, que algumas interrupções estão ativas e que a variável **teste** está declarada no escopo global.

A Figura 1.11 demonstra o que pode acontecer se uma tarefa com baixa prioridade for interrompida durante a execução da função *swap()*. Note que quando a tarefa de baixa prioridade é interrompida, a variável **teste**, que tem escopo

```
int teste;
void swap(int *x, int *y){
    teste = *x;
    *x = *y;
    *y = teste;
}
```

Listagem 1.13 Exemplo de função não reentrante.

global, possui o valor 5. Nesse exemplo, a rotina de tratamento da interrupção retira uma tarefa de maior prioridade do estado de espera. Nesse momento, o sistema operacional verifica que essa tarefa é a de maior prioridade pronta para executar. Durante a execução da tarefa de maior prioridade, a variável **teste** tem seu conteúdo alterado, passando para zero. Quando a tarefa de maior prioridade conclui seus procedimentos, a tarefa de menor prioridade recebe novamente o processador. Entretanto, a variável **teste**, que deveria possuir o valor de 5, agora contém o valor 0. Nesse momento podemos notar que os dados da função de menor prioridade foram corrompidos.

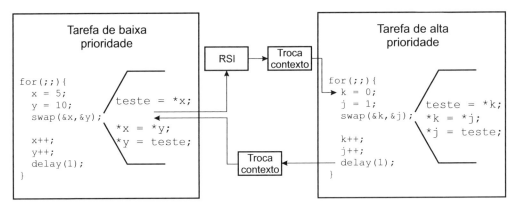

Figura 1.11 Estados das tarefas utilizando funções não reentrantes.

Embora a função *swap()* não seja reentrante, as modificações necessárias para torná-la reentrante são relativamente simples. Basta utilizar uma das seguintes técnicas: declarar **teste** como variável local da função *swap()* ou desabilitar as interrupções no início e habilitá-las ao final da função. Em outros casos essas modificações podem tornar-se mais complicadas. Sempre que utilizamos sistemas multitarefa devemos ser bastante cautelosos ao utilizar uma função não reentrante, pois as inconsistências causadas por esse tipo de função podem não ser aparentes em um primeiro momento.

Introdução aos sistemas de tempo real

Um exemplo clássico de função que não era reentrante e passou a ser suportada por sistemas multitarefa é a função *strtok()*, contida na biblioteca padrão da linguagem C. Uma sequência de chamadas dessa função quebra uma *string* em várias *substrings*, em que a *string* é uma sequência de caracteres contíguos separados por qualquer caractere que faça parte do delimitador. Na primeira chamada a função deve receber um ponteiro de caracteres como argumento, sendo que o primeiro caractere é utilizado como local inicial para procurar as *substrings*. Em chamadas subsequentes, a função espera um ponteiro nulo e usa a posição logo após o fim da última *substring* como o novo local inicial. A Listagem 1.14 apresenta um exemplo de uso dessa função. Já a Listagem 1.15 demonstra o resultado de sua execução, em que podemos visualizar a saída de cada chamada da função *printf()*.

```
#include <stdio.h>
#include <string.h>

char str[] = "1,22,333,4444,55555";

// Retorna a primeira substring
char *token = strtok(str, ",");

/* Imprime cada uma das substring delimitadas por uma virgula */
while (token != NULL){
  printf("%s\n", token);
  token = strtok(NULL, ",");
}
```

Listagem 1.14 Exemplo de uso da função *strtok()*.

```
Substring:1
Substring:22
Substring:333
Substring:4444
Substring:55555
```

Listagem 1.15 Resultado das execuções sequenciais da função *strtok()*.

Note que se essa função for executada por uma tarefa em um sistema multitarefa e houver uma interrupção que cause uma troca de contexto, uma segunda tarefa que a executasse poderia alterar a posição da *string* sendo utilizada e, consequentemente, ocasionar uma falha na próxima chamada da função quando a tarefa interrompida voltasse a executar. Isso deve-se à forma de implementação da função, que pode ser visualizada na Listagem 1.16. Verifique que a posição do final da última *substring* processada é armazenada em uma variável local estática (*static char *lasts*), que nesse caso irá operar como uma variável global. Se o conteúdo dessa variável for alterado em uma chamada concorrente da função, os dados anteriores serão perdidos.

```c
char * strtok(char *s, const char *delim){
  static char *lasts;
  register int ch;

  if (s == 0)
  s = lasts;

  do {
    if ((ch = *s++) == '\0')
    return 0;
  } while (strchr(delim, ch));

  --s;
  lasts = s + strcspn(s, delim);
  if (*lasts != 0)
  *lasts++ = 0;
  return s;
}
```

Listagem 1.16 Código-fonte da função *strtok()*.

Para possibilitar que essa função se torne reentrante um terceiro parâmetro foi adicionado, como pode ser observado na Listagem 1.17, que apresenta a versão reentrante da função **strtok()**. Note que em vez de utilizar uma variável local estática, essa implementação utiliza um terceiro parâmetro que é fornecido pela tarefa que irá executar a função, mantendo localmente a posição do final da última *substring* processada. A Listagem 1.18 apresenta um exemplo de uso da função **strtok_r()**. Note que o próprio uso da função é simplificado, pois não é necessário diferenciar a primeira chamada da função das chamadas subsequentes com um ponteiro nulo.

```c
char *strtok_r (char *s, const char *delim, char **save_ptr){
  char *token;

  if (s == NULL)
    s = *save_ptr;

  /* Desloca string a partir do delimitador. */
  s += strspn (s, delim);

  if (*s == '\0'){
    *save_ptr = s;
    return NULL;
  }

  /* Encontra o final da substring pelo delimitador. */
  token = s;
  s = strpbrk (token, delim);

  if (s == NULL)
    /* Essa substring termina a string. */
    *save_ptr = __rawmemchr (token, '\0');
```

Introdução aos sistemas de tempo real 75

```
22  else{
        /* Delimita a substring com caracter \0 e aponta para
24      o início da próxima substring em *SAVE_PTR. */
        *s = '\0';
26      *save_ptr = s + 1;
    }
28  return token;
```

Listagem 1.17 Código-fonte da função *strtok_r()*.

```
#include <stdio.h>
2 #include <string.h>

4 char str[] = "1,22,333,4444,55555";
  char *substr;
6 char *rest = str;

8 while((substr = strtok_r(rest, ",", &rest))){
    printf("Substring:%s\n", substr);
10 }
```

Listagem 1.18 Exemplo de uso da função *strtok_r()*.

No entanto, em um sistema multitarefa podem existir situações em que não há maneiras de tornar a função reentrante. Nesses casos a única solução é garantir a execução sequencial da função por múltiplas tarefas concorrentes, tornando a função segura, a partir de um mecanismo de exclusão mútua. Um caso clássico em sistemas embarcados são as funções *malloc()* e *free()* para alocação dinâmica de memória. A função *malloc()* fragmenta um grande bloco de memória no tamanho solicitado pelo usuário e retorna um ponteiro para o início da memória solicitada. Se essa função for invocada por duas tarefas ao mesmo tempo, pode retornar o mesmo segmento de memória para ambas as tarefas. Para isso a segunda chamada da função *malloc()* deve ocorrer depois da seleção do segmento de memória pela primeira instância da função, mas antes desse segmento de memória ser marcado como ocupado. Nesse caso é impossível tornar a função segura por reentrância com variáveis locais. Portanto, uma possível solução é utilizar o bloqueio das interrupções entre a seleção e a marcação do segmento de memória como ocupado.

1.4.7 Variáveis globais voláteis e estáticas

Ao utilizar um sistema operacional, alguns cuidados adicionais devem ser tomados no uso de variáveis globais. Esses cuidados estão relacionados a como essas variáveis devem ser declaradas e, principalmente, vinculados ao uso da variável em questão. Para fazer essa análise precisamos entender o conceito de qualificador de variável. Ao declarar uma variável, seu comportamento será determinado pelo qualificador utilizado. Os principais qualificadores em linguagem C são: *static*, *volatile*, *const*, *extern* e *register*. A declaração de uma variável deve seguir o formato apresentado na Listagem 1.19.

```
[<qualificador>] <tipo> <nome>;

Ex.: static int x;
```

Listagem 1.19 Formato para declaração de variáveis com qualificador.

O qualificador *volatile* é um dos mais importantes quando declaramos variáveis globais em um sistema multitarefa. Esse qualificador também é muito importante quando utiliza-se variáveis globais em interrupções, pois as rotinas de tratamento de interrupções também concorrem com o código principal em um sistema embarcado, seja ele concebido com sistema operacional ou não. A principal ação desse qualificador é informar ao compilador que, sempre que essa variável for utilizada, deve-se obrigatoriamente ler seu valor da memória RAM e armazená-lo em um registrador. Para entender a importância desse comportamento, analise o código apresentado na Listagem 1.20.

```
volatile int i = 0;
void main(void){
  // Espere por 100 ms
  while(i < 100);
  ...
}

// Interrupção de tempo a cada 1 ms
void TimerInt(void){
  i++;
}
```

Listagem 1.20 Exemplo de uso do qualificador *volatile* para variáveis em sistemas multitarefa ou com interrupções.

Note que nesse código há um simples teste para verificar quando a variável i extrapola o valor 100, que no caso significa 100 ms. Se o qualificador *volatile* não for utilizado, provavelmente o código será compilado de forma que a variável i esteja sendo testada em um registrador, ou seja, o valor atual da variável é carregado em um registrador e testado continuamente. Assim, mesmo que a variável esteja sendo incrementada na interrupção e seu valor na memória RAM esteja correto, o valor do registrador não será alterado e, portanto, o código nunca passará do laço *while* apresentado. Ainda, se otimizações do compilador forem utilizadas, pode ocorrer de o código ser descartado, pois o teste não fará sentido.

Ao utilizar o qualificar *volatile*, o compilador é informado para sempre fazer a leitura do valor contido em i da memória RAM para um registrador e somente depois realizar o teste para verificar se o valor ainda é inferior ao número 100.

Agora imagine um sistema multitarefa. Esse tipo de situação pode ser a mais comum possível, pois se duas tarefas estiverem utilizando uma mesma variável global, pode ocorrer da alteração dessa variável em uma tarefa não ser percebida na outra tarefa. Tal situação acontecerá se o valor contido na variável for carregado em um registrador em uma dada tarefa e esse registrador estiver sendo utilizado em um teste como o apresentado no laço *while* do exemplo. Portanto, sempre que uma variável global estiver sendo compartilhada entre duas ou mais tarefas, ou, ainda, entre uma tarefa e uma interrupção, o qualificador *volatile* é obrigatório para a declaração dessa variável. O principal exemplo do uso desse qualificador é na declaração de registradores. Note que como o valor armazenado em um registrador pode ser alterado pelo *hardware*, a utilização desse qualificador em sua declaração é mandatória.

Já o qualificador *static* é muito importante quando temos interesse no encapsulamento de uma variável. Imagine que se pretende criar o código de um *driver* e que nesse *driver* existem certas variáveis globais, principalmente por terem seu uso vinculado a uma interrupção. Essas variáveis são globais para poderem ser acessadas tanto pela interrupção quanto pelo código do *driver*. No entanto, como essas variáveis são globais, nada impede que um código de usuário altere o valor de uma dessas variáveis, corrompendo a estrutura de dados do *driver*.

Seguindo uma boa prática de organização de código, esse *driver* será escrito em um arquivo .c e .h à parte. Ao utilizar as variáveis globais como estáticas, o seu acesso fora do arquivo do *driver* será impedido pelo compilador. Caso seja necessário ler seu conteúdo, uma função pode ser disponibilizada pelo *driver* para acessá-lo, como apresentado na Listagem 1.21. Note que nesse exemplo a única forma de acessar a variável i é por meio da função **GetCounter()**.

```c
/* main.c */
#include "timer.h"

void main(void){

    // Espere por 100 ms
    while(GetCounter() < 100);

    ...

}
```

```
13  /* timer.c */
    static int i = 0;
15
    // Função para acessar o valor do contador
17  int GetCounter(void){
      return i;
19  }

21  // Interrupção de tempo a cada 1 ms
    void TimerInt(void){
23    i++;
    }
25
    /* timer.h */
27  // Declaração do protótipo das funções pública do driver
    int GetCounter(void);
```

Listagem 1.21 Uso do qualificador *static* para delimitar o acesso a uma variável global.

O qualificador *static* pode ainda ser utilizado em variáveis locais, quando se deseja manter o valor da variável entre chamadas da função. A Listagem 1.22 apresenta o uso desse qualificador. Note que a função **contar()** retorna o número de vezes que a função foi executada. A variável local estática é inicializada, mas o valor atribuído a essa variável só é utilizado na primeira vez que a função for chamada. Nas próximas execuções o valor anterior será mantido. Podemos interpretar uma variável local estática como uma variável global encapsulada em uma função.

```
   int contar(void){
2    static int cnt = 0;
     cnt++;
4    return cnt;
   }
```

Listagem 1.22 Exemplo de uso de uma variável local estática.

Os outros qualificadores também têm sua importância. O qualificador *const* é bastante utilizado em sistemas embarcados para forçar o armazenamento de uma dada variável na memória *flash* quando esta for constante. Como sistemas embarcados geralmente possuem memórias de programa (geralmente *flash*) muito maiores do que a memória de dados, o armazenamento de variáveis constantes, por exemplo tabelas, na memória de programa é bastante utilizada.

Outro uso comum do qualificador *const* é evitar que o parâmetro de uma função seja alterado pela própria função. Por exemplo, para proteger um ponteiro, basta declará-lo como constante. Isso impedirá que o conteúdo apontado pelo ponteiro possa ser modificado. Assim, o ponteiro poderá somente ser utilizado para ler o conteúdo apontado, bem como o endereço apontado poderá

Introdução aos sistemas de tempo real

ser incrementado ou decrementado. Um exemplo clássico da utilização desse qualificador se dá na função *memcpy()* da biblioteca padrão da linguagem C. Note na Listagem 1.23 que o ponteiro da fonte dos dados a serem copiados é declarado como constante, para evitar que os dados copiados não sejam alterados pela função. O ponteiro para o destino dos dados não recebe o qualificador, pois os dados apontados por esse ponteiro serão alterados na função.

```c
void *memcpy(void *dst, const void *src, size_t len){
    size_t i;
    char *d = (char *)dst;
    const char *s = (const char *)src;

    for (i=0; i<len; i++) {
        d[i] = s[i];
    }
}
```

Listagem 1.23 Função *memcpy()* da biblioteca padrão da linguagem C utilizando o qualificador *const*.

O qualificador *extern* informa ao compilador que a variável é global, mas está declarada em outro arquivo .c que não o atualmente em uso. Já o qualificador *register* força o armazenamento de uma dada variável em um registrador de propósito geral do processador. Note que o qualificador *register* só é aceito em variáveis locais, pois alocar uma variável global em um registrador iria impossibilitar o uso desse registrador em outros trechos de código.

Como se pode perceber nos vários exemplos apresentados, a utilização de qualificadores é de extrema importância quando escrevemos códigos para sistemas embarcados, principalmente por esse tipo de código estar mais próximo ao *hardware* utilizado.

1.5 Resumo

Tradicionalmente, o projeto de sistemas embarcados foi baseado na técnica de superlaço. Nessa técnica, o processador executa um fluxo de código principal, denominado superlaço (ou *background*). Este pode ser momentaneamente interrompido pela ativação, periódica ou aperiódica, de rotinas de tratamento de interrupções (*foreground*); as quais, por sua vez, sinalizam, utilizando *flags*, a ocorrência de eventos que demandam processamento posterior a ser realizado no superlaço.

Recentemente, com a evolução dos microcontroladores, ocorreu o aumento da quantidade de memória e capacidade processamento, bem como do número e da diversidade de periféricos disponíveis a um custo cada vez menor. Isso, por sua vez, tem ocasionado um aumento significativo das funcionalidades dos sistemas embarcados e da complexidade das tarefas realizadas por estes. E, como consequência do aumento de complexidade aliado ao aumento da disponibilidade de recursos (processamento, memória, periféricos), a utilização de um sistema operacional de tempo real (RTOS) no projeto de sistemas embarcados tem aumentado significativamente.

Dentre as vantagens de utilização de um RTOS, em comparação com a técnica de superlaço, pode-se citar uma maior modularização do projeto característica de sistemas multitarefas, aliada a uma melhor reutilização de *software*, bem como as facilidades providas para cumprimento das restrições temporais geralmente impostas aos sistemas embarcados de tempo real. Por outro lado, o projeto satisfatório do sistema embarcado não é atingido tão somente pelo uso do RTOS, requerendo do(s) projetista(s) um conhecimento mais profundo para, com o uso adequado do RTOS, atingir os requisitos especificados para o sistema embarcado. Portanto, o domínio de conhecimentos relacionados aos RTOS, como o escalonamento de tarefas, a definição das prioridades, o gerenciamento do tempo, a utilização correta de funções reentrantes e dos objetos fornecidos para o compartilhamento de recursos e comunicação entre tarefas, é de fundamental importância para o(s) projetista(s) de sistemas embarcados modernos.

1.6 Problemas

Para realizar os exercícios, baixe e instale o ambiente de desenvolvimento MingW, disponível em www.mingw.org, e a interface para linguagem C Eclipse CDT, disponível em eclipse.org/cdt. Então, faça o *download* do projeto do BRTOS pelo *link* github.com/brtos/simulador/archive/master.zip. Descompacte o arquivo *zip* e importe o projeto no Eclipse.

Problema 1.1. Crie duas tarefas que utilizam a função *OSDelayTask()* e as execute no simulador do BRTOS.

Problema 1.2. Faça uma função não reentrante de tal forma que seja possível detectar quando houve corrupção dos dados. Então, modifique as tarefas que você criou no exercício anterior para que elas utilizem a função não reentrante recém-criada e determine o instante em que ocorre a corrupção dos dados.

Problema 1.3. Apresente duas formas de tornar a função não reentrante criada no exercício anterior em uma função reentrante e analise os impactos de cada forma com relação ao tempo de execução e consumo de memória.

Problema 1.4. Descreva o que é a pilha de um processador e qual sua utilidade para a concepção de um sistema que possui múltiplos fluxos de execução. Note que em um sistema tradicional, baseado em superlaço, existem múltiplos fluxos de execução concorrentes devido às rotinas de tratamento de interrupções.

Problema 1.5. Explique com suas palavras a importância do qualificador *volatile* para a declaração de variáveis globais compartilhadas entre rotinas de tratamento de interrupções e o código principal de usuário.

2 Capítulo

Sistemas operacionais de tempo real

Os núcleos de sistemas operacionais de tempo real são responsáveis pelo gerenciamento das tarefas, da memória, do tempo, entre outros. De acordo com a forma de gerenciamento das tarefas, os núcleos podem ser preemptivos ou não preemptivos. Um núcleo é preemptivo se a tarefa em execução pode ser interrompida a qualquer momento para permitir que outra tarefa passe a ser executada pelo processador. O motivo para alterar a tarefa em execução pode ser uma tarefa de maior prioridade estar pronta para execução, o tempo destinado a execução da tarefa ter expirado, ou qualquer outra regra de operação do sistema. Já em núcleos não preemptivos, o processador só é cedido a outra tarefa se a tarefa em execução desistir do processador. Neste capítulo serão apresentadas as principais características relacionadas a essas modalidades de núcleos, bem como suas implicações no comportamento do sistema. Ainda, abordam-se aspectos relacionados ao funcionamento do sistema, como marcas de tempo, impasses, inversão de prioridades, entre outros.

2.1 Núcleo não preemptivo

Os núcleos não preemptivos também são conhecidos como núcleos cooperativos, pois esse tipo de núcleo requer que cada tarefa desista explicitamente do controle do processador para que outra tarefa seja executada, ou seja, as tarefas devem cooperar para que todas possam ter acesso ao processador. A requisição para liberar voluntariamente o processador é conhecida como *yield* ("ceder" o processador). Para haver comportamento multitarefa, esses pedidos devem ser realizados frequentemente por todas as tarefas no sistema.

Em núcleos não preemptivos, os eventos assíncronos continuam a ser tratados por rotinas de tratamento de interrupção da mesma forma que no modelo *foreground/background*, não sendo necessário código adicional do sistema para o gerenciamento das interrupções. Como é comum existirem regiões críticas no código de sistemas operacionais, uma das vantagens dos núcleos não preemptivos é a baixa latência das interrupções. A latência de interrupção é o intervalo de tempo entre a ocorrência da interrupção no *hardware* e a execução da primeira instrução da rotina de tratamento da interrupção.

Apesar de não ser necessário gerenciar as interrupções pelo sistema, nos sistemas cooperativos pode-se utilizar os objetos e serviços do sistema operacional para implementar sincronização e comunicação entre interrupções e tarefas. Assim, uma rotina de tratamento de interrupção pode fazer com que uma tarefa de maior prioridade saia do estado de bloqueio e entre na lista de tarefas prontas para execução. No entanto, a rotina de tratamento de interrupção sempre retorna para a tarefa interrompida. A nova tarefa de maior prioridade somente ganhará o controle do processador quando a tarefa em execução fizer uma requisição para liberá-lo.

Devido ao seu modo de operação, o tempo de resposta das tarefas em um núcleo não preemptivo pode ser bem menor do que em sistemas *foreground/ background*, pois o tempo de resposta das tarefas é dado pelo maior tempo de liberação do processador em uma determinada tarefa. Se pensarmos nas ações acionadas por testes em sistemas baseados no superlaço como tarefas, o tempo de resposta desse tipo de sistema tem como pior caso a soma dos tempos de execução de todas as tarefas. Assim, torna-se clara a vantagem em se utilizar um núcleo cooperativo em detrimento ao superlaço.

Sistemas operacionais de tempo real

Pode-se analisar o modo de operação de um núcleo não preemptivo a partir da Figura 2.1. Nessa figura uma tarefa de baixa prioridade está em execução quando um evento ocorre. Se as interrupções estão habilitadas, a CPU salta para a rotina de tratamento desse evento. Durante a rotina de interrupção uma tarefa de maior prioridade é colocada na lista de tarefas prontas para execução. No final dessa rotina ocorre o retorno para a tarefa interrompida, que continua sua execução. Quando a tarefa completa sua execução, chama um serviço do núcleo para liberar o controle do processador para outra tarefa. Nesse momento a tarefa de maior prioridade é executada para tratar o evento sinalizado pela rotina de interrupção.

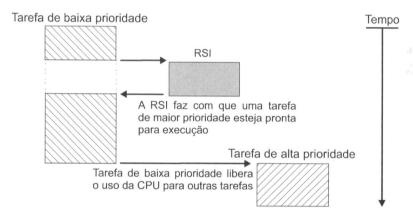

Figura 2.1 Modo de operação de um núcleo não preemptivo.

Fonte Adaptado de Labrosse (1998).

O desenvolvedor de um sistema que utiliza um núcleo cooperativo conta com algumas facilidades devido a esse comportamento. Esse tipo de núcleo permite a utilização de funções não reentrantes, pois é a tarefa que irá determinar o ponto em que será interrompida. O único cuidado que se deve tomar é o de não permitir que funções não reentrantes desistam do controle da CPU durante sua execução. Outra facilidade do núcleo não preemptivo é a menor preocupação com dados compartilhados, pois a tarefa em execução pode terminar o processo com o recurso compartilhado antes de liberar o acesso à CPU para outras tarefas. Isso não significa que a exclusão mútua não precisa ser utilizada, pois os dispositivos de entrada/saída ainda requerem o uso dessa técnica. Por exemplo, uma tarefa ainda precisa de acesso exclusivo para utilizar uma impressora ou um *display* LCD.

Embora os sistemas cooperativos aparentemente disponibilizem melhor comportamento temporal para o desenvolvimento de sistemas embarcados, ainda existem limitações quanto ao tempo de resposta das tarefas. Uma tarefa de maior prioridade que está pronta para execução pode ter que esperar um longo tempo para ter acesso ao processador, pois a tarefa em execução deve ceder a CPU somente quando estiver pronta para isso. Da mesma forma que a execução em *background* nos sistemas *foreground/background*, o tempo de resposta de tarefa em um núcleo não preemptivo é bastante variável. Não será possível determinar quando a tarefa de maior prioridade irá receber o controle da CPU, pois isso dependerá de qual tarefa estiver em execução no momento. Dessa forma, somente o pior tempo de resposta das tarefas é conhecido. O tempo de resposta desse tipo de núcleo é inferior ao de sistemas *foreground/background* devido às tarefas poderem desistir do controle da CPU várias vezes até completarem sua execução, diminuindo o tempo de resposta para tarefas de maior prioridade.

Atualmente poucos núcleos de sistemas operacionais comerciais são cooperativos. Alguns exemplos de sistemas operacionais com núcleos cooperativos são os Microsoft Windows 3.x e Apple MacOS 8 e 9. Apesar disso, muitos sistemas de tempo real possuem suporte ao modo cooperativo em seus núcleos, permitindo sua utilização em conjunto com o modo preemptivo.

2.2 Núcleo preemptivo

Em sistemas que utilizam um núcleo preemptivo uma tarefa pode perder o processador a qualquer momento. A cada interrupção ou chamada de serviço do sistema executada, o sistema pode reavaliar as tarefas contidas na fila de tarefas prontas e decidir se substitui ou não a tarefa atualmente em execução. Em núcleos preemptivos é comum se gerenciar o acesso ao processador por prioridades, mas também pode-se usar tempo ou outra regra implementada no sistema. No caso do núcleo preemptivo utilizar prioridades, o controle da CPU sempre será dado à tarefa de maior prioridade pronta para execução no menor tempo possível. Um núcleo preemptivo é recomendado quando o tempo de resposta do sistema a determinados eventos é importante. Por esse motivo, a maioria dos núcleos de sistemas operacionais comerciais são preemptivos.

A suspensão de uma tarefa pode ser gerada pela própria tarefa ou por uma interrupção. Quando gerada por uma tarefa, a suspensão pode ser voluntária ou

Sistemas operacionais de tempo real

involuntária. O termo "preempção" é usualmente atribuído à cessão involuntária do processador pela tarefa, ou seja, a capacidade do sistema operacional de interromper uma tarefa em execução e substituí-la por outra. Um exemplo de suspensão voluntária ocorre quando a tarefa executa uma função de atraso do sistema, em que a tarefa desiste do processador por um determinado tempo. Já a cessão involuntária do processador pode ocorrer quando a tarefa, ao executar um serviço do sistema, faz com que uma tarefa de maior prioridade seja adicionada à lista de tarefas prontas. Independentemente de qual for o tipo de suspensão da tarefa, a tarefa de maior prioridade ganha imediatamente o controle da CPU. É importante ressaltar que em ambos os casos a troca de contexto irá depender de um mecanismo para alterar o fluxo do programa, como uma interrupção ou uma chamada de função. Em geral, nas implementações em que há suporte por parte do *hardware*, se emprega uma interrupção especial conhecida como interrupção por *software*. Assim, para realizar a troca de contexto, o sistema operacional gera uma interrupção por *software* e altera o ponteiro da pilha do processador para a pilha da tarefa que passará a ser executada. Dessa forma, ao retornar da interrupção de *software*, o contador de programa do processador recebe a posição atual do código da nova tarefa. No caso de uma interrupção adicionar uma tarefa de maior prioridade à lista de tarefas prontas, não há a necessidade de se gerar a interrupção de *software*. Basta que o sistema altere o ponteiro de pilha do processador dentro da rotina de tratamento da interrupção para que a tarefa de maior prioridade seja retomada. Esse comportamento pode ser observado na Figura 2.2.

Em um núcleo preemptivo o tempo de execução das tarefas de maior prioridade é determinístico, ou seja, pode-se determinar quando a tarefa de maior prioridade irá receber o controle da CPU. Esse tempo irá depender somente da troca de contexto e das interrupções habilitadas no sistema. O tempo de resposta de certas tarefas pode, portanto, ser minimizado pelo uso de núcleos preemptivos. No entanto, se mal utilizado, tarefas de baixa prioridade podem ter dificuldade em ser executadas.

Ao se desenvolver uma aplicação a partir de um sistema operacional com núcleo preemptivo deve-se evitar o uso de funções não reentrantes. Se tarefas de diferentes prioridades utilizarem uma mesma função não reentrante, os dados processados por essa função podem ser corrompidos quando a tarefa de maior prioridade interromper a tarefa de menor prioridade. Caso semelhante ocorre

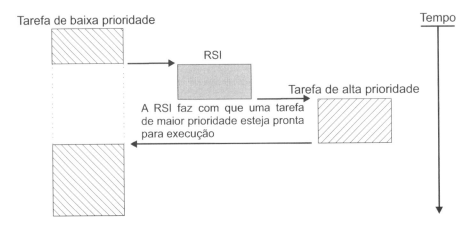

Figura 2.2 Modo de operação de um núcleo preemptivo.

Fonte Adaptado de Labrosse (1998).

no uso de recursos compartilhados, em que uma tarefa pode sofrer preempção durante o uso de um periférico ou estrutura de memória, e a tarefa que passa a ser executada realiza operações com esses recursos. Portanto, em ambos os casos, deve-se utilizar uma técnica de exclusão mútua para garantir a integridade dos dados acessados. As funções *malloc()* e *free()* da biblioteca padrão do C são exemplos de funções não reentrantes bastante utilizadas. Já o acesso a uma tela alfanumérica ou gráfica, comunicações serial, conversor A/D, entre outros, são exemplos de recursos em que deve ser garantido acesso exclusivo antes de seu uso por uma tarefa em um sistema preemptivo.

Devido às suas características determinísticas, o núcleo preemptivo é o mais indicado para sistemas de tempo real. Alguns exemplos de sistemas operacionais que utilizam núcleos preemptivos são: Linux, Windows 2000, XP e Vista, FreeRTOS, µC/OS-II, µC/OS-III, BRTOS etc.

2.3 Bloco de controle de tarefas

O conceito de multitarefa pressupõe a existência simultânea de várias tarefas disputando o processador. Para facilitar a gerência da CPU, torna-se necessário representar tarefas/processos por meio de estruturas de dados, normalmente conhecidas como blocos de controle de tarefas (*task control block* – TCB). Essas estruturas de dados residem na memória de dados (RAM) do sistema.

Sistemas operacionais de tempo real

Um TCB é associado a uma tarefa no momento de sua criação/instalação, sendo a estrutura de dados que será utilizada pelo sistema operacional para manter o estado da tarefa. As seguintes informações estão normalmente presentes em um bloco de controle de tarefas:

- identificador da tarefa;

- nome da tarefa (*string* contendo um nome fantasia para a tarefa ser representada);

- prioridade;

- localização e tamanho na memória virtual da tarefa;

- ponteiro de pilha da tarefa;

- estado relativo ao processador (pronto, executando, suspenso etc.);

- regiões de memória protegida etc.

Um TCB é inicializado quando a tarefa é criada/instalada. A criação da tarefa é realizada por um serviço do núcleo do sistema operacional. A Listagem 2.1 apresenta um exemplo de estrutura de dados de um bloco de controle de tarefas. A seguir é apresentada uma descrição de cada campo da estrutura TCB.

```
typedef struct ContextTag{
    INT8S   Name[configMAX_TASK_NAME_LEN];
    INT16U StackPoint;
    INT16U StackInit;
    INT16U TimeToWait;
    INT8U  State;
    INT8U  SuspendedType;
    INT8U  Priority;
} TCB;
TCB Tab_Task[NUMBER_OF_TASKS];
```

Listagem 2.1 Exemplo de estrutura de dados de um bloco de controle de tarefas.

- *Name*: durante a instalação da tarefa pode-se atribuir um nome à tarefa para melhor identificá-la entre os processos sendo executados pelo sistema operacional. Um exemplo bastante tradicional é o nome dado a aplicativos e serviços pelo sistema operacional Windows, vistos utilizando o gerenciador de tarefas (*Windows task manager*).

- *StackPointer*: contém um ponteiro para o local atual do topo da pilha de uma tarefa. Para que cada tarefa tenha o seu contexto é necessário que cada tarefa tenha a sua própria pilha, com tamanho definido na criação da tarefa e limitado ao tamanho do *HEAP* (local especial da memória RAM, gerenciado pelo sistema operacional, destinado à alocação das pilhas das tarefas).

- ***StackInit***: contém um ponteiro para o início da pilha. O campo *StackInit* aponta para o último local da pilha em que é seguro alocar variáveis locais ou realizar chamadas de função sem que ocorra o estouro da pilha. Pode ser utilizado para controlar o acesso da pilha, bem como para identificar a quantidade de pilha ocupada por uma tarefa em um dado momento.

- ***TimeToWait***: é utilizado quando a tarefa precisa ser atrasada de um certo valor de marcas de tempo ou quando a tarefa necessita de um *timeout* para um evento pendente. Quando esse valor é zero, a tarefa não está sendo atrasada ou não possui nenhum *timeout* associado à espera de um evento.

- ***State***: contém o estado atual da tarefa, podendo ser: executando, pronta para execução, tarefa suspensa etc.

- ***SuspendedType***: define o tipo de serviço que suspendeu a tarefa. Exemplos de serviços do núcleo que podem suspender uma tarefa são semáforos, mensagens, *mutexes* etc.

- ***Priority***: contém a prioridade da tarefa. Deve-se definir uma política de valores para as prioridades, por exemplo, quanto menor o valor atribuído a *Priority*, maior será sua prioridade.

Uma tarefa pode ser apagada/desinstalada de um sistema em execução. Quando isso ocorre, a tarefa deve liberar os recursos e estruturas de dados utilizados para que o núcleo do sistema operacional possa oferecê-los para outras tarefas.

2.4 Marca de tempo (*timer tick*)

Uma marca de tempo ou passo de tempo é a menor unidade de tempo reconhecida pelo sistema operacional. Esse passo de tempo é gerado por uma interrupção que deve ocorrer periodicamente, geralmente implementada com interrupções de estouro de tempo em *hardware*. Tal interrupção define, portanto, a granularidade do tempo para o sistema. O núcleo utiliza essa interrupção para gerenciar a espera das tarefas por um número inteiro de marcas de tempo, bem

Sistemas operacionais de tempo real

como para prover *timeouts* quando as tarefas estão esperando por eventos ocorrerem. O tempo desse passo é especificado pelo desenvolvedor, sendo geralmente utilizados tempos entre 1 e 100 ms.

O tempo entre interrupções deve atender a um compromisso entre resolução de tempo e custo computacional. O ideal para um sistema poderia ser granularidade de tempo de microssegundos ou até mesmo nanossegundos. No entanto, existe um custo computacional envolvido na verificação de marcas de tempo. A cada interrupção de tempo ocorre um salvamento parcial de registradores do processador e testes do sistema operacional. Imagine como exemplo que o tempo necessário para saltar para a rotina de tratamento da interrupção de tempo, realizar o processamento das estruturas de tempo do sistema e voltar para a tarefa interrompida seja de 10 µs. Nesse caso, se a marca de tempo for configurada para ocorrer a cada 100 µs, o sistema operacional ocupará 10% da capacidade total do processador para gerenciar os eventos de tempo. Em situações em que resoluções de tempo maiores que o passo de tempo do sistema forem necessárias, é possível utilizar uma outra interrupção de tempo em *hardware*. Ao sincronizar essa interrupção com uma tarefa pode-se obter essa nova resolução de tempo especificamente para essa tarefa. Essa abordagem reduz o custo de manutenção de tempo do sistema, pois somente uma tarefa estará sujeita a esse passo de tempo.

Qualquer núcleo de um sistema operacional de tempo real permite que tarefas esperem por um certo número de marcas de tempo. Entretanto, operar com uma resolução de uma marca de tempo não significa que a precisão seja de uma marca de tempo. A Figura 2.3 apresenta o diagrama de tempo de um conjunto de tarefas, em que uma tarefa de baixa prioridade faz uso de um atraso de uma marca de tempo. Note que o sistema operacional utiliza a CPU durante o processamento da interrupção de tempo e da rotina de serviço dessa interrupção (RSI). Esse tempo computacional faz parte da sobrecarga adicionada pelo sistema operacional.

Com relação ao comportamento do atraso para as tarefas, fica evidente a resolução de uma marca de tempo. Verifique que quando a rotina de atraso é chamada, grande parte do tempo que separa duas marcas de tempo já havia passado. Ainda, após o contador atingir a marca de tempo selecionada, haverá uso de tempo computacional para tratamento da interrupção e das rotinas de maior prioridade. A rotina de baixa prioridade que está bloqueada somente será executada após esse tempo.

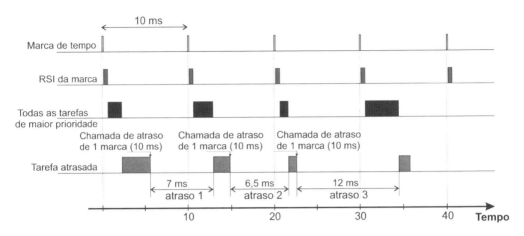

Figura 2.3 Exemplo de atraso de tarefa em uma marca de tempo.

Na situação apresentada, uma tarefa que deveria ser periódica, de 10 em 10 ms, apresentará variação constante desse intervalo de tempo. Essa variação temporal de ativação de uma tarefa em um sistema operacional é conhecida como *jitter*. Pode-se dizer ainda que *jitter* é a diferença máxima entre qualquer atraso individual de tempo e o atraso desejado em um sistema.

A Figura 2.4 apresenta um segundo caso, em que o tempo computacional de todas as tarefas de alta prioridade somado ao tempo computacional da RSI faz com que uma tarefa de baixa prioridade execute próximo a uma interrupção de marca de tempo. Se essa tarefa solicitar um atraso de uma marca de tempo instantes antes da interrupção ocorrer, a tarefa será executada novamente quase imediatamente. Esse comportamento pode levar a uma falha no sistema, principalmente quando a tarefa em questão está realizando a interface com um dispositivo que tem esse tempo como período mínimo para processar uma solicitação. Devido a isso, se for necessário atrasar uma tarefa por pelo menos uma marca de tempo, será necessário solicitar uma marca de tempo extra. Ou seja, se for necessário um atraso de 10 marcas de tempo, deve-se solicitar 11. Verifique que assim como o tempo de uma marca de tempo pode ser aproximadamente zero, também pode ocorrer de ser quase o tempo de duas marcas de tempo. Para tanto, basta que o atraso seja chamado no início de um período de uma marca de tempo e, na próxima marca, existam tarefas de maior prioridade a serem executadas.

Já a Figura 2.5 mostra uma situação em que o tempo computacional das tarefas de maior prioridade e das rotinas de tratamento de interrupção é maior

Sistemas operacionais de tempo real

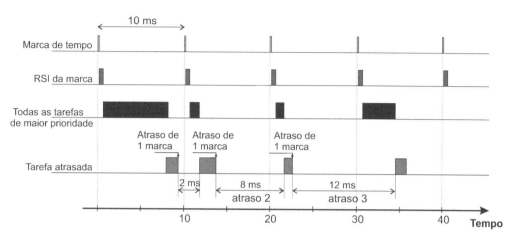

Figura 2.4 Exemplo de execução quase imediata de tarefa utilizando uma marca de tempo para atraso.

do que uma marca de tempo. Nesse caso, uma tarefa de menor prioridade que tentar esperar por uma marca de tempo irá na verdade ser executada duas marcas de tempo depois. Assim, a tarefa poderá perder seu prazo (*deadline*). Note que essa situação é uma falha de projeto.

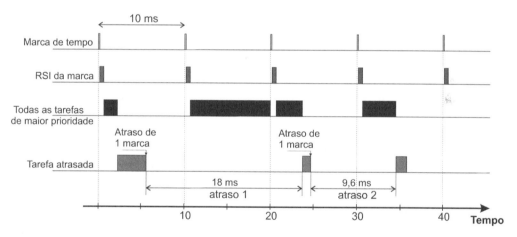

Figura 2.5 Exemplo em que uma tarefa perde seu prazo devido a tarefas de maior prioridade.

O ideal é que um conjunto de tarefas sempre complete sua execução entre marcas de tempo. Isso é impossível em muitos casos, principalmente quando existem tarefas que implementam interfaces gráficas ou comunicação com memórias. Esse tipo de tarefa costuma ter tempos de execução de centenas de milissegundos, ou seja, de várias marcas de tempo. Essas tarefas geralmente recebem baixas prioridades, permitindo sua preempção por tarefas de alta prioridade constantemente. A referida abordagem é suficiente para manter os prazos na maioria dos casos, pois tarefas em que o tempo de computação é alto também costumam ter prazos maiores. Outra solução é realizar pequenas desistências por funções de atraso de tempo para permitir que outras tarefas executem. Perder prazos pode ser aceitável em algumas situações, mas certamente não é algo desejável em sistemas de tempo real.

Como se pode perceber, o projeto de um sistema de tempo real em que todas as tarefas devem cumprir seus prazos não é trivial. Apesar disso, existem possíveis soluções a serem aplicadas quando se está no limiar de se obter um sistema funcional. Se a carga computacional devido ao processamento das marcas de tempo estiver consumindo exageradamente o processador, e se for possível projetar as tarefas com menor resolução no passo de tempo, pode-se aumentar o intervalo entre marcas de tempo. Outra solução é realocar a prioridade das tarefas. Nem sempre essa abordagem é possível pois, como será visto no Capítulo 3, a prioridade das tarefas não é definida aleatoriamente, mas sim a partir de regras bem definidas.

Como últimas tentativas de se obter um sistema funcional por melhorias de *software*, pode-se aumentar o nível de otimização do código pelo compilador ou otimizar rotinas críticas do sistema. No entanto, dependendo de como o código é concebido, podem ocorrer falhas no sistema devido às otimizações do compilador. Isso geralmente acontece em função de um erro de programação, mas pode tornar um código que estava funcional em um código com erros. Por exemplo, um compilador pode eliminar leituras ou escritas duplicadas ou reordenar certas operações com um dispositivo de entrada/saída e, ao realizar isso, pode fazer com que a comunicação com o dispositivo falhe. Testes que parecem desnecessários podem também ser removidos, causando falhas na comunicação. Para facilitar o processo de otimização em alguns casos, fabricantes como a ARM disponibilizam bibliotecas já otimizadas para serem ligadas ao código. Exemplos dessas bibliotecas são as implementações da transformada rápida de Fourier e de filtros FIR disponíveis na biblioteca CMSIS da ARM.

Se nenhuma otimização em *software* for suficiente para evitar os problemas de não cumprimento de prazos de certas tarefas no sistema, pode-se substituir o processador utilizado por um mais rápido, principalmente se for da mesma família. Atualmente, a ARM disponibiliza uma grande variedade de processadores e microcontroladores, sendo os ARM Cortex-M0, M3, M4 e M7 um exemplo válido dessa variedade em uma mesma família. O microcontrolador M0 é o microcontrolador ARM de menor desempenho e o ARM Corterx-M7 o de maior desempenho atualmente. Outros fabricantes também possibilitam a atualização do processador por dispositivos da mesma família, sendo um recurso interessante durante o projeto de sistemas embarcados. Há ainda a possibilidade de utilizar processadores/microcontroladores de vários núcleos. Um exemplo é a combinação de microcontroladores M0 e M4 em um *chip*, permitindo que a comunicação entre os dispositivos de entrada/saída seja realizada pelo microcontrolador de menor poder computacional e os cálculos que necessitam de alto desempenho sejam realizados pelo Cortex-M4, que possui instruções de ponto flutuante e DSP. É importante ressaltar que mesmo que todas essas soluções sejam implementadas, o *jitter* continuará existindo, pois é inerente a qualquer sistema operacional. A tarefa de maior prioridade do sistema ainda apresentará *jitter*, que será causado pelo processamento das rotinas de tratamento das interrupções.

2.5 Interrupções e exceções em sistemas de tempo real

As interrupções e exceções são mecanismos de *hardware* muito importantes para a concepção de sistemas concorrentes. As exceções são geradas por eventos síncronos, enquanto as interrupções são geradas por eventos assíncronos. Os eventos síncronos são previsíveis, sendo consequência direta da execução das instruções de um fluxo de programa concorrente. Um exemplo de exceção é a ocorrência de uma divisão por zero. É importante que o projetista evite uma falha no sistema, ao implementar uma rotina de tratamento dessas falhas previsíveis.

Os eventos assíncronos são imprevisíveis e não dependem da execução do código de uma tarefa. Portanto, exemplos de eventos assíncronos são a chegada de um caractere pela porta serial, um estouro de uma contagem de tempo, o término de uma conversão A/D etc. Note que, apesar de um evento gerado por um temporizador parecer previsível, não é possível prever qual das tarefas será interrompida por esse evento. Um evento assíncrono pode também ser gerado pelo sistema operacional, como é o caso das interrupções de *software*. Não é possível que uma tarefa preveja uma interrupção de *software*, pois a decisão de gerar ou não essa interrupção cabe somente ao sistema operacional e às condições por ele monitoradas.

Quando uma interrupção ou exceção é identificada, o processador salva parte ou todo o seu contexto na pilha e salta para uma função apontada por uma das posições do vetor de interrupções. O vetor de interrupções, que para o desenvolvedor é um vetor de ponteiros de funções, localiza-se em uma posição de memória específica no processador, sendo que essa posição e o seu tamanho são dependentes do processador utilizado. Algumas posições desse vetor são alocadas para exceções do processador, como divisão por zero, e outras para periféricos, como interrupções por tempo ou comunicação serial. Essa função chamada para tratar um dos eventos disparados por *hardware* é conhecida como rotina de serviço de interrupção (RSI). Como há um vetor dessas funções, pode existir uma RSI para cada evento no sistema. Na rotina de serviço de interrupção processa-se o evento gerado e, ao fim desse processamento, retorna-se para o ponto de código interrompido.

O salvamento de contexto do processador depende tanto do *hardware* quanto do *software*. Existem processadores que salvam por *hardware* praticamente todos os seus registradores ao saltar para uma interrupção, processadores que salvam o mínimo possível de registradores e processadores que salvam parcialmente seus registradores. O processador HCS08 utilizado em microcontroladores, cuja arquitetura é Von Neumann, possui como registradores somente um acumulador (8 *bits*) e um registrador de índice (16 *bits*), além do contador de programa (16 *bits*), ponteiro de pilha (16 *bits*) e registrador de estado (8 *bits*). O contexto salvo em *hardware* desse processador é composto pelos registradores contador de programa, estado, acumulador e parte menos significativa do registrador de índice. Portanto, dependendo do código contido na RSI, deve-se salvar em *software* a parte mais significativa do registrador de índice.

Já o processador Coldfire V1 salva o mínimo possível dos registradores em *hardware*, ou seja, somente o registrador de estado e o contador de programas. Esse é o salvamento mínimo possível para poder retornar ao local interrompido e manter o estado do processador. Caso registradores de dados (possui do D0 ao D7) ou de endereços (possui do A0 ao A7) sejam utilizados na RSI, esses registradores devem ser salvos em *software* ao entrar na rotina de tratamento da interrupção. Finalmente, os processadores ARM são um exemplo de processador que salva um contexto parcial de registradores ao entrar em um RSI. Esses processadores possuem treze registradores de propósito geral, além do ponteiro de pilha, registrador de estado, *link register* e contador de programa. Ao entrar em uma RSI, os processadores ARM salvam por *hardware* os registradores R0 a R3 e R12, além do estado, *link register* e contador de programa. Caso sejam necessários outros registradores para processar a rotina de tratamento da interrupção, deve--se salvar o complemento dos registradores por *software*. Note que ao utilizar um sistema operacional preemptivo é imprescindível salvar o contexto completo do processador antes de alterar a tarefa sendo executada pelo processador. Portanto, o sistema operacional deve realizar o salvamento complementar do contexto em *software* de todos os registradores que não foram salvos em *hardware*.

As interrupções e exceções permitem que um processador/microcontrolador responda a eventos no momento em que eles ocorrem. Isso evita que um aplicativo precise verificar continuamente se um evento ocorreu. Os processadores permitem que as interrupções sejam ativadas ou desativadas individualmente ou totalmente. Em geral, os núcleos de tempo real desabilitam interrupções para manipular seções críticas do código e as reabilitam após a execução desse código. No entanto, esses bloqueios de interrupções devem ocorrer o mínimo possível. Uma das especificações de um núcleo de tempo real é a quantidade de tempo em que as interrupções estão desabilitadas.

Desabilitar interrupções pode causar a perda de um ou mais eventos, bem como afetar a latência das interrupções. Quanto maior o tempo em que as interrupções estiverem desligadas, maior será a latência da interrupção. Latência de interrupção, nesse caso, é definida como a máxima quantidade de tempo em que as interrupções estão desligadas somada ao tempo para começar a execução da primeira instrução de uma RSI. Para diminuir essas regiões de bloqueio de interrupções em um sistema operacional utiliza-se a arquitetura segmentada de interrupções, abordada com mais detalhes no Capítulo 7.

Os processadores normalmente permitem que as interrupções sejam aninhadas (*nesting*). Isso significa que, enquanto o processador executa uma rotina de serviço de interrupção, poderá identificar outras interrupções de maior prioridade e tratá-las, interrompendo a RSI de menor prioridade. Caso a interrupção seja de menor prioridade que a atualmente em execução, após o término da RSI de maior prioridade o processador retornará para o RSI de menor prioridade. A Figura 2.6 apresenta esse comportamento. Note que a latência de uma interrupção também se altera com sua prioridade no sistema.

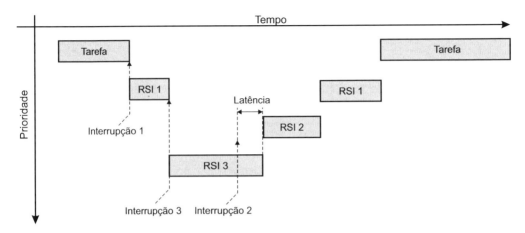

Figura 2.6 Exemplo de aninhamento e latência de interrupções.

O tempo de resposta de uma interrupção é definido como o tempo entre a recepção do evento pelo *hardware* e o começo do código de usuário que irá tratar o evento. Para um sistema *foreground/background* ou para um núcleo não preemptivo, o código de usuário presente na RSI é executado imediatamente após o salvamento do contexto do processador. O tempo de resposta de uma interrupção nesses sistemas é dado pela latência de interrupção mais o tempo para salvar o contexto do processador.

Em um núcleo preemptivo uma função especial provida pelo núcleo deve ser chamada. Essa função notifica o núcleo de que uma RSI está em progresso, além de permitir que o núcleo acompanhe o aninhamento de interrupções. O tempo de resposta de uma interrupção em um núcleo preemptivo é dado pela latência de interrupção somada ao tempo para salvar o contexto do processador e ainda ao tempo de execução da função do núcleo para entrada em RSI. Note que em geral essa função de entrada das RSI nada mais é do que um contador de interrupções ativas em um mesmo momento. O motivo dessa contagem se tornará mais claro ao analisar a função de saída de uma interrupção para sistemas preemptivos.

Durante o desenvolvimento de um sistema, devemos considerar o pior caso de resposta das interrupções como o padrão. Se um sistema responder às interrupções a maior parte do tempo em poucos microssegundos, mas apenas uma vez em 300 μs, deve-se assumir que o tempo de resposta de todas as interrupções é 300 μs.

O tempo necessário para o processador retornar de uma rotina de serviço de interrupção é chamado de recuperação de interrupção. A recuperação de

Sistemas operacionais de tempo real

interrupção de um sistema *foreground/background* ou de um núcleo não preemptivo simplesmente envolve restaurar o contexto do processador e retornar para o código interrompido. A recuperação de interrupção de um processador nesses casos é dada pelo tempo para restaurar o contexto do processador em *software* somado ao tempo para executar a instrução de retorno de interrupção, que restaura o contexto do processador salvo em *hardware*.

Já em um núcleo preemptivo, a recuperação de uma interrupção é mais complexa. Tipicamente, uma função provida pelo núcleo é chamada no final do código da RSI. Essa função irá determinar se houve aninhamento de interrupção, ou seja, se o retorno de interrupção será para outra interrupção. Isso é realizado pelo decremento do contador utilizado no início das RSI. Se não houve aninhamento (o que significa que o valor do contador é zero), o núcleo deverá determinar se uma tarefa de maior prioridade foi colocada em estado pronto para executar como resultado da RSI. Se uma tarefa de maior prioridade estiver pronta, essa tarefa será executada. Note que a tarefa interrompida somente voltará a ser executada quando se tornar a tarefa de maior prioridade. A recuperação de interrupção de um núcleo preemptivo é dada pela verificação de aninhamento de interrupções, somada ao tempo para determinar se uma tarefa de maior prioridade está pronta, ao tempo para restaurar o contexto do processador e ao tempo para executar a instrução de retorno de interrupção.

A Figura 2.7 apresenta diagramas de tempo contendo a latência, resposta e recuperação de interrupções em sistemas de superlaço ou não premptivos. Verifique que não há diferença no comportamento desses dois modelos de programação quanto às interrupções, pois o processador sempre retorna para a rotina interrompida, seja ela o *background* ou uma tarefa. Ainda, não há necessidade de controlar o aninhamento de interrupções, visto que não há decisão quanto à alteração da tarefa que será executada ao retornar da interrupção. A resposta das interrupções nesses dois modelos é mais rápida que no modelo preemptivo, pois há menor ou nenhuma necessidade de utilizar regiões críticas, o que reduz a latência das interrupções. Ademais, como não há troca de contexto, o contexto pode ser parcialmente salvo, ou seja, somente os registradores utilizados na RSI precisam ser salvos. Note que em certos sistemas cooperativos existe a troca de contexto, mas ela ocorre quando uma tarefa libera o processador, e não quando ocorrem interrupções. As mesmas observações valem para o retorno das interrupções.

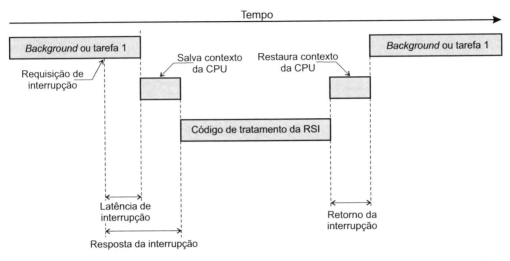

Figura 2.7 Latência, resposta e recuperação de interrupção em sistemas *foreground/background* ou sistemas não preemptivos.

Na Figura 2.8 é possível analisar o diagrama de tempo dos parâmetros de análise de interrupções para sistemas preemptivos. Como já comentado, a resposta da interrupção irá sofrer atraso devido ao uso de regiões críticas e da função do núcleo para controlar a entrada em interrupções. Note que o retorno das interrupções pode ser mais demorado quando ocorre a troca de contexto, pois em geral é necessário realizar o salvamento adicional do contexto.

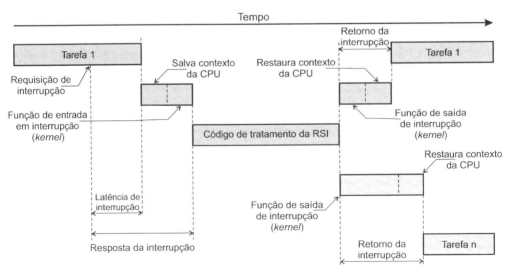

Figura 2.8 Latência, resposta e recuperação de interrupção em núcleos preemptivos.

Verifique que, diferentemente dos modelos de superlaço e não preemptivos, em um núcleo preemptivo todas as rotinas de tratamento de interrupção deverão incluir o código adicional do sistema operacional na entrada e na saída da interrupção. Esse código nem sempre é facilmente concebido no porte, pois o controle de aninhamento de interrupção usualmente é região crítica, dependendo de bloqueios de interrupções. Por exemplo, o incremento da contagem de aninhamento deve ser a primeira ação do código de tratamento da interrupção, não podendo ser interrompido por outra interrupção. Como o salvamento de contexto em *software* é a primeira ação a ser realizada em uma RSI, deve-se criar uma região crítica entre o salvamento desse contexto e o incremento da variável de controle de aninhamento. Para isso, é necessário um conhecimento aprofundado da arquitetura do processador utilizado.

Devido à complexidade de se portar um sistema operacional preemptivo e com o intuito de simplificar o uso de interrupções nesses sistemas, uma forma alternativa de se controlar a troca de contexto e o aninhamento de interrupções é comumente utilizada. Nesse modo a única interrupção que realiza a troca de contexto é a interrupção de *software*. Assim, as interrupções do sistema são escritas sem a necessidade de funções de entrada e saída. Se nenhum serviço do sistema operacional for utilizado, o retorno da interrupção se dará sempre para a tarefa que foi interrompida, e somente o contexto parcial utilizado será salvo e restaurado. No entanto, se, ao utilizar um serviço do sistema operacional dentro da RSI uma tarefa de maior prioridade for adicionada à lista de tarefas prontas, a própria função utilizada irá solicitar uma interrupção de *software*. Esse comportamento pode ser visualizado na Figura 2.9. Essa abordagem traz outras vantagens, como um controle inerente do aninhamento de interrupções. Para isso, basta que a prioridade da interrupção de *software* seja a menor do sistema. Assim, só vai haver a troca de contexto quando não houver mais nenhuma interrupção a ser tratada. O porte da maioria dos sistemas operacionais para microcontroladores ARM é baseado nessa estratégia.

2.6 Inversão de prioridades

Anteriormente, ao apresentar os sistemas multitarefas, nos referimos às tarefas de diversas formas: um sistema *foreground/background* com múltiplos *backgrounds*, fluxos de programa que podem ser pensados individualmente, ferra-

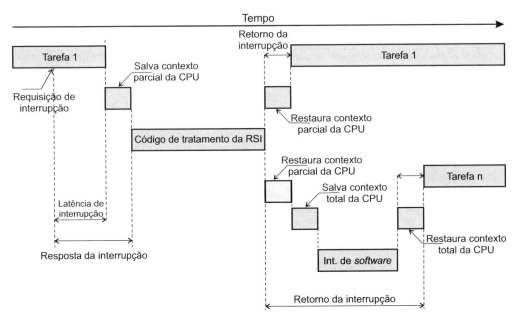

Figura 2.9 Latência, resposta e recuperação de interrupção em núcleos preemptivos que utilizam a interrupção de *software* para troca de contexto.

menta que permite "isolamento virtual" entre diversos fluxos de programa, entre outros. Note que em todas essas afirmações as tarefas são vistas como independentes. Em alguns casos essa premissa pode ser verdadeira. No entanto, o compartilhamento de recursos entre tarefas é frequente em sistemas de tempo real e gera uma relação de dependência entre as tarefas.

O compartilhamento de recursos por tarefas em um sistema dirigido a prioridades pode gerar o bloqueio de tarefas mais prioritárias. O cenário em que uma tarefa de menor prioridade causa o bloqueio de uma tarefa de maior prioridade é conhecido como inversão de prioridades. Para um melhor entendimento de como e por que ocorrem inversões de prioridades, um estudo de caso é apresentado.

A Figura 2.10 apresenta um cenário em que a tarefa de maior prioridade é a tarefa "C" e a de menor prioridade é a tarefa "A". No caso apresentado, as tarefas "C" e "B" estão bloqueadas à espera de um evento e, portanto, a tarefa "A" está em execução. Durante seu fluxo de execução a tarefa "A" adquire o direito de utilização de um recurso (por exemplo, um *display* LCD). Assim, a tarefa "A" inicia o uso do recurso adquirido até que sofre preempção pela tarefa "C", de maior prioridade. Em algum ponto do fluxo de execução da tarefa "C" torna--se necessário acessar o mesmo recurso que estava em utilização pela tarefa "A" no momento em que sofreu preempção. Devido ao fato de a tarefa "A" ainda não ter liberado o recurso, a tarefa "C" terá que esperar até que o recurso fique disponível. Portanto, o objeto do sistema utilizado para a sincronização desse recurso informa que ele está ocupado e gera a suspensão da tarefa "C". A tarefa "A" volta a executar até que sofre preempção pela tarefa "B", devido ao evento que essa tarefa estava esperando ocorrer. A tarefa "B" processa o evento e volta ao estado de bloqueio, à espera de um novo evento. Nesse momento a tarefa "A" volta a executar e termina sua operação com o recurso adquirido, liberando-o em seguida. Nesse ponto, a partir do objeto de sincronização, o núcleo sabe que uma tarefa de maior prioridade está à espera do recurso, e uma troca de contexto é realizada para voltar a executar a tarefa "C". Como a tarefa "C" foi bloqueada pelo objeto de sincronização, voltar a executar significa que o recurso desejado foi adquirido.

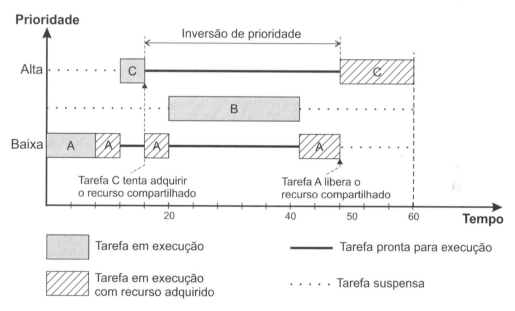

Figura 2.10 Exemplo de inversão de prioridades.

Note que, durante a utilização do recurso compartilhado pela tarefa "A" de menor prioridade, a prioridade da tarefa "C" foi reduzida para um valor inferior ao da tarefa "A". Isso é considerado uma inversão de prioridades, visto que, nesse intervalo de tempo, qualquer tarefa que tenha prioridade superior à da tarefa "A" poderá interromper a tarefa "C". Esse comportamento fica claro quando a tarefa "A" sofre preempção pela tarefa "B". A execução da tarefa "B" atrasa ainda mais a execução da tarefa "C", que é a de maior prioridade no sistema. Em um sistema real poderiam existir várias tarefas com prioridades intermediárias, o que agravaria muito essa situação.

Eliminar completamente a inversão de prioridade em um sistema multitarefas baseado em prioridades é impossível, pois a proteção durante o uso do recurso compartilhado é necessária para evitar falhas no sistema. Entretanto, os efeitos da inversão de prioridades podem ser minimizados com o aumento da prioridade da tarefa que acessar um recurso compartilhado. A tarefa que estiver acessando um recurso compartilhado entre diversas tarefas deverá possuir a maior prioridade durante a utilização do recurso. Esse método evitaria que a tarefa "B" fosse executada antes da tarefa "C", mas ainda não evitaria a espera pela tarefa "A". Portanto, os núcleos de sistemas de tempo real devem permitir que as prioridades das tarefas se alterem dinamicamente para ajudar a prevenir casos de inversão de prioridade. Um dos problemas da alteração dinâmica de prioridades pode ser verificado no caso apresentado. Se as tarefas "C" e "B" não fossem ativadas durante a utilização do recurso compartilhado pela tarefa "A", o tempo de processamento utilizado para alterar a prioridade da tarefa "A" seria desperdiçado.

Para simplificar o controle de inversão de prioridades, os núcleos de sistemas operacionais costumam realizar a alteração automática das prioridades a partir de uma técnica específica implementada no objeto de sincronização. Os principais mecanismos de modificação automática de prioridades são o topo e a herança de prioridade. O princípio de funcionamento desses mecanismos é mais bem explorado nas seções que tratam de exclusão mútua e *mutexes*.

Outra solução possível para a inversão de prioridade se dá no âmbito do desenvolvimento da aplicação. Em vez das tarefas acessarem o recurso compartilhado, pode-se criar uma tarefa para o gerenciamento do recurso. Tarefas utilizadas para o controle de recursos compartilhados são conhecidas como *gatekeepers*. Uma tarefa *gatekeeper* tem acesso exclusivo a um determinado recurso, mas permite o acesso a esse recurso a partir de um conjunto de serviços providos às outras tarefas do sistema.

Uma forma de implementar a tarefa *gatekeeper* é por recebimento de mensagens. Imagine um caso em que uma tarefa gerencia o acesso a um *display* alfanumérico, como apresentado na Figura 2.11. Nesse caso, para que uma determinada tarefa possa escrever no *display*, ela deve enviar uma mensagem de solicitação para a tarefa *gatekeeper*. As mensagens podem ser do tipo comando ou texto. Um exemplo de comando é a solicitação para posicionar o cursor em uma determinada posição. Já uma mensagem de texto contém a informação que se deseja escrever no *display*. Note que, se houver uma fila de mensagens sendo solicitadas, o acesso ao recurso deixa de ter vínculo com a prioridade das tarefas. A execução das solicitações se dará pela ordem de chegada dos pedidos de acesso.

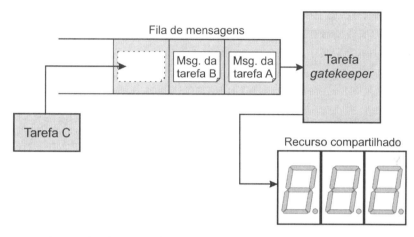

Figura 2.11 Exemplo de controle de recurso compartilhado por tarefa *gatekeeper*.

Verifique que o exemplo apresentado é uma das possíveis implementações de uma tarefa *gatekeeper*. Abordagens mais complexas podem incluir prioridade nas solicitações, serviços para limpar a fila de mensagens, entre outros.

2.7 Seções críticas de código e exclusão mútua

Uma seção crítica de código é uma região de código que ao começar a ser executada não deve ser interrompida até seu fim. Normalmente as interrupções são desabilitadas no início dessas seções de código e habilitadas no seu término, para garantir que não haverá descontinuidade na execução do código. Um exemplo de seção de código crítica é o acesso a uma variável global do sistema operacional. Geralmente o acesso a essas variáveis por uma tarefa deve ser realizado dentro de uma seção crítica. Imagine que a variável em questão determina o tempo atual em passos do sistema. Ainda, que o processador utilizado tem barramento de 8 *bits* e a variável do sistema é de 32 *bits*. Se durante a leitura ou um teste dessa variável ocorrer uma interrupção e essa interrupção modificar o valor da variável, ao voltar para a tarefa interrompida pode ocorrer um erro no teste. O processamento da variável será realizado parcialmente com o valor antigo e complementado com o novo valor. Note que, nesse caso, a variável é um recurso, e utilizá-lo dentro de uma seção crítica garante o acesso exclusivo a esse recurso.

O compartilhamento de variáveis e estruturas de dados é a forma mais fácil de comunicação entre tarefas em um sistema operacional. Embora o compartilhamento de dados simplifique a troca de informação, o projetista do sistema deve tratar esses dados como recursos compartilhados. Portanto, deve-se garantir que cada tarefa tenha acesso exclusivo aos dados para evitar corrupção destes. Essa situação fica clara ao relembrar o acesso de uma variável de 32 *bits* em um sistema de 8 *bits*, como apresentado no exemplo anterior. Os métodos mais utilizados para obter acesso exclusivo a recursos compartilhados (podendo esses recursos serem dados na memória RAM ou periféricos conectados ao processador) são:

- desabilitar as interrupções;
- desabilitar o escalonamento;
- sincronização por semáforos ou *mutexes*.

A maneira mais fácil e rápida de ganhar direito exclusivo a um recurso compartilhado é por meio da desabilitação e habilitação das interrupções, ou seja, acessá-lo dentro de uma seção crítica. Entretanto, ao desabilitar as interrupções pode-se afetar a resposta do sistema a eventos assíncronos, devido ao aumento da latência das interrupções. Portanto, esse método somente deve ser considerado para operações rápidas de cópia ou alteração de poucas variáveis.

Apesar de suas desvantagens, acessar dados compartilhados pelo bloqueio das interrupções é a única forma segura de tarefas compartilharem dados com RSI. Por isso, normalmente os sistemas operacionais utilizam essa técnica para acessar variáveis e estruturas de dados internas. O desenvolvedor pode também utilizar seções críticas para resolver problemas de concorrência e compartilhamento de recursos no código de aplicação. No entanto, deve-se limitar o uso dessa abordagem a poucos trechos de código de rápida execução. Por exemplo, nunca se deve controlar o acesso a um *display* LCD dessa forma. Caso contrário, a latência das interrupções pode chegar a centenas de milissegundos.

O bloqueio do escalonador do sistema operacional é outro método possível para obter acesso exclusivo a dados compartilhados entre tarefas. A principal diferença para o primeiro método apresentado é que agora as interrupções

Sistemas operacionais de tempo real

estão habilitadas, ou seja, caso um evento ocorra, a RSI associada ao evento será executada imediatamente. Ao final da RSI, o núcleo sempre retornará para a tarefa interrompida, mesmo que uma tarefa de maior prioridade tenha sido colocada na lista de tarefas prontas para execução pela RSI. Quando o escalonador for desbloqueado, caso haja uma tarefa de maior prioridade pronta para execução, ocorrerá a troca de contexto. Embora esse método funcione corretamente, uma tarefa de alta prioridade que não está associada ao recurso compartilhado pode ter sua execução postergada até que o escalonador volte a ser habilitado.

O terceiro e mais recomendado método para obter acesso exclusivo são os semáforos, preferencialmente os de exclusão mútua. O semáforo é um mecanismo oferecido pela maioria dos núcleos multitarefas e de fundamental importância para a sincronização nesses sistemas. Maiores detalhes sobre a utilização de semáforos para a implementação de exclusão mútua serão apresentados no Capítulo 4, na seção 4.1.2.1 que aborda semáforos de exclusão mútua.

2.8 *Deadlock* (impasse)

Deadlock (impasse), no contexto dos sistemas operacionais, caracteriza uma situação em que dois ou mais processos ficam impedidos de continuar suas execuções devido a um compartilhamento mútuo de recursos. Um caso bastante comum de impasse ocorre quando duas tarefas estão esperando por um recurso alocado pela outra. Imagine um caso em que a tarefa "A" tem acesso exclusivo ao teclado e a tarefa "B" tem acesso exclusivo ao *display* LCD do sistema. Se a tarefa "A" precisar de acesso exclusivo ao *display* e a tarefa "B" precisar de acesso exclusivo ao teclado para concluir um ciclo de execução, nenhuma tarefa será executada. Ambas as tarefas estarão paralisadas por tempo indefinido.

Dois métodos podem ser utilizados para evitar um impasse. O primeiro é adquirir todos os recursos necessários antes de proceder com a execução da tarefa. Nesse caso, a tarefa deve adquirir os recursos em uma determinada ordem e liberar os recursos na ordem inversa. Em muitos sistemas operacionais, ao utilizar os objetos de sincronização do tipo *mutex*, o recurso pode estar relacionado a uma prioridade, geralmente a maior prioridade das tarefas que compartilham o recurso. Assim, recomenda-se que a aquisição dos recursos inicie pelo recurso associado à maior prioridade.

A limitação de adquirir todos os recursos antes de iniciar é que um dos recursos poderia estar sendo utilizado por outra tarefa concorrentemente. Para evitar que esse método seja utilizado em projetos em que o impasse não ocorre frequentemente, a maioria dos núcleos de sistemas operacionais permite que se especifique um *timeout* na aquisição de um recurso. Se o recurso não estiver disponível dentro desse tempo, a tarefa que está requisitando o recurso voltará para a lista de tarefas prontas para execução, desfazendo o impasse. Um código de erro é retornado à tarefa para informá-la de que o *timeout* ocorreu. O desenvolvedor deve utilizar uma verificação na saída da função de aquisição do recurso para tratar esse erro, evitando que a tarefa prossiga acreditando possuí-lo.

O outro método consiste em utilizar as tarefas de gerenciamento de recursos *gatekeeper*. Assim é possível fazer solicitações dos recursos para essas tarefas específicas, e estas, por sua vez, tentam gerenciar da melhor forma possível essas solicitações. O projeto de tarefas *gatekeeper* que se sincronizam para realizar uma ação com dois ou mais recursos ao mesmo tempo pode ser um desafio ao projetista.

2.9 Sobrecarga (*overload*)

A sobrecarga ocorre quando o conjunto processador/sistema operacional não consegue executar as tarefas solicitadas sem perda de prazos. Quando a sobrecarga ocorre, as tarefas de menor prioridade são as mais prejudicadas, podendo vir a nunca serem executadas. Pode-se citar como exemplo de ocorrência de sobrecarga os telefones celulares com diversas funções, conhecidos atualmente como *smartphones*. Normalmente os processadores utilizados em dispositivos móveis são mais voltados a baixo consumo de energia do que a poder computacional. Dessa forma, quando utilizamos várias funções concorrentemente nesses aparelhos, podemos observar atrasos de resposta causados pela sobrecarga do sistema. A sobrecarga do sistema operacional pode causar atrasos na atualização das imagens na tela desses aparelhos, dando a percepção de um "congelamento" temporário da tela.

Existem poucas soluções para resolver problemas de sobrecarga em um determinado sistema, principalmente quando todas as otimizações possíveis já foram realizadas. Uma das soluções possíveis é a substituição do processador por um mais eficiente ou de maior poder computacional. Note que a sobrecarga é uma falha de projeto em sistemas de tempo real. O que ocorre com mais frequência nesses sistemas é a existência de reserva de capacidade computacional para os momentos de pico de atividade, como será visto com maiores detalhes no Capítulo 3.

2.10 Vantagens e desvantagens de núcleos de tempo real

Um sistema operacional de tempo real permite que aplicações com restrições de tempo real sejam facilmente projetadas e expandidas. Em parte, essa facilitação deve-se à possibilidade de particionamento do problema em tarefas, que serão executadas concorrentemente. Ainda, desde que bem projetado, esse particionamento de um sistema em módulos permite melhor reúso de código para projetos futuros.

Atualmente existem diversos sistemas operacionais de tempo real (RTOS), disponíveis para microprocessadores de 8, 16, 32 e 64 *bits*. Alguns são sistemas operacionais completos, não incluindo somente o núcleo, mas também o gerenciamento de entradas/saídas, gerenciamento de *displays*, sistema de arquivos, pilhas de rede, bibliotecas matemáticas, depuradores e compiladores multiplataforma.

A escolha do tipo de sistema a ser utilizado pode depender dos recursos computacionais disponíveis e das restrições temporais de projeto. No entanto, em geral pode-se obter melhores tempos de resposta no sistema ao se utilizar um sistema operacional em detrimento do modelo de programação de superlaço. Um RTOS permite que se faça melhor uso dos recursos disponíveis tanto por meio dos objetos providos pelo núcleo, como semáforos, caixas de mensagens e filas, quanto por meio de serviços como gerenciamento de tempo e memória. Note, no entanto, que o uso correto desses objetos e serviços é fundamental para se obter os benefícios de um sistema operacional. A ideia de que novas funcionalidades podem ser adicionadas sem maiores preocupações com relação ao restante do código só será verdadeira se todas as ferramentas disponibilizadas por esses sistemas forem utilizadas eficientemente.

As facilidades providas por um RTOS não vem sem um custo. Portanto, o primeiro passo para decidir se um sistema operacional de tempo real pode ser utilizado em uma determinada aplicação é verificar se a aplicação pode arcar com os requisitos extras impostos. Entre os custos de se utilizar um RTOS estão a sobrecarga computacional de execução do núcleo, maior memória de programa e de dados. Esses obstáculos para a utilização de um RTOS têm diminuído constantemente, devido ao aumento da oferta de microcontroladores com grande poder computacional e disponibilidade de memória. Microcontroladores com custo inferior a 1 dólar que podem arcar com os custos de utilização de um sistema operacional já são uma realidade.

Apesar de parecer contraditório, a utilização de um RTOS pode ser também inviabilizada por restrições de tempo. Por exemplo, sistemas com restrições de tempo na faixa de poucos microssegundos dificilmente poderão utilizar a temporização de um RTOS. Nesses sistemas o gerenciamento de tempo deve ser realizado por *timers* em *hardware* específicos para a aplicação desenvolvida, provavelmente com tratamento dos eventos dentro da própria rotina de tratamento de interrupção. Imagine um sistema de tempo real que tem como objetivo realizar um controle digital. Ainda, que as ações do controle devem ser realizadas a cada 10 µs. Finalmente, que o tempo computacional para executar o cálculo do controle seja de 8 µs. Nesse caso, somente o controle digital em si consome mais de 80% da capacidade de processamento do sistema. Ao adicionar um RTOS, o custo computacional do monitoramento de tempo e dos objetos de sincronização poderia causar a perda de prazos, que sem o sistema não ocorreriam. O recomendável em tal situação seria utilizar um *hardware* com mais de um processador ou dois processadores comunicando-se. Assim, voltando ao exemplo do controlador digital, um outro processador poderia ser utilizado para controlar uma interface de usuário que permita a troca de parâmetros do controlador, bem como para visualizar informações do sistema.

Para melhor elucidar os custos e impactos de cada modelo de programação discutido neste capítulo, a Tabela 2.1 apresenta um resumo das principais características de sistemas projetados com *foreground/background*, núcleo não preemptivo e núcleo preemptivo, quando aplicados à confecção de sistemas de tempo real.

2.11 Sistemas operacionais de tempo real BRTOS e FreeRTOS

Atualmente existem diversos sistemas operacionais de tempo real de código aberto, gratuitos e comerciais. Neste livro serão utilizados exemplos baseados

Sistemas operacionais de tempo real

Tabela 2.1 Principais características de modelos de programação concorrente para o desenvolvimento de sistemas de tempo real

	Foreground/ background	**Núcleo não preemptivo**	**Núcleo preemptivo**
Tempo de latência das interrupções	Instrução mais longa + Tempo em que as interrupções estão desabilitadas pelo usuário + Salto do vetor para a RSI	Instrução mais longa + Tempo em que as interrupções estão desabilitadas pelo usuário + Tempo em que as interrupções estão desabilitadas pelo núcleo + Salto do vetor para a RSI	Instrução mais longa + Tempo em que as interrupções estão desabilitadas pelo usuário + Tempo em que as interrupções estão desabilitadas pelo núcleo + Salto do vetor para a RSI
Tempo de resposta das interrupções	Latência da interrupção + Salvamento de contexto da interrupção	Latência da interrupção + Salvamento de contexto da interrupção	Latência da interrupção + Salvamento de contexto da interrupção + Função do núcleo para entrada em RSI
Tempo de recuperação das interrupções	Restauração do contexto do *background* + Instrução de retorno da interrupção	Restauração do contexto da tarefa + Instrução de retorno da interrupção	Procura pela tarefa de maior prioridade + Salvamento do contexto complementar + Restauração do contexto da tarefa de maior prioridade + Instrução de retorno da interrupção
Resposta das tarefas	Depende da implementação do código em *background*	Tarefa mais longa + Procura pela tarefa de maior prioridade + Troca de contexto	Procura pela tarefa de maior prioridade + Troca de contexto
Memória de programa ocupada	Código da aplicação	Código da aplicação + Código do núcleo	Código da aplicação + Código do núcleo
Memória de dados ocupada	Variáveis e estruturas de dados da aplicação	Variáveis e estruturas de dados da aplicação + RAM ocupada pelo núcleo + Pilhas das tarefas (essas pilhas podem ou não existir, dependendo da implementação do sistema) + Pilha das interrupções	Variáveis e estruturas de dados da aplicação + RAM ocupada pelo núcleo + Pilhas das tarefas + Pilha das interrupções (a pilha das interrupções pode ser do sistema ou ser replicada na pilha de cada tarefa)

nos sistemas operacionais BRTOS e FreeRTOS, ambos de código aberto. Apesar desses sistemas serem livres e de código aberto, suas licenças exigem a indicação de seu uso em um produto comercial. Um *link* para o *site* do RTOS é suficiente.

O BRTOS é um sistema operacional de tempo real desenvolvido pelos autores deste livro. Como requisitos obrigatórios durante seu desenvolvimento estavam a facilidade na utilização e o bom desempenho, aliados ao reduzido consumo de recursos computacionais.

O BRTOS utiliza escalonamento preemptivo baseado em prioridades, sendo que cada tarefa deve possuir uma única prioridade. O número máximo de tarefas instaladas é 32, devido às otimizações utilizadas em seu código. O sistema conta com porte oficial para onze arquiteturas, entre eles os processadores da família ARM Cortex-Mx.

Já o FreeRTOS é um sistema operacional desenvolvido em conformidade com as diretrizes de codificação especificadas no padrão MISRA C. Motor Industry Software Reliability Association (MISRA) é uma associação de empresas, principalmente da área automotiva, cujo objetivo é promover boas práticas para o desenvolvimento de produtos eletrônicos automotivos. Apesar disso, o código do FreeRTOS possui duas exceções ao padrão: algumas de suas funções têm mais de um ponto de saída e o uso de aritmética de ponteiros. Atualmente o FreeRTOS possui porte para 35 arquiteturas de processadores, sendo um dos RTOS mais utilizados no mercado hoje.

No FreeRTOS utiliza-se um prefixo no nome das variáveis para indicar seu tipo. Alguns exemplos são:

- variáveis do tipo *char* (8 *bits*) começam com "c";
- variáveis do tipo *short* (16 *bits*), com "s";
- variáveis do tipo *long* (32 *bits*), com "l";
- variáveis sem sinal começam com "u". Exemplo: "ul" (32 *bits* sem sinal);
- ponteiros iniciam com "p". Exemplo: "pul" (ponteiro de uma variável de 32 *bits* sem sinal);
- variáveis de enumeração começam com "e";
- outros tipos de variáveis, como estruturas, começam com "x";

As funções do FreeRTOS utilizam essa mesma convenção, dependendo do tipo da variável de retorno da função. Ademais, funções privadas começam

Sistemas operacionais de tempo real

com "prv". Funções privadas são limitadas ao escopo do arquivo em que estão codificadas, a partir da utilização do qualificador *static*.

O FreeRTOS possui duas versões comerciais. O OPENRTOS é uma versão comercial do FreeRTOS provida pela WITTENSTEIN High Integrity Systems. O código fonte é praticamente o mesmo, com a vantagem de oferecer suporte técnico para o desenvolvimento de produtos, além de proteção legal e garantia.

O SAFERTOS é uma versão comercial do FreeRTOS com modificações no código, projetado para aplicações críticas. Para tanto, possui certificações para aplicações industriais e médicas (IEC 61508-3 SIL 3 e ISO 26262 ASIL D). Da mesma forma que o OPENRTOS, possui as vantagens de uma licença comercial, como suporte e garantia.

A escolha do BRTOS para os exemplos em código deste livro deve-se ao profundo conhecimento dos autores de seu sistema. Já o FreeRTOS foi escolhido por ser o sistema operacional de tempo real livre e de código aberto mais utilizado na atualidade. Apesar dos exemplos serem baseados nesses sistemas, os diversos RTOS disponíveis no mercado pouco divergem destes em funcionalidades e usabilidade.

2.12 Resumo

Em sistemas operacionais de tempo real, o gerenciamento das tarefas é realizado pelo núcleo. Há basicamente dois tipos principais de núcleos: o preemptivo e o não preemptivo. No núcleo preemptivo, uma tarefa em execução pode ser forçada a liberar o processador para outra tarefa mais prioritária que esteja pronta a ser executada. Nesse caso, diz-se que a tarefa em execução sofreu preempção. Por outro lado, em núcleos não preemptivos, uma tarefa mais prioritária somente será executada se a tarefa que estiver em execução liberar explicitamente o processador pelo uso de uma função de requisição do sistema. Por esse motivo, o núcleo não preemptivo é também denominado cooperativo. Em geral, nos núcleos preemptivos, as tarefas mais prioritárias possuem um tempo de resposta menor do que em sistemas cooperativos, pois uma tarefa mais prioritária será executada tão logo assuma o posto de tarefa mais prioritária na fila de tarefas prontas para a execução, enquanto em um sistema com núcleo cooperativo ela deverá aguardar na fila até que a tarefa em execução libere o processador.

Para realizar o gerenciamento das tarefas, os núcleos utilizam uma estrutura de dados denominada bloco de controle de tarefa (*task control block* – TCB). Nessa estrutura, são armazenadas informações sobre a tarefa, como nome da tarefa, início da pilha, ponteiro da pilha, tempo de espera, estado da tarefa e prioridade. Além disso, os núcleos fornecem serviços que possibilitam o gerenciamento da execução das tarefas a partir da ocorrência de eventos sinalizados por interrupções. Um desses serviços, e que geralmente é fornecido em RTOS preemptivos ou cooperativos, é o de temporização, que permite executar tarefas periodicamente, atrasar a execução de uma tarefa ou aguardar um determinado tempo (*timeout*), em múltiplos inteiros de marcas de tempo (*timer tick*).

Outro aspecto importante no gerenciamento das tarefas é o compartilhamento de recursos. Nesse caso, os núcleos devem fornecer serviços para evitar a corrupção de dados, situações de impasse e, no caso de núcleos preemptivos, a inversão de prioridades. A corrupção de dados pode ocorrer quando o acesso de escrita ou leitura a dados compartilhados entre tarefas ou entre tarefas e rotinas de interrupção é interrompido. Para evitar isso, os núcleos utilizam as seções críticas de código, por meio da desabilitação de interrupções (para o caso de dados compartilhados entre tarefas e interrupções), do escalonador ou de semáforos de exclusão mútua (para o caso de dados compartilhados apenas entre tarefas).

A inversão de prioridades ocorre quando uma tarefa mais prioritária deve aguardar outra tarefa menos prioritária liberar um determinado recurso compartilhado. Nessa condição, a tarefa mais prioritária torna-se virtualmente menos prioritária que a tarefa que está com o recurso. Essa condição de inversão pode durar um tempo de difícil determinação se uma ou mais tarefas com prioridades intermediárias preemptarem a tarefa que utiliza o recurso. Portanto, em núcleos preemptivos, a inversão de prioridades deve ser limitada por meio da utilização dos semáforos de exclusão mútua, que empregam técnicas de troca automática de prioridades como as técnicas de topo de prioridade e de herança de prioridade.

Já o impasse ocorre quando duas ou mais tarefas utilizam dois ou mais recursos compartilhados, de forma que uma fique esperando a outra liberar um determinado recurso indefinidamente, enquanto a primeira mantém a posse de outro recurso esperado pela segunda e vice-versa. Um impasse pode ser evitado mantendo-se sempre a mesma ordem na aquisição e liberação de recursos, ou desfeito por meio do emprego de estouro de tempo no momento da aquisição do recurso.

2.13 Problemas

Problema 2.1. Considerando que duas tarefas utilizam uma mesma função, a qual é não reentrante, sugira, pelo menos, uma solução para evitar a corrupção dos dados quando utilizando:

- um núcleo não preemptivo;
- um núcleo preemptivo.

Problema 2.2. Considerando a(s) solução(ões) proposta(s) no exercício anterior, analise se esta(s) pode(m) causar inversão de prioridade.

Problema 2.3. Descreva com suas palavras a finalidade do bloco de controle de uma tarefa (TCB) em um RTOS. Tipicamente, que informações são contidas no TCB? Qual a diferença de TCB e contexto de uma tarefa?

Problema 2.4. Um sistema de tempo real tem como um de seus principais objetivos conceber sistemas que operam com restrições de tempo real, em que a exatidão temporal é importante. Então, por que não se deve confiar na precisão provida pelas marcas de tempo? Explique que considerações devem ser feitas para determinar o tempo ideal entre marcas de tempo no sistema. Por que é comum a utilização de marcas de tempo entre 1 a 100 ms? E, finalmente, qual o motivo de não se utilizarem resoluções de marca de tempo na faixa de poucos microssegundos ou até nanossegundos?

Problema 2.5. Explique o que ocorre em um processador quando uma interrupção ocorre. Qual o papel da pilha nesse processo? Por que o aninhamento de interrupções deve ser controlado por um núcleo preemptivo?

3 Capítulo

Gerenciamento de tarefas

Neste capítulo serão apresentados conceitos associados a tarefas, bem como técnicas para escalonamentos dirigidos a tempo e prioridades. A maioria dos núcleos de sistemas operacionais baseia seus escalonamentos em mecanismos dirigidos a prioridade. Os motivos dessa escolha serão discutidos no decorrer deste capítulo.

O conceito de tarefa é importante quando tratamos de escalonamento de sistemas operacionais de tempo real. Como visto anteriormente, tarefas formam as unidades de processamento sequencial que concorrem sobre um ou mais recursos computacionais de um sistema. Uma simples aplicação de tempo real pode ser constituída tipicamente de várias tarefas. No entanto, devemos lembrar que a adição de cada tarefa implica adição de custos ao sistema. Além de aumentar o número de decisões a serem tomadas pelo escalonador, a inclusão de novas tarefas pode significar ocupação de memória na forma de uma pilha virtual, dependendo do modelo utilizado no núcleo do sistema operacional.

Cada tarefa, em um sistema de tempo real, possui um prazo máximo para sua execução (*deadline*). Assim, a cada invocação da tarefa, ela deverá ser concluída até esse prazo, e poderá ser invocada novamente em um momento futuro. Se a invocação for realizada em intervalos regulares a tarefa é dita *periódica*. Um exemplo disso é um controlador digital que mede a variável de interesse, realiza o cálculo de uma lei de controle e atua na variável de controle. Caso contrário, se a invocação estiver associada a um evento esporádico (por exemplo, um alarme de falha do sistema), de tal forma que os intervalos entre as invocações sucessivas da tarefa sejam aleatórios ou irregulares, a tarefa é dita *aperiódica* ou *assíncrona*. Ainda, se o evento associado a uma tarefa aperiódica tiver que ser tratado adequadamente antes de um prazo máximo, a tarefa associada também deverá ser executada antes desse prazo e, portanto, será uma tarefa de tempo real. Por último, caso não haja um prazo de tratamento do evento, a tarefa também não terá um prazo de execução e não se enquadrará como uma tarefa de tempo real. As figuras 3.1 e 3.2 apresentam características temporais de tarefas periódicas e aperiódicas, respectivamente.

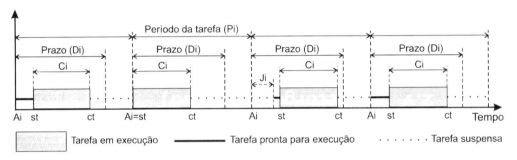

Figura 3.1 Exemplo do comportamento temporal de uma tarefa periódica.

Fonte Adaptado de Farines, Fraga e Oliveira (2000).

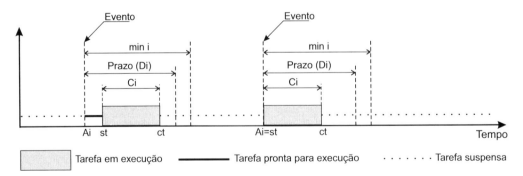

Figura 3.2 Exemplo do comportamento temporal de uma tarefa aperiódica.

Fonte Adaptado de Farines, Fraga e Oliveira (2000).

No projeto de um sistema de tempo real o que se deseja é a *previsibilidade* do comportamento do sistema. Assim, há a necessidade de se garantir que as tarefas de tempo real sejam executadas dentro dos prazos devidos. Isso, por sua vez, requer que as tarefas sejam, primeiramente, separadas em tarefas críticas, ou que possuem um prazo associado, e tarefas não críticas, as quais não possuem prazo associado. Essa separação se dá conforme as consequências esperadas da perda de prazo das tarefas, sendo as tarefas críticas aquelas em que a perda de prazo causa consequências graves ou catastróficas ao sistema (tarefas críticas rígidas, do inglês *hard*) e/ou perda de desempenho imediatamente após a perda do prazo (tarefas críticas firmes, do inglês *firm*) ou progressivamente após a perda do prazo (tarefas críticas brandas, do inglês *soft*) (FARINES; FRAGA; OLIVEIRA, 2000). Portanto, em síntese, o projeto de um sistema de tempo real consiste em garantir que as tarefas críticas sejam executadas sempre no devido prazo.

Podemos utilizar como exemplo um sistema bastante conhecido, o telefone celular. Na arquitetura de um telefone celular, existem tarefas críticas e tarefas não críticas, assim como na maioria dos sistemas em tempo real. Nesse tipo de sistema, as tarefas ligadas diretamente às funções de comunicação são críticas. Quando estamos falando ao celular, não seria admissível que cortes ou desconexões da chamada ocorressem frequentemente. Agora imagine uma situação em que o celular está realizando uma busca de sinal e ao mesmo tempo o estamos utilizando para entretenimento, por exemplo, escutar música ou visualizar fotografias. Nesse caso, seria aceitável a redução do desempenho do sistema para o entretenimento, podendo causar atrasos na atualização da tela e falhas na reprodução de arquivos de áudio e vídeo. Existem diversos exemplos em que tarefas com restrição crítica de tempo poderiam causar desastres, como no controle de aviões, sistemas de auxílio à vida, entre outros.

A garantia do comportamento temporal de um sistema real começa pela definição de um modelo do comportamento temporal das tarefas. O objetivo do modelo de tarefas é o de responder a perguntas como: é possível encontrar uma sequência de execução das tarefas tal que todos os prazos sejam atendidos? Dada uma determinada ordenação por prioridades, a sequência de execução resultante permite que todas as tarefas sejam executadas nos seus prazos? Dado um conjunto de tarefas com um determinado comportamento temporal, como encontrar uma escala de priorização das tarefas que permita o atendimento dos prazos em um sistema preemptivo? E se for um sistema cooperativo? Para responder a essas e outras perguntas, deve-se definir um modelo do comportamento temporal das tarefas. Assim, para cada tarefa temos as seguintes características:

- *Tempo de computação*: é o tempo gasto para a execução completa da tarefa a cada ativação dela.

- *Instante de início*: é o momento em se inicia o processamento da tarefa para uma dada ativação.

- *Instante de término*: é o momento em que se completa a execução da tarefa ativa.

- *Instante de chegada*: ocorre quando o escalonador toma conhecimento de uma ativação dessa tarefa. Em tarefas periódicas, coincide sempre com o início do período da ativação. Já nas tarefas aperiódicas, coincide com o momento da requisição do processamento aperiódico.

- *Instante de liberação*: é o momento em que a tarefa é incluída na fila de tarefas prontas para executar.

- *Incerteza de liberação ou release jitter*: é o tempo (variável) gasto entre o instante de chegada e o instante de liberação da tarefa. Usualmente, as fontes de *release jitter* estão vinculadas ao tempo de início da tarefa, como é o caso do *jitter* gerado pelas seções críticas de código do sistema.

Como visto na Figura 3.1, podemos representar o comportamento temporal de uma tarefa periódica utilizando as características temporais J_i, C_i, P_i, D_i, em que C_i representa o tempo de computação da tarefa, P_i é o período da tarefa, D_i é o seu *deadline* e J_i é o *release jitter*. Nessa representação de tarefas periódicas, J_i e D_i são grandezas relativas, medidas a partir do início do período P_i. Note ainda que A_i representa os tempos das ativações da tarefa, coincidindo com o início de um período no caso de tarefas periódicas.

A Figura 3.2 apresenta as características temporais de uma tarefa esporádica, que é uma subclasse das tarefas aperiódicas. Uma tarefa esporádica é uma tarefa aperiódica que possui um intervalo de tempo mínimo conhecido entre duas ativações (FARINES; FRAGA; OLIVEIRA, 2000). Esse intervalo mínimo entre ativações determina o pior caso, considerando ocupação computacional, de ativações de uma tarefa aperiódica. Caso uma rajada de eventos ocorra, uma tarefa esporádica passa a ter comportamento periódico, com período dado pelo tempo mínimo entre ativações. Devido a esse comportamento, usualmente considera-se que uma tarefa esporádica possui atributos de tarefa crítica. Portanto, tarefas esporádicas possuem características temporais dadas por C_i, D_i e $\min_i$, em que

Gerenciamento de tarefas

C_i é o tempo de computação, D_i é o *deadline* relativo medido a partir do instante do evento que gerou o processamento da tarefa aperiódica e $\min_i$ corresponde ao mínimo intervalo entre duas requisições consecutivas da tarefa, como demonstrado na Figura 3.2. Já uma tarefa aperiódica pura limita-se às restrições C_i e D_i.

3.1 Instalação de tarefas

O processo de instalação de uma tarefa é também conhecido como criação de tarefa. A partir de sua criação, uma tarefa pode ser incluída ou excluída da lista de tarefas prontas para execução. A tarefa instalada deverá visualizar o processador como somente seu. Para que isso seja possível, devemos preparar a tarefa para ser gerenciada informando os parâmetros mínimos necessários. Alguns dos principais parâmetros que devem ser informados incluem: endereço de início da tarefa, tamanho da pilha (*stack*) virtual (memória RAM disponível para a tarefa) e prioridade desejada.

A instalação da tarefa é essencial, pois informa ao escalonador para qual local da memória deverá apontar quando for o momento de executar uma determinada tarefa. Ainda, define a quantidade de memória de dados disponível para a tarefa e qual o seu nível de prioridade perante as outras tarefas que concorrerão ao direito de utilizar o processador e os dispositivos conectados a ele.

Ao ser executada pela primeira vez, a tarefa passa por um processo de configuração, em que as variáveis declaradas na tarefa são alocadas e inicializadas. Em um contexto global as variáveis declaradas dentro da tarefa são variáveis locais, alocadas em seu *stack* virtual. No entanto, ao programar uma determinada tarefa deve-se considerar que o *stack* virtual de uma tarefa é toda a memória RAM disponível conectada a um processador virtual, processador este exclusivo dessa tarefa. Dessa forma, as variáveis declaradas no processo de configuração da tarefa são vistas internamente como variáveis globais, do ponto de vista de alocação da memória. As listagens 3.1 e 3.2 apresentam um exemplo de código para instalação de uma tarefa nos sistemas BRTOS e FreeRTOS respectivamente, assim como a Listagem 3.3 apresenta a estrutura mínima dessa tarefa, compatível com ambos os sistemas.

Pode-se verificar que no BRTOS o primeiro parâmetro informado para a instalação da tarefa é o endereço inicial da tarefa. A seguir são declarados o

122 Sistemas operacionais de tempo real e sua aplicação em sistemas embarcados

```
  /* Declara task handler como global para ter acesso em qualquer lugar do código */
2 BRTOS_TH th_task_id;

4 /* Instala a tarefa Task_1 sem passagem de parâmetros (parâmetro null) */
  InstallTask(Task_1,"Teste de tarefa",256,1, null, &th_task_id);
```

Listagem 3.1 Exemplo de código para instalação de uma tarefa no BRTOS.

```
1 /* Declara task handler como global para ter acesso em qualquer lugar do código */
  xTaskHandle task_id;
3
  /* Instala a tarefa Task_1 sem passagem de parâmetros (parâmetro null) */
5 xTaskCreate(Task_1, "Teste de tarefa", 64, null, 1, &task_id);
```

Listagem 3.2 Exemplo de código para instalação de uma tarefa no sistema FreeRTOS.

```
1 static void Task_1(void *param){
     /* Configuração da tarefa */
3    int test;

5    /* Parâmetro não utilizado */
     (void)param;
7
     /* Laço principal da tarefa */
9    for (;;){
         // Escreva o código da tarefa aqui !!!
11   }
  }
```

Listagem 3.3 Estrutura mínima de uma tarefa em ambos os sistemas.

"nome da tarefa", o tamanho de seu *stack* virtual (em *bytes*), a prioridade alocada a essa tarefa, o parâmetro da tarefa e, por fim, o identificador da tarefa. Esse identificador pode ser utilizado, por exemplo, para bloqueá-la ou até mesmo apagá-la dos processos instalados no sistema. Já no FreeRTOS existe uma inversão na ordem dos parâmetros de instalação das tarefas em relação ao BRTOS, pois o parâmetro da tarefa está posicionado antes da prioridade atribuída a tarefa. Ainda, no FreeRTOS o tamanho do *stack* é passado em unidades do tamanho do barramento de dados do processador. Assim, se imaginarmos que o processador utilizado nos exemplos apresentados nas listagens é de 32 *bits* (4 *bytes*), o tamanho do *stack* declarado no FreeRTOS é o mesmo do *stack* declarado para o BRTOS.

A Figura 3.3 é uma representação de como os parâmetros utilizados na função de criação de uma tarefa são utilizados para realizar o procedimento de instalação de tal tarefa no sistema. Note que no exemplo foi utilizada uma representação parcial do bloco de controle de tarefas do BRTOS e que a pilha virtual da tarefa contém o contexto de um processador ARM Cortex-Mx. No exemplo apresentado,

Gerenciamento de tarefas

nota-se que o primeiro passo da criação de uma tarefa é associá-la a um bloco de controle de tarefas. Geralmente os sistemas gerenciam esses blocos de controle de tarefa (TCB) a partir de vetores ou listas. Analisando o caso do BRTOS, em que o grupo de TCB do sistema é um vetor do tipo da estrutura **TCB_t** apresentada na Figura 3.3, o parâmetro *th_test* é uma variável do sistema que recebe o índice do vetor em que se encontra o TCB utilizado para gerenciar a tarefa sendo criada. Essa variável, conhecida como manipulador (*handler*), é usualmente utilizada para se referir à tarefa nos serviços do sistema, por exemplo, para desinstalar a tarefa. Verifique também que a informação do tamanho da pilha é necessária para encontrar o local na pilha em que se deve iniciar a cópia do contexto do processador, pela soma do endereço inicial da pilha com seu tamanho.

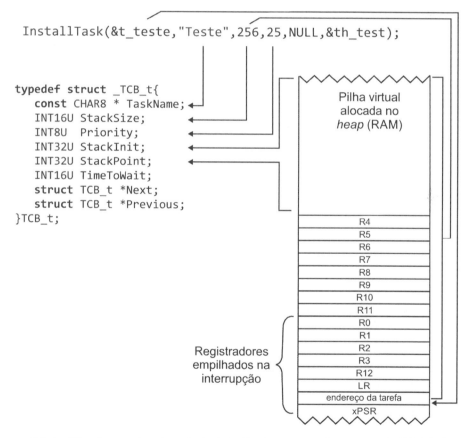

Figura 3.3 Análise dos parâmetros de instalação de uma tarefa a partir do TCB do BRTOS e da pilha virtual da tarefa no processador ARM Cortex-Mx.

Após o TCB ser alocado para a tarefa, os parâmetros informados na função de instalação começam a ser utilizados para configurar o estado inicial da tarefa. Assim, o nome da tarefa, que é uma *string* contendo um texto informativo sobre a tarefa, é associado ao dado *TaskName* do TCB utilizando um ponteiro. Essa informação é utilizada basicamente para os serviços de depuração do sistema, pois pode-se acompanhar o estado das tarefas a partir de seus nomes, da mesma forma que no gerenciador de tarefas do Microsoft Windows® ou do comando "top" no Linux. As figuras 3.4 e 3.5 apresentam exemplos da visualização de informação de tarefas disponibilizada pelos sistemas BRTOS e FreeRTOS, respectivamente. Note que o identificador de tarefa aparece como primeira informação das tarefas no BRTOS, enquanto no FreeRTOS é a última. As outras informações das tarefas (estado, prioridade e tamanho da pilha) são dispostas da mesma forma em ambos os sistemas.

```
***************************************************************
ID   NAME                STATE   PRIORITY   STACK SIZE
***************************************************************
[1]   System Time          S        31          128
[2]   Teste 1              B        18          128
[3]   Teste 2              S        19          120
[4]   Keyb Handler         S        25          128
[5]   Keyb Task            R        12          656
[6]   Terminal             S        15          160
[7]   LwIP UP task         S         8          248
[8]   SD Card Task         S        13          528
[9]   LwIP TCP/IP task     S         9          288
[10]  LwIP Eth task        S        10          176
[15]  Idle Task            R         0           88
```

Figura 3.4 Visualização de informação de tarefas disponibilizada pelo sistema BRTOS.

```
Keyb Task                R     4     222     6
IDLE                     R     0     232    10
System Time              B    14     228     9
Keyb Handler             B    13     220     5
Teste2                   B    12     228     2
LwIP Task                B     3     438     7
Teste1                   B    11     228     1
SD Task                  B     2     321     8
LwIP TCP/IP Task         B     5     671    12
Tmr Svc                  B     2     478    11
Teste3                   S    10     222     3
Terminal Task            B     8     211     4
eth_int                  B     7     195    13
```

Figura 3.5 Visualização de informação de tarefas disponibilizada pelo sistema FreeRTOS.

Verifica-se na Figura 3.3 que uma pilha virtual é alocada no *heap* do sistema, com o tamanho especificado em *bytes* no terceiro parâmetro da função de criação da tarefa. Maiores detalhes sobre a alocação de memória em sistemas operacionais de tempo real estão disponíveis no Capítulo 6. O endereço da pilha deve ser atribuído ao dado *StackInit* do TCB, de forma a possibilitar sua desalocação no processo de desinstalação da memória, bem como acompanhar a ocupação da pilha virtual da tarefa na depuração do sistema. Usualmente o ponteiro de pilha nos processadores começa em um endereço alto de memória e é decrementado a cada novo dado inserido na pilha, sendo esse o caso do processador utilizado como exemplo. Portanto, o endereço inicial da pilha e seu tamanho devem ser utilizados na camada de abstração de *hardware* do sistema para gerar o endereço inicial do ponteiro da pilha.

O processo de configuração da pilha da tarefa consiste em prepará-la de forma a possibilitar que a tarefa receba o processador. Em sistemas preemptivos as tarefas são alocadas no processador a partir de uma interrupção. Assim, deve--se utilizar a documentação do processador para identificar que registradores são salvos pelo processador quando uma interrupção ocorre. Essa informação geralmente é identificada nas folhas de dados dos processadores como *Interrupt Stack Frame* ou *Exception Stack Frame*. No caso do ARM Cortex-Mx, ao saltar para uma interrupção, o processador salva o registrador de condições (xPSR), o PC (endereço de retorno), o registrador de *link* (LR) e os registradores de propósito geral R0, R1, R2, R3 e R12. Note que o endereço de retorno inicial de uma tarefa é o próprio endereço da tarefa informado como primeiro parâmetro na função de instalação da tarefa. Os outros registradores podem receber uma atribuição de valores padrão, pois seu estado inicial não possui valor definido, com exceção do registrador de estado, usualmente inicializado com o valor zero. Para completar a configuração da pilha do processo deve-se alocar espaço em memória para os outros registradores de propósito geral do processador utilizado. Ao finalizar esse procedimento, o endereço em que o último registrador foi alocado é o ponteiro inicial da pilha da tarefa, utilizado para despachar a tarefa pelo sistema. Assim, esse valor é atribuído ao dado *StackPoint* do TCB.

Finalmente, a prioridade informada nos parâmetros é atribuída ao dado *Priority* do TCB, e as informações vinculadas ao gerenciamento de tempo são inicializadas pelo sistema (*TimetoWait* = 0, e os ponteiros de estrutura inicializados com *null*). No momento em que o escalonador seleciona a tarefa instalada pela primeira vez, a partir da prioridade atribuída, o *stack pointer* atual do processador é substituído pelo valor contido no dado *StackPoint* do TCB. Ao restaurar o contexto da tarefa a partir desse ponteiro, o endereço da tarefa copiado na pilha durante sua criação será atribuído ao PC do processador. Nesse momento, a tarefa recebe o processador e passa a ser executada.

Na primeira vez que uma tarefa é executada, independentemente de qual seja o sistema operacional utilizado, as variáveis declaradas dentro do código da tarefa serão alocadas no início do *stack* virtual da tarefa ou nos registradores do processador. Após a inicialização da tarefa, esta irá operar virtualmente do mesmo modo que um sistema *foreground/background*. O estado de *background* é implementado pelo laço infinito criado pela estrutura de repetição *for* ou *while*. A condição virtual deve-se ao fato de que agora o estado *background* não é interrompido somente pelo *foreground* (interrupções), mas também pelo sistema a partir do escalonador.

Percebe-se nos exemplos de instalação de tarefas apresentados que o parâmetro da tarefa não foi utilizado. O uso de parâmetros é limitado a alguns poucos casos, principalmente quando é necessário criar diversas instâncias de uma mesma tarefa. Um caso clássico é um servidor para conexões TCP/IP. Uma das abordagens possíveis é criar uma tarefa para gerenciar cada nova conexão de um cliente. A Listagem 3.4 apresenta o código de um servidor TCP/IP baseado na pilha de protocolos livre e de código aberto LwIP. No exemplo, o servidor é implementado a partir de uma tarefa do FreeRTOS sem utilizar o parâmetro. No entanto, a cada requisição de cliente uma nova tarefa é instalada. Essas novas tarefas recebem como parâmetro a identificação do cliente, utilizada para enviar ou receber dados do cliente, bem como para fechar a conexão com o cliente. Assim, cada tarefa criada é exatamente igual, mas cada tarefa se comunica com um cliente diferente. Ao fechar a conexão com o cliente, a tarefa é desinstalada.

```
// Tarefa do servidor TCP/IP
void SocketServer( void *pvParameters ){
    int sockfd, newsockfd, clilen;
    struct sockaddr_in serv_addr, cli_addr;

    /* Cria um socket */
    sockfd = lwip_socket(AF_INET, SOCK_STREAM, 0);
    if (sockfd < 0) {
        //Falha na criação do socket
        vTaskSuspend(NULL);
    }

    /* Inicializa a estrutura do socket e configura o endereço IP do servidor */
    memset(&serv_addr, 0, sizeof(serv_addr));
```

Gerenciamento de tarefas

```
16    serv_addr.sin_len = sizeof(serv_addr);
      serv_addr.sin_family = AF_INET;
18    serv_addr.sin_port = PP_HTONS(SOCK_SERVER_PORT);
      serv_addr.sin_addr.s_addr = INADDR_ANY;
20
      /* Realiza o bind no endereço do servidor */
22    if (lwip_bind(sockfd, (struct sockaddr *) &serv_addr, sizeof(serv_addr)) < 0){
          //Falha no comando bind
24        lwip_close(sockfd);
          vTaskSuspend(NULL);
26    }

28    /* Começa a escutar os clientes */
      if ( lwip_listen(sockfd, 5) != 0 ){
30        //Falha no comando listen
          lwip_close(sockfd);
32        vTaskSuspend(NULL);
      }
34
      clilen = sizeof(cli_addr);
36    while(1){
          // Aceita qualquer requisição
38        newsockfd = lwip_accept(sockfd, (struct sockaddr *) &cli_addr, (socklen_t*)&clilen);

40        // Se houve solicitação, cria uma tarefa para gerenciar o cliente solicitante
          if (newsockfd>0) {
42            if (xTaskCreate(NewClient, "NewClient", 1024, (void*)&newsockfd, 5, NULL) !=
          pdPASS){
                  // Se a criação da tarefa falhar, fecha conexão com o cliente
44                lwip_close(newsockfd);
              }
46        }
      }
48 }

50 // Tarefa que gerencia os clientes
   void NewClient( void *pvParameters ) {
52    char buffer[256];
      int i, nbytes;
54    // Recebe a identificação do cliente pelos parâmetros da tarefa
      int clientfd = *((int*) pvParameters);
56
      // Mensagem de boas-vindas
58    lwip_send(clientfd, "Bem-vindo ao servidor socket \n\r", 31, 0);

60    do {
          // Recebe mensagem do cliente
62        nbytes=lwip_recv(clientfd, buffer, sizeof(buffer),0);
          if (nbytes>0) {
64            // se contagem de bytes for maior que zero, mensagem válida
              for(i=0;i<nbytes;i++){
66                // Imprime texto recebido na porta serial
                  UARTPutChar(UART0_BASE, buffer[i]);
68            }
          }
70    } while (nbytes>0);

72    // Fecha a conexão se a quantidade de bytes recebida for igual ou menor que zero.
      lwip_close(clientfd);
74
      // Desinstala a tarefa que gerencia esse cliente
76    vTaskDelete(NULL);
   }
```

Listagem 3.4 Exemplo do uso de parâmetro na criação de uma tarefa utilizando o FreeRTOS e a pilha de protocolos TCP/IP LwIP.

Verifique ainda nesse exemplo que todas as tarefas criadas para gerenciar os clientes têm a mesma prioridade (5, nesse caso). Isso é possível porque o FreeRTOS permite a criação de múltiplas tarefas com a mesma prioridade. Se o sistema utilizado fosse o BRTOS, seria necessário definir uma faixa de prioridades para as tarefas que gerenciam os clientes. Por exemplo, se fossem permitidas 16 conexões de clientes, poderia-se utilizar a faixa de prioridades 10 a 25 para instalar essas tarefas. É interesse comentar que, devido a essa limitação das prioridades, o máximo de tarefas que podem ser instaladas no BRTOS é 32 (limite de prioridades do sistema). Tal comportamento deve-se às suas otimizações internas, realizadas a partir de operações *bitwise* em variáveis de 32 *bits*. Apesar dessa limitação, a maioria dos sistemas embarcados dificilmente ultrapassa a quantidade de 32 tarefas instaladas ao mesmo tempo.

3.2 Inicialização de sistemas operacionais de tempo real

A inicialização de um sistema embarcado baseado em um *real-time operating system* (RTOS) é muito similar em qualquer um dos sistemas operacionais disponíveis. Basicamente, o *hardware* do processador precisa ser configurado com a frequência especificada no arquivo de configuração do RTOS, seguida da instalação das tarefas e do início do sistema a partir da execução inicial do escalonador. As listagens 3.5 e 3.6 apresentam um exemplo de inicialização do BRTOS e do FreeRTOS, respectivamente. Note que na inicialização do BRTOS existe um passo adicional, que é a execução da função **BRTOS_Init()** para a inicialização das estruturas de dados do sistema, antes da instalação de qualquer tarefa.

```
1   /* Includes do sistema */
    #include "BRTOS.h"
3   /* Protótipos das funções das tarefas */
    #include "tarefas.h"
5
    /* Manipuladores das tarefas */
7   BRTOS_TH th1, th2, th3;

9   void main(void){
      // Inicializa o clock do processador como especificado na configuração do BRTOS
11
      // Inicializa BRTOS
13    BRTOS_Init();

15    if(InstallTask(&exemplo_tarefa_1,"Tarefa exemplo 1",384,3,NULL,&th1) != OK){
        // Não deveria entrar aqui, falha na instalação.
17      while(1){};
      }
```

Gerenciamento de tarefas

```
19   if(InstallTask(&exemplo_tarefa_2,"Tarefa exemplo 2",384,5,NULL,&th2) != OK){
       // Não deveria entrar aqui, falha na instalação.
21     while(1){};
     }
23
     if(InstallTask(&exemplo_tarefa_3,"Tarefa exemplo 3",384,10,NULL,&th3) != OK){
25     // Não deveria entrar aqui, falha na instalação.
       while(1){};
27   }

29   // Inicializa sistema (instala tarefa Idle e executa o escalonador)
     if(BRTOSStart() != OK){
31     // Não deveria entrar aqui, falha no escalonador ou despachador.
       while(1){};
33   }
   }
```

Listagem 3.5 Exemplo de código para inicialização de uma aplicação utilizando o sistema operacional BRTOS.

```
    /* Includes do sistema */
2   #include "FreeRTOS.h"
    #include "task.h"
4   /* Protótipos das funções das tarefas */
    #include "tarefas.h"
6
    /* Manipuladores das tarefas */
8   xTaskHandle th1, th2, th3;

10  void main(void){
      // Inicializa o clock do processador como especificado na configuração do FreeRTOS
12
      if(xTaskCreate(&exemplo_tarefa_1,"Tarefa exemplo 1",256,NULL,3,&th1) != pdPASS){
14      // Não deveria entrar aqui, falha na instalação.
        while(1){};
16    }

18    if(xTaskCreate(&exemplo_tarefa_2,"Tarefa exemplo 2",256,NULL,5,&th2) != pdPASS){
        // Não deveria entrar aqui, falha na instalação.
20      while(1){};
      }
22
      if(xTaskCreate(&exemplo_tarefa_3,"Tarefa exemplo 3",256,NULL,10,&th3) != pdPASS){
24      // Não deveria entrar aqui, falha na instalação.
        while(1){};
26    }

28    // Inicializa sistema (instala tarefa Idle e executa o escalonador)
      vTaskStartScheduler();
30    // Não deveria chegar aqui, falha no escalonador ou despachador.
    }
```

Listagem 3.6 Exemplo de código para inicialização de uma aplicação utilizando o sistema operacional FreeRTOS.

Note que em ambos os sistemas o processador não voltará mais ao *main()* do sistema depois de executar a função *Start()* (*BRTOSStart* no BRTOS e *vTaskStartScheduler* no FreeRTOS), pois estará transitando entre as tarefas sendo executadas e as interrupções habilitadas no sistema. Após a inicialização, outras tarefas podem ser instaladas ou desinstaladas pelas tarefas em uso no sistema.

3.3 Escalonamento de tarefas

Dado um determinado conjunto de tarefas de tempo real e suas restrições temporais (prazos e tempos de computação de pior caso), o objetivo é determinar uma ordenação ou escala de execução desse conjunto de tarefas de forma a garantir, em qualquer condição, que estas terão suas restrições temporais atendidas. Isto é, que sejam executadas sempre dentro de seus prazos. A definição dessa ordenação ou escala de execução das tarefas é denominada de escalonamento. Assim, o escalonamento das tarefas consiste em ordená-las na fila de tarefas prontas para executar.

O escalonamento das tarefas é realizado, geralmente em tempo de execução, pelo escalonador de um sistema operacional. O escalonador, portanto, é o tomador de decisão sobre qual tarefa deve ser ativada e executada a cada momento. Para tanto, o escalonador utiliza algum algoritmo de escalonamento com critérios bem estabelecidos para a obtenção de uma escala de execução *realizável* das tarefas, isto é, que atenda a todas as restrições temporais das tarefas.

A partir do método utilizado para o cálculo das escalas de execução pode-se ter uma classificação dos algoritmos de escalonamento. Assim, estes podem ser classificados como preemptivos, não preemptivos ou parcialmente preemptivos, estáticos ou dinâmicos, *online* ou *offline*. Se a escala é obtida em tempo de projeto, o algoritmo é *offline*; caso contrário, *online*. Se os parâmetros das tarefas (como prioridades) mudam em tempo de execução, o algoritmo é dinâmico; caso contrário, estático. Ainda, se as tarefas não podem ser interrompidas por outras tarefas, o algoritmo é não preemptivo. Caso as tarefas possam ser interrompidas a qualquer momento, o algoritmo é dito preemptivo. Caso as tarefas possam ser interrompidas por outras apenas em alguns momentos ou intervalos de tempo, o algoritmo é parcialmente preemptivo.

Com base no algoritmo de escalonamento e nas restrições temporais da aplicação, o projeto do sistema de tempo real pode ser dividido em duas etapas: a definição dos parâmetros para o cálculo da escala e o teste de escalonabilidade. Ambas as etapas são realizadas considerando-se as restrições temporais e a carga computacional da aplicação, a qual é determinada pelo conjunto de tarefas a serem executadas e suas características temporais. Assim, a utilização do processador ou a carga computacional é dada pelo somatório dos tempos de computação das tarefas na fila de tarefas prontas para executar em um dado

Gerenciamento de tarefas

instante de tempo. Caso as restrições temporais das tarefas sejam bem conhecidas em tempo de projeto, a carga computacional da aplicação é dita estática. Ainda, para uma carga ser considerada como carga estática, as situações de pico (pior caso) também devem ser conhecidas em tempo de projeto. Portanto, cargas estáticas são modeladas a partir de tarefas periódicas e esporádicas. Projetar um sistema a partir da condição de pico do sistema provavelmente irá gerar um desperdício de recursos em determinados momentos. No entanto, garante que o sistema cumprirá suas restrições temporais no caso de um pico de atividade.

As cargas periódicas são simples de serem previstas. No entanto, a garantia de tempo em cargas esporádicas demanda uma análise mais aprofundada do problema. Uma carga esporádica é obtida a partir do conjunto de tarefas aperiódicas do sistema, visto que em geral qualquer sistema possui alguma fonte de carga aperiódica baseada na ativação de eventos assíncronos. Ao assumir uma taxa máxima de chegada para esses eventos, limita-se a carga aperiódica no sistema. Assim, essas tarefas identificadas como tarefas esporádicas possuem um comportamento temporal determinístico, facilitando a obtenção de garantias em tempo de projeto.

Exemplos de cargas aperiódicas que podem ser modeladas como esporádicas são a digitação de teclas em um teclado e a recepção de dados em uma porta serial. Em um teclado, normalmente se utiliza um recurso conhecido como *debounce*. Esse recurso espera a estabilização do sinal gerado pela contato da chave do teclado para então ler as teclas digitadas. Esse tempo de espera (geralmente em torno de 50 ms) determina o intervalo mínimo de ativação de uma tarefa que gerencia as teclas digitadas. Da mesma forma, em uma porta serial, a taxa de símbolos utilizada determina a máxima taxa de chegada de um *byte*. Por exemplo, para 9.600 bps e comunicação com um *stop bit*, a taxa máxima de chegada de um *byte* é de 1,04 ms. Esse tempo determina o comportamento esporádico de uma tarefa que espera a chegada de novos *bytes* em uma porta serial. Como podemos perceber, uma tarefa esporádica modela o pior caso de uma tarefa aperiódica.

Interessantemente, o fato de se conhecer previamente a carga computacional permite que se realizem testes de escalonabilidade em tempo de projeto. Assim, é possível determinar se o conjunto de tarefas analisado é escalonável, garantindo que todas as tarefas do sistema terão suas restrições temporais atendidas ao se utilizar uma dada técnica de escalonamento. O conhecimento prévio da situação de pior caso (situação de pico) permite ainda que se possa redimensionar o sistema, caso seja necessário, de modo a atender as restrições temporais nessa situação de pico. As abordagens com garantia em tempo de projeto são próprias para aplicações deterministas ou críticas, em que a carga é conhecida previamente. Exemplos desse tipo de aplicação envolvem sistemas embarcados dedicados, controle de processos etc.

Existem basicamente dois tipos de abordagens com garantia em tempo de projeto: a do executivo cíclico e a dos escalonamentos dirigidos a prioridades. No executivo cíclico, o teste de escalonabilidade e a produção da escala são realizados em tempo de projeto. A escala, definida em tempo de projeto, é de tamanho finito e determina a ocupação do processador em tempo de execução. No executivo cíclico, o teste de escalonabilidade é realizado durante o processo de montagem da escala.

As abordagens com garantia em tempo de projeto baseadas em escalonadores dirigidos a prioridades são mais flexíveis. O teste de escalonamento é realizado em tempo de projeto, enquanto a escala é produzida em tempo de execução. As prioridades das tarefas são definidas segundo políticas de escalonamento que envolvem atribuições estáticas (prioridades fixas) ou dinâmicas (prioridades variáveis). Usualmente, sistemas embarcados que utilizam um RTOS atribuem prioridades fixas as suas tarefas. No entanto, o uso de *mutexes* para o gerenciamento de recursos compartilhados adiciona um comportamento de prioridade variável às tarefas. Devido às suas características, escalonadores dirigidos a prioridades são classificados como *online* estáticos ou dinâmicos.

Da mesma forma que o executivo cíclico, um escalonador dirigido a prioridades também garante recursos suficientes para o pior caso, permitindo o cumprimento dos prazos das tarefas do sistema em qualquer situação. Tal garantia é obtida a partir de um teste de escalonabilidade considerando o pior caso. No entanto, essa reserva não é antecipada pela técnica de escalonamento. Assim, em situações de baixa carga computacional geralmente as tarefas em execução cumprem seus prazos antecipadamente. Quando o pior caso ocorre, o tempo para algumas tarefas cumprirem seus prazos pode ser alterado, mas ainda assim nenhuma tarefa perderá seu *deadline*. Em geral, um sistema baseado em um escalonador dirigido a prioridades mantém o processador em um estado de baixo consumo de energia quando sobram recursos, usualmente implementado na tarefa ociosa (*idle*) do sistema.

Neste capítulo o estudo de escalonamento em tempo real se concentra nas abordagens de escalonamento dirigido por tempo e por prioridades, pois são as técnicas mais utilizadas em sistemas de tempo real. Apesar de existirem casos de sistemas embarcados de tempo real utilizando outras abordagens, como de melhor esforço, tal assunto está fora do escopo deste livro.

3.3.1 Escalonamento dirigido por tempo

Os algoritmos de escalonamento dirigidos por tempo são normalmente simples de serem implementados, no entanto, são extremamente limitados e inflexíveis. Embora existam diversas variações desses algoritmos, os principais são o executivo cíclico e o *round-robin*. Também podem ser citados algoritmos mais simples, como *first-in first-out* (FIFO) e o *shortest job first* (SJF).

3.3.1.1 FIFO e SJF

O escalonador FIFO opera por meio de uma fila *first in, first out* (isto é, uma fila em que o primeiro a entrar é o primeiro a sair). Tarefas que se tornam aptas a executar são inseridas no final da fila. A tarefa que está no início da fila é sempre a próxima a executar. Uma tarefa é executada até que libere explicitamente o processador, realize uma chamada do sistema (*delay*, por exemplo) ou termine sua execução. Como fica claro a partir dessas características, esse algoritmo só é passível de utilização em sistemas operacionais cooperativos ou híbridos.

Uma das principais desvantagens do algoritmo FIFO é o acesso a recursos de entrada/saída. Imagine a gerência de dados provenientes de uma comunicação serial. A tarefa de tratamento dos dados recebidos será inserida no final da fila após o início da recepção. Somente quando todas as tarefas que já estavam na fila forem executadas é que a rotina de tratamento receberá o direito de utilizar o processador.

Ainda, o tempo médio de espera na fila de execução dependerá da ordem de execução das tarefas e do tempo de execução das tarefas. A Tabela 3.1 apresenta os tempos de execução de um conjunto de tarefas fictício.

Para calcular o tempo médio de espera de um determinado conjunto de tarefas, somam-se os tempos de espera na fila de cada uma das tarefas e divide-se o valor da soma pelo número de tarefas presentes inicialmente na fila. Considerando o exemplo da Tabela 3.1, os resultados para duas possíveis sequências de execução de tarefas são apresentados a seguir.

Tabela 3.1 Tempo computacional para a execução de um conjunto fictício de tarefas

Tarefas	Tempo de computação (Ci)
A	12
B	8
C	15
D	5

- Ordem A-B-C-D $= \frac{(0+12+20+35)}{4} = 16,75$
- Ordem D-A-B-C $= \frac{(0+5+17+25)}{4} = 11,7$

A partir da análise dos dados expostos, verifica-se facilmente que o tempo de espera para uma determinada tarefa não é fixo, uma vez que irá depender de seu tempo de entrada na fila, de quais tarefas já encontravam-se na fila e da ordem das tarefas.

O algoritmo SJF originou-se do fato de que o menor tempo médio de espera de execução é obtido quando se executam primeiro as tarefas de menor tempo de computação. Utilizando as tarefas apresentadas na Tabela 3.1, a melhor sequência de execução seria:

- Ordem D-B-A-C $= \frac{(0+5+13+25)}{4} = 10,75$

Esse algoritmo é dito ótimo, isto é, fornece o menor tempo médio de espera para um conjunto de tarefas quando utilizando um escalonador por fila. A maior dificuldade ao se utilizar esse método é determinar o tempo de ocupação do processador para cada uma das tarefas contidas na fila, uma vez que as tarefas podem se alterar dependendo do funcionamento da aplicação (por exemplo, saltos condicionais). Uma técnica empregada para minimizar esse problema é a previsão do futuro com base no passado. A previsão do futuro pode ser realizada utilizando os tempos de execução passados, a partir de uma média exponencial definida pela Equação (3.1).

$$\tau_{n+1} = \alpha t_n + (1 - \alpha)\alpha t_{n-1} + ... + (1 - \alpha)^j \alpha t_{n-j} + ... + (1 - \alpha)^{n+1} \tau_0 \qquad (3.1)$$

Em que:

τ_{n+1} é o valor previsto para o próximo tempo de computação de uma determinada tarefa;

t_n é o tempo de computação da n-ésima execução de uma determinada tarefa;

τ armazena a informação dos tempos de computação passados;

α tem o efeito de considerar, de forma ponderada, os tempos de computação anteriores da tarefa ($0 \leqslant \alpha \leqslant 1$);

τ_0 é a estimativa inicial do tempo de computação para uma determinada tarefa;

j é o tamanho da janela de tempos de computação sendo avaliados.

Tipicamente se emprega α =0,5, pois esse valor tem o efeito de considerar o mesmo peso para a história atual e a história passada dos tempos de computação da tarefa. Apesar de possuir uma dinâmica que tenta minimizar o tempo médio de espera das tarefas, o escalonador SJF pode causar inanição (*starvation*) das tarefas com tempos de execução muito longos, caso tarefas com tempos de execução menores sejam continuamente adicionadas na fila. Nesse caso, as tarefas com tempo de execução muito longos podem ficar esperando indefinidamente para serem executadas.

3.3.1.2 Executivo cíclico

O algoritmo executivo cíclico é implementado em sistemas multitarefas cooperativos dirigidos por tempo. Esse algoritmo é determinístico, com construção da escala de execução estática e *offline*, não apresentando concorrência. A ideia básica desse algoritmo é executar tarefas de forma cíclica, com uma frequência bem definida. Para que isso seja possível é necessário considerar o tempo de execução e o período das tarefas a serem escalonadas.

O algoritmo executivo cíclico define dois intervalos de tempo, conhecidos como tempo de ciclo principal (TCP) e tempo de ciclo secundário (TCS). O tempo de ciclo principal é dado pelo mínimo múltiplo comum (mmc) dos tempos de execução das tarefas e deve conter um número inteiro de tempos de ciclo secundário. O tempo de ciclo secundário deve satisfazer a Equação (3.2) para cada tarefa do sistema.

$$TCS + (TCS - mmc(TCS, P_i)) \leq D_i \tag{3.2}$$

Em que P_i e D_i são o período e o prazo de uma determinada tarefa, respectivamente. TCS deve ser maior ou igual ao maior tempo de computação e menor ou igual ao menor período das tarefas. Ainda, pode ser necessário dividir uma ou mais tarefas em tarefas menores para tornar o escalonamento executivo cíclico realizável.

Considere o conjunto de tarefas com os tempos de computação e períodos expostos na Tabela 3.2, em que os prazos de execução das tarefas (Di) são iguais aos seus períodos (Pi).

Tabela 3.2 Tempo computacional e período de um conjunto de tarefas

Tarefas	Tempo de computação (Ci)	Período da tarefa (Pi)
A	10	25
B	8	25
C	5	50
D	4	50
E	2	100

O cálculo de TCP para esse conjunto de tarefas é apresentado a seguir.

$$TCP = mmc(P_1, P_2, P_3, P_4, P_5)$$

$$TCP = mmc(25, 25, 50, 50, 100) = 100$$

Já o cálculo do TCS é um processo iterativo, pois não existe um único valor que satisfaça a Equação (3.2). Como teste inicial, iremos supor TCS = 25 (igual ao menor período e divisível por TCP. Assim,

$$50 - 25 \leq 25, \text{para qualquer tarefa.}$$

Utilizando a prova acima, comprovamos que o conjunto de tarefas é escalonável com TCP=100 e TCS=25. A Figura 3.6 apresenta o comportamento das tarefas no tempo.

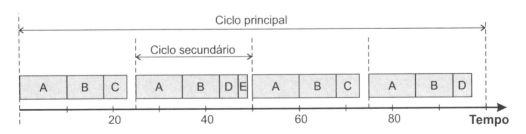

Figura 3.6 Diagrama de tempo das tarefas apresentadas na Tabela 3.2.

Considere agora o conjunto de tarefas apresentado na Tabela 3.3, em que os períodos das tarefas não são múltiplos.

Gerenciamento de tarefas

Tabela 3.3 Tempo computacional de um conjunto de tarefas com períodos não múltiplos

Tarefas	Tempo de computação (Ci)	Período da tarefa (Pi)
A	1	14
B	2	20
C	3	22

A partir do cálculo de TCP obtém-se:

$$TCP = mmc(14, 20, 22) = 1.540$$

Já no cálculo de TCS, partindo-se do pressuposto de que TCS deve ser maior ou igual ao maior tempo de computação e menor ou igual ao menor período das tarefas, a relação é satisfeita para o intervalo

$$3 \leq TCS \leq 14$$

Considerando o intervalo obtido, o número 1.540 é divisível pelos valores 4, 5, 7, 10, 11 e 14. No entanto, somente 4, 5 e 7 satisfazem a relação imposta pela Equação (3.2).

O teste para TCS igual a 4 é apresentado a seguir, em que mdc retorna o mínimo divisor comum.

$$4 + (4 - mdc(4, 14)) \leq 14$$

$$4 + (4 - 2) = 6 \leq 14$$

$$4 + (4 - mdc(4, 20)) \leq 20$$

$$4 + (4 - 4) = 4 \leq 20$$

$$4 + (4 - mdc(4, 22)) \leq 22$$

$$4 + (4 - 2) = 6 \leq 22$$

Para representar um caso em que o escalonamento executivo cíclico é inviável, a Tabela 3.4 apresenta um conjunto de tarefas em que o tempo computacional de somente uma tarefa é superior ao período da outra tarefa.

Tabela 3.4 Conjunto de tarefas em que o escalonamento executivo cíclico torna-se inviável

Tarefas	Tempo de computação (Ci)	Período da tarefa (Pi)
A	0.5	2
B	3	6

Isso pode ser verificado pelo cálculo de TCP e TCS:

$$TCP = mmc(2,6) = 6$$

$$TCS = 2$$

Como pode ser visto, TCS igual a 2 atende à relação para ambas as tarefas.

$$2 + (2 - mdc(2,2)) = 2 \leq 2$$

$$2 + (2 - mdc(2,6)) = 2 \leq 6$$

No entanto, o escalonamento executivo cíclico não possibilita preempção (para a tarefa A não perder seu prazo seria necessário a preempção da tarefa B). A tarefa B deve ser dividida em duas tarefas com menores tempos de computação, por exemplo, B1 e B2, ambas com tempo de computação 1. A Figura 3.7 demonstra o escalonamento dessas tarefas.

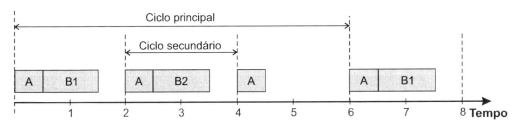

Figura 3.7 Exemplo de divisão de tarefas para permitir escalonamento executivo cíclico.

3.3.1.3 *Round-robin*

O algoritmo de escalonamento *round-robin* é um dos mais antigos e simples algoritmos de escalonamento utilizados em projetos de sistemas operacionais multitarefas. Esse algoritmo foi projetado especialmente para sistemas de compartilhamento de tempo, dependendo para tal de um temporizador.

O escalonamento *roubin-robin* provê a cada tarefa uma mesma quantidade de tempo de execução do processador, sendo que essa fração de tempo é conhecida como *time slice* (fatia de tempo) ou *quantum*. Dimensionar o *quantum* de forma correta é o principal problema associado a esse algoritmo, pois deve-se manter um compromisso entre a sobrecarga do sistema e o tempo de resposta em função do número de tarefas. Ainda, existe um compromisso entre o tempo de chaveamento de tarefas e o tempo de um *quantum*. O processador começa a ocupar tempos semelhantes para o escalonador e para as tarefas quando o tempo do *quantum* se aproxima do tempo de chaveamento de tarefas, diminuindo assim a eficácia do algoritmo. A Figura 3.8 apresenta a execução de um conjunto de quatro tarefas a partir de um escalonador *round-robin*. Note que uma tarefa perde o controle da CPU quando: libera explicitamente o processador, termina sua execução ou quando sua fatia de tempo é esgotada.

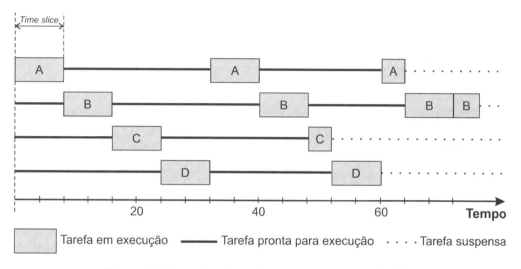

Figura 3.8 Exemplo de escalonamento por *round-robin*.

A implementação somente desse algoritmo nem sempre satisfaz os requisitos de um sistema em tempo real, pois nesse tipo de sistema as tarefas devem trabalhar com graus de importância. Em vez de sua utilização pura, um escalonamento preemptivo, baseado em prioridades, pode ser implementado em conjunto com o *round-robin*. Nesse caso, o algoritmo *round-robin* será responsável pela execução das tarefas de mesma prioridade, como apresentado na Figura 3.9.

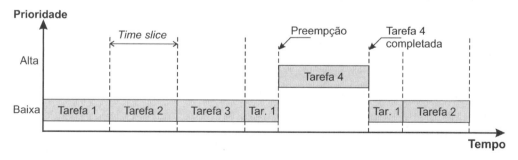

Figura 3.9 Escalonamento *round-robin* associado a prioridades.

Quando as tarefas são escalonadas com o algoritmo *round-robin*, cada tarefa é executada em um intervalo de tempo definido, de forma sequencial, com ordenação definida por uma fila circular. Um contador de tempo de execução controla a fração de tempo para cada tarefa, incrementando a cada *timer tick*. Quando a fração de tempo de uma tarefa se completa, o contador é reiniciado e a tarefa é colocada no final da fila circular. Tarefas recém-adicionadas de mesma prioridade são colocadas no final da fila, com seus contadores de tempo de execução inicializados em 0.

Se uma tarefa pertencente à fila circular *round-robin* sofre preempção por uma tarefa de maior prioridade, o seu contador de tempo de execução é salvo e restaurado quando é dado novamente o direito de execução à tarefa interrompida. Esse conceito pode ser observado na Figura 3.9, em que a tarefa 1 sofre preempção pela tarefa 4. Quando a tarefa 1 recebe novamente o direito de execução, retorna ao exato ponto de execução em que ocorreu a interrupção.

O algoritmo *round-robin* sem modificações irá sempre executar todas as tarefas na fila circular. Como não é desejável executar tarefas que estão suspensas, o bloco de controle das tarefas deve conter uma indicação do estado da tarefa. Dessa forma, o escalonador irá procurar na fila circular pela próxima tarefa que não esteja suspensa. Se a aplicação possuir um grande número de tarefas bloqueadas em um determinado momento, o escalonador pode ocupar uma fração significativa de tempo para encontrar a próxima tarefa a ser executada.

Uma vantagem do algoritmo *round-robin* em comparação com outros algoritmos de escalonamento é ser totalmente imune a problemas de *starvation* (ou inanição, termo utilizado quando uma tarefa nunca é executada, pois tarefas de maior prioridade sempre a impedem de ser executada).

3.3.2 Escalonamento dirigido por prioridades

As prioridades são utilizadas no escalonamento para determinar o grau de importância de uma determinada tarefa em um sistema operacional. A alocação de prioridades para as tarefas pode ser estática ou dinâmica.

A alocação de prioridades é dita estática quando a prioridade de cada tarefa não se altera durante a execução da aplicação. Cada tarefa recebe uma prioridade no momento da compilação. Em um sistema em que as prioridades são estáticas, todas as tarefas e seus limites temporais são conhecidos no momento da compilação.

Gerenciamento de tarefas

A alocação de prioridades é dita dinâmica se a prioridade das tarefas pode ser alterada durante a execução da aplicação. Cada tarefa pode alterar sua prioridade em tempo de execução. Essa é uma característica desejada em núcleos de tempo real, com o intuito de evitar inversões de prioridade. Maiores detalhes relativos à inversão de prioridades serão vistos no decorrer deste capítulo.

Em algoritmos de escalonamento dirigidos a prioridades, quando um processo de maior prioridade que o processo atualmente em execução entrar no estado apto, deve ocorrer uma preempção. A existência de prioridades pressupõe a preempção, no entanto, é possível haver prioridade não preemptiva.

O escalonador dirigido por prioridades pode permitir que existam tarefas com a mesma prioridade. Nesse caso, o escalonador deve selecionar a próxima tarefa a ser executada segundo uma política dirigida por tempo, podendo ela ser *round-robin*, FIFO ou SJF. A Figura 3.10 apresenta a estrutura de um escalonador por prioridades, em que se pode observar várias filas associadas ao estado pronto para executar. Note que cada fila pode ter uma política de escalonamento diferente.

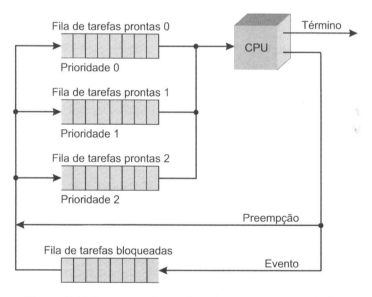

Figura 3.10 Estrutura de escalonamento por prioridades.

Nota-se que no escalonamento por prioridades, principalmente com prioridades estáticas, uma tarefa de baixa prioridade pode não ser executada (*starvation*). As tarefas alocadas com prioridades estáticas podem ficar mal classificadas e ser penalizadas ou favorecidas em relação as demais. Para evitar esse tipo de problema existem técnicas de alocação de prioridades dinâmicas que podem ser utilizadas, por exemplo, sistemas de envelhecimento e sistemas baseados em uso de CPU.

Quando as prioridades são alocadas em função do uso de CPU, quanto menor for o tempo de utilização de CPU de uma tarefa, maior será sua prioridade. Por exemplo, podemos definir uma fatia de tempo para analisar a utilização de CPU pelas tarefas:

- Fatia de tempo = 100 ms
- Tempo de utilização da tarefa A = 2 ms → Nova prioridade = $\frac{100ms}{2ms} = 50$
- Tempo de utilização da tarefa B = 50 ms → Nova prioridade = $\frac{100ms}{50ms} = 2$

Observe que, no exemplo apresentado, a tarefa de menor utilização de CPU recebe uma das maiores prioridades possíveis. No sistema de envelhecimento deve-se definir uma metodologia de análise de inanição de tarefas. Essa metodologia pode levar em conta tempo, número de preempções etc. Por exemplo, se uma tarefa permanecer por mais de 1 segundo sem receber o controle da CPU, sua prioridade é alterada de forma a poder disputar o acesso da CPU de forma mais justa com tarefas de maior prioridade.

A seguir será apresentada uma das principais técnicas de escalonamento dirigido por prioridades, o escalonamento por taxa monotônica.

3.3.2.1 Escalonamento por taxa monotônica

O escalonamento por taxa monotônica (*rate monotonic*) foi proposto por Liu e Layland, em 1973, para obter a escala de execução de um conjunto de tarefas em um sistema preemptivo dirigido a prioridades fixas (LIU; LAYLAND, 1973). Desde então, passou a ser bastante estudado e, atualmente, é uma das técnicas de escalonamento mais usadas em RTOS comerciais. Provavelmente, isso se deve ao fato de ser uma técnica com uma implementação simples e que, conforme provado por Liu e Layland, é um escalonamento ótimo dentro das hipóteses consideradas. Isto é, o escalonamento por taxa monotônica (do inglês *rate monotonic scheduling* (RMS)) é dito ótimo no sentido de que, caso seja possível encontrar uma escala de execução para um conjunto de tarefas usando prioridades fixas, nenhuma outra regra ou algoritmo de escalonamento pode definir uma escala que seja admissível para o conjunto tal que a escala encontrada pelo RMS não o seja.

Gerenciamento de tarefas

A regra da definição de prioridades de um conjunto de tarefas no RMS é dar a uma tarefa com menor período uma prioridade maior do que a prioridade de uma tarefa com maior período, sendo os empates resolvidos arbitrariamente. Ainda, a escala, assim obtida, é ótima se: (1) as tarefas forem periódicas e independentes entre si (não há recursos compartilhados), (2) seus tempos de computação (C_i) forem conhecidos e constantes, (3) seus prazos coincidirem com seus períodos ($T_i = D_i$), (4) os tempos de troca entre tarefas forem desprezáveis e (5) as tarefas não periódicas, se existirem, não possuírem prazos de execução críticos (isto é, não forem tarefas de tempo real).

Além disso, Liu e Layland demonstraram também que o fator de utilização U do processador possui um limite superior no RMS para um determinado conjunto de n tarefas, dado pela Equação (3.3) (LIU; LAYLAND, 1973). Portanto, como um conjunto qualquer de tarefas pode não ser escalonável pelo RMS, um teste de escalonabilidade *suficiente*, mas não necessário, é verificar se o conjunto das n tarefas possui um fator de utilização menor do que esse limite superior do RMS (chamemos de teste LL).

$$U = \sum_{i=1}^{n} U_i = \sum_{i=1}^{n} \frac{Ci}{Pi} \leq n(2^{\frac{1}{n}} - 1) \tag{3.3}$$

Para um conjunto de apenas duas tarefas, a utilização do processador pelo teste LL não deve ser superior a $0,83$ ou 83%. E para grandes conjuntos de tarefas (isto é, com n tendendo ao infinito) a utilização do processador não deve ultrapassar $0,69$ ou 69%. Entretanto, como o teste LL implica uma condição suficiente, mas não necessária, pode ser que conjuntos de tarefas que ultrapassem o limite estabelecido pelo teste sejam descartados, mesmo que se possa estabelecer para eles escalas admissíveis. Por isso, um teste exato pode ser obtido pela análise do tempo de resposta de pior caso R_i de cada tarefa, comparando-o com seu prazo D_i, para verificar se todos os prazos são atendidos (AUDSLEY et al., 1993). Isto é, se para toda tarefa i tem-se $R_i \leq D_i$. Esse teste exato pode ser obtido pela Equação recursiva (3.4). A resposta de pior caso da tarefa i é obtida quando a equação converge. Isto é, quando $R_i^{(k)} = R_i^{(k-1)}$. O teste exato estabelece uma condição *necessária* e *suficiente* para assegurar a realização do RMS.

$$\begin{cases} R_i^{(0)} = C_i \\ R_i^{(k)} = C_i + \sum_{j:D_j < D_i} \lceil \frac{R_i^{(k-1)}}{P_j} \rceil C_j \end{cases} \tag{3.4}$$

A Tabela 3.5 mostra um exemplo de conjunto de tarefas periódicas em que o objetivo é verificar a escalonabilidade desse conjunto sob a política taxa monotônica. A utilização do processador por esse conjunto de tarefas corresponde a 0,75.

Tabela 3.5 Conjunto de tarefas escalonáveis pelo algoritmo RM

Tarefas periódicas	Período das tarefas (Pi)	Tempo de computação (Ci)	Prioridade RM	Utilização (Ui)
Tarefa A	80	30	1	0,375
Tarefa B	40	5	2	0,125
Tarefa C	16	4	3	0,250

Aplicando a equação acima, conclui-se que esse conjunto é escalonável sob a técnica RM:

$$0,75 \leq n(2^{\frac{1}{n}} - 1) = 0,779$$

A Figura 3.11 apresenta a escala RM correspondente à Tabela 3.5. As tarefas A, B e C estão prontas para execução em t=0. Por ser mais frequente (maior prioridade segundo o RM), a tarefa C assume o controle do processador. Em t=4, a tarefa A conclui e B toma posse do processador por ser a mais prioritária na fila de espera das tarefas prontas para execução. A tarefa A assume o processador em t=9 e é interrompida quando ocorre nova ativação da tarefa C em t=16, a qual, por sua vez, passa a ser executada (preempção de C por A). A tarefa A sofre mais interrupções de novas ativações das tarefas B e C em t=32, t=40 e t=48.

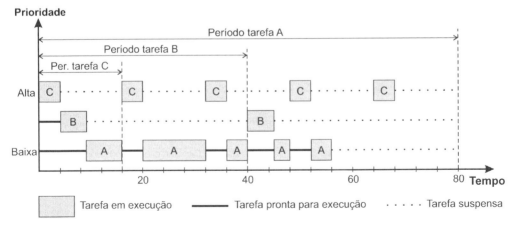

Figura 3.11 Escalonamento das tarefas apresentadas na Tabela 3.5.

Gerenciamento de tarefas

Ainda, podemos notar na Figura 3.11 a utilização de somente 75% do tempo de processamento. Os outros 25% do tempo de processamento podem ser utilizados na implementação de rotinas de baixo consumo de energia, aquisições de informações de execução das tarefas etc.

A Tabela 3.6 apresenta um caso em que não é possível escalonar as tarefas por taxa monotônica, mantendo os prazos de todas as tarefas.

Tabela 3.6 Conjunto de tarefas não escalonáveis pelo algoritmo RM

Tarefas periódicas	Período das tarefas (Pi)	Tempo de computação (Ci)	Prioridade RM	Utilização (Ui)
Tarefa A	50	12	1	0,240
Tarefa B	40	10	2	0,250
Tarefa C	30	10	3	0,333

Como se pode verificar com a análise de escalonabilidade do algoritmo RM, o grupo de tarefas descrito pela Tabela 3.6 apresenta taxa de utilização de 82,3%, superior ao limite teórico do teste LL de 77,9% para um conjunto de três tarefas.

$$0,823 > n(2^{\frac{1}{n}} - 1) = 0,779$$

Porém, como o teste LL é suficiente, mas não necessário, não se pode afirmar que esse conjunto não é admissível por RMS. Nesse caso, necessita-se aplicar um teste mais firme de escalonabilidade, como o teste hiperbólico dado pela Equação (3.5) (BINI; BUTTAZZO; BUTTAZZO, 2003) ou o teste exato dado pela Equação (3.4).

$$\prod_{i=1}^{n}(U_i + 1) \leq 2 \tag{3.5}$$

A Figura 3.12 apresenta o exato momento em que o prazo da tarefa A é perdido, no instante de tempo t=50.

Por ser uma condição suficiente, mas não necessária, o teste LL não permite assegurar que um determinado conjunto de tarefas não é realizável por RMS se a utilização for superior ao limite teórico por ele estabelecido. Um exemplo em que a utilização pode ser superior ao limite e um conjunto de tarefas ainda ser admissível por RMS ocorre quando as tarefas do conjunto apresentam períodos múltiplos do período da tarefa mais prioritária. Nesse caso, a utilização alcançada

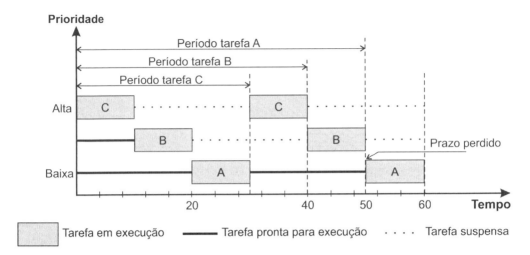

Figura 3.12 Representação temporal das tarefas contidas na Tabela 3.6.

sob o RMS se aproxima de 100%, sendo o teste a seguir uma condição necessária e suficiente:

$$U = \sum_{i=1}^{n} \frac{Ci}{Pi} \leq 1$$

A Tabela 3.7 apresenta um exemplo de utilização do escalonamento RM em tarefas com períodos múltiplos do período da tarefa prioritária. Assim, iremos obter a utilização teórica de 100% do processador, superior aos 77,9% de utilização do teste LL, como demonstrado na Figura 3.13.

$$1 > n(2^{\frac{1}{n}} - 1) = 0,779$$

Tabela 3.7 Tarefas com períodos múltiplos

Tarefas periódicas	Período das tarefas (Pi)	Tempo de computação (Ci)	Prioridade RM	Utilização (Ui)
Tarefa A	80	40	1	0,500
Tarefa B	40	10	2	0,250
Tarefa C	20	5	3	0,250

No entanto, como as tarefas possuem períodos múltiplos, os *deadlines* de todas as tarefas serão atendidos. Deve-se lembrar que adotamos como condição inicial para este estudo que não existem custos de chaveamento de tarefas. Portanto, para

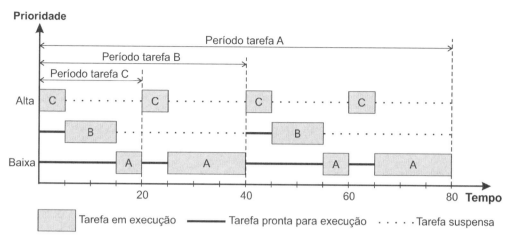

Figura 3.13 Representação temporal das tarefas apresentadas na Tabela 3.7.

verificar a real escalonabilidade dos conjuntos de tarefas descritos, é necessário incluir o tempo computacional envolvido nos chaveamentos de contexto.

As simplificações do algoritmo de taxa monotônica desconsideram ainda que na prática os prazos e períodos de uma tarefa geralmente não possuem o mesmo valor. Também desconsideram que o tempo de computação entre ativações de uma tarefa não é constante. Uma série de fatores podem levar a variações no tempo de computação de uma tarefa, como condições no próprio código da tarefa, sincronização com interrupções e outras tarefas e até mesmo bloqueios causados por recursos compartilhados. Para grande parte das aplicações essas variações podem não ser um problema. No entanto, há aplicações em que essas variações não podem ser toleradas. Nesses casos, o pior tempo de computação deve sempre ser utilizado para a análise de escalonamento.

Finalmente, um dos principais problemas das simplificações utilizadas pelo algoritmo de taxa monotônica é considerar que as tarefas são completamente independentes, pois frequentemente as tarefas são interdependentes. As principais razões de dependência entre tarefas são: acesso a recursos compartilhados, troca de informação entre tarefas e sincronização de operação.

Dificilmente se pode considerar a interdependência entre tarefas no algoritmo de taxa monotônica. Contudo, a análise teórica desse algoritmo foi estendida de forma a englobar o caso dos recursos compartilhados, desde que o serviço de exclusão mútua utilizado implemente a proteção por teto de prioridade. O teto de prioridade irá causar uma condição de bloqueio em todas as tarefas que compartilham um determinado recurso. Se o máximo tempo desse bloqueio for B, então a análise do algoritmo RM torna-se:

$$U = \sum_{i=1}^{n} (\frac{Ci}{Pi} + \frac{Bi}{Pi}) \leq n(2^{\frac{1}{n}} - 1)$$

Em que B_i é o tempo de bloqueio para uma dada tarefa i. Apesar dessa extensão, as análises teóricas desse algoritmo não cobrem todas as possíveis dinâmicas existentes em sistemas de tempo real. Assim, reforça-se o conceito de que o algoritmo de taxa monotônica é recomendado como abordagem inicial para a distribuição de prioridades entre tarefas. Contudo, a experiência do desenvolvedor do sistema é de extrema importância para lidar com as características do sistema não modeladas por essa abordagem.

3.3.2.2 Escalonamento por "prazo monotônico" e "prazo mais cedo primeiro"

Os escalonamentos por prazo monotônico (*deadline monotonic* – DM) e por prazo mais cedo primeiro (*earliest deadline first* – EDF) estendem o modelo de tarefas descrito no algoritmo por taxa monotônica. O prazo monotônico aborda o problema de tarefas com prazos fixos e prioridades fixas, o que classifica tal método como algoritmo estático *online*. Já o prazo mais cedo primeiro trata de sistemas com prioridades dinâmicas, o que o torna um algoritmo dinâmico *online*.

A principal diferença entre a taxa monotônica e o prazo monotônico é que o algoritmo DM altera uma das premissas do modelo de tarefas imposto pela algoritmo RM, assumindo prazos menores ou iguais aos períodos das tarefas. Assim, no prazo monotônico as prioridades são atribuídas na ordem inversa aos valores dos prazos das tarefas, formando um sistema de prioridades estáticas. A produção da escala é realizada em tempo de execução a partir de um escalonador preemptivo dirigido por prioridades. O algoritmo DM apresenta uma vantagem em relação ao RM, que é gerenciar intrinsecamente tarefas aperiódicas, visto que essas tarefas possuem prazos para serem processadas.

O algoritmo DM, assim como o RM, é dito ótimo em sua classe de problema. O teste de escalonabilidade do algoritmo por prazo monotônico não é trivial como no RM ou EDF. Maiores detalhes sobre os testes necessários e suficientes podem ser consultados em Audsley et al. (1991) e em Spuri (1996).

Já o escalonador EDF utiliza as mesmas premissas utilizadas pelo RM para determinar seu modelo de tarefas. No entanto, a política de escalonamento nesse caso se baseia na atribuição dinâmica de prioridades. A tarefa mais prioritária no EDF é a que tem o prazo mais próximo do tempo atual. Assim, a cada chegada de uma nova tarefa a lista de prontos é reordenada, considerando a nova distribuição de prioridades.

Na abordagem utilizada pelo EDF a escalonabilidade é, da mesma forma que no RM, verificada em tempo de projeto a partir da utilização do processador. Assim, um conjunto de tarefas periódicas ou esporádicas é escalonável por EDF se satisfizer as mesmas premissas impostas pelo RM e se, e somente se:

$$U = \sum_{i=1}^{n} \frac{Ci}{Pi} \leq 1$$

O teste apresentado é suficiente e necessário para a classe de problema definida por EDF, ou seja, em que se mantêm as premissas do algoritmo RM e as prioridades são distribuídas dinamicamente a partir de seus prazos em um dado momento. Se qualquer uma das premissas for relaxada, o teste continua sendo necessário, mas passa a ser insuficiente para provar a escalonabilidade do sistema.

A Figura 3.14 representa o conjunto de tarefas da Tabela 3.6 escalonado por um algoritmo EDF. Note que esse conjunto de tarefas não é escalonável em RM, como apresentado anteriormente e comprovado pelo teste de suficiência do algoritmo RM. No entanto, a partir do teste de suficiência do EDF podemos verificar que esse dado conjunto de tarefas é escalonável por EDF, pois a utilização do processador não ultrapassa 100% (é de 82,3%). Quando o conjunto de tarefas é escalonado por RM, a tarefa A perde o prazo no instante de tempo t=50. Já se utilizarmos EDF, nota-se uma mudança de prioridades no intervalo de tempo t=30. Nesse instante de tempo, o prazo para a tarefa C completar seu processamento é de 30. Já o prazo da tarefa A nesse momento é de 20, fazendo com que a tarefa A tenha maior prioridade que a tarefa C nessa situação.

O algoritmo EDF, além de permitir uma melhor utilização do processador (podendo chegar aos 100% de utilização), é conhecido na literatura por produzir menos preempções que os algoritmos RM e DM. No entanto, a implementação do EDF é mais complexa, pois a cada nova tarefa inserida na lista de prontos deve-se recalcular as prioridades das tarefas. Assim, em grande parte dos sistemas de tempo real opta-se pela técnica RM ou DM pela maior simplicidade de

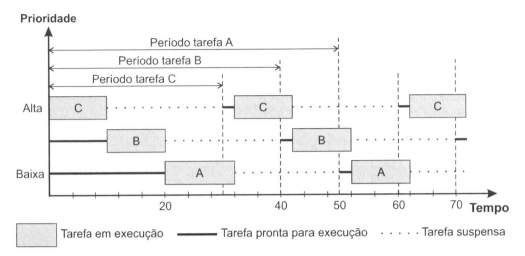

Figura 3.14 Representação temporal das tarefas contidas na Tabela 3.6, com escalonamento realizado pelo algoritmo EDF.

implementação e reduzido custo computacional quando inserindo uma tarefa na lista de prontos.

Infelizmente, praticamente todos os métodos de distribuição de prioridades discutidos até o momento possuem uma deficiência, que é desconsiderar o quão crítica uma tarefa é para o sistema. Por exemplo, considere um sistema embarcado que utiliza comunicação sem fio a partir de um rádio conectado por comunicação SPI. Geralmente nesses sistemas o rádio possui uma máquina de estados que realiza a recepção dos dados e informa ao processador por meio de uma interrupção que um novo pacote de dados está pronto. Entretanto, é comum que nos rádios utilizados em sistemas embarcados só exista *buffer*[1] de dados para um pacote, o que implica perder novos pacotes ou sobrescrever um pacote previamente recebido, no caso de haver atraso na cópia dos dados recebidos. Portanto, é crítico para o sistema que o pacote de dados seja copiado o quanto antes para a memória interna do sistema embarcado. Assim, o desenvolvedor provavelmente irá atribuir uma alta prioridade para a tarefa que recebe o pacote de dados, apesar de os critérios estabelecidos pela abordagem utilizada indicarem algo diferente. Logo, é muito importante a experiência do desenvolvedor para se obter uma distribuição de prioridades adequada a um determinado sistema embarcado quando se utiliza um esquema fixo de prioridades.

---

[1] Região de memória para armazenamento temporário de dados à espera de processamento.

3.3.3 Gerenciamento de tarefas aperiódicas

A modelagem de tarefas aperiódicas como tarefas esporádicas vista anteriormente gera alguns problemas vinculados aos algoritmos comumente utilizados em sistemas de tempo real. Ao especificar uma taxa mínima de chegada de eventos associados à tarefa aperiódica pode-se encontrar um conjunto de tarefas em que as maiores prioridades do sistema são de tarefas aperiódicas. Em um primeiro momento esse comportamento parece correto, pois deseja-se processar os eventos assíncronos o mais rápido possível para aumentar a responsividade do sistema. Ademais, se a tarefa aperiódica possuir prazos rígidos, comuns em sistemas de tempo real *hard*, essa ainda é a melhor forma de especificar a prioridade da tarefa, pois será possível garantir o cumprimento do prazo em tempo de projeto. Entretanto, essa abordagem pode comprometer a escalonabilidade do sistema, prejudicando principalmente as tarefas periódicas.

Se as tarefas aperiódicas forem menos prioritárias que as tarefas periódicas outros métodos devem ser utilizados. Nesses casos, o objetivo do algoritmo de escalonamento deve ser minimizar o tempo de resposta para as tarefas aperiódicas, enquanto garante que todas as tarefas periódicas completem sua execução dentro dos prazos de projeto. O método mais simples para obter tal comportamento é agendar as tarefas aperiódicas para serem executadas quando o processador não estiver ocupado com tarefas periódicas ou esporádicas. O problema dessa técnica surge em situações em que a carga computacional devido a tarefas periódicas é alta. Assim, o sistema pode apresentar dificuldade em cumprir os prazos associadas às tarefas aperiódicas quando ocorrer picos de ativação. Portanto, essa pode ser uma abordagem para tornar um sistema escalonável, quando algumas tarefas aperiódicas tiverem prazos de tempo real suaves (*soft*).

Para analisar o desempenho das possíveis técnicas a serem utilizadas para gerenciar tarefas aperiódicas, considere o conjunto de tarefas apresentado na Tabela 3.8. Ainda, que a tarefa C é uma tarefa aperiódica em que o tempo mínimo entre ativações determina seu período. Note que se o algoritmo de taxa monotônica for utilizado, o sistema não é escalonável, como pode ser visto na Figura 3.15. Nesse caso, como em todo sistema baseado em prioridades fixas, a tarefa de menor prioridade perderá seu prazo quando ocorre uma sobrecarga no sistema. Já se a tarefa aperiódica for executada no tempo que resta entre as tarefas periódicas, como apresentado na Figura 3.16, nenhuma tarefa perderá seu prazo. Porém, note que não será possível atender à tarefa aperiódica no prazo se uma rajada de eventos assíncronos causar ativações no período mínimo de projeto. Esses períodos de pico de ativação não serão um problema se a tarefa aperiódica tiver restrições suaves de tempo real.

Tabela 3.8 Conjunto de tarefas periódicas e aperiódicas

Tarefas periódicas	Período das tarefas (Pi)	Tempo de computação (Ci)	Prioridade RM	Utilização (Ui)
Tarefa A	8	4	1	0,50
Tarefa B	5	1	2	0,20
Tarefa C	4	3	3	0,75

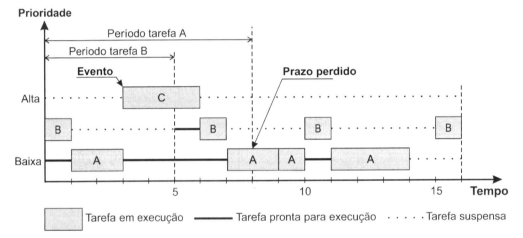

Figura 3.15 Escalonamento das tarefas apresentadas na Tabela 3.8.

Como se pode perceber, a escalonabilidade de um sistema de tempo real pode ser melhorada se considerarmos as características de prazos rígidos e suaves das tarefas aperiódicas, permitindo diferentes métodos para a distribuição de prioridades em um dado conjunto de tarefas. Outra abordagem conhecida na literatura para buscar melhores tempos de resposta das tarefas aperiódicas é a utilização de uma tarefa servidor, dedicada à execução de um conjunto de tarefas aperiódicas vinculadas a eventos assíncronos. Essa tarefa servidor é modelada como um tarefa periódica, com período e tempo de computação conhecidos em tempo de projeto. Assim, essa tarefa é escalonada a partir do mesmo algoritmo de escalonamento utilizado para as tarefas periódicas, como de taxa monotônica. O tempo de computação especificado para essa tarefa determina a capacidade do servidor.

Gerenciamento de tarefas

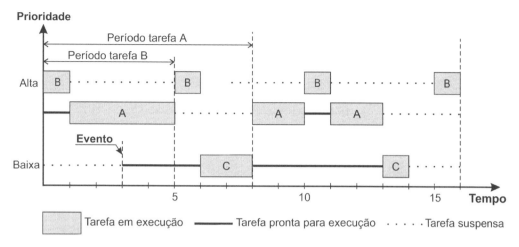

Figura 3.16 Escalonamento das tarefas apresentadas na Tabela 3.8, com a modificação de que a tarefa C passe a ser a de menor prioridade do sistema.

As requisições aperiódicas são executadas pela tarefa servidor dentro de seu limite de capacidade. A ordem de execução das requisições é independente do algoritmo de escalonamento utilizado no sistema, podendo ser função do tempo de chegada, tempo de computação ou prazo. Para elucidar como uma tarefa servidor pode ser projetada, considere o conjunto de tarefas apresentado na Tabela 3.9. É importante destacar que, embora não seja o caso do exemplo apresentado, se uma das tarefas periódicas tiver período igual ao da tarefa servidor, o servidor recebe a maior prioridade para melhorar o tempo de resposta das tarefas aperiódicas e, consequentemente, o processamento de eventos assíncronos. Ainda, pode-se observar por um simples teste de escalonabilidade do algoritmo de taxa monotônica que o conjunto de tarefas pode não ser escalonável.

Tabela 3.9 Conjunto de tarefas periódicas, em que a tarefa C é uma tarefa servidor

Tarefas periódicas	Período das tarefas (Pi)	Tempo de computação (Ci)	Prioridade RM	Utilização (Ui)
Tarefa A	8	4	1	0,50
Tarefa B	5	1	2	0,20
Tarefa C	4	1	3	0,25

A Figura 3.17 apresenta um cenário hipotético para o conjunto de tarefas da Tabela 3.9, em que um evento assíncrono gera uma requisição para a tarefa servidor no tempo 3. Note que, por ser a mais prioritária, a tarefa servidor passa a ser executada quase instantaneamente. No entanto, sua capacidade de serviço está limitada, o que faz com que a tarefa precise de três ativações para concluir a execução da requisição agendada. Também é possível verificar que nessa abordagem nenhuma das tarefas periódicas irá perder o prazo. Ainda, que a resposta ao evento assíncrono demora mais do que no caso em que a tarefa é definida como esporádica, em que conclui-se o processamento do evento no tempo 6. Entretanto, pode-se verificar que a resposta será mais rápida (conclui-se no tempo 12) do que o caso em que se processa o evento no tempo remanescente das tarefas periódicas (em que se conclui no tempo 14), atingindo um bom compromisso entre tempo de resposta e escalonabilidade do sistema. Finalmente, é possível observar que com variações no período e capacidade do servidor pode-se obter melhores tempos de resposta para as tarefas aperiódicas e ainda manter o cumprimento de prazo das tarefas periódicas.

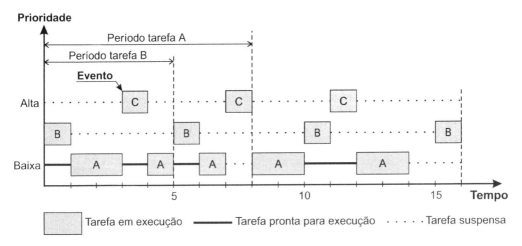

Figura 3.17 Escalonamento das tarefas apresentadas na Tabela 3.9, em que um evento assíncrono ocorre no tempo 3.

Apesar do exemplo apresentado demonstrar uma das possíveis formas por meio das quais uma tarefa servidor pode ser utilizada para gerenciar requisições assíncronas, uma grande variedade de algoritmos para servidores de tarefas aperiódicas foram propostos na literatura. Considerando os algoritmos com prioridade fixa, pode-se destacar o servidor de *polling*, que opera de forma muito similar ao servidor do exemplo apresentado anteriormente. Já o servidor postergado (*deferrable server*) apresenta melhorias em relação ao servidor de *polling*, permitindo uma extensão do algoritmo de taxa monotônica para suportar o

Gerenciamento de tarefas

escalonamento de tarefas aperiódicas que requerem tempos de resposta muito rápidos (STROSNIDER; LEHOCZKY; SHA, 1995). Outros exemplos de algoritmos com prioridade fixa são o servidor esporádico (SPRUNT; SHA; LEHOCZKY, 1989) e o servidor *slack stealer* (LEHOCZKY; RAMOS-THUEL, 1992). Entre os servidores com prioridades dinâmicas destacam-se o servidor dinâmico esporádico (GHAZALIE; BAKER, 1995; SPURI; BUTTAZZO, 1994), o servidor de largura de banda total (SPURI; BUTTAZZO, 1996), o servidor de largura de banda ajustável (BUTTAZZO; SENSINI, 1997) e o servidor de largura de banda constante (ABENI; BUTTAZZO, 1998).

Note que as abordagens citadas diferem em desempenho e complexidade. Muitas dessas técnicas foram apresentadas somente em conferências e não foram extensivamente analisadas. No entanto, é comprovado que com algumas dessas técnicas pode-se obter tempos de resposta mínimos, principalmente considerando as que utilizam prioridades dinâmicas. Uma revisão aprofundada dos principais algoritmos de serviço de tarefas aperiódicas é apresentada por Buttazzo (1997).

A análise de escalonadores nesse livro tem como objetivo introduzir o assunto para que o leitor possa compreender o princípio de operação dos escalonadores utilizados em sistemas operacionais de tempo real. Para mais informações sobre o assunto, sugerimos consultar Farines, Fraga e Oliveira (2000) e Oliveira (2018).

3.3.4 Aspectos práticos na implementação de escalonadores

O desempenho de um sistema operacional está diretamente relacionado com seu escalonador de tarefas. Note que o projeto de um escalonador deve considerar a aplicação fim do sistema. Por exemplo, um sistema operacional dedicado a experiência do usuário (interface homem/máquina) possui diferentes parâmetros que um sistema operacional dedicado ao controle de processos em tempo real. Nesta seção serão apresentados aspectos práticos da implementação de escalonadores com impactos consideráveis no desempenho de um sistema operacional.

O desempenho de um escalonador não está associado somente a quão rapidamente é realizada a escolha da próxima tarefa a ser executada, mas também ao tempo de manutenção da fila de tarefas prontas. Essas operações geralmente são seções críticas de código. Por exemplo, um serviço de atraso de tempo para tarefas (*task time delay*) deve executar dois procedimentos: retirar a tarefa da lista de prontos e calcular o tempo do sistema em *ticks* no qual a tarefa será novamente adicionada à lista de prontos. Se a função que implementa esse serviço for interrompida entre esses dois procedimentos, o escalonador poderá possuir informações incompletas para a tomada de decisão da próxima tarefa a ser executada. Ainda, em alguns casos, o procedimento de retirada e inclusão na lista de prontos não é atômico. Nesses casos a interrupção é ainda mais perigosa, tendo como consequência a execução indesejada de uma tarefa ou a indicação de uma tarefa não instalada para o *dispatcher*. O *dispatcher* é o módulo que entrega o controle da CPU para a tarefa selecionada pelo escalonador. Esse módulo do sistema tem como funções a troca de contexto (carregar o *stack pointer* da tarefa selecionada e restaurar o conteúdo dos registradores) e o salto para o local apropriado da tarefa selecionada.

As seção críticas do código de um RTOS devem ser evitadas ao máximo, pois adicionam latência ao tratamento de interrupções e, consequentemente, atrasam a resposta do sistema a um evento. Normalmente, em sistemas preemptivos tanto o escalonador quanto o *dispatcher* são seções críticas de código. O motivo da seção crítica do *dispatcher* é evidente, pois se esse módulo for interrompido no procedimento de troca de *stack pointer* da CPU poderá ocorrer o desalinhamento da pilha da tarefa selecionada.

O *dispatcher* de um RTOS só é executado quando não há interrupções aninhadas (*nesting interrupts*), ou seja, quando o retorno da interrupção entregará o controle da CPU a uma tarefa. Para gerenciar as interrupções aninhadas o sistema faz uso de variáveis de controle. Antes de entrar no código do *dispatcher*, o sistema verifica, utilizando essa variável de controle, se a interrupção em questão é a última antes de retornar o controle da CPU a uma tarefa. Se depois desse teste ocorrer uma interrupção, haverá aninhamento de interrupção. No entanto, a variável de controle não informará tal condição. Imagine que o *stack pointer* da tarefa é carregado pelo *dispatcher* fora de uma região crítica, inicia-se o procedimento de restauração do contexto e então ocorre uma interrupção (a restauração do contexto geralmente não é uma operação atômica). A nova interrupção salvará o contexto da tarefa que o *dispatcher* estava restaurando. Quando ocorrer o retorno a essa tarefa, provavelmente seu *stack* estará desalinhado.

A seguir, estudos de caso de escalonadores de RTOS conhecidos serão apresentados para complementar o entendimento dos conceitos tratados anteriormente.

3.3.4.1 µC/OS II

No µC/OS II é atribuída a cada tarefa uma prioridade única, entre 0 e 63, sendo que 0 representa a maior prioridade (LABROSSE, 1998). Essas prioridades são representadas por uma matriz de 64 *bits*, formada por um vetor de 8 *bytes*. Cada *byte* é visto pelo sistema como um grupo (8 tarefas por grupo), em que cada grupo representa um nível de prioridade (e o grupo 0 é o de maior prioridade), como na Figura 3.18. Ainda, uma segunda variável é utilizada para informar quais grupos possuem tarefas prontas para execução.

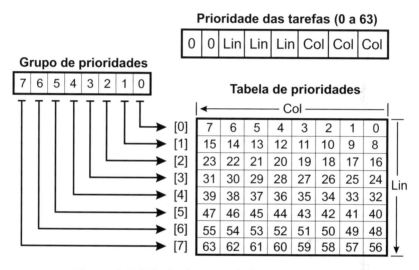

Figura 3.18 Tabela de prioridades do µC/OS II.

Uma tarefa é adicionada à lista de prontos nesse sistema por meio dessas duas variáveis. O procedimento de adição de uma tarefa à lista de prontos consiste em configurar para 1 tanto o *bit* do grupo de prioridades a que tal tarefa pertence quanto o *bit* de sua prioridade. Para simplificar esse procedimento de adição à lista de prontos, o sistema utiliza uma lista de máscaras de *bits*, apresentada na Figura 3.19. O procedimento de inclusão de uma tarefa na lista de prontos é apresentado na Figura 3.20.

Note que os três *bits* menos significativos (0 a 2) da prioridade de uma tarefa são utilizados como índice da tabela de máscara de *bits* para configurar a prioridade na tabela de prioridades. Os próximos 3 *bits* (3 a 5) representam o índice da tabela de máscaras para configurar o grupo de prioridades. A Figura

Índice	Máscara de *bits*
0	00000001
1	00000010
2	00000100
3	00001000
4	00010000
5	00100000
6	01000000
7	10000000

Figura 3.19 Máscara de *bits* do µC/OS II.

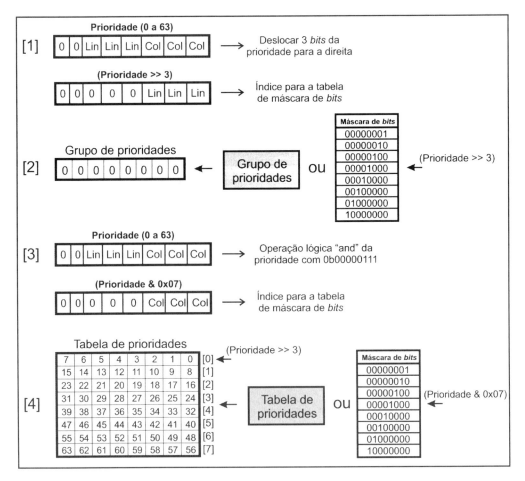

Figura 3.20 Procedimento de inclusão de tarefa na lista de prontos no µC/OS II.

3.21 apresenta o estado das duas variáveis de controle da lista de prontos com somente a tarefa de prioridade 37 adicionada.

Gerenciamento de tarefas

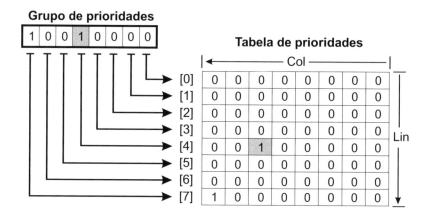

Figura 3.21 Lista de prontos do µC/OS II com a inclusão da tarefa de prioridade 37.

O procedimento de inclusão de uma tarefa na lista de prontos é executada em 26 ciclos de CPU em um processador Coldfire V1 a 25 MHz, ou seja, em torno de 1,04 µs. Note que, além da tarefa de prioridade 37, a tarefa de menor prioridade (63) também está na lista de prontos. Essa tarefa de menor prioridade é conhecida como *idle task* e sempre está em estado de pronto (na Seção 3.3.6 serão apresentados maiores detalhes sobre essa tarefa).

O procedimento de retirada de uma tarefa da lista de prontos é similar, sendo necessário configurar o *bit* relativo à prioridade da tarefa retirada para zero na tabela de prioridades e analisar o grupo de prioridades. Se a tarefa retirada era a única pertencente a um determinado grupo de prioridades deve-se apagar o *bit* relativo a esse grupo na variável de controle. Caso contrário, mantém-se o *bit* do grupo em 1. Esse procedimento é executado em 29 ciclos de CPU em um processador Coldfire V1 a 25 MHz (1,16 µs).

Para determinar a tarefa de maior prioridade incluída na lista de prontos utiliza-se uma tabela de 256 posições gravada em memória de programa (Listagem 3.7) que contém duas informações: o grupo de maior prioridade que possui uma tarefa pronta para execução (para as 256 possíveis combinações da variável de controle "grupo de tarefas") e a informação de qual das oito tarefas pertencentes a esse grupo é a de maior prioridade (desde que esteja pronta para execução). Esse procedimento é executado em 17 ciclos de CPU em um processador Coldfire V1 a 25 MHz (680 ns). A Listagem 3.8 apresenta o procedimento de escolha da tarefa de maior prioridade na lista de prontos.

```
Mapa_de_Prioridades (Vetor constante de 256 posições) = {
    0, 0, 1, 0, 2, 0, 1, 0, 3, 0, 1, 0, 2, 0, 1, 0,
    4, 0, 1, 0, 2, 0, 1, 0, 3, 0, 1, 0, 2, 0, 1, 0,
    5, 0, 1, 0, 2, 0, 1, 0, 3, 0, 1, 0, 2, 0, 1, 0,
    4, 0, 1, 0, 2, 0, 1, 0, 3, 0, 1, 0, 2, 0, 1, 0,
    6, 0, 1, 0, 2, 0, 1, 0, 3, 0, 1, 0, 2, 0, 1, 0,
    4, 0, 1, 0, 2, 0, 1, 0, 3, 0, 1, 0, 2, 0, 1, 0,
    5, 0, 1, 0, 2, 0, 1, 0, 3, 0, 1, 0, 2, 0, 1, 0,
    4, 0, 1, 0, 2, 0, 1, 0, 3, 0, 1, 0, 2, 0, 1, 0,
    7, 0, 1, 0, 2, 0, 1, 0, 3, 0, 1, 0, 2, 0, 1, 0,
    4, 0, 1, 0, 2, 0, 1, 0, 3, 0, 1, 0, 2, 0, 1, 0,
    5, 0, 1, 0, 2, 0, 1, 0, 3, 0, 1, 0, 2, 0, 1, 0,
    4, 0, 1, 0, 2, 0, 1, 0, 3, 0, 1, 0, 2, 0, 1, 0,
    6, 0, 1, 0, 2, 0, 1, 0, 3, 0, 1, 0, 2, 0, 1, 0,
    4, 0, 1, 0, 2, 0, 1, 0, 3, 0, 1, 0, 2, 0, 1, 0,
    5, 0, 1, 0, 2, 0, 1, 0, 3, 0, 1, 0, 2, 0, 1, 0,
    4, 0, 1, 0, 2, 0, 1, 0, 3, 0, 1, 0, 2, 0, 1, 0};
```

Listagem 3.7 Tabela contendo as informações para escolha da tarefa de maior prioridade pronta para execução no µC/OS II.

```
y = Mapa_de_Prioridades(Grupo de Prioridades)
x = Mapa_de_Prioridades(Tabela de Prioridades(y))
Prioridade = (y << 3) + x
```

Listagem 3.8 Procedimento de escolha da maior prioridade pronta para execução.

Note que as operações de inclusão e exclusão da lista de prontos, bem como a de escolha da tarefa de maior prioridade, é crítica nesse sistema. Vamos analisar um caso em que o procedimento de inclusão de uma tarefa na lista de prontos estava sendo realizado e foi interrompido quando somente o valor da variável de controle "Grupo de prioridades" havia sido configurado, como apresentado na Figura 3.22.

O escalonador será executado quando a interrupção completar seu processamento, devido às características de um sistema preemptivo. Se a tabela de prontos estiver incoerente, como apresentado na Figura 3.22, quando o escalonador for realizar a escolha da próxima tarefa a ser executada, tomará uma decisão incorreta. O correto seria a escolha da *idle task*, pois os dados de controle da tarefa 37 ainda não foram atualizados. No entanto, como se pode perceber das Listagens 3.7 e 3.8 e da Figura 3.22, a prioridade escolhida será a 32. Se essa prioridade estiver alocada, a tarefa de prioridade 32 será executada em um momento indesejado. Se não estiver alocada, o *dispatcher* provavelmente receberá um valor inválido de *stack pointer* e tentará restaurar um contexto inexistente, causando um erro de acesso à memória. Situações semelhantes podem ocorrer se um processo de exclusão de lista de prontos for interrompido durante sua execução. Portanto,

Gerenciamento de tarefas

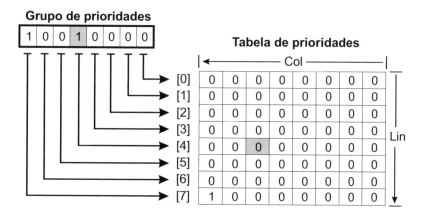

Figura 3.22 Lista de prontos do µC/OS II quando interrompida durante a inclusão da prioridade 37.

embora apresente comportamento determinístico e ótimo desempenho, as operações com a lista de prontos e o escalonador são obrigatoriamente críticas nesse RTOS.

3.3.4.2 BRTOS

No BRTOS é atribuída a cada tarefa uma prioridade única, entre zero e 31, sendo que zero representa a menor prioridade (Figura 3.23) (DENARDIN; BARRIQUELLO, 2012). Essas prioridades são representadas nos índices de um vetor de 32 *bytes*, sendo que cada posição do vetor contém o índice para o contexto da tarefa a que uma prioridade está alocada. Para otimizar o sistema, tanto em uso de memória quanto em processamento, o sistema disponibiliza uma configuração que permite definir o número máximo de tarefas (e consequentemente de prioridades) em 8, 16 ou 32 tarefas.

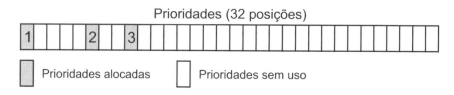

Figura 3.23 Alocação de prioridades no BRTOS. No exemplo, as prioridades 0, 5 e 8 estão alocadas.

Essa abordagem possibilita que a lista de prontos seja uma variável de 8 *bits* quando utilizadas até 8 tarefas, 16 *bits* quando utilizadas até 16 tarefas e 32 *bits* quando utilizadas até 32 tarefas. Dessa forma, o procedimento de adição de uma tarefa na lista de prontos consiste em configurar para 1 o *bit* relativo à prioridade que a tarefa está utilizando, sendo a menor prioridade o *bit* menos significativo da lista de prontos e a maior prioridade o *bit* mais significativo da lista. Essa operação é otimizada a partir da utilização de uma máscara de *bits*, sendo executada em 8 ciclos de CPU em um processador Coldfire V1 a 25 MHz (320 ns). O procedimento de remoção de uma tarefa da lista de prontos é semelhante, simplesmente configurando para zero o *bit* relativo à prioridade utilizada. As listagens 3.9 e 3.10 apresentam os procedimentos de adição e remoção da lista de prontos no BRTOS, respectivamente.

```
1   const int MascaradePrioridades[32]=
    {
3     0x01,0x02,0x04,0x08,0x10,0x20,0x40,0x80,0x0100,0x0200,0x0400,0x0800,0x1000,
      0x2000,0x4000,0x8000,0x010000,0x020000,0x040000,0x080000,0x100000,0x200000,
5     0x400000,0x800000,0x01000000,0x02000000,0x04000000,0x08000000,0x10000000,
      0x20000000,0x40000000,0x80000000
7   };

9   void AdicionaTarefa(int prioridade){
    ListadeProntos = ListadeProntos | (MascaradePrioridades[prioridade]);
11  }
```

Listagem 3.9 Procedimento de inclusão de uma tarefa na lista de prontos.

```
1   void RemoveTarefa(int prioridade){
    ListadeProntos = ListadeProntos & ~(MascaradePrioridades[prioridade]);
3   }
```

Listagem 3.10 Procedimento de remoção de uma tarefa da lista de prontos.

O escalonador do BRTOS precisa decidir qual é a tarefa mais prioritária pronta para ser executada a partir da lista de prontos. No BRTOS existem duas formas de realizar esse procedimento, por aproximações sucessivas ou por uso de instruções específicas de determinados processadores. Por aproximações sucessivas são necessários até cinco saltos condicionais para determinar a próxima tarefa a ser executada. Esse procedimento ocorre em 24 ciclos de *clock* em um processador Coldfire V1, ou 960 ns com esse processador a 25 MHz.

Embora o desempenho do escalonador do BRTOS seja inferior ao implementado no µC/OS II, sua maior virtude está no uso de otimização a partir de instruções específicas de cada processador. Os processadores Coldfire e ARM Cortex-M3/M4/M7 possuem instruções que podem auxiliar na execução de um escalonador baseado em listas de prontos binárias. Tal otimização está disponível no código do BRTOS desde o início de 2011, com a versão 1.2 do sistema.

O processador Coldfire possui a instrução *find first one* (FF1), que varre um registrador do *bit* mais significativo ao menos significativo em busca do primeiro *bit* encontrado com valor 1 e retorna esse registrador com a contagem necessária para encontrar o primeiro *bit*. Por exemplo, se o *bit* mais significativo for 1, a instrução retornará zero. Esse valor é subtraído de 31 para encontrar a tarefa de maior prioridade pronta para executar, totalizando três ciclos para completar o escalonamento, ou seja, 120 ns em um processador Coldfire a 25 MHz.

Já no processador ARM a instrução que é utilizada chama-se *count leading zeroes* (CLZ), ou seja, conta zeros à esquerda. Essa instrução conta o número de zeros antes de encontrar o primeiro *bit* configurado com 1, tendo o mesmo efeito da instrução FF1 do Coldfire. Assim, retorna 32 se nenhum *bit* está como 1 e zero se o primeiro *bit* for 1. Como também precisa ocorrer a subtração por 31 para encontrar a tarefa mais prioritária, o procedimento total é de dois ciclos de *clock* em um processador ARM Cortex-M4, que a 100 MHz representam 20 ns.

A grande vantagem em executar um escalonador o mais rápido possível é a usual necessidade de as interrupções estarem bloqueadas durante o escalonamento. Com essa abordagem de escalonamento, o procedimento de bloqueio e desbloqueio acaba tendo mais custo computacional que o próprio escalonamento. Isso evita o aumento excessivo de latência de interrupções, muito comum em sistemas preemptivos.

O código que bloqueia as interrupções em sistemas que permitem interrupções aninhadas são mais complexos, pois devem manter o nível de interrupção em que a seção crítica iniciou para poder restaurá-lo. Essas seções críticas mais complexas somente são necessárias quando são executadas dentro de interrupções. Com o intuito de minimizar o tempo necessário para gerar seções críticas, foram criadas duas formas de entrar/sair de uma região crítica no BRTOS: entrada/saída de região crítica do sistema e do usuário. A diferença entre elas é que as chamadas de usuário não guardam o estado do nível de prioridade, pois não podem ser executadas dentro de interrupções (não há aninhamento de interrupções).

3.3.5 Organização de TCB em listas encadeadas: o exemplo do FreeRTOS

No FreeRTOs, o desenvolvedor deve atribuir para cada tarefa uma prioridade entre zero (a menor prioridade nesse sistema) e um valor definido em tempo de projeto pela constante configMAX_PRIORITIES menos um. Por exemplo, se configMAX_PRIORITIES for definido como 15, então os níveis de prioridade das tarefas pode variar entre zero (menor prioridade) e 14 (maior prioridade).

Como em todo sistema operacional, o FreeRTOS utiliza uma lista de tarefas prontas para monitorar as tarefas que estão prontas para executar. Nesse sistema a lista de prontos é um vetor de listas, em que cada posição do vetor representa uma prioridade. Além do vetor de listas de prontos, o FreeRTOS também possui listas para tarefas temporizadas, suspensas, entre outras, como pode ser observado na Listagem 3.11. Note que no FreeRTOS são necessárias duas listas com tarefas suspensas, sendo uma das listas para as tarefas em que não houve *overflow* do contador da marca de tempo e a outra lista para tarefas em que houve *overflow* da máxima contagem da marca de tempo. Ainda, existem listas de tarefas suspensas e tarefas apagadas em que a memória ainda não foi liberada pela tarefa ociosa.

```
1  /* Listas de tarefas prontas e bloqueadas */

3  /** Tarefas prontas por ordem de prioridade. */
   static List_t pxReadyTasksLists[configMAX_PRIORITIES];
5  /** Tarefas à espera de delay ou timeout. */
   static List_t xDelayedTaskList1;
7  /** Tarefas à espera de delay ou timeout em que houve overflow */
   static List_t xDelayedTaskList2;
9  /** Tarefas que passaram à lista de prontos com o escalonador suspenso.
      Quando o escalonador for reativado essas tarefas passam à lista de prontos. */
11 static List_t xPendingReadyList;

13 /** Tarefas que foram apagadas, mas ainda não tiveram a memória liberada. */
   #if ( INCLUDE_vTaskDelete == 1 )
15 static List_t xTasksWaitingTermination;
   #endif

17
   /** Tarefas que estão suspensas no momento. */
19 #if ( INCLUDE_vTaskSuspend == 1 )
   static List_t xSuspendedTaskList;
21 #endif
```

Listagem 3.11 Listas do FreeRTOS para gerenciamentos das tarefas.

A cada chamada da função *vTaskSwitchContext()*, o FreeRTOS seleciona a tarefa de mais alta prioridade pronta para executar e a coloca na variável do tipo ponteiro de TCB *pxCurrentTCB*, a partir do código da Listagem 3.12. Note que a variável *uxTopReadyPriority* contém a prioridade da lista de tarefas

Gerenciamento de tarefas

165

de maior prioridade pronta para executar. Isso é possível porque sempre que uma tarefa vai ser adicionada à lista de prontos, o sistema executa uma macro taskRECORD_READY_PRIORITY (Listagem 3.13), que basicamente analisa se a prioridade da tarefa mudando seu estado para pronto tem maior prioridade que o topo de prioridade atual. Já a macro listGET_OWNER_OF_NEXT_ENTRY da Listagem 3.12 percorre a lista de uma dada prioridade. Utilizando várias chamadas dessa macro, portanto, é possível mover-se pelos itens de uma lista, de forma a entregar o mesmo tempo de processamento para cada tarefa de mesma prioridade.

```
1  /* Encontra a lista de maior prioridade que contém uma tarefa pronta. */
   while( listLIST_IS_EMPTY( &( pxReadyTasksLists[ uxTopReadyPriority ] ) ) )
3  {
     configASSERT( uxTopReadyPriority );
5    --uxTopReadyPriority;
   }
7  /* A macro listGET_OWNER_OF_NEXT_ENTRY permite acessar cada um dos itens da lista, de forma que
   as tarefas de mesma prioridade ganhem uma parcela igual de tempo de processamento. */
9  listGET_OWNER_OF_NEXT_ENTRY( pxCurrentTCB, &( pxReadyTasksLists[ uxTopReadyPriority ] ) );
```

Listagem 3.12 Procura pela tarefa de mais alta prioridade no FreeRTOS.

```
1  #define taskRECORD_READY_PRIORITY( uxPriority )       \
   {                                                     \
3      if( ( uxPriority ) > uxTopReadyPriority )         \
       {                                                 \
5          uxTopReadyPriority = ( uxPriority );          \
       }                                                 \
7  }
```

Listagem 3.13 Verificação do topo de prioridade atual no FreeRTOS.

Claramente, o tempo de execução do escalonador dependerá da distribuição das tarefas nas listas de prontos e do número de prioridades do sistema, conforme o laço que pode ser visto na Listagem 3.12. Esse laço deve-se a quando uma tarefa de alta prioridade é removida da lista de prontos e a lista dessa prioridade fica vazia. Nesse caso, a variável *uxTopReadyPriority* não é modificada, pois seria necessário percorrer a lista atualizada para encontrar a nova maior prioridade do sistema. Assim, esse processo é postergado para ser realizado pelo escalonador do sistema, que deve percorrer o vetor de listas de tarefas prontas para encontrar a prioridade com tarefas prontas que está logo abaixo da prioridade da tarefa que foi removida.

Em 2012, com as versões 7.x do FreeRTOS surgiram os primeiros portes para ARM com otimização, em que a variável *uxTopReadyPriority* passou a ser utilizada de forma diferente. Como no BRTOS, cada *bit* dessa variável de 32 *bits* representa uma prioridade. Assim, a instrução CLZ pode ser utilizada como forma de determinar a maior prioridade dentre as tarefas prontas. Também houve modificações nos procedimentos de inclusão e exclusão da lista de prontos, pois a atualização da variável *uxTopReadyPriority* pela macro taskRECORD_READY_PRIORITY passou a ser uma operação binária (conforme Listagem 3.14). Da mesma forma, a atualização da variável quando uma tarefa deixa a lista de prontos é realizada no ato da remoção da tarefa, eliminando a necessidade do laço no escalonador do FreeRTOS, como pode ser visto na Listagem 3.15.

```
1 /* Armazena/limpa as prioridades prontas em um mapa de bits */
  #define taskRECORD_READY_PRIORITY(uxPriority) portRECORD_READY_PRIORITY(uxPriority,
      uxTopReadyPriority)
3
  #define portRECORD_READY_PRIORITY(uxPriority, uxReadyPriorities) (uxReadyPriorities) |= (1UL
      <<(uxPriority))
5 #define portRESET_READY_PRIORITY(uxPriority, uxReadyPriorities) (uxReadyPriorities) &= ~(1UL
      <<(uxPriority))
```

Listagem 3.14 Atualização da variável de topo de prioridade do sistema FreeRTOS com otimização.

```
1 /* Encontra a lista de maior prioridade que contém uma tarefa pronta. */
  __attribute__((always_inline)) static inline uint8_t ucPortCountLeadingZeros(uint32_t ulBitmap
      ){
3   uint8_t ucReturn;
    __asm volatile ("clz %0, %1" : "=r" (ucReturn) : "r" (ulBitmap));
5   return ucReturn;
  }
7
  #define portGET_HIGHEST_PRIORITY(uxTopPriority, uxReadyPriorities) uxTopPriority = (31UL - (
      uint32_t)ucPortCountLeadingZeros(( uxReadyPriorities)))
9
  #define taskSELECT_HIGHEST_PRIORITY_TASK(){
11   UBaseType_t uxTopPriority;
    portGET_HIGHEST_PRIORITY( uxTopPriority, uxTopReadyPriority );
13   configASSERT( listCURRENT_LIST_LENGTH( &( pxReadyTasksLists[ uxTopPriority ] ) ) > 0 );
    listGET_OWNER_OF_NEXT_ENTRY( pxCurrentTCB, &( pxReadyTasksLists[ uxTopPriority ] ) );
15 }
```

Listagem 3.15 Procura pela tarefa de mais alta prioridade no FreeRTOS com otimização.

A Figura 3.24 descreve de forma simplificada como uma lista de prontos do FreeRTOS é organizada. Nesse exemplo existem quatro listas de prioridades habilitadas no sistema, que contêm as tarefas prontas para executar em cada prioridade. No entanto, demonstra-se que existe a possibilidade de aumentar a quantidade de listas de prioridades a partir da definição configMAX_PRIORITIES, como visto anteriormente. Ainda, pode-se perceber na figura que a prioridade zero somente contém a tarefa ociosa do sistema em sua lista, que a lista da priori-

Gerenciamento de tarefas

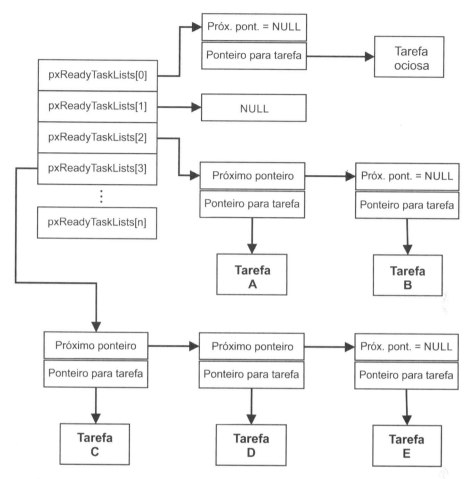

Figura 3.24 Exemplo de organização da lista de prontos do FreeRTOS.

dade 1 está vazia, que a lista da prioridade 2 possui duas tarefas e que a lista da prioridade 3 contém três tarefas.

As principais estruturas de dados do FreeRTOS são blocos de controle de tarefas, listas e filas. As filas serão mais bem abordadas no Capítulo 4. No entanto, o TCB e as listas são fundamentais para entender o modo de operação do sistema para gerenciamento de tarefas. A estrutura do bloco de controle de tarefas do FreeRTOS é definida no arquivo tasks.c e é apresentada na Listagem 3.16.

Como se pode perceber, o bloco de controle do FreeRTOS apresentado na Listagem 3.16 é tradicional e muito semelhante a outros RTOS, contendo posição do ponteiro de pilha, prioridade, nome descritivo da tarefa, entre outros. No entanto, o diferencial são os itens de listas contidos em seu TCB.

168 Sistemas operacionais de tempo real e sua aplicação em sistemas embarcados

```c
typedef struct tskTaskControlBlock
{
/* Aponta para a localização do último item alocado na pilha.
   No FreeRTOS esse deve ser o primeiro membro da estrutura TCB. */
   volatile StackType_t *pxTopOfStack;

/* As configurações da MPU são definidas como parte da camada de porte. Esse deve
   ser a segundo membro da estrutura TCB. */
   #if ( portUSING_MPU_WRAPPERS == 1 )
     xMPU_SETTINGS xMPUSettings;
   #endif

/* Item de lista utilizado para alocar o TCB nas listas de tarefas
   prontas ou listas de bloqueio. */
   xListItem    xGenericListItem;

/* Item de lista utilizado para alocar o TCB nas listas de eventos. */
   xListItem    xEventListItem;

/* Prioridade da tarefa */
   UBaseType_t uxPriority;

/* Aponta para o início da pilha. */
   StackType_t *pxStack;

/* Nome descritivo da tarefa, utilizado somente para facilitar a depuração */
   char    pcTaskName[ configMAX_TASK_NAME_LEN ];

/* Somente usado para verificação de estouro de pilha */
   #if ( portSTACK_GROWTH > 0 )
     StackType_t *pxEndOfStack;
   #endif

/* Armazena a profundidade do aninhamento de seção crítica em portes que não mantêm essa
   informação na camada de porte. */
   #if ( portCRITICAL_NESTING_IN_TCB == 1 )
     UBaseType_t   uxCriticalNesting;
   #endif

   #if ( configUSE_TRACE_FACILITY == 1 )
/* Armazena um número que é incrementado a cada vez que um TCB é criado. Permite que na
   depuração seja determinado quando a tarefa foi apagada ou recriada. */
     UBaseType_t   uxTCBNumber;
/* Armazena um número especialmente para uso de códigos de rastreamento de terceiros. */
     UBaseType_t   uxTaskNumber;
   #endif

/* Usado pelo mecanismo de herança de prioridade, para guardar
   a prioridade original da tarefa em caso de mudança. */
   #if ( configUSE_MUTEXES == 1 )
     UBaseType_t uxBasePriority;
     UBaseType_t uxMutexesHeld;
   #endif

   #if ( configUSE_APPLICATION_TASK_TAG == 1 )
     TaskHookFunction_t pxTaskTag;
   #endif

/* Armazena a quantidade de tempo que uma tarefa ocupou em estado de execução. */
   #if ( configGENERATE_RUN_TIME_STATS == 1 )
     uint32_t    ulRunTimeCounter;
   #endif

} tskTCB;
```

Listagem 3.16 Modelo do bloco de controle de tarefas do FreeRTOS.

Gerenciamento de tarefas

Assim, cada tarefa do FreeRTOS tem dois itens de lista para uso nas várias listas de escalonamento utilizadas no sistema. Quando uma tarefa é inserida em uma lista o FreeRTOS não insere um ponteiro diretamente para seu TCB. Em vez disso, insere um ponteiro para a lista *xGenericListItem* ou para a lista *xEventListItem*. Esses itens de listas permitem funcionalidades adicionais ao FreeRTOS do que somente armazenar um ponteiro de TCB, como será demonstrado a seguir. Ao contrário da maioria dos sistemas, que armazena o estado da tarefa em uma variável do TCB, o FreeRTOS rastreia o estado das tarefas e as adiciona em uma determinada lista. A presença da tarefa em uma determinada lista indica o seu estado atual. Para mudar o estado das tarefas o sistema simplesmente move a tarefa de uma lista para outra.

Uma lista no FreeRTOS é uma lista circular duplamente encadeada, com diferenças que permitem adicionar funcionalidades extras. A estrutura de lista do FreeRTOS é apresentada na Listagem 3.17.

```
struct xLIST_ITEM{
    /* O valor a ser listado. Na maioria dos casos é usado para
       classificar a lista em ordem decrescente. */
    configLIST_VOLATILE TickType_t xItemValue;

    /* Aponta para o próximo ListItem_t na lista */
    struct xLIST_ITEM * configLIST_VOLATILE pxNext;

    /* Aponta para o ListItem_t anterior na lista */
    struct xLIST_ITEM * configLIST_VOLATILE pxPrevious;

    /* Aponta para um objeto (normalmente um TCB) que contém o item da lista.
       Há, portanto, uma ligação bidirecional entre o objeto que contém o item
       da lista e o próprio item da lista. */
    void * pvOwner;

    /* Aponta para a lista na qual esse item de lista está inserido (se estiver). */
    void * configLIST_VOLATILE pvContainer; */
};
```

Listagem 3.17 Formato da estrutura de item de lista no FreeRTOS.

Cada item de uma lista mantém um número na variável *xItemValue*, que é usualmente a prioridade da tarefa ou o valor do tempo para agendamento de eventos (*timeout* de uma função, por exemplo). As listas são classificadas a partir desse valor, do maior para o menor.

Os ponteiros *pxNext* e *pxPrevious* são os utilizados em listas encadeadas tradicionais. Já a variável *pvOwner* é um ponteiro para o dono do item da lista, que geralmente é um ponteiro para o TCB de uma tarefa. Essa variável é utilizada para agilizar a troca de contexto, visto que o item da lista que contém a tarefa de maior prioridade é encontrado em *pxReadyTasksLists[]*. Assim, *pvOwner* armazenada no item da lista apontado leva diretamente para o TCB necessário para escalonar a tarefa. Finalmente, a variável *pvContainer* é um ponteiro que aponta para a lista em que o item está armazenado. Tal informação é utilizada para verificar rapidamente a qual lista o item pertence. As listas no FreeRTOS são definidas como apresentado na Listagem 3.18.

```
 1  typedef struct xLIST{
      configLIST_VOLATILE UBaseType_t uxNumberOfItems;
 3
    /* Utilizado para percorrer a lista. Aponta para o último item
 5      retornado por uma chamada de pvListGetOwnerOfNextEntry (). */
      ListItem_t * configLIST_VOLATILE pxIndex;
 7
    /* Item da lista que contém o item de máximo valor possível, o que significa que está
 9      sempre no final da lista e, consequentemente, é utilizado como um marcador. */
      xMiniListItem xListEnd;
11  } xList;
```

Listagem 3.18 Estrutura de lista no FreeRTOS.

O tamanho atual de uma lista no FreeRTOS é armazenado na variável *uxNumberOfItems*. Todas as listas são inicializadas contendo um item, *xListEnd*. *xListEnd.xItemValue* é igual ao maior valor para a variável *xItemValue*, sendo 0xFFFF quando *portTickType* é um valor de 16 *bits* e 0xFFFFFFFF quando *portTickType* é um valor de 32 *bits*. O algoritmo que insere novos itens na lista garante que *xListEnd* seja sempre o último item em uma lista. Como as listas são organizadas do maior para o menor valor, a variável *xListEnd* é utilizado como um marcador para o início da lista. Ainda, como a lista é circular, essa variável também é um marcador para o final da lista.

O FreeRTOS acessa frequentemente as suas listas, e para isso utiliza funções que manipulam as listas por meio do ponteiro *pxIndex*. Por exemplo, a função **listGET_OWNER_OF_NEXT_ENTRY()** faz com que o ponteiro *pxIndex* receba o próximo item (*pxIndex = pxIndex->pxNext*). A manipulação das listas *pxReadyTasksLists[]* realizadas na troca de contexto do FreeRTOS é um exemplo de como a variável *pxIndex* é utilizada. Imagine que a lista de tarefas prontas com a maior prioridade em um dado momento é a lista de prioridade 5 e que existem 3 tarefas utilizando esse nível de prioridade. A Figura 3.25 apresenta essa situação utilizando a estrutura completa de manipulação de listas do FreeRTOS.

Como se pode perceber na Figura 3.25, o ponteiro *pxCurrentTCB* informa que a tarefa A está sendo executada. Na próxima vez que a troca de contexto ocorrer, a função **listGET_OWNER_OF_NEXT_ENTRY()** será chamada para determinar

Gerenciamento de tarefas

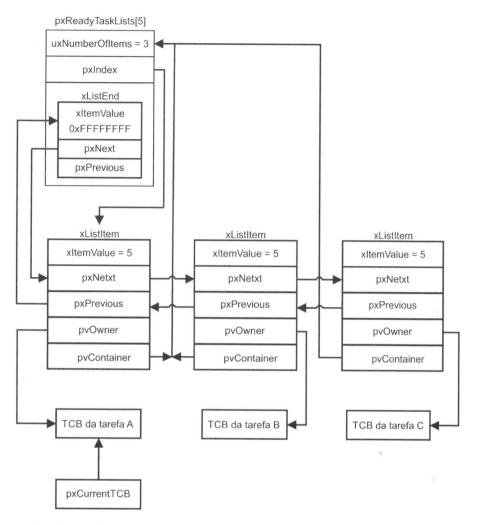

Figura 3.25 Exemplo de organização da lista de prontos do FreeRTOS a partir da estrutura de listas, com a tarefa A de prioridade 5 em execução.

a próxima tarefa a executar, como apresentado na Listagem 3.12. Essa função utiliza *pxIndex->pxNext* para descobrir que a próxima na lista é a tarefa B, e fará com que *pxIndex* aponte para o item de lista dessa tarefa. Por fim, *pxCurrentTCB* apontará para o TCB da tarefa B, como apresentado na Figura 3.26. A função **list-GET_OWNER_OF_NEXT_ENTRY()** completa é apresentada na Listagem 3.19. Note que muitas funções do FreeRTOS são na verdade macros, para não haver alterações em pilhas geradas por salto para funções.

```
1  #define listGET_OWNER_OF_NEXT_ENTRY( pxTCB, pxList ){                                    \
       List_t * const pxConstList = ( pxList );                                            \
3      /* Incrementa o índice para o próximo item e retorna o item, garantindo */           \
       /* que não seja retornada a marca utilizada pelo final da lista.  */                \
5      ( pxConstList )->pxIndex = ( pxConstList )->pxIndex->pxNext;                          \
       if( ( void * ) ( pxConstList )->pxIndex == ( void * ) &(( pxConstList )->xListEnd )){ \
7          ( pxConstList )->pxIndex = ( pxConstList )->pxIndex->pxNext;                      \
       }                                                                                    \
9      ( pxTCB ) = ( pxConstList )->pxIndex->pvOwner;                                        \
   }
```

Listagem 3.19 Função para determinar a próxima tarefa a executar no FreeRTOS.

3.3.6 Limiar ou *threshold* de preempção

O escalonamento preemptivo com prioridades fixas apresenta sobrecarga relativamente baixa em tempo de execução (quando comparado com escalonamentos com prioridades dinâmicas) e a capacidade de suportar prazos relativamente curtos para as tarefas urgentes (quando comparado com o escalonamento não preemptivo). Embora a preempção seja necessária em muitos sistemas de tempo real, é errôneo afirmar que esse mecanismo sempre resulta em maior escalonabilidade. A escalonabilidade de um conjunto de tarefas sob um escalonador não preemptivo não garante a escalonabilidade deste mesmo conjunto de tarefas sob um escalonador preemptivo e vice-versa. Ainda, escalonadores preemptivos normalmente apresentam maior sobrecarga em tempo de execução quando comparados a escalonadores não preemptivos.

Com o intuito de obter as melhores características de cada um desses modelos de escalonamento, criou-se o conceito de *threshold* de preempção, introduzido inicialmente pela Express Logic, Inc em seu sistema operacional de tempo real (ThreadX) para evitar preempções desnecessárias (LAMIE, 2002). Posteriormente Yun Wang e Manas Saksena desenvolveram um modelo de escalonamento em que cada tarefa possui uma prioridade e um *threshold* de preempção fixos, resultando em um sistema de dupla prioridade. Nesse sistema cada tarefa tem sua prioridade normal, que é a prioridade na qual a tarefa é inserida na lista de prontos. Uma vez que a tarefa recebe a CPU, sua prioridade é aumentada para o seu *threshold* de preempção. A tarefa mantém essa prioridade até que termina sua execução (libera a CPU).

O modelo de *threshold* de preempção pode ser utilizado para atingir os melhores aspectos de escalonadores preemptivos e não preemptivos. Ao selecionar

Gerenciamento de tarefas 173

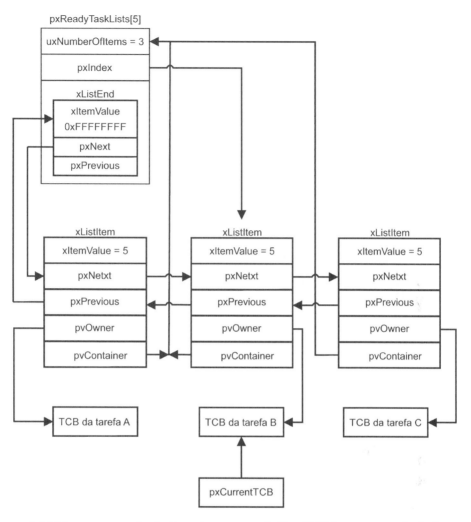

Figura 3.26 Mesmo exemplo de lista de prontos do FreeRTOS com prioridade 5, após a troca da tarefa em execução para a tarefa B.

um *threshold* de preempção que é maior que a sua prioridade, uma tarefa evita ser preemptada por quaisquer tarefas que possuírem prioridades inferiores que o seu *threshold*. A quantidade desejada de não preempção pode ser alcançada variando-se os *thresholds* de preempção das tarefas. Portanto, podemos dizer que *thresholds* de preempção introduzem não preemptibilidade de maneira controlada em um escalonador preemptivo. Uma configuração adequada para *thresholds* de preempção pode ser utilizada para obter-se o nível de preemptibilidade necessário para cumprir os requisitos de resposta do sistema em tempo real, eliminando a sobrecarga em tempo de execução decorrente de preempção desnecessária.

Note que escalonadores preemptivos e não preemptivos são casos especiais de um escalonador com *threshold* de preempção. Se o *threshold* de preempção de cada tarefa é o mesmo que sua prioridade, o escalonador passa a ser puramente preemptivo. Por outro lado, se o *threshold* de preempção de cada tarefa é configurado para a máxima prioridade utilizada no sistema, então não há possibilidade de preempção, tornado o escalonador não preemptivo com prioridades fixas.

Um simples exemplo pode ser utilizado para demonstrar como a escalonabilidade pode ser melhorada a partir do modelo de *threshold* de preempção. Considere o conjunto de três tarefas periódicas apresentado na Tabela 3.10, em que cada tarefa possui um período (P_i) e um tempo de computação (C_i).

Tabela 3.10 Conjunto de tarefa periódicas

Tarefas	Tempo de computação (Ci)	Período da tarefa (Pi)
A	10	35
B	20	80
C	35	100

Os atributos de escalonamento de cada tarefa incluem a sua prioridade e o seu *threshold* de preempção. A ordem ótima de prioridades fixas do conjunto de tarefas será determinado por RM, tanto para escalonamento preemptivo quanto não preemptivo (a título de simplificação, considera-se o prazo de entrega igual ao período da tarefa neste exemplo). Sob essa ordem de prioridades, o pior caso de tempo de resposta (PCTR) de cada tarefa é apresentado na Tabela 3.11.

Note que o conjunto de tarefas apresentado não é escalonável quando utilizando escalonamento puramente preemptivo e não preemptivo. A tarefa C perderá o prazo de entrega quando utilizando escalonador preemptivo e a tarefa A perderá seu prazo no escalonamento não preemptivo. A Figura 3.27 demonstra o momento da perda de prazo da tarefa C quando utilizando escalonador puramente preemptivo. Note que o instante de tempo crítico para a tarefa C ocorre quando todas as tarefas estão prontas para execução ao mesmo tempo (PCTR para tarefa C).

Na Figura 3.28 é apresentado o comportamento em tempo de execução do mesmo conjunto de tarefas da Figura 3.27, agora utilizando os valores de *threshold* de preempção definidos na Tabela 3.11. Verifique que o *threshold* de preempção efetivamente melhora o pior caso de tempo de resposta da tarefa C, tornando o

Gerenciamento de tarefas

Tabela 3.11 Pior caso de tempo de resposta para um conjunto de tarefa sob diferentes escalonadores

Tarefas	Prioridade	PCTR preemptivo prioridade =threshold	PCTR não preemptivo threshold=3	Threshold de preempção	PCTR Threshold de preempção
A	3	10	45	3	30
B	2	30	65	3	75
C	1	105	65	2	95

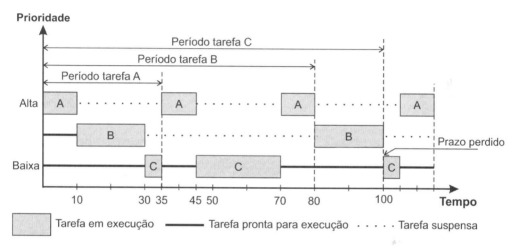

Figura 3.27 Comportamento em tempo de execução do conjunto de tarefas com escalonador preemptivo.

conjunto de tarefas escalonável. Note, no entanto, que o escalonador por *threshold* de preempção também adiciona tempo de bloqueio para a tarefa B (quando comparado com o caso preemptivo), que leva ao aumento de seu pior caso de tempo de resposta. Felizmente, esse atraso não afeta a escalonabilidade do conjunto de tarefas deste exemplo.

O uso de *thresholds* de preempção também reduz a sobrecarga do sistema com preempções e troca de contexto associadas. Isso é obtido pela inserção de um comportamento não preemptivo em certos momentos do tempo de execução.

A simulação de conjuntos de tarefas gerados aleatoriamente demonstra que o uso de *threshold* de preempção pode aumentar a escalonabilidade de um sistema, com até 18% de aumento na utilização do processador quando comparado com o escalonamento preemptivo e até mais quando comparado com escalonamento

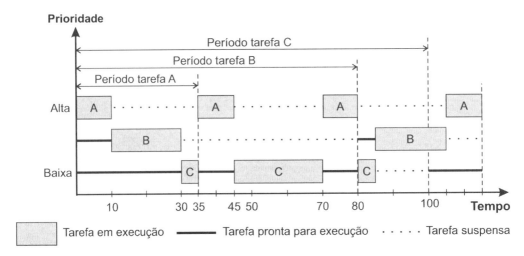

Figura 3.28 Comportamento em tempo de execução do conjunto de tarefas com *threshold* de preempção.

não preemptivo (WANG; SAKSENA, 1999). No entanto, a média de melhoramento obtida com essa técnica é de 3% a 6%, dependendo do número de tarefas. O ganho com o *threshold* de preempção tende a diminuir com o aumento do número de tarefas.

Os resultados obtidos demonstram que o aumento de escalonabilidade em escalonadores não preemptivos é mais variado, sendo normalmente muito maior do que nos escalonadores preemptivos (isso deve-se principalmente a escalonadores preemptivos apresentarem maiores índices de ocupação de CPU quando comparados aos não preemptivos). Esses resultados são relativamente óbvios, visto que escalonadores não preemptivos possuem desempenho muito baixo quando existem tarefas com prazos apertados e tarefas com tempos de computação altos em um mesmo sistema.

Em Wang e Saksena (1999) são apresentados maiores detalhes quanto à atribuição de valores para *threshold* de preempção, além de algoritmos específicos para o cálculo ótimo do *threshold* para um conjunto específico de tarefas.

3.4 *Idle task* ou tarefa ociosa

Normalmente os sistemas operacionais criam uma tarefa chamada de *idle task* (tarefa ociosa) durante sua inicialização. Essa tarefa é criada com a menor prioridade possível, sendo executada somente quando nenhuma das outras tarefas está pronta para execução.

A tarefa ociosa possui dois objetivos. O primeiro é atuar no cálculo de estatísticas de uso do processador. A partir do tempo em que o processador permanece dentro da tarefa ociosa é possível determinar qual o percentual do processador que está em uso em um determinado momento pela aplicação.

O segundo objetivo da tarefa ociosa é reduzir o consumo de energia do processador e seus periféricos. Para que isso seja possível é necessário colocar o processador no estado de menor consumo possível sempre que a tarefa ociosa for executada. Assim, o processador somente será retirado desse estado quando ocorrer um evento (interrupção). Geralmente a definição da rotina que implementa o modo de baixo consumo é provida pela camada de porte do sistema.

No FreeRTOS a tarefa ociosa possui outras responsabilidades além das tradicionais, como pode ser visto na Listagem 3.20, que apresenta as principais funcionalidades da tarefa ociosa. Note que a primeira ação que a tarefa implementa é verificar se alguma tarefa foi apagada (desinstalada). Se esse for o caso, a rotina irá desalocar tanto a memória utilizada para o TCB da tarefa quanto a memória utilizada pela sua pilha. A segunda atividade da tarefa ociosa é verificar se existem tarefas prontas com a mesma prioridade. Quando se utiliza a preempção ativa nesse sistema e existem tarefas com a mesma prioridade da tarefa ociosa, o tempo de execução dessas tarefas é dividido entre as tarefas. Assim, caso não existam tarefas de maior prioridade prontas para executar, cada tarefa utilizando a prioridade *idle* executa por até uma marca de tempo do sistema. No momento em que não existirem mais tarefas prontas para executar com a prioridade *idle*, a tarefa ociosa pode ou não executar uma função do usuário definida como função gancho (*hook*). Caso seja necessário no sistema sendo desenvolvido, essa função pode realizar alguma atividade toda vez que a tarefa ociosa for acionada pelo sistema. A maior restrição do código implementado dentro da função gancho é que não podem existir trechos de código que realizam qualquer tipo de espera ou bloqueio. Por fim, caso a opção de temporizador *tickless* estiver habilitado, a tarefa ociosa calcula por quantas marcas de tempo o sistema será colocado em modo de baixo consumo de energia sem interrupções de tempo. Maiores detalhes sobre sistemas *tickless* e funções gancho serão abordados nos capítulos 5 e 9, respectivamente.

```
static portTASK_FUNCTION( prvIdleTask, pvParameters ){
2    /* Evita o aviso do compilador de que o parâmetro não é utilizado */
    ( void ) pvParameters;
4
    for( ;; ){
6      /* Verifica se existem tarefas que foram apagadas. */
      prvCheckTasksWaitingTermination();
8
      #if ( ( configUSE_PREEMPTION == 1 ) && ( configIDLE_SHOULD_YIELD == 1 ) )
10     {
         /* Verifica se existem tarefas com a mesma prioridade. */
12       if(listCURRENT_LIST_LENGTH(&(pxReadyTasksLists[ tskIDLE_PRIORITY ])) > (UBaseType_t )1){
           taskYIELD();
14       }
      }
16     #endif /* ( ( configUSE_PREEMPTION == 1 ) && ( configIDLE_SHOULD_YIELD == 1 ) ) */
18     #if ( configUSE_IDLE_HOOK == 1 ){
         /* Executa a função gancho da tarefa ociosa. */
20       vApplicationIdleHook();
      }
22     #endif /* configUSE_IDLE_HOOK */
24
         /* Realiza as atividades relativas a operação em modo tickless do sistema. */
26     #if ( configUSE_TICKLESS_IDLE != 0 ){
         ...
28     }
      #endif /* configUSE_TICKLESS_IDLE */
30   }
}
```

Listagem 3.20 Código simplificado da tarefa ociosa no FreeRTOS.

3.5 Resumo

Um dos principais objetivos de se utilizar um RTOS é o de atender aos requisitos temporais das tarefas que devem ser executadas. Para tanto, os RTOS provêm formas de criação de tarefas e realizam o gerenciamento destas. Em resumo, esse gerenciamento consiste em decidir qual tarefa deve estar em execução pelo processador em cada instante de tempo. Essa decisão é realizada pelo escalonador (*scheduler*) do sistema e se dá em função da ordenação das tarefas em uma escala de execução, o que se denomina de escalonamento.

As técnicas mais utilizadas para escalonamento em sistemas de tempo real são as abordagens de escalonamento dirigido por tempo e por prioridades. Dentre as técnicas de escalonamento dirigidos por tempo, pode-se citar: fila *first-in*, *first-out* (FIFO), *shortest job first* (SJF), executivo cíclico e *round-robin*. E, dentre as técnicas de escalonamento dirigidos por prioridades, pode-se citar taxa monotônica (RM), prazo monotônico (DM) e prazo mais cedo primeiro (EDF).

Gerenciamento de tarefas

Em geral, as técnicas de escalonamento dirigidas por prioridades RM e DM são mais utilizadas do que EDF, pois possibilitam o emprego de escalonadores preemptivos de prioridades fixas, que têm custo computacional menor do que escalonadores de prioridades dinâmicas e maior escalonabilidade do que escalonadores não preemptivos. Por outro lado, existem conjuntos de tarefas que não são escalonáveis nem em sistemas totalmente preemptivos nem em sistemas não preemptivos. Nesses casos, pode ser possível realizar o escalonamento do conjunto utilizando a técnica de limiar (*threshold*) de preempção, a qual adiciona não preemptibilidade de forma controlada em um sistema totalmente preemptivo.

3.6 Problemas

Problema 3.1. Que características possuem as tarefas esporádicas? Cite exemplos de tarefas esporádicas em um sistema embarcado. Qual é a importância do conceito de tarefas esporádicas para a distribuição das prioridades no projeto de um sistema embarcado?

Problema 3.2. A partir dos conceitos de TCB e contexto, descreva o procedimento de instalação de uma tarefa em um sistema preemptivo. Utilize como exemplo um processador genérico de 16 *bits* com 12 registradores de propósito geral (R0 a R11). Considere ainda que o *stack frame* do processador é formado pelo PC, registrador de estados e pelos registradores R0, R1 e R11.

Problema 3.3. Por que é importante que a tomada de decisão de que tarefa será executada pelo escalonador seja determinística em sistemas de tempo real? Explique como é possível criar um escalonador determinístico a partir de operações binárias. Que limitação pode haver nessas técnicas?

Problema 3.4. Considerando um conjunto de três tarefas τ_1, τ_2 e τ_3 com os tempos de computação (C_i), períodos (P_i) e prazos (D_i) mostrados na Tabela 3.12, determine se o conjunto é escalonável pelo algoritmo de taxa monotônica (RM). Caso não seja, mostre, utilizando um diagrama de tempo, um exemplo em que ocorre a perda de prazo por uma das tarefas.

Problema 3.5. Para o conjunto de tarefas do exercício anterior, determine uma configuração de *thresholds* de preempção que torna o conjunto escalonável. Com base na configuração encontrada, compare os tempos de resposta no pior caso

Tabela 3.12 Conjunto de tarefas com tempos de computação, períodos e prazos

	C_i	T_i	D_i
τ_1	1	6	4
τ_2	3	10	9
τ_3	6	18	12

(PCTR) que seriam obtidos considerando a utilização de escalonador totalmente preemptivo, não preemptivo e preemptivo com *thresholds* de preempção.

Capítulo 4

Objetos básicos do sistema operacional

Todo núcleo de um sistema operacional de tempo real deve prover um conjunto mínimo de serviços e objetos. Geralmente o gerenciador de tarefas, memória e tempo, agregado aos objetos básicos do núcleo, é chamado de micronúcleo. Os principais objetos que compõem um micronúcleo são: semáforos, caixas de mensagens e filas de mensagens. Mas há outros também, como conjuntos de filas e grupos de eventos. Esses objetos são utilizados para coordenar a sincronização e a comunicação entre tarefas ou entre tarefas e interrupções. A seguir será apresentado o princípio de funcionamento de cada objeto, bem como as funcionalidades agregadas a cada um deles. Ainda, para facilitar o entendimento do objetivo de cada objeto no desenvolvimento de um sistema de tempo real, os objetos serão organizados por sua função no sistema, ou seja, sincronização ou comunicação.

4.1 Objetos de sincronização

A sincronização pode ser utilizada em aplicações baseadas em um sistema operacional de duas formas: sincronização de atividades e sincronização de recursos. A sincronização de atividades determina quando a execução de uma tarefa atingiu um certo estado e, se não atingiu, como esperar e ser notificado quando esse estado for atingido. Ainda, informa às tarefas quando um evento assíncrono ocorreu ou determina como esperar pela ocorrência desse evento. O objeto de sincronização de atividades dos sistemas operacionais é o semáforo. Já a sincronização de recursos é utilizada para determinar quando o acesso a um recurso compartilhado é seguro e, se não for, como esperar para receber exclusivamente o acesso a esse recurso. O principal objeto de sincronização de recursos do sistema operacional é o *mutex*.

4.1.1 Sincronização de atividades

Em sistemas multitarefa com tarefas concorrentes, não é possível determinar a ordem em que os eventos irão ocorrer. Assim, uma tarefa deve sincronizar suas atividades com outras tarefas para que um aplicativo seja executado corretamente. A sincronização de atividades garante a ordem correta de execução entre tarefas que cooperam entre si. Essa sincronização pode ser síncrona ou assíncrona, dependendo de como a cooperação deve ocorrer. No entanto, os mesmos objetos do sistema operacional podem ser utilizados para ambas as situações, somente organizando-os de formas diferentes.

Existem várias técnicas para implementação de sincronização entre tarefas, sendo as mais difundidas a sincronização por semáforo e a por barreira. A sincronização por semáforo permite o sincronismo entre duas tarefas, enquanto a sincronização por barreira permite o sincronismo entre duas ou mais tarefas.

A sincronização por semáforo pode ser implementada de várias formas, sendo as mais comuns a sinalização e a sincronização *rendezvous*. A sinalização é uma sincronização assíncrona e pode ser utilizada para sincronizar uma tarefa com um evento (síncrono ou assíncrono) ou com as ações de uma outra tarefa, como na Figura 4.1. No exemplo apresentado, uma tarefa em execução é suspensa, esperando por um sinal de um evento ou de uma outra tarefa. Em um determinado momento, o sinal é enviado para o núcleo do sistema, que retorna a tarefa para a lista de tarefas prontas para execução. Apesar do exemplo apresentado nessa figura, em que a tarefa espera pela sinalização de duas fontes, a forma mais usual de utilização de uma sinalização é entre tarefas ou entre uma tarefa e um evento. A sinalização tem inúmeras aplicações em sistemas de tempo real, que se tornarão cada vez mais evidentes no decorrer do texto, principalmente nos capítulos 8 e 9, que abordam o desenvolvimento de *drivers* e projetos de sistemas de tempo real, respectivamente.

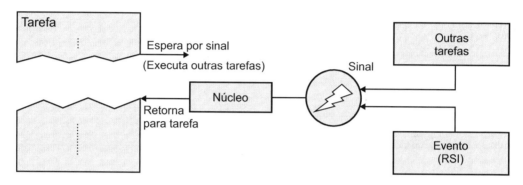

Figura 4.1 Sinalização por semáforo.

Já a sincronização *rendezvous* é síncrona. Uma tradução literal do francês para o português do termo *rendezvous* é "encontro", e isso se torna claro ao entender seu princípio de funcionamento. Quando só há sincronização, esta é realizada utilizando-se semáforos. Se ocorrer sincronização e comunicação, o objeto comumente utilizado são as caixas de mensagem. A sincronização *rendezvous* com comunicação será abordada com maiores detalhes na seção de comunicação entre tarefas.

Ao implementar uma sincronização *rendezvous* com semáforos, utilizam-se dois semáforos. Esses semáforos podem ser organizados de diferentes maneiras, mas, para simplificar o entendimento, uma das possíveis abordagens será exemplificada. Imagine duas tarefas, A e B, implementando esse método de sincronização. Inicialmente ambos os semáforos encontram-se indisponíveis, ou seja, inicializados em zero ou falso. No exemplo apresentado a tarefa B é a primeira a encontrar o ponto *rendezvous*, em que libera o semáforo 2 e tenta adquirir o semáforo 1, que nesse momento está indisponível. Ao tentar adquirir o semáforo 1, a tarefa B é suspensa. Quando a tarefa A chega ao ponto de *rendezvous*, libera o semáforo 1 e tenta adquirir o semáforo 2, que já está disponível. Com a liberação do semáforo 1, a tarefa B volta a executar. Nesse momento as tarefas estão sincronizadas, como apresentado na Figura 4.2, e, devido a isso, o local de *rendezvous* é considerado um ponto de encontro. Note que a tarefa A é interrompida por tarefas de maior prioridade. Somente quando a tarefa A encontra o ponto de *rendezvous* a tarefa B pode voltar a ser executada. Esse processo é válido tanto quando a tarefa B encontra primeiro o ponto de *rendezvous* como quando a tarefa A encontra o ponto primeiro.

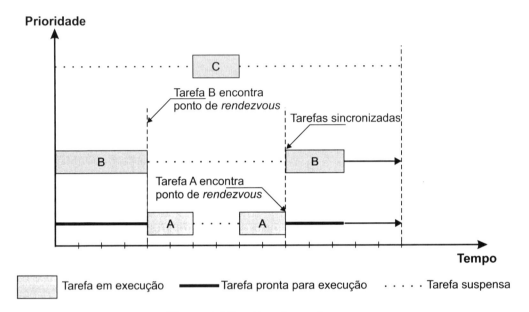

Figura 4.2 Sinalização *rendezvous*.

No caso apresentado como exemplo de sincronização *rendezvous* com semáforos, ambos os semáforos utilizados são inicializados como indisponíveis, ou seja, semáforo fechado. Note que, para o ponto de encontro funcionar, pelo menos uma das tarefas deve sinalizar que chegou ao ponto de encontro antes de verificar se a outra tarefa o atingiu. A verificação utilizando semáforos é um teste bloqueante, ou seja, se o semáforo não estiver sinalizado, a tarefa fazendo a verificação é retirada da lista de tarefas prontas e outra tarefa passa a executar. Portanto, a forma mais eficiente de utilizar semáforos em um ponto de encontro é que ambas as tarefas participando sinalizem que chegaram ao ponto antes de verificar se a outra tarefa já chegou. Pode-se afirmar que uma sincronização *rendezvous* é uma sincronização por barreira com somente duas tarefas envolvidas. Para compreender como a sincronização de mais de duas tarefas opera, deve-se conhecer as três ações básicas que uma tarefa participando de uma barreira deve cumprir. Essas ações, que devem ser executadas na ordem apresentada, são:

1. a tarefa publica sua chegada à barreira;
2. a tarefa espera pela chegada das outras tarefas participantes à barreira;
3. a tarefa recebe a notificação de que todas as tarefas chegaram e procede além da barreira.

Para exemplificar a sincronização por barreira, imagine um sistema de controle embarcado. Um processo complexo pode ser dividido e distribuído entre múltiplas tarefas. Algumas partes desse processo são ações de escrita/leitura e outras são processamentos matemáticos de alto uso computacional. Os resultados parciais devem ser coletados das várias tarefas para se realizar o cálculo final e obter o resultado. O resultado determina o que cada tarefa participante no processo deverá realizar a seguir. O ponto em que os resultados parciais são coletados e os cálculos finais realizados é uma barreira. Uma tarefa pode terminar sua ação parcial antes das outras tarefas, mas tal tarefa deve esperar que todas as outras completem suas ações para poder continuar. A Figura 4.3 apresenta esse comportamento.

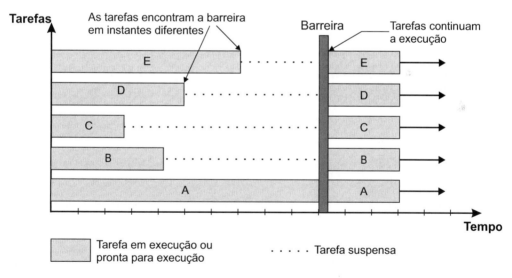

Figura 4.3 Sincronização por barreira.

No exemplo apresentado, um grupo de cinco tarefas participa de uma sincronização por barreira. Cada tarefa completa sua ação em um instante de tempo diferente e comunica que chegou ao ponto da barreira. Assim que a última tarefa chega à barreira e informa as outras tarefas, todas as tarefas atravessam a barreira ao mesmo tempo. Isso significa que as tarefas voltam a ser agendadas, com um algoritmo de escalonamento controlando a ordem de execução das tarefas. Por exemplo, em um algoritmo de escalonamento dirigido por prioridade, a tarefa de maior prioridade das cinco será a primeira a ser executada.

A Listagem 4.1 demonstra uma possível implementação da estrutura de uma barreira.

```
1  typedef struct {
       mutex       lock;          // mutex guardião
3      int         count;         // número de tarefas na barreira
       int         n_tasks;       // número de tarefas participando da barreira
5  } barreira_t;

7  // Código da barreira
   barreira(barreira_t *pbr){
9      // Somente realiza o incremento e teste com acesso exclusivo
    adquire_recurso(&pbr->lock);
11    pbr->count++;
    if (pbr->count < pbr->n_tasks){
13      libera_recurso(&pbr->lock);
      espera_outras_tarefas();
15    }else{
      br->br_count = 0;
17      comunica_todas_tarefas_na_barreira();
    }
19    libera_recurso(&pbr->lock);
   }
```

Listagem 4.1 Exemplo de implementação de estrutura de barreira.

Neste exemplo o *mutex* será utilizado para evitar que várias tarefas acessem a estrutura ao mesmo tempo. Sempre que uma tarefa atingir a barreira, a variável de contagem será incrementada e a tarefa ficará esperando a indicação de que pode ultrapassar a barreira. Assim que a variável de contagem for igual à variável contendo o número de tarefas participantes, ocorre o comunicado, indicando que as tarefas podem ultrapassar a barreira. A função de espera e comunicação pode ser implementada com um semáforo. Para isso, o semáforo do sistema deve permitir que várias tarefas esperando pelo semáforo sejam liberadas ao mesmo tempo ou deve-se realizar a postagem do semáforo proporcionalmente ao número de tarefas que fazem parte da barreira. Vários sistemas operacionais de tempo real possuem objetos específicos para facilitar a implementação de barreiras, como o grupo de eventos do FreeRTOS.

4.1.1.1 Semáforos

O semáforo é um dos mecanismos mais antigos a ser utilizado em sistemas operacionais. Ele consiste numa estrutura de dados que pode ser utilizada para controlar o acesso a recursos compartilhados, sinalizar que um evento ocorreu,

Objetos básicos do sistema operacional

sincronizar uma interrupção com uma tarefa ou permitir que duas tarefas sincronizem suas atividades. Um *real-time operating system* (RTOS) possibilita o uso de diversos semáforos (limitado ao consumo de memória RAM), sendo que semáforos distintos devem corresponder a recursos e/ou usos distintos. Cada uma das funções de um semáforo será discutida separadamente. Ao alocar um semáforo, o núcleo do sistema operacional o associa a um bloco de controle de semáforo (BCS), que possui no mínimo informações como um valor e uma lista de espera de tarefas.

Existem três tipos de semáforos: semáforos binários, semáforos contadores e semáforos de exclusão mútua. O semáforo binário pode assumir somente dois valores, 0 ou 1. Esses valores correspondem, respectivamente, a semáforo fechado e semáforo aberto, ou ocupado e disponível, ou, ainda, não sinalizando e sinalizando. Um semáforo contador permite valores entre 0 e 255, 0 e 65.535 ou 0 e 4.294.967.295, dependendo do tamanho da palavra em que o mecanismo do semáforo é implementado. O tamanho da palavra irá depender do núcleo utilizado ou do porte do sistema. Por exemplo, no FreeRTOS pode-se especificar o valor máximo de contagem do semáforo, limitado à variável do tipo base do porte. Assim, em um sistema de 16 *bits*, o valor máximo do semáforo contador será 65535. Se a contagem chegar a esse valor, os próximos incrementos e suas ações de sincronização serão desconsiderados.

Além de monitorar o valor do semáforo, o núcleo do sistema deve gerenciar as tarefas que esperam pela sua disponibilidade. Quando mais de uma tarefa espera pelo semáforo utiliza-se uma lista de espera. Essa lista de tarefas à espera de um semáforo deve sempre ser inicializada vazia. O valor inicial de um semáforo deve ser fornecido durante a sua inicialização, podendo o semáforo ser inicializado com o valor 1 (ou maior, no caso do semáforo contador), indicando semáforo aberto, ou inicializar com 0, indicando semáforo fechado ou indisponível.

Normalmente, pode-se executar quatro operações com um semáforo: inicializar, utilizando o serviço CREATE ou INIT; esperar por um sinal, por meio do serviço PEND, TAKE ou WAIT; sinalizar, utilizando o serviço POST, GIVE ou SIGNAL; e apagar, por meio do serviço DELETE. O nome dos serviços pode variar de acordo com o RTOS utilizado e, portanto, os mais usuais são informados para ajudar o leitor a associar o conceito com um determinado RTOS. Alguns sistemas utilizam a dupla PEND e POST, enquanto outros utilizam a dupla TAKE e GIVE. Outra possibilidade menos comum é a dupla WAIT e SIGNAL.

Uma tarefa que deseje esperar por uma sinalização de um semáforo deverá realizar a operação de espera PEND ou TAKE. Se o semáforo estiver disponível (o valor do semáforo é maior que 0), o valor do semáforo será decrementado e a tarefa continuará sua execução. Se o valor do semáforo for 0, a tarefa será suspensa e adicionada à lista de espera do semáforo.

As tarefas que estiverem esperando pelo semáforo que está indisponível (não sinalizado) são mantidas na lista de espera utilizando uma ordem *first-in*, *first-out* (FIFO), a primeira tarefa que entra é a primeira que sai) ou uma ordem baseada na maior prioridade. Alguns núcleos permitem escolher qual método será utilizado por meio de uma opção na inicialização do semáforo. Quando o semáforo sendo esperado fica disponível (ou seja, quando for sinalizado), o núcleo permite que a primeira tarefa na lista de espera o adquira. Adquirir, nesse caso, não tem o sentido de posse. Quando existem tarefas aguardando uma sinalização, o que ocorre é uma consulta à lista de espera do semáforo. Assim, o núcleo muda o estado da primeira tarefa na lista para o estado de pronta para execução. Se essa tarefa for a de maior prioridade pronta para executar nesse momento, o núcleo passa a executá-la imediatamente. Note que a implementação exata de uma lista de espera de tarefa pode variar de um núcleo para outro.

A maioria dos núcleos de tempo real permite especificar um tempo limite (*timeout*) de espera pelo semáforo para cada uma das tarefas na lista de espera. Se o semáforo não for sinalizado após esse tempo especificado, a tarefa em espera será adicionada à lista de tarefas prontas para execução, e um código de erro, indicando que o *timeout* ocorreu, será retornado.

Tipicamente uma tarefa pode requisitar a aquisição de um semáforo de três formas:

- espera para sempre: a tarefa ficará bloqueada indefinidamente até que o semáforo torne-se disponível;

- espera com *timeout*: a tarefa ficará bloqueada até que o semáforo torne-se disponível ou até que o *timeout* especificado seja atingido;

- não espera, ou seja, a tarefa não é suspensa caso o semáforo não esteja disponível durante a tentativa de aquisição e o serviço PEND ou TAKE retorna um código de erro.

Um determinado semáforo é liberado (ou sinalizado) por meio da operação de sinalização POST ou GIVE. Se nenhuma tarefa estiver esperando pelo semá-

Objetos básicos do sistema operacional   189

foro, o valor do semáforo será incrementado, ou modificado para 1 no caso de semáforos binários. Entretanto, se alguma tarefa estiver esperando pelo semáforo, será colocada na lista de tarefas prontas e o valor do semáforo não será incrementado. Note que ao sinalizar um semáforo binário que já está com o valor 1 ou um semáforo contador que está com o valor máximo permitido essa ação será ignorada. Alguns sistemas retornam um código de erro quando isso ocorre.

O principal uso de semáforos está no sincronismo entre tarefas ou entre tarefas e interrupções, como discutido na seção sobre sincronização de atividades. No entanto, antes de utilizar um semáforo, sua estrutura de dados deve ser inicializada. Na maioria dos RTOS esse procedimento é conhecido como "criar" um semáforo. As listagens 4.2 e 4.3 demonstram como criar um semáforo contador nos sistemas FreeRTOS e BRTOS, respectivamente.

```
// Declara o ponteiro para uma estrutura de semáforo
2  xSemaphoreHandle TestSem;

4  void Example_Task (void *param){
     (void)param;
6
     /* Cria semáforo contador, com valor inicial igual a 0 e limite de contagem em 255 */
8    TestSem = xSemaphoreCreateCounting(255,0);
     if (TestSem == null){
10     // Falha na alocação do semáforo. Trate este erro aqui !!!
     }
12 }
```

Listagem 4.2 Criando um semáforo contador no FreeRTOS.

```
// Declara o ponteiro para uma estrutura de semáforo
2  BRTOS_Sem *TestSem;

4  void Example_Task (void *param){
     (void)param;
6
     /* Cria semáforo contador, com contagem inicial igual a zero e limite
8    de contagem em 255 (padrão do sistema) */
     if (OSSemCreate(0,&TestSem) != ALLOC_EVENT_OK){
10     // Falha na alocação do semáforo. Trate este erro aqui !!!
     }
12 }
```

Listagem 4.3 Criando um semáforo contador no BRTOS.

Já as listagens 4.4 e 4.5 demonstram como criar um semáforo binário nos sistemas FreeRTOS e BRTOS, respectivamente. Note que no FreeRTOS o semáforo não recebe como parâmetro seu valor inicial. Usualmente semáforos binários iniciam com o valor 0, que é o caso do FreeRTOS, pois a tarefa deve ser suspensa a primeira vez que realizar uma operação PEND ou TAKE. Afinal, se ainda não ocorreu o evento pelo qual a tarefa espera, a tarefa deve ser suspensa.

```
// Declara o ponteiro para uma estrutura de semáforo
xSemaphoreHandle TestSem;

void Example_Task (void *param){
   (void)param;
   // Cria semáforo binário, com valor inicial igual a zero
   TestSem = xSemaphoreCreateBinary();
   if (TestSem == null){
      // Falha na alocação do semáforo. Trate este erro aqui !!!
   }
}
```

Listagem 4.4 Criando um semáforo binário no FreeRTOS.

```
// Declara o ponteiro para uma estrutura de semáforo
BRTOS_Sem *TestSem;

void Example_Task (void *param){
   (void)param;
   // Cria semáforo binário, com valor inicial igual a zero
   if (OSSemBinaryCreate(0,&TestSem) != ALLOC_EVENT_OK){
      // Falha na alocação do semáforo. Trate este erro aqui !!!
   }
}
```

Listagem 4.5 Criando um semáforo binário no BRTOS.

Após inicializar o semáforo é possível utilizá-lo de várias formas. As listagens 4.6 e 4.7 demonstram como um semáforo pode ser aplicado na sincronização de uma tarefa com uma interrupção nos sistemas FreeRTOS e BRTOS, respectivamente.

O FreeRTOS diferencia a chamada de serviços do sistema em interrupções de chamadas do sistema em tarefas. O nome dos serviços do sistema executados por interrupções recebe a complementação "*FromISR*" e possui um argumento adicional. Esse argumento é utilizado para informar se uma tarefa de maior prioridade foi colocada na lista de prontos pelo serviço sendo utilizado. Assim, é possível determinar se deve haver preempção ou não ao sair da interrupção. A sinalização de um semáforo do FreeRTOS em uma tarefa é apresentada na Listagem 4.8. Note ainda que funções "*FromISR*" não são bloqueantes e, portanto, não possuem o argumento de *timeout*. Ao não permitir atraso na execução de uma rotina de serviço de interrupção (RSI) diminui-se o risco da perda de eventos assíncronos no sistema.

Apesar dos semáforos serem utilizados na maioria das aplicações para sincronização, é comum a utilização de semáforos contadores para a contagem de

Objetos básicos do sistema operacional

```
void Example_Task (void *param){
    (void)param;
    // Inicialize aqui o hardware que controlará a interrupção

    for (;;){
        // Espera por uma interrupção ocorrer em até 100 ticks do sistema
        // Para esperar indefinidamente, substitua o tempo por "portMAX_DELAY"
        if (xSemaphoreTake(TestSem, 100) != pdPASS){
            // Falha no decremento do semáforo. Trate esta exceção aqui!
        }else{
            // Trata evento gerado pela interrupção aqui!
        }
    }
}

void Example_interrupt (void){
    // Declara variável utilizada para determinar se haverá preempção
    signed portBASE_TYPE pxHigherPriorityTaskWoken = pdFALSE;
    // Limpa flags da interrupção

    // Informa às tarefas em espera que a interrupção ocorreu
    xSemaphoreGiveFromISR(TestSem, &pxHigherPriorityTaskWoken);

    // Somente troca o contexto se uma tarefa de maior prioridade acordou pelo semáforo
    if (pxHigherPriorityTaskWoken == pdTRUE){
        portYIELD();
    }
}
```

Listagem 4.6 Utilizando um semáforo para sincronismo entre uma tarefa e uma interrupção no FreeRTOS.

eventos. Por exemplo, pode-se utilizar um semáforo para contar a quantidade de eventos vinculada a uma determinação interrupção do sistema. Imagine que um fotossensor é utilizado para verificar a passagem de um objeto. Quando o objeto obstrui o feixe de luz emitido pelo sensor ocorre uma interrupção. Se um semáforo contador for utilizado na rotina de tratamento dessa interrupção, este irá contar a quantidade de vezes que o feixe de luz do sensor foi interrompido.

O último tipo de semáforo, mas não menos importante, é o semáforo de exclusão mútua. Esse tipo de semáforo é na verdade uma modificação dos semáforos binários, sendo utilizado de forma diferenciada quanto ao processo de sincronização. Essas modificações permitem que o semáforo controle o acesso exclusivo a um recurso compartilhado. Maiores detalhes sobre esse tipo de semáforo serão descritos na Seção 4.1.2 sobre sincronização de recursos.

4.1.2 Sincronização de recursos

O acesso a um recurso compartilhado deve ser sincronizado para manter a integridade dos dados acessados. Considere um sistema em que duas tarefas aces-

```
void Example_Task (void *param){
    (void)param;
    // Inicialize aqui o hardware que controlará a interrupção

    for (;;){
        // Espera por uma interrupção ocorrer em até 100 ticks do sistema
        // Para esperar indefinidamente, substitua o tempo por "0"
        if (OSSemPend(TestSem,100) != OK){
            // Falha no decremento do semáforo. Por exemplo, saída por timeout
        }else{
            // Trata evento gerado pela interrupção aqui!
        }
    }
}

void Example_interrupt (void){
    OS_INT_ENTER();    // Informa ao BRTOS que entrou em uma interrupção
    // Limpa flags da interrupção

    // Informa às tarefas em espera que a interrupção ocorreu
    if (OSSemPost(TestSem) != OK){
        // Falha no incremento do semáforo. Por exemplo, estouro no contador do semáforo
    }

    OS_INT_EXIT();    // Informa ao BRTOS que está saindo de uma interrupção
}
```

Listagem 4.7 Utilizando um semáforo para sincronismo entre uma tarefa e uma interrupção no BRTOS.

```
void Example_Task (void *param){
    (void)param;

    /* Laço da tarefa */
    for (;;){
        // Sinaliza semáforo a cada 100 ticks
        xSemaphoreGive(TestSem);
        vTaskDelay(100);
    }
}
```

Listagem 4.8 Sinalização de um semáforo por uma tarefa no FreeRTOS.

sam uma memória compartilhada. Uma das tarefas recebe periodicamente dados de um sensor e escreve os dados em uma memória compartilhada. Enquanto isso, uma segunda tarefa lê periodicamente os dados na memória compartilhada e os envia para um *display*.

O problema surge se o acesso à memória compartilhada não é exclusivo e múltiplas tarefas podem acessá-la simultaneamente. Por exemplo, se a tarefa do sensor é interrompida durante o processo de escrita na memória pela tarefa do *display*, o valor escrito para o *display* poderá ser uma mistura do valor anterior e do valor atual, levando a uma interpretação errônea dos dados. Imagine um dado do sensor em 16 *bits* sendo escrito por um processador de 8 *bits*, sendo que

Objetos básicos do sistema operacional

o valor anterior era FEh e o atual 100h. O valor 100h poderia ser apresentado no *display* como 1FEh, ou seja, 254 seria trocado por 510.

A seção do código em que a tarefa do sensor escreve o dado na memória compartilhada é uma seção crítica da tarefa do sensor. A seção de código na tarefa do *display* que lê a memória compartilhada é uma seção crítica da tarefa do *display*. Essas duas seções críticas são seções críticas em competição, porque acessam o mesmo recurso compartilhado. Um algoritmo de exclusão mútua garante que a execução da seção crítica de uma tarefa não será interrompida por uma seção crítica concorrente. Os semáforos podem ser utilizados para implementar esse controle de exclusão mútua.

A Listagem 4.9 demonstra em pseudocódigo como um semáforo pode ser utilizado para gerenciar dados compartilhados. Qualquer tarefa precisando acessar o dado compartilhado irá chamar o serviço do sistema PEND ou TAKE. Quando a tarefa terminar suas operações com o dado, deverá chamar o serviço POST ou GIVE. Note que para esse modo de operação do semáforo funcionar, este deve ser inicializado com o valor 1, indicando que o recurso é iniciado como disponível. Assim, se o recurso estiver disponível, o valor do semáforo é decrementado e o código seguirá para o acesso dos dados compartilhados. Já se o semáforo estiver com o valor 0, a tarefa que tentar utilizá-lo será suspensa. Assim que se finaliza o uso do recurso compartilhado o semáforo é incrementado para 1. Caso exista uma tarefa esperando pelo recurso, em vez de incrementar o valor do semáforo, a tarefa em espera será adicionada à lista de tarefas prontas para executar e, quando for a tarefa de maior prioridade, ganhará acesso ao recurso.

```
// Declara semáforo
Semaforo *DataAccessSem;

void data_access(void){
  // Adquire semáforo sem timeout (espera indefinidamente)
  SemPEND(DataAccessSem,SEM_TIMEOUT);

  // Aqui é seguro acessar os dados compartilhados

  // Libera o semáforo
  SemPOST(DataAccessSem);
}
```

Listagem 4.9 Utilização de semáforo para acessar dados compartilhados.

Os semáforos utilizados como gerenciadores de acesso exclusivo são especialmente úteis quando as tarefas compartilham dispositivos de entrada/saída, como *displays* LCD, teclados, portas seriais etc. Se duas tarefas tivessem permissão para enviar caracteres para um *display LCD* ao mesmo tempo, o *display* poderia intercalar os dados de cada tarefa. Por exemplo, se a tarefa 1 tentar escrever "Eu sou a tarefa 1!" e a tarefa 2 tentar escrever "Eu sou a tarefa 2!", então o resultado no *display* poderia se parecer com: "Eu Eu sousou a a tartarefaefa 1! 2!".

Como apresentado na Listagem 4.9, uma das formas de se evitar esse problema é utilizando semáforos binários. Para acessar o *display*, cada tarefa deve primeiro obter o semáforo associado pelo serviço PEND. Após ocupar o *display*, a tarefa deverá liberar o semáforo associado utilizando o serviço POST. A Figura 4.4 apresenta um caso de duas tarefas compartilhando um display LCD. Observe que a tarefa B, de maior prioridade, sofre preempção quanto tenta adquirir o semáforo que está ocupado e entra na lista de tarefas à espera do semáforo. Note ainda que quando a tarefa A libera o recurso, instantaneamente o processador passa para a tarefa B. Isso deve-se à tarefa B ter sido adicionada à lista de tarefas prontas ao ser retirada da lista de espera do semáforo e por ser a tarefa de maior prioridade pronta para executar nesse momento. Após a tarefa B completar sua execução o processador volta para a tarefa A.

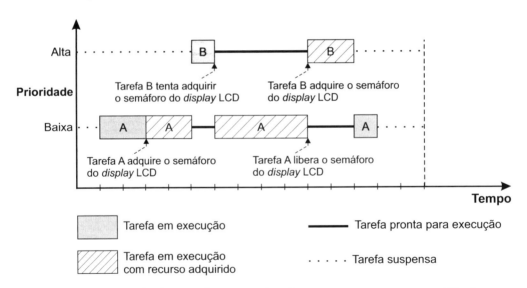

Figura 4.4 Exemplo de semáforo controlando acesso a recurso compartilhado.

Devido à dificuldade de se conhecer qual semáforo está associado a qual recurso, pode-se encapsular o semáforo nas funções de acesso ao recurso. Dessa forma, a aquisição e a liberação do semáforo será transparente para a tarefa. Se um *display* é utilizado por várias tarefas, o *driver* do *display* poderá encapsular um

Objetos básicos do sistema operacional

semáforo. Um exemplo de pseudocódigo para realizar essa função é apresentado na Listagem 4.10.

```
char write_lcd(char *string, int timeout){
  Adquire_o_semáforo_do_display_LCD();
  while(*string){
    if (escreve_caracter(*string,timeout) == EXIT_BY_TIMEOUT){
      Libera_o_semáforo_do_display_LCD();
      return (error);
    }else{
      string++;
    }
  }
  Libera_o_semáforo_do_display_LCD();
  return (OK);
}
```

Listagem 4.10 Recurso com semáforo encapsulado.

Assim, cada tarefa que desejar escrever no *display* LCD terá que chamar a função *write_lcd()*. O semáforo deve ser inicializado como disponível durante a rotina de inicialização do *display*. A primeira tarefa que chamar a função irá adquirir o semáforo encapsulado, enviar sua mensagem para o *display* e esperar a resposta do processamento. Qualquer tarefa que chamar a função enquanto o *display* estiver ocupado será suspensa e colocada na lista de espera.

Já o semáforo contador normalmente é utilizado quando um recurso pode ser acessado por mais de uma tarefa ao mesmo tempo. O semáforo associado ao recurso deve ser inicializado com o valor correspondente a quantas tarefas podem adquiri-lo simultaneamente. Sempre que uma tarefa adquirir o semáforo, o contador será decrementado. Qualquer tarefa que tentar adquirir o semáforo quando a contagem atingir zero será suspensa até que o semáforo torne-se novamente disponível.

Como comentado anteriormente, outra forma de gerenciar os recursos compartilhados é utilizar tarefas *gatekeeper*. Embora esse modelo simplifique a sincronização do recurso, a tarefa *gatekeeper* que gerencia o recurso é um gargalo do sistema. Serviços de sincronização como semáforos permitem que o desenvolvedor da aplicação implemente algoritmos complexos de exclusão mútua. Esses algoritmos permitem a coordenação dinâmica das tarefas concorrentes sem a intervenção de terceiros.

Apesar dos semáforos serem utilizados para o gerenciamento de recursos compartilhados, poucas modificações em suas características dão origem a outro objeto normalmente disponível em sistemas operacionais, o *mutex*. Na próxima seção são abordadas as principais diferenças entre semáforos e *mutexes*, elucidando por que esse objeto é o mais recomendado para implementar a exclusão mútua em sistemas de tempo real.

4.1.2.1 Semáforos de exclusão mútua (*mutex*)

O semáforo de exclusão mútua, mais conhecido como *mutex* (acrônimo do inglês *mutual exclusion*), é um objeto do núcleo derivado dos semáforos binários, utilizado para implementação de exclusão mútua. Os estados do *mutex* são conhecidos como bloqueado ou desbloqueado (0 ou 1). O *mutex* é sempre iniciado desbloqueado (ou seja, valor do semáforo em 1), informando que o recurso controlado está disponível. Após ser adquirido, passa para o estado bloqueado até que o recurso seja liberado.

Uma das grandes diferenças do *mutex* para um semáforo binário é que, quando um *mutex* é adquirido por uma tarefa, somente essa tarefa pode liberá-lo (propriedade de posse). Já um semáforo pode ser liberado por qualquer outra tarefa.

Os *mutexes* também implementam protocolos para evitar problemas inerentes à exclusão mútua, como a inversão de prioridade. Os principais protocolos utilizados para evitar esse problema são:

- **protocolo de herança de prioridade** (do inglês *priority inheritance protocol* – PIP): se uma tarefa de alta prioridade for bloqueada ao tentar adquirir um recurso protegido por um *mutex*, então a prioridade da tarefa que possui o *mutex* será temporariamente elevada para a prioridade da tarefa que tentou adquirir o recurso;

- **protocolo de teto de prioridade** (do inglês *priority ceiling protocol* – PCP): se uma tarefa de alta prioridade for bloqueada ao tentar adquirir um recurso protegido por um *mutex*, então a prioridade da tarefa que possui o *mutex* será temporariamente elevada para o teto de prioridade do recurso, ou seja, para o nível da tarefa de maior prioridade que pode requisitar o *mutex*.

Em ambos os casos a prioridade da tarefa será reduzida para seu valor original quando o *mutex* for liberado. Porém, existem particularidades na operação de cada protocolo.

Ao utilizar o protocolo de herança de prioridade, as tarefas do sistema irão possuir duas prioridades. Uma das prioridades é estática e definida em tempo

Objetos básicos do sistema operacional   197

de projeto por uma política de prioridade fixa, como a taxa monotônica, e uma prioridade é dinâmica, pois seu valor irá depender das condições de bloqueios em tempo de execução. O valor inicial da prioridade dinâmica é igual ao da prioridade estática. Ainda, a prioridade dinâmica será utilizada pelo escalonador para definir a tarefa de maior prioridade que será executada. Note que se não houver bloqueios durante a utilização do recurso compartilhado as tarefas irão manter suas prioridades definidas em tempo de projeto, pois a prioridade dinâmica irá manter o valor da prioridade estática. Entretanto, se uma tarefa for bloqueada em um *mutex* que utiliza a herança de prioridade, sua prioridade dinâmica será copiada para a prioridade dinâmica da tarefa que possui o recurso compartilhado nesse momento. Assim, caso seja a tarefa de maior prioridade, a tarefa que possui o recurso volta a executar com a prioridade herdada.

Como várias tarefas podem ser bloqueadas por um mesmo recurso compartilhado protegido por um *mutex*, a tarefa que detém os direitos de utilização do recurso terá a mais alta prioridade das tarefas que estão bloqueadas naquele momento. Esse comportamento corrobora com a característica dinâmica da prioridade, que se altera dependendo de quais tarefas tentam adquirir um recurso em um dado instante de tempo. Ao liberar o recurso, a tarefa voltará à sua prioridade estática original, e a tarefa de maior prioridade à espera do recurso o recebe. Isso deve-se a tarefas de maior prioridade tenderem a ter prazos mais rígidos. Assim, mesmo que uma tarefa de menor prioridade tenha solicitado antes o recurso, este irá sempre para a tarefa de maior prioridade à espera.

O bloqueio de uma tarefa por esse protocolo pode ocorrer diretamente, quando o bloqueio se deve a uma tarefa de menor prioridade já possuir o recurso, ou por herança, quando o bloqueio se deve a uma tarefa com prioridade herdada possuir o recurso. A herança pode ainda ser aninhada, gerando o caso conhecido como bloqueio transitivo. A herança de prioridade é difícil de ser implementada, podendo surgir diversos cenários complicados quando duas ou mais tarefas tentam acessar o mesmo recurso, ou, ainda, quando existe mais de um recurso compartilhado envolvido. O algoritmo para resolver longas cadeias de aninhamento de recursos compartilhados pode se tornar muito complexo. Ainda, o tratamento desses casos pode gerar muita sobrecarga computacional ao sistema e até mesmo causar um impasse.

O protocolo de teto de prioridade é uma extensão do protocolo de herança de prioridade, em que se possibilita somente uma inversão de prioridade por bloqueio. Ainda, por meio desse protocolo é possível evitar a formação de cadeias de bloqueios aninhados e, conseguentemente, evita-se impasses. Maiores detalhes sobre os protocolos de herança de prioridades para sistemas de prioridade fixa podem ser vistos em Sha, Rajkumar e Lehoczky (1990).

Para implementar a proteção contra inversões de prioridade, o *mutex* do FreeRTOS utiliza como protocolo a herança de prioridade PIP. O mecanismo de herança de prioridade do FreeRTOS é simples e não está preparado para longas cadeias de aninhamentos de bloqueios. Note, no entanto, que em sistemas embarcados de tempo real as longas cadeias de aninhamento de recursos compartilhados são um erro de projeto. O ideal é o desenvolvedor projetar o sistema com mínimas possibilidades de ocorrerem bloqueios devido ao uso de recursos compartilhados e evitar sempre que possível os aninhamentos.

Já no BRTOS o *mutex* utiliza o teto de prioridade como protocolo de acesso a recursos compartilhados. No entanto, o protocolo implementado no BRTOS é uma variação conhecida como teto de prioridade imediato (do inglês *immediate ceiling priority protocol* – ICPP) (BURNS; WELLINGS, 1997). Nesse protocolo a herança de prioridade deixa de ocorrer quando uma tarefa de menor prioridade com um recurso bloqueia uma tarefa mais prioritária. O que ocorre é a elevação da prioridade da tarefa ao teto de prioridade do *mutex* logo no início da aquisição do recurso compartilhado. Essa variação do protocolo de teto de prioridade é mais fácil de ser implementada e gera menos trocas de contexto entre tarefas.

As listagens 4.11 e 4.12 demonstram como criar e utilizar um *mutex* no FreeRTOS e no BRTOS. Note que no BRTOS é necessário especificar o teto de prioridade ao criar o *mutex*, uma vez que esse teto de prioridade será atribuído à tarefa que adquirir o *mutex*. Observe ainda que no BRTOS o teto de prioridade não deve ser igual à prioridade de nenhuma tarefa, sendo, portanto, um nível de prioridade acima da maior prioridade que competirá pelo recurso protegido pelo *mutex*. Nos dois sistemas é possível especificar um tempo máximo de espera pelo recurso. Os exemplos demonstram o caso em que se espera indefinidamente pelo recurso. Se necessário, pode-se especificar um prazo finito para a aquisição do recurso e, caso o recurso não seja adquirido nesse tempo, tratar essa falha a partir da verificação do código de erro retornado pela função de aquisição do recurso.

Como visto anteriormente, durante o projeto de um conjunto de tarefas para realizar um procedimento específico pode ocorrer a necessidade de se

Objetos básicos do sistema operacional

199

```
1  xSemaphoreHandle TestMutex;

3  void Example_Task (void){
     // Cria mutex
5    TestMutex = xSemaphoreCreateMutex();
     if( TestMutex == NULL ){
7      // Falha na alocação do mutex. Trate este erro aqui !!!
     }
9
     for(;;){
11     // Adquire um recurso utilizando um mutex ou espera indefinidamente pelo recurso
       if (xSemaphoreTake(TestMutex, portMAX_DELAY) == pdTRUE){
13       // Somente chega nesse ponto do código se o mutex for adquirido corretamente

15       // Libera o mutex adquirido
         xSemaphoreGive(TestMutex);
17     }
     }
19 }
```

Listagem 4.11 Criando e utilizando um *mutex* no FreeRTOS.

```
1  BRTOS_Mutex *TestMutex;

3  void Example_Task (void){
     // Cria mutex com prioridade de teto igual a 13
5    if (OSMutexCreate(&TestMutex,13) != ALLOC_EVENT_OK){
       // Falha na alocação do mutex. Trate este erro aqui !!!
7    }

9    for(;;){
       // Adquire um recurso por meio de um mutex ou espera indefinidamente pelo recurso
11     if (OSMutexAcquire(TestMutex, 0) == OK){
         // Aqui é seguro acessar os dados compartilhados
13       // Somente chega nesse ponto do código se o mutex for adquirido corretamente

15       // Libera o mutex adquirido
         (void)OSMutexRelease(TestMutex);
17     }
     }
19 }
```

Listagem 4.12 Criando e utilizando um *mutex* no BRTOS.

obter vários recursos compartilhados. Nesses casos podem surgir problemas de concorrência, como os impasses devido ao aninhamento de bloqueios. Uma das soluções para minimizar as possíveis falhas vinculadas a esses aninhamentos é implementar uma ordem de aquisição dos recursos, bem como a liberação dos recursos na ordem inversa. Essa abordagem é particularmente importante em alguns sistemas como o BRTOS, pois ao não realizar a inversão na ordem de liberação dos recursos pode-se gerar inconsistências no sistema. A Listagem 4.13 demonstra essa situação para a aquisição de três recursos compartilhados.

```
1  BRTOS_Mutex *TestMutex1;
   BRTOS_Mutex *TestMutex2;
3  BRTOS_Mutex *TestMutex3;

5  void Example_Task (void){
      // Cria mutex com prioridade de teto igual a 21
7     if (OSMutexCreate(&TestMutex1,21) != ALLOC_EVENT_OK){
         // Falha na alocação do mutex. Trate este erro aqui !!!
9     }

11    // Cria mutex com prioridade de teto igual a 14
      if (OSMutexCreate(&TestMutex2,14) != ALLOC_EVENT_OK){
13       // Falha na alocação do mutex. Trate este erro aqui !!!
      }
15
      // Cria mutex com prioridade de teto igual a 7
17    if (OSMutexCreate(&TestMutex3,7) != ALLOC_EVENT_OK){
         // Falha na alocação do mutex. Trate este erro aqui !!!
19    }

21    for(;;){
         // Adquire o recurso 1
23       (void)OSMutexAcquire(TestMutex1);
         // Adquire o recurso 2
25       (void)OSMutexAcquire(TestMutex2);
         // Adquire o recurso 3
27       (void)OSMutexAcquire(TestMutex3);

29       // Aqui é seguro acessar os três recursos compartilhados

31       // Libera o recurso 3
         (void)OSMutexRelease(TestMutex3);
33       // Libera o recurso 2
         (void)OSMutexRelease(TestMutex2);
35       // Libera o recurso 1
         (void)OSMutexRelease(TestMutex1);
37    }
   }
```

Listagem 4.13 Criando e utilizando múltiplos *mutexes* no BRTOS.

A abordagem de aquisição de recursos apresentada na Listagem 4.13 tem dois objetivos. O primeiro deles está vinculado a sistemas que utilizam teto de prioridade em seus *mutexes*. Nesse tipo de sistema, ao adquirir primeiramente o *mutex* com o maior teto de prioridade evita-se um impasse, pois nenhuma outra tarefa que possa competir pelos recursos irá interromper o procedimento das aquisições de recurso subsequentes. O segundo motivo está vinculado a sistemas em que uma prioridade só pode ser destinada a uma tarefa. Ao adquirir e liberar os *mutexes* na mesma ordem, evitam-se problemas vinculados à variação dinâmica de prioridades.

Em alguns sistemas existe ainda a possibilidade de aquisição recursiva de *mutexes*. Esse recurso é particularmente interessante quando uma tarefa executa várias rotinas que necessitam de exclusão mútua de um mesmo recurso

Objetos básicos do sistema operacional   201

compartilhado. Outro uso clássico de *mutexes* recursivos ocorre quando funções recursivas fazem uso de *mutexes*. Note que bloqueios recursivos são complicados para se usar corretamente, e recomenda-se sua utilização somente para adaptar um código *single-thread* sem mudar as interfaces de programação de aplicações (*application programming interfaces* – API), preferencialmente quando nenhuma outra solução for possível. Como regra geral, recomenda-se evitar funções recursivas em sistemas embarcados e, consequentemente, a utilização de *mutexes* recursivos.

Ao utilizar um *mutex* recursivamente, uma segunda operação de aquisição do recurso somente terá sucesso se, e somente se, a tarefa que adquirir o recurso for a mesma que já o possui. Como as múltiplas aquisições do recurso pertencerão a uma mesma tarefa, o *mutex* irá utilizar um contador para monitorá-las. Não confunda o contador de um *mutex* com o contador de um semáforo. A contagem do *mutex* simplesmente monitora quantas vezes uma mesma tarefa bloqueou o mesmo *mutex* em suas rotinas. Note ainda que um *mutex* adquirido recursivamente necessita ser liberado a mesma quantidade de vezes que foi travado antes que outra tarefa possa bloqueá-lo. A Listagem 4.14 demonstra como criar e utilizar um *mutex* recursivo no FreeRTOS. O BRTOS não tem suporte a *mutex* recursivo.

```
xSemaphoreHandle TestMutex;

void Example_Task (void){
    // Cria mutex
    TestMutex = xSemaphoreCreateRecursiveMutex();
    if( TestMutex == NULL ){
        // Falha na alocação do mutex. Trate este erro aqui !!!
    }

    for(;;){
        // Adquire um recurso por meio de um mutex recursivo, com tempo de espera indefinido
        if (xSemaphoreTakeRecursive((TestMutex, portMAX_DELAY) == pdTRUE){

            /* Como estamos utilizando um mutex recursivo, é seguro fazer uma segunda
               requisição de aquisição sem problemas */
            if (xSemaphoreTakeRecursive((TestMutex, portMAX_DELAY) == pdTRUE){

                // Libera o mutex recursivo adquirido
                xSemaphoreGiveRecursive(TestMutex);
            }

            // No entanto, é preciso liberá-lo tantas foram as vezes que o mutex foi adquirido
            xSemaphoreGiveRecursive(TestMutex);
        }
    }
}
```

Listagem 4.14 Criando e utilizando um *mutex* recursivo no FreeRTOS.

Apesar de cada sistema optar por uma abordagem, é importante ressaltar algumas características vinculadas aos protocolos de herança de prioridade apresentados. O pior caso de desempenho para o PIP é pior do que o pior caso quando se utiliza o teto de prioridade. Isso deve-se aos aninhamentos de bloqueios que ocorrem com mais frequência na herança de prioridade por PIP. A máxima duração de uma inversão de prioridade é a soma dos tempos de execução de todos os bloqueios aninhados. Como no protocolo de teto de prioridade somente ocorre uma inversão por ativação do recurso compartilhado utilizado, geralmente obtém-se melhor desempenho com esse protocolo.

Os protocolos de herança de prioridade em sua concepção definem um limite para o número de bloqueios que uma tarefa pode sofrer por tarefas de menor prioridade. Ainda, se mais de um *mutex* for utilizado por uma tarefa, deve-se considerar o conjunto de bloqueios que esses objetos podem gerar. Apesar do protocolo definir esses limites, nem sempre os sistemas operacionais de tempo real os implementam. Portanto, o valor preciso do tempo máximo de bloqueio causado por recursos compartilhados é difícil de se prever. Contudo, para manter os testes de escalonabilidade vinculados aos esquemas baseados em prioridades fixas, como a taxa monotônica, uma abordagem para definir esses tempos máximos de bloqueio deve ser utilizada. Esse tempo de bloqueio máximo deve ser adicionado ao tempo de ocupação pelas tarefas com o objetivo de incorporar as relações de exclusão mútua de um conjunto de tarefas. Um exemplo de teste de escalonabilidade estendido é apresentado no Capítulo 3 para o algoritmo de taxa monotônica. Maiores detalhes sobre esse assunto podem ser obtidos em Buttazzo (2011), Farines, Fraga e Oliveira (2000) e Burns e Wellings (1997).

4.1.3 Grupo de eventos (*event groups*)

A sincronização por barreira, como comentado anteriormente, permite a sincronização de um conjunto de tarefas. O suporte a esse tipo de sincronização não é disponibilizado em muitos sistemas operacionais, como o BRTOS. No entanto, a partir da versão 8.0.0 do FreeRTOS passou a existir um objeto que permite a sincronização por barreira: as *flags* de eventos (ou *bits* de eventos, pois cada *flag* é representada por 1 *bit*).

Flags de eventos são utilizadas para indicar se um evento ocorreu. Por exemplo, uma aplicação pode definir uma *flag* de evento da seguinte forma:

Objetos básicos do sistema operacional

- quando o *bit* está definido como 1, uma mensagem foi recebida e está pronta para ser processada;

- quando o *bit* está definido como 0, não há mensagem esperando para ser processada.

Ou, ainda:

- quando o *bit* está definido como 1, uma aplicação tem uma mensagem que está pronta para ser enviada para uma rede de comunicação;

- quando o *bit* está definido como 0, não existem mensagens para serem enviadas pela rede.

Como se pode perceber, um *bit* de evento tem um comportamento muito parecido com o de um semáforo binário. Para entender a diferença desses dois objetos é necessário definir o conceito de grupos de eventos. Um grupo de eventos é um conjunto de *bits* de eventos. *Bits* de eventos individuais dentro de um grupo de eventos são referenciados por um número de *bit*. Assim, no exemplo anterior, a primeira *flag* poderia ser o *bit* 0 dentro de um grupo de eventos, enquanto a segunda *flag* poderia ser o *bit* 1.

No FreeRTOS, os grupos de eventos são definidos por variáveis do tipo *EventGroupHandle_t*. O número de *flags* (ou *bits*) armazenados dentro de um grupo de eventos é 8 (*bit* 0 a 7) se a definição **configUSE_16_BIT_TICKS** estiver definida como 1. Se essa configuração estiver definida como 0, o grupo de eventos suporta 24 eventos (*bit* 0 a 23). Tal comportamento deve-se ao tipo de variável que armazena os *bits* de eventos se relacionar com o tipo *TickType_t* na implementação do bloco de tarefas do FreeRTOS.

Todos os *bits* de eventos em um grupo de eventos são armazenados em uma simples variável sem sinal de tipo *EventBits_t*. Assim, o *bit* de evento 0 é armazenado na posição 0, o *bit* de evento 1 na posição 1 e assim por diante. As funções providas pelo FreeRTOS para o gerenciamento de grupos de eventos permitem que uma tarefa defina os *bits* de um grupo de eventos para 1s ou 0s, bem como entre em modo de espera (desista do processador) até que um conjunto de um ou mais *bits* de eventos sejam definidos como 1s lógicos. Portanto, os grupos de eventos podem ser utilizados para sincronizar tarefas, criando uma sincronização *rendezvous* ou de barreira. Um grupo de eventos opera como um conjunto de semáforos binários associados a um único objeto do sistema, permitindo uma grande flexibilidade na sincronização de tarefas. Ainda, permite que uma tarefa espere por múltiplos eventos no sistema.

Ao implementar o suporte a grupos de eventos um RTOS deve superar alguns desafios, como evitar uma condição de concorrência e evitar o não determinismo. Condições de concorrência em grupos de eventos podem ocorrer se:

- não estiver claro que tarefa ou interrupção é responsável por definir as *flags* como zeros;

- não estiver claro quando um *bit* deve ser definido como zero;

- não estiver claro se um *bit* foi definido como 1 ou 0 no momento em que uma tarefa sair da função que testou os valores dos *bits* dos eventos (pode ser que outra tarefa ou interrupção tenha alterado os *bits* dos eventos desde a liberação da tarefa em questão).

Segundo os desenvolvedores do FreeRTOS, a implementação desse objeto no sistema remove a possibilidade de existirem condições de concorrência, pois o código do sistema faz as operações com os *bits* de grupos de eventos parecerem atômicas. O uso de armazenamento local nas tarefas e o uso cuidadoso dos valores retornados pelas funções providas tornam isso possível.

O conceito de grupos de eventos implica um comportamento não determinista, pois não se sabe quantas tarefas estão suspensas em um grupo de eventos e, portanto, não se sabe quantas condições deverão ser testadas ou tarefas retomadas quando um *bit* de evento for definido como 1. No FreeRTOS não é permitido que ações não determinísticas sejam tomadas com as interrupções bloqueadas ou dentro de interrupções. Assim, para garantir que essa condição não seja violada, o sistema implementa a definição de um *bit* para 1 da seguinte forma:

- em vez de bloquear as interrupções, o FreeRTOS bloqueia o escalonador durante o processo de definição de um *bit* para 1;

- um mecanismo centralizado de atraso de interrupções (*deferred interrupt*) é utilizado para adiar a ação de alterar um *bit* para 1 para uma tarefa, quando uma tentativa de definir um *bit* como 1 for realizada dentro de uma rotina de serviço de interrupção.

A Listagem 4.15 apresenta um exemplo de criação de um grupo de eventos a partir do FreeRTOS.

Objetos básicos do sistema operacional

```
   /* Declara uma variável para armazenar o grupo de eventos criado */
 2 EventGroupHandle_t exemplo_grupo_eventos;

 4 /* Tentativa de criar o grupo */
   exemplo_grupo_eventos = xEventGroupCreate();
 6
   /* Verifica se o grupo foi criado com sucesso */
 8 if( exemplo_grupo_eventos == NULL ){
       /* O grupo não foi criado com sucesso, pois não há memória suficiente no heap do sistema */
10 }else{
       /* O grupo de eventos foi criado com sucesso */
12 }
```

Listagem 4.15 Procedimento de criação de um grupo de eventos no sistema FreeRTOS.

A função do FreeRTOS que permite definir um ou mais *bits* para 1 pode ser utilizada tanto em uma tarefa, como na Listagem 4.16, quanto em uma interrupção, como na Listagem 4.17.

```
   #define BIT_0 ( 1 << 0 )
 2 #define BIT_3 ( 1 << 3 )

 4 EventGroupHandle_t exemplo_grupo_eventos;
   EventBits_t exemplo_bits_eventos;
 6
   /* Define os bits 0 e 3 do grupo de eventos como 1 */
 8 exemplo_bits_eventos = xEventGroupSetBits(exemplo_grupo_eventos, BIT_0 | BIT_3);

10 if( ( exemplo_bits_eventos & ( BIT_0 | BIT_3 ) ) == ( BIT_0 | BIT_3 ) ){
       /* Ambos os bits permaneceram em 1 quando a função retornou */
12 }
   else if( ( exemplo_bits_eventos & BIT_0 ) != 0 ){
14     /* O bit 0 permaneceu em 1 quando a função retornou, mas o bit 3 voltou para nível lógico
       0. Pode ser que o bit 3 tenha voltado para 0 automaticamente porque uma tarefa que estava
16     esperando por esse bit foi removida da lista de espera (adicionada à lista de prontos).*/
   }
18 else if( ( uxBits & BIT_3 ) != 0 ){
       /* O bit 3 permaneceu em 1 quando a função retornou, mas o bit 0 voltou para nível lógico
20     0. Pode ser que o bit 0 tenha voltado para 0 automaticamente porque uma tarefa que estava
       esperando por esse bit foi removida da lista de espera (adicionada à lista de prontos).*/
22 }
   else{
24     /* Nenhum dos bits permaneceu em 1. Isso pode ocorrer se havia uma ou mais tarefas
       esperando por ambos os bits, o que fez com que tais tarefas voltem à lista de prontos */
26 }
   }
```

Listagem 4.16 Procedimento de definição de um conjunto de *bits* em um grupo de eventos no FreeRTOS por uma tarefa.

```
 1 /* Assume-se que o grupo de eventos foi criado anteriormente */
   EventGroupHandle_t exemplo_grupo_eventos;
 3
   void Handler_de_interrupção(void){
 5 BaseType_t xHigherPriorityTaskWoken, xResult;

 7 /* Variável de teste de preempção definida como falsa */
   xHigherPriorityTaskWoken = pdFALSE;
 9
```

```
   /* Define os bits 0 e 3 do grupo de eventos como 1 */
11 xResult = xEventGroupSetBitsFromISR(xEventGroup,BIT_0 | BIT_3,&xHigherPriorityTaskWoken );

13 /* A função foi executada com sucesso? */
   if( xResult != pdFAIL ){
15 /* Se a variável xHigherPriorityTaskWoken foi alterada para verdadeiro
   uma troca de contexto deve ser requisitada */
17 portYIELD_FROM_ISR( xHigherPriorityTaskWoken );
   }
19 }
```

Listagem 4.17 Procedimento de definição de um conjunto de *bits* em um grupo de eventos no FreeRTOS por uma interrupção.

Note que quando esse recurso é utilizado por uma tarefa, deve-se verificar se ao sair da função os *bits* ainda permanecem em estado lógico 1. Existem dois motivos para o valor do *bit* ter voltado ao nível lógico 0 após retornar da função *xEventGroupSetBits()*:

- se alterar um *bit* de evento para 1 resulta na volta à lista de prontos de uma tarefa que estava esperando pelo evento, então é possível que o *bit* volte automaticamente para 0. Isso ocorre se a tarefa esperando pelo evento utilizou o parâmetro *xClearBitOnExit* na função *xEventGroupWaitBits()*;

- se outra tarefa, de prioridade superior à tarefa que executou a função *xEventGroupSetBits()*, vier a executar e alterar o grupo de eventos antes que a função *xEventGroupSetBits()* retorne.

Como mencionado anteriormente, a definição dos valores de *bits* em um grupo de eventos a partir de uma interrupção será deferido para ser realizado pela tarefa *daemon* do FreeRTOS. Uma tarefa *daemon* nada mais é do que uma tarefa criada pelo sistema operacional e que é executada em *background*, ou seja, é executada sem que haja interação ou controle por parte do desenvolvedor e/ou usuário. No FreeRTOS existem duas tarefas *daemon*, a tarefa que controla os temporizadores em *software* e a tarefa ociosa. A tarefa dos temporizadores em *software* é a responsável por processar os deferimentos realizados em objetos de grupos de eventos dentro de interrupções. Essa tarefa é escalonada a partir de sua prioridade, como qualquer outra tarefa. Portanto, se for desejado que a operação de manipulação de *bits* deferida seja realizada ao final da execução da rotina de tratamento da interrupção, deve-se definir a prioridade da tarefa dos temporizados em *software* como maior do que a prioridade de qualquer aplicação que utilize os grupos de eventos.

Objetos básicos do sistema operacional 207

A prioridade da tarefa de temporizadores em *software* é definida na macro configTIMER_TASK_PRIORITY, no arquivo FreeRTOSConfig.h. Adicionalmente, as macros INCLUDE_xEventGroupSetBitFromISR, configUSE_TIMERS e IN-CLUDE_xTimerPendFunctionCall devem ser definidas como 1 nesse mesmo arquivo de configuração, para que a função *xEventGroupSetBitsFromISR()* esteja disponível.

No FreeRTOS, assim como existe a função para definir o valor dos *bits* de eventos, também existe a função de espera por alteração em seus valores. A exemplo de um *Take* de semáforo, por ser uma função em que pode haver espera (desistência do processador), essa função não pode ser utilizada em uma interrupção. A Listagem 4.18 apresenta um exemplo de uso da função de espera. Nesse exemplo é configurada a espera de dois *bits* (*bit* 0 e 3). No entanto, note que o quarto parâmetro *xWaitForAllBits* está definido como falso, o que significa que não é necessário esperar por ambos os *bits* para a função retornar. Se esse parâmetro fosse definido como verdadeiro, somente quando todos os *bits* da espera se tornassem 1s a função retornaria. Já o terceiro parâmetro *xClearOnExit* definido como verdadeiro indica que os *bits* devem ser definidos como 0 antes de retornar da função. Fica claro nesse exemplo que a função *xEventGroupWaitBits()* equivale a uma função *Take* de múltiplos semáforos, com algumas possibilidades de configuração adicional.

O FreeRTOS ainda disponibiliza as funções *xEventGroupClearBits()* e *xEventGroupGetBits()*. A primeira função possibilita definir um conjunto de *bits* em um grupo de eventos como 0 e somente pode ser utilizada dentro de uma tarefa. Para realizar esse procedimento em uma interrupção deve-se utilizar a função complementar *xEventGroupClearBitsFromISR()*. Já a segunda função retorna o valor atual de um conjunto de *bits* de eventos, também possuindo sua função complementar para interrupções (*FromISR*).

A sincronização por barreira pode ser atingida a partir da função *xEventGroupSync()* do FreeRTOS, que permite definir um conjunto de *bits* como 1 em um grupo de eventos e esperar para que uma combinação específica de *bits* seja definida como 1 dentro desse mesmo grupo. Assim, cada tarefa deve esperar para que outras tarefas cheguem em um ponto de sincronização antes de prosseguirem, formando uma barreira. Por ser uma função de espera, não pode ser utilizada dentro de uma interrupção. A função irá retornar antes que seu tempo de espera expire se os *bits* especificados no parâmetro *uxBitsToWait* já estiverem

```
1  #define BIT_0 ( 1 << 0 )
   #define BIT_3 ( 1 << 3 )
3
   /* Assume-se que o grupo de eventos foi criado anteriormente */
5  EventGroupHandle_t exemplo_grupo_eventos;
   EventBits_t exemplo_bits_eventos;
7  TickType_t xTicksToWait = 100;

9    /* Espera por até 100 ms para que pelo menos um dos bits (bit 0 e 3) seja definido como 1.
     Define os bits como 0 antes de retornar da função. */
11   exemplo_bits_eventos = xEventGroupWaitBits(
                exemplo_grupo_eventos, /* Grupo de eventos sendo testado */
13              BIT_0 | BIT_4, /* Bits do grupo de eventos para esperar */
                pdTRUE,          /* Os bits devem ser definidos como 0 antes de retornar. */
15              pdFALSE,         /* Espera para que pelo menos um dos bits seja definido como 1. */
                xTicksToWait );/* Espera por no máximo 100 ms. */
17
     if( ( exemplo_bits_eventos & ( BIT_0 | BIT_3 ) ) == ( BIT_0 | BIT_3 ) ){
19       /* xEventGroupWaitBits() retornou porque ambos os bits foram definidos como 1. */
     }
21   else if( ( exemplo_bits_eventos & BIT_0 ) != 0 ){
         /* xEventGroupWaitBits() retornou com somente o BIT_0 definido como 1. */
23   }
     else if( ( exemplo_bits_eventos & BIT_3 ) != 0 ){
25       /* xEventGroupWaitBits() retornou com somente o BIT_3 definido como 1. */
     }
27   else{
       /* xEventGroupWaitBits() retornou porque os 100 ms passaram e nenhum bit alterou-se para 1.*/
29   }
   }
```

Listagem 4.18 Exemplo de espera por alterações de um conjunto de *bits* em um grupo de eventos no FreeRTOS.

definidos como 1 ou se forem definidos como 1 antes desse tempo. Em ambos os casos todos os *bits* especificados serão automaticamente definidos como 0 antes da função retornar. A Listagem 4.19 apresenta um exemplo em que três tarefas são sincronizadas por barreira utilizando a função *xEventGroupSync()*.

Outros sistemas operacionais possuem recursos similares aos grupos de eventos do FreeRTOS. O µC/OS II, por exemplo, possui a espera por múltiplos objetos do sistema a partir da função *OSEventPendMulti()* (filas e semáforos), que permitem desenvolver funcionalidades semelhantes. No µC/OS III essa função teve seu nome alterado para *OSPendMulti()*. Esse sistema ainda possibilita adicionar à lista de prontos todas as tarefas esperando por um determinado semáforo (*broadcast* de postagem), pela definição de **OS_OPT_POST_ALL** como parâmetro de opção de postagem de semáforo. Esse recurso permitia, por exemplo, que um evento externo sincronizasse um conjunto de tarefas. Entretanto, essa função foi descontinuada a partir da versão 3.06.00 do µC/OS III.

Objetos básicos do sistema operacional

```c
/* Bits utilizados pelas três tarefas. */
#define TASK_0_BIT          ( 1 << 0 )
#define TASK_1_BIT          ( 1 << 1 )
#define TASK_2_BIT          ( 1 << 2 )

#define ALL_SYNC_BITS       (TASK_0_BIT | TASK_1_BIT | TASK_2_BIT)

/* Sincronização de três tarefas. Assume-se que o grupo de eventos já foi criado. */
EventGroupHandle_t exemplo_grupo_eventos;
void Tarefa0( void *pvParameters ){
    EventBits_t exemplo_bits_eventos;
    TickType_t xTicksToWait = 100;

    for( ;; ){
        /* Executa as funções da tarefa aqui. */
        . . .
        /* Define o bit 0 no grupo de eventos como 1, informando que a tarefa 0
        chegou no ponto de sincronização. As outras tarefas irão definir seus
        respectivos bits para informar a chegada no ponto de sincronismo. Todas as
        tarefas terão chegado ao ponto de sincronização quanto todos os bits em
        ALL_SYNC_BITS forem definidos como 1.Espera por no máximo 100 ms para isso acontecer */
        uxReturn = xEventGroupSync( xEventBits,
                                    TASK_0_BIT,
                                    ALL_SYNC_BITS,
                                    xTicksToWait );

        if( ( uxReturn & ALL_SYNC_BITS ) == ALL_SYNC_BITS ){
            /* Todas as três tarefas chegaram ao ponto de sincronização antes
            de o tempo de 100 ms expirar. */
        }
    }
}

void Tarefa1( void *pvParameters ){
    for( ;; ){
        /* Executa as funções da tarefa aqui. */
        . . .
        /* Define o bit 1 no grupo de eventos como 1, informando que a tarefa 1
        chegou no ponto de sincronização. Espera indefinidamente para que os três
        bits de eventos sejam definidos como 1. */
        xEventGroupSync( xEventBits, TASK_1_BIT, ALL_SYNC_BITS, portMAX_DELAY );

        /* Não necessita testar o retorno, pois só retorna quando todos os bits
        forem definidos como 1 (todas as tarefas chegaram ao ponto de sincronização). */
    }
}

void Tarefa2( void *pvParameters ){
    for( ;; ){
        /* Executa as funções da tarefa aqui. */
        . . .
        /* Define o bit 2 no grupo de eventos como 1, informando que a tarefa 2
        chegou ao ponto de sincronização. Espera indefinidamente para que os três
        bits de eventos sejam definidos como 1. */
        xEventGroupSync( xEventBits, TASK_2_BIT, ALL_SYNC_BITS, portMAX_DELAY );

        /* Não necessita testar o retorno, pois só retorna quando todos os bits
        forem definidos como 1 (todas as tarefas chegaram ao ponto de sincronização). */
    }
}
```

Listagem 4.19 Exemplo de sincronização por barreira de duas tarefas a partir de um conjunto de *bits* em um grupo de eventos no FreeRTOS.

4.2 Objetos de comunicação

As tarefas e interrupções em uma aplicação multitarefa devem se comunicar, de forma que possam trocar informação e coordenar suas atividades. A comunicação pode ser de sinalização, de transferência de dados ou uma combinação de ambas. Na comunicação de sinalização a informação é a própria ocorrência do evento, não sendo necessários dados adicionais. Esse tipo de comunicação é utilizado para a coordenação de atividades, como visto anteriormente. Já na comunicação de dados, a informação é contida nos dados transferidos. Quando ambas as formas de comunicação são combinadas, a transferência de dados acompanha uma notificação de evento. Os objetos do sistema operacional que vinculam a notificação de um evento a uma transferência de dados são as caixas e filas de mensagens. Esses objetos são de extrema importância ao conceber um sistema multitarefa, pois evitam testes repetitivos para identificar que um novo dado está disponível em um determinado fluxo de execução de código.

Na comunicação com transferência de dados existem dois possíveis modelos de operação. O modelo de comunicação em que o fluxo de dados é unidirecional é conhecido como comunicação fracamente acoplada (*loosely coupled communication*). Nesse modelo o produtor dos dados não requer uma resposta do consumidor. A Figura 4.5 apresenta um exemplo de comunicação fracamente acoplada. No exemplo, a RSI de um dispositivo de entrada/saída (porta serial, por exemplo) recebe dados do periférico e os envia para uma tarefa que irá processá-los. A RSI não solicita nenhuma forma de confirmação de recebimento dos dados. São inúmeras as aplicações desse tipo de comunicação, visto que toda rotina de tratamento de interrupção que receba dados de periféricos utiliza esse modelo. Alguns exemplos são interrupções de conversão analógico/digital completa, portas seriais *universal asynchronous receiver-transmitter* (UART), I2C e SPI, USB e Ethernet.

Figura 4.5 Comunicação não vinculada utilizando fila de mensagem.

No modelo de comunicação fortemente acoplado (*tightly coupled communication*), o fluxo de dados é bidirecional. O produtor dos dados espera por uma resposta da sua transferência de dados antes de continuar sua execução ou espera pela resposta de forma assíncrona enquanto continua sua execução. Note que o modelo de comunicação fortemente acoplado não pode ser utilizado entre uma RSI e uma tarefa, pois não é interessante para o sistema que uma RSI espere por uma resposta.

A Figura 4.6 apresenta um exemplo de comunicação fortemente acoplada. Nesse exemplo a tarefa A envia dados para a tarefa B utilizando a fila de mensagem 1 e espera pela confirmação de recepção na fila de mensagem 2. A comunicação de dados é bidirecional. A utilização de uma fila de mensagem para confirmação é necessária, pois a confirmação deve conter informação suficiente para que a tarefa A verifique se não há necessidade de reenvio de dados. A tarefa A pode enviar diversas mensagens para a tarefa B, enquanto espera pela confirmação de recebimento de cada uma delas.

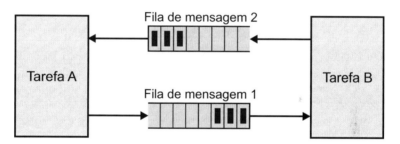

Figura 4.6 Comunicação fortemente acoplada utilizando fila de mensagem.

Em um sistema multitarefas as comunicações têm vários propósitos, como transferência de dados entre tarefas, sinalização de eventos, entre outros. Imagine um sistema em que a iteração com o usuário se dá por meio de um teclado alfanumérico. Ainda, que uma tarefa é responsável por adquirir as teclas digitadas e armazená-las. Nesse caso, a tarefa que controla o teclado produz dados para outras tarefas. Quando uma tarefa precisa da informação de que teclas foram pressionadas, deve ocorrer a transferência dos dados da tarefa que monitora o teclado para essa tarefa por um objeto de comunicação.

Outro uso comum de comunicação é a sinalização de eventos. Se o evento possui um dado associado, como é o caso do evento de uma comunicação serial ou da conclusão de uma conversão analógico/digital (A/D), existem dados associados e, portanto, deve-se utilizar um objeto de comunicação para transferir esses dados para a tarefa.

A comunicação pode ainda ser utilizada para que uma tarefa controle outras tarefas. Por exemplo, imagine um sistema em que exista uma tarefa mestre, com conhecimento de todo o processo e que gerencie outras tarefas subordinadas. Cada tarefa subordinada é responsável por um recurso, como sensores e *displays*. A tarefa mestre envia comandos às tarefas subordinadas para habilitar ou de-sabilitar recursos. Nesse cenário, o fluxo de dados pode ser tanto unidirecional quando bidirecional.

Como se pode perceber, existem inúmeros casos em que o uso de objetos de comunicação se faz necessário para a implementação de sistemas multitarefas. A seguir os principais objetos de comunicação são abordados, detalhando-se suas especificidades, bem como apresentando possíveis aplicações desses objetos na comunicação de tarefas e interrupções.

4.2.1 Caixas de mensagem (*message mailboxes*)

Os núcleos de tempo real tipicamente possuem um serviço de envio de men-sagens entre tarefas, ou de envio de mensagem de uma RSI para uma tarefa, conhecido como caixa de mensagem. Uma caixa de mensagem é uma fila de mensagem de tamanho unitário, sendo utilizados para transferência de um único dado vinculado a uma sinalização. Esse dado usualmente é um ponteiro para uma estrutura de dados de tamanho variável, que em linguagem C pode ser representado por um ponteiro do tipo *void*. As tarefas que enviam e recebem a mensagem devem concordar com o tipo de dado do ponteiro para que a mensa-gem seja interpretada de forma correta. Certos sistemas operacionais de tempo real não possuem o objeto caixa de mensagem, implementando suas funcionali-dades com uma fila de mensagens de tamanho unitário. Nesses casos o tipo de dado não é um ponteiro, e adaptações em código são necessárias para atingir o mesmo objetivo das caixas de mensagem.

Uma lista de espera deve ser associada a cada caixa de mensagem para geren-ciar as tarefas que desejam receber uma determinada mensagem. Uma tarefa que solicita o recebimento de uma mensagem para uma caixa de mensagem vazia será suspensa e colocada na lista de espera até que a mensagem seja recebida. Da mesma forma que os semáforos, a lista poderá ser ordenada a partir da prioridade das tarefas ou pela ordem de chegada (FIFO). Apesar da lista de espera suportar

Objetos básicos do sistema operacional

diversas tarefas, o uso mais comum da caixa de mensagem é utilizar somente uma tarefa à espera de uma determinada mensagem.

Nas caixas de mensagem também é possível especificar um tempo máximo de espera pela mensagem, dado em marcas de tempo. A tarefa solicitando a mensagem é adicionada à lista de tarefas prontas se a mensagem não for recebida nesse intervalo de tempo, e um código de erro é retornado. Pode-se configurar esperar indefinidamente, esperar um intervalo de tempo finito ou até mesmo nenhuma espera. Nesse último caso um código de erro é retornado instantaneamente se a caixa de mensagem estiver vazia no momento da solicitação.

O núcleo do sistema operacional deve prover no mínimo os seguintes serviços vinculados a caixas de mensagem:

- criar/inicializar a caixa de mensagem utilizando o serviço CREATE;

- depositar uma mensagem utilizando o serviço POST ou SEND;

- esperar por uma mensagem ser depositada na caixa de mensagem por meio do serviço PEND ou RECEIVE;

- apagar a caixa de mensagem quando esta não for mais necessária, por meio do serviço DELETE.

Caixas de mensagem são utilizadas para sincronizar tarefas ou para sincronizar uma interrupção com uma tarefa em aplicações que necessitam de transferência de dados associada à sincronia. Como visto anteriormente, essa comunicação pode ser fracamente ou fortemente acoplada. Um caso típico de sincronização fortemente acoplada são cenários de sincronização *rendezvous* com troca de mensagens. Tarefas podem trocar informação no ponto *rendezvous* com o uso de duas caixas de mensagem, como mostrado na Figura 4.7. Ambas as caixas de mensagem são inicializadas vazias. Quando a tarefa A chega ao ponto *rendezvous*, insere dados na caixa de mensagem 1 e espera pela chegada de dados na caixa de mensagem 2. Quando a tarefa B chega no ponto *rendezvous*, insere os dados na caixa de mensagem 2 e espera dados chegarem na caixa de mensagem 1. A tarefa A deve esperar na caixa de mensagem 2 antes de a tarefa B chegar ao ponto de sincronismo, e vice-versa, obtendo-se sincronização *rendezvous* com troca de dados.

Verifique que nem sempre a sincronização *rendezvous* deve ocorrer entre dois semáforos ou entre duas caixas de mensagens. No Capítulo 9 é apresentado

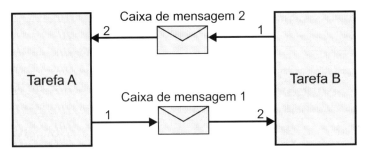

Figura 4.7 Sinalização *rendezvous* com troca de dados por caixa de mensagem.

um exemplo de sistema embarcado em que se reproduz um arquivo de áudio a partir dos dados contidos em um cartão de memória SD. Nesse exemplo a sincronização *rendezvous* ocorre com a combinação de um semáforo e uma caixa de mensagem, pois em somente um dos fluxos de sincronização há necessidade de transferência de dados.

A Listagem 4.20 apresenta um exemplo de comunicação fracamente acoplada. Nesse caso o código é baseado no BRTOS e retrata um cenário em que uma tarefa envia uma mensagem para outra tarefa. Note que a tarefa 1 realiza uma conversão A/D a cada 10 marcas de tempo. Se a conversão resultar em um valor maior do que 100, a tarefa 1 deve reativar a tarefa 2, passando como mensagem o valor da conversão A/D. Se a tarefa 2 for ativada por uma mensagem e não por um *timeout*, o valor recebido será processado. Lembre-se de que a caixa de mensagem deve ser inicializada por uma das tarefas antes de seu uso. No exemplo apresentado na Listagem 4.20 a inicialização é realizada pela tarefa 1. É importante verificar que a mensagem transmitida foi do tipo inteiro e que a tarefa que recebe a mensagem concorda, por meio de um *casting*, que o dado contido na mensagem tem esse tipo. Se não houver concordância quanto ao tipo de variável na mensagem, poderá ocorrer erro na recepção.

```
   // Declara um mailbox
2  BRTOS_Mbox TestMBox;

4  void Example_Task_1(void *param){
      int mensagem;
6     (void)param;

8     // Cria caixa de mensagem
      if (OSMboxCreate(&TestMBox,null) != ALLOC_EVENT_OK){
10       // Falha na alocação da caixa de mensagem. Trate este erro aqui !!!
      }
12
      for (;;){
14       // Aciona conversão A/D no canal 0
         mensagem = Converte_AD(0);
```

Objetos básicos do sistema operacional

```c
16      // Se o valor for maior do que 100, acorda tarefa 2
        if (mensagem > 100){
18          // Exemplo de postagem de mensagem
            OSMboxPost(TestMBox,(void *)&mensagem);
20      }
        OSDelayTask(10);
22  }
}
24

26 void Example_Task_2(void *param){
    int *recebe_pont;
28  int recebe;
    (void)param;
30  // Espera mailbox ser iniciado na outra tarefa
    while(TestMBox == null){
32      OSDelayTask(5);
    }
34
    for (;;){
36      // Exemplo de espera por mensagem
        if (OSMboxPend(TestMbox,(void **)&recebe_pont,0) != OK){
38          // Falha no recebimento da mensagem. Trate esta exceção aqui !!!
            // Por exemplo, saída por timeout
40      }else{
            // Copia o valor passado pela mensagem e processa, caso necessário
42          recebe = *recebe_pont;
        }
44  }
}
```

Listagem 4.20 Criando e utilizando uma *mailbox* para sincronismo de tarefas.

No FreeRTOS não existe o objeto caixa de mensagem, mas sim um recurso mais simples, chamado de *Task Notifications*. A única limitação desse recurso é que cada tarefa pode utilizar somente uma notificação. A Listagem 4.21 apresenta um exemplo de uso de notificações no FreeRTOS equivalente ao exemplo de caixa de mensagem demonstrado na Listagem 4.20. Note que o último parâmetro da função *xTaskNotify()* está definido como *eSetValueWithOverwrite*. Isso faz com que uma mensagem seja sobrescrita, caso haja uma mensagem anterior ainda não recebida pela tarefa de destino. Se esse parâmetro for alterado para *eSetValueWithoutOverwrite* e houver uma mensagem notificada pendente, uma tentativa de enviar nova mensagem será impedida e a função falhará, retornando pdFALSE. Maiores detalhes sobre a notificação de tarefas implementada no FreeRTOS são apresentados na Seção 4.4.

```c
1 xTaskHandle xTaskToNotify = null;

3 void Example_Task_1(void *param){
    int mensagem;
5   (void)param;

7   // Espera identificador da tarefa a ser notificada ser iniciado
    while(xTaskToNotify == null){
9       vTaskDelay(5);
```

```
      }
11
   for (;;){
13       // Aciona conversão A/D no canal 0
         mensagem = Converte_AD(0);
15       // Se o valor for maior do que 100, acorda tarefa 2
         if (mensagem > 100){
17          /* Configura o valor de notificação da tarefa indicada por xTaskToNotify
            para o contido na variável mensagem, mesmo que a tarefa não tenha lido
19          um valor de notificação anterior */
            xTaskNotify( xTaskToNotify, mensagem, eSetValueWithOverwrite );
21       }
         vTaskDelay(10);
23    }
 }
25
 void Example_Task_2(void *param){
27    int recebe;
      (void)param;
29
      // Adquire o handler da tarefa que será notificada
31    xTaskToNotify = xTaskGetCurrentTaskHandle();
33    for (;;){
         // Exemplo de espera por mensagem
35       xTaskNotifyWait( 0x00,        /* Não apaga nenhum bit de notificação ao entrar */
                          ULONG_MAX, /* Apaga o valor de notificação ao sair */
37                        &recebe,     /* Valor de notificação passado para recebe. */
                          portMAX_DELAY );  /* bloquear indefinidamente. */
39       // Processa dado recebido
      }
41 }
```

Listagem 4.21 Notificação do FreeRTOS como *mailbox* para sincronismo de tarefas.

Apesar do principal objetivo da caixa de mensagem ser a transmissão de ponteiros de dados, é possível transmitir valores em vez de ponteiros. As listagens 4.22 e 4.23 apresentam, respectivamente, um cenário com transmissão de ponteiro e um cenário com transmissão de valor, utilizando o sistema BRTOS como referência. Como em geral as caixas de mensagem são mais apropriadas à passagem de ponteiros, seu uso como passagem de valor muitas vezes precisa de adaptações, como no caso apresentado na Listagem 4.23. Note que nesse exemplo foi necessário um ponteiro auxiliar tanto para enviar quanto para receber o dado. Assim, o endereço para o qual o ponteiro deveria apontar é o próprio dado passado pela caixa de mensagem.

```
1  // Declara um mailbox
   BRTOS_Mbox TestMBox;
3
 void Example_Task_1(void *param){
5    int *mensagem_pont;
     (void)param;
7
     // Cria caixa de mensagem
9    if (OSMboxCreate(&TestMBox,null) != ALLOC_EVENT_OK){
        // Falha na alocação da caixa de mensagem. Trate este erro aqui !!!
11   }
```

Objetos básicos do sistema operacional

```
13      for (;;){
            // Exemplo de espera por mensagem
15          if (OSMboxPend(TestMbox,(void **)&mensagem_pont,0) != OK){
                // Falha no recebimento da mensagem. Por exemplo, saída por timeout.
17          }else{
                // Imprime a mensagem recebida
19              printf("%s\n\r",mensagem_pont);
            }
21      }
    }
23
    void Example_Task_2(void *param){
25      char *mensagem = "Teste de envio";
        (void)param;
27
        // Espera mailbox ser iniciado na outra tarefa
29      while(TestMBox == null){
            OSDelayTask(5);
31      }
33      for (;;){
            // Exemplo de postagem de mensagem
35          OSMboxPost(TestMBox,(void *)mensagem);
            OSDelayTask(10);
37      }
    }
```

Listagem 4.22 Exemplo de passagem de ponteiro de uma *string* por caixa de mensagem.

```
    // Declara um mailbox
2   BRTOS_Mbox TestMBox;
4   void Example_Task_1(void *param){
        int *envia;
6       int inc = 0;
        (void)param;
8
        // Cria caixa de mensagem
10      if (OSMboxCreate(&TestMBox,null) != ALLOC_EVENT_OK){
            // Falha na alocação da caixa de mensagem. Trate este erro aqui !!!
12      }
14      for (;;){
            // Exemplo de postagem de mensagem
16          envia = (int*)inc;
            OSMboxPost(TestMBox,(void *)envia);
18          OSDelayTask(10);
            inc++;
20      }
    }
22
    void Example_Task_2(void *param){
24      int *recebe_pont;
        int recebe;
26      (void)param;
28      // Espera mailbox ser iniciado na outra tarefa
        while(TestMBox == null){
30          OSDelayTask(5);
        }
32
        for (;;){
34          // Exemplo de espera por mensagem
            if (OSMboxPend(TestMbox,(void **)&recebe_pont,0) != OK){
```

```
36          // Falha no recebimento da mensagem. Trate esta exceção aqui !!!
            // Por exemplo, saída por timeout
38      }else{
            // Copia o valor passado pela mensagem e processa, caso necessário
40          recebe = (int)recebe_pont;
        }
42    }
    }
```

Listagem 4.23 Exemplo de passagem de valor por caixa de mensagem.

4.2.2 Filas de mensagens (*message queues*)

Uma fila de mensagem é um recurso dos núcleos de sistemas operacionais por meio do qual RSI e tarefas podem enviar e receber mensagens, com o intuito de se comunicarem ou sincronizar dados. O objeto fila de mensagem permite reter temporariamente mensagens enviadas até que o destinatário esteja pronto para tratá-las, operando como um vetor de caixas de mensagem. Dessa forma, não é necessário receber a mensagem para poder enviar a próxima, como ocorre nas caixas de mensagem. Esse *buffer* temporário desacopla a tarefa emissora da tarefa destinatária, permitindo que tarefas recebam e enviem dados simultaneamente.

Um exemplo típico do uso de uma fila de mensagens é visto em sistemas operacionais de propósito geral para o gerenciamento das teclas pressionadas em um teclado por um usuário do sistema. É comum visualizar casos em que a interface gráfica do sistema "congela" temporariamente, imprimindo todas as teclas pressionadas durante esse intervalo de tempo tão logo a interface gráfica volte a responder. Nesse exemplo as teclas pressionadas são armazenadas em uma fila de mensagens, e assim que a interface gráfica volta a operar, todas as teclas são obtidas da fila de mensagens. Portanto, não ocorre perda de nenhuma tecla pressionada. Note que para isso ser possível o envio das teclas para a fila de mensagens deve estar em um tarefa mais prioritária que a tarefa que gerencia a interface gráfica.

Da mesma forma que os semáforos e as caixas de mensagens, as filas de mensagens possuem uma estrutura de dados que o núcleo utiliza para gerenciá-las. Filas operam como *buffers* circulares, desta forma, a estrutura conterá informações de tamanho da fila, ponteiro de entrada de dados, ponteiro de saída de dados, entre outras informações pertinentes, dependendo da implementação do núcleo. A Figura 4.8 apresenta a estrutura básica e o modo de operação de uma fila. Geralmente a primeira mensagem inserida na fila será a primeira mensagem a ser retirada (operação FIFO). No entanto, certos núcleos permitem a operação das filas em modo *last-in-first-out* (LIFO). No FreeRTOS é possível escolher o modo de operação a partir da função do serviço utilizado, possibilitando o envio dos dados tanto para o final quanto para o início da fila. A Figura 4.9 apresenta o funcionamento de ambas as técnicas. No BRTOS ainda não existe suporte a filas operando no modo LIFO.

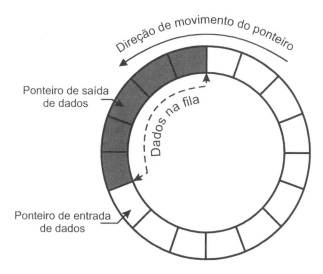

Figura 4.8 Operação de uma fila de mensagens.

Para o gerenciamento da entrada e retirada de dados de uma fila existem ponteiros de entrada e saída de dados, como visto na Figura 4.8. A diferença da posição do ponteiro de entrada para o ponteiro de saída de dados indica a quantidade de mensagens contidas na fila. Um problema normalmente associado à gerência de filas é o *buffer underrun*. Esse problema ocorre quando as tarefas receptoras das mensagens contidas na fila não conseguem retirar/receber essas informações antes que a fila encha. Dessa forma, o ponteiro de entrada de dados irá ultrapassar o ponteiro de saída de dados e mensagens na fila serão sobrescritas antes de serem processadas. A maioria dos núcleos possui ferramentas para tentar minimizar os problemas relacionados ao estouro de filas. O primeiro deles é impedir que os dados na fila sejam sobrescritos, retornando da função de inserção de dados com um erro de estouro de fila. Outros núcleos, como é o caso do FreeRTOS, possuem um *timeout* relacionado à escrita de dados na fila. Assim, a tarefa que tentar escrever em uma fila que está cheia será suspensa e esperará

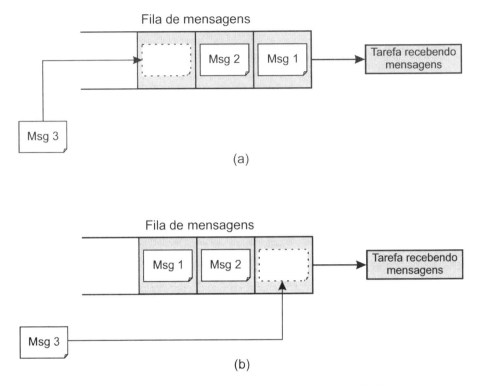

Figura 4.9 Operação de filas FIFO (a) e filas LIFO (b).

Fonte Adaptado de Li e Yao (2003).

por espaço na fila durante o tempo especificado pelo desenvolvedor. Se ao final desse tempo não houver ainda espaço na fila, um código de erro será retornado.

Ambas as abordagens não impedem a perda de dados em determinados casos. Um caso bem característico é o envio de dados para uma fila por uma rotina de serviço de interrupção. Uma RSI não pode utilizar o *timeout* para espera de espaço na fila. Ainda, se a espera por espaço for superior ao tempo de chegada de um novo dado para ser inserido na fila, dados certamente serão perdidos. Nesses casos existem duas formas de se evitar o *buffer underrun*: aumentar o tamanho da fila ou otimizar a prioridade das tarefas que farão o tratamento dos dados contidos na fila.

O tamanho das mensagens a serem armazenadas na fila deve ser especificado na sua inicialização e conhecido tanto pelas tarefas transmissoras quanto pelas tarefas receptoras de mensagens. Assim como nas caixas de mensagem, uma lista de espera deve ser associada a cada fila de mensagens, para o caso em que mais de uma tarefa deseje receber as mensagens contidas na fila. O comportamento da lista de espera é o mesmo das caixas de mensagens e semáforos (FIFO ou prioridade). Nos núcleos que possuem suporte ao *timeout* de envio existem duas listas de espera: a lista de tarefas em espera quando a fila está vazia (lista de espera para recepção) e a lista de espera quando a fila está cheia (lista de espera para envio).

Tarefas podem requisitar a aquisição de mensagens em uma fila de três formas:

- a tarefa ficará bloqueada indefinidamente até que alguma mensagem esteja disponível na fila;

- a tarefa ficará bloqueada até que alguma mensagem esteja disponível na fila ou até que o *timeout* especificado seja atingido.

- a tarefa não é suspensa caso a fila esteja vazia, retornando-se um código de erro.

Os serviços básicos do núcleo para acesso às filas são os mesmos das caixas de mensagem, ou seja, CREATE, POST ou SEND, PEND ou RECEIVE e DELETE. Em sistemas que suportam o recebimento não destrutivo das mensagem, usualmente existe o serviço PEEK.

As filas de mensagens são muito úteis para o gerenciamento de comunicações em rede, servindo de *buffer* de transmissão e recepção. Dessa forma, as tarefas que desejam transmitir mensagens pela rede podem enviá-las para a fila e continuar seu processamento. Será obrigação da pilha de rede encarregar-se do envio das mensagens. Já no caso da recepção, a fila receberá e armazenará as mensagens, até que as tarefas de destino das mensagens estejam aptas a processá-las.

Filas de mensagens podem ser utilizadas para enviar e receber uma variedade de tipos de dados, como: um valor de temperatura de um sensor, uma mensagem de texto para um *display* LCD, um pacote de dados para ser enviado a partir de uma rede etc. Para que isso seja possível é necessário especificar o tamanho do dado enviado para a fila, o que na maioria dos sistemas é realizado no serviço de criação da fila. Assim, por exemplo, uma fila que possui como dado uma estrutura contendo duas variáveis de tamanho *byte* e uma variável *short* e for criada com 768 posições ocupará um espaço na memória de 3 kB.

Durante o processo de envio e recepção de uma mensagem por meio de filas ocorrem dois processos de cópia de memória, como apresentado na Figura 4.10. Note ainda que, como as filas podem ter dados de tamanhos variáveis, normalmente esse processo de cópia é realizado *byte* a *byte*, o que prejudica ainda mais o desempenho na cópia de dados. Em alguns casos, em que as mensagens podem ser extremamente longas, torna-se mais eficiente enviar um ponteiro do que a mensagem. Dessa forma pode-se melhorar o desempenho do sistema e a utilização de memória.

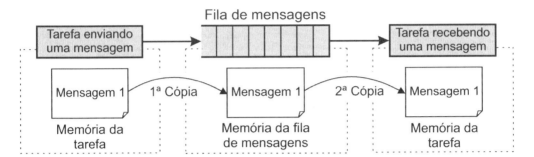

Figura 4.10 Uso de memória e processo de cópia para enviar e receber uma mensagem.

Fonte Adaptado de Li e Yao (2003).

As mensagens em uma fila podem ser lidas de duas formas: leitura destrutiva e não destrutiva. Na leitura destrutiva, a tarefa remove permanentemente a mensagem da lista após realizar a leitura com sucesso (o valor não é necessariamente removido do *buffer*, mas o ponteiro de saída de dados é incrementado, permitindo que o valor seja sobrescrito). No caso da leitura não destrutiva, a tarefa copia a mensagem do início da fila sem removê-la. Embora ambos os métodos possam ser úteis, nem todos os núcleos de sistemas operacionais suportam a leitura não destrutiva, como é o caso do BRTOS.

A forma como os sistemas FreeRTOS e BRTOS gerenciam filas são muito semelhantes. No entanto, no BRTOS o serviço padrão de filas só deve ser utilizado para mensagens de 8 *bits*. Qualquer outro tamanho de mensagem deve utilizar a fila de tamanho dinâmico, que tem funcionamento similar ao da fila implementada no FreeRTOS.

A Listagem 4.24 apresenta o uso de uma fila no FreeRTOS. Note que tanto o tamanho da fila quanto o tamanho da mensagem da fila são especificados na sua criação. As filas no FreeRTOS têm uma particularidade, que é a possibilidade de enviar uma mensagem para o final ou início da fila simplesmente usando os serviços com final "ToBack" ou "ToFront", respectivamente. Note ainda que o envio de uma mensagem para a fila dentro de uma rotina de tratamento de interrupção

Objetos básicos do sistema operacional 223

não deve nem pode ter um *timeout*. Assim, na Listagem 4.25 demonstra-se a diferença no uso do serviço "xQueueSendToBack" dentro de uma tarefa. Perceba que existe a possibilidade de adicionar um *timeout* que limite quanto tempo a tarefa irá esperar para que haja espaço disponível na fila. No FreeRTOS, para os casos em que se deseja receber os dados da fila de forma não destrutiva, deve-se substituir a função *xQueueReceive()* pela função *xQueuePeek()*.

```
1  // Declara o ponteiro para uma estrutura de fila
   xQueueHandle TestQueue;
3
   void Example_Task (void *param){
5      /* Configuração da tarefa */
      char mensagem;
7      (void)param;
      // Cria uma fila com 128 posições e mensagens do tamanho de uma varável char
9      TestQueue = xQueueCreate(128, sizeof(char));
      if( TestQueue == NULL ){
11         // Falha na alocação da fila. Trate este erro aqui !!!
      }else{
13         // Inicialize aqui o hardware que controlará a interrupção
      }
15
      /* Laço da tarefa */
17     for (;;){
         // Espera indefinidamente por uma interrupção ocorrer
19        if(xQueueReceive(TestQueue, &mensagem, portMAX_DELAY) == pdTRUE){
            // Trata mensagem recebida pela interrupção aqui!
21        }else{
            // Falha na recepção da mensagem. Trate esta exceção aqui!
23        }
      }
25 }

27 void Example_interrupt (void){
      // Declara variável utilizada para determinar se haverá preempção
29     signed portBASE_TYPE pxHigherPriorityTaskWoken = pdFALSE;

31     // Limpa flags da interrupção e recebe dado da porta serial
      char dado = recebe_serial();
33
      // Copia o dado recebido pela porta serial para o final da fila
35     xQueueSendToBackFromISR(TestQueue, &dado, &pxHigherPriorityTaskWoken);

37     // Somente troca o contexto se uma tarefa de maior prioridade acordou pelo semáforo
      if (pxHigherPriorityTaskWoken == pdTRUE) portYIELD();
39 }
```

Listagem 4.24 Utilizando uma fila para cópia de dados recebidos por uma interrupção de porta serial no FreeRTOS.

```
1  // Declara o ponteiro para uma estrutura de fila
   xQueueHandle TestQueue;
3
   void Example_Task (void *param){
5      /* Configuração da tarefa */
      short mensagem;
7      (void)param;

9      // Cria uma fila com 64 posições e mensagens do tamanho de uma varável short
      TestQueue = xQueueCreate(64, sizeof(short));
```

224 Sistemas operacionais de tempo real e sua aplicação em sistemas embarcados

```
11    if( TestQueue == NULL ){
          // Falha na alocação da fila. Trate este erro aqui !!!
13    }else{
          // Fila criada com sucesso
15    }

17    /* Laço da tarefa */
      for (;;){
19        // Aciona conversão A/D no canal 0
          mensagem = Converte_AD(0);
21
          // Copia o dado do A/D para o final da fila
23        // Espera ate 1000 ticks do sistema, se não houver espaço disponível na fila
          xQueueSendToBack(TestQueue, &mensagem, 1000);
25        vTaskDelay(1000);
      }
27 }
```

Listagem 4.25 Tarefa enviando uma mensagem para uma fila no FreeRTOS.

Já no BRTOS não há distinção de uso da fila em tarefas e interrupções e, portanto, não há possibilidade de configurar um *timeout* automático para espera de espaço na fila. No entanto, a função retornará um código de erro no caso de não haver espaço na fila, o que permite ao desenvolver verificar a resposta do envio para a fila e implementar retentativas, temporizadas ou não. As listagens 4.26 e 4.27 apresentam o uso dos serviços de fila padrão e serviços de fila dinâmica do BRTOS, respectivamente. Note que no BRTOS filas dinâmicas utilizam alocação dinâmica de memória, ou seja, dependem do *heap* do sistema.

```
1  // Declara o ponteiro para uma estrutura de fila e uma estrutura de fila otimizada para 8 bits
   BRTOS_Queue *TestQueue;
3
   void Example_Task (void *param){
5      /* Configuração da tarefa */
      char mensagem;
7      // Cria uma fila com 128 posições e mensagens do tamanho de uma varável char
      if (OSQueueCreate(128, &TestQueue) != ALLOC_EVENT_OK){
9          // Falha na alocação da fila. Trate este erro aqui !!!
      }else{
11         // Inicialize aqui o hardware que controlará a interrupção
      }
13
      /* Laço da tarefa */
15     for (;;){
          // Espera indefinidamente por uma interrupção ocorrer
17         if(!OSQueuePend(TestQueue, &mensagem, 0)){
              // Trata mensagem recebida pela interrupção aqui!
19         }else{
              // Falha na recepção da mensagem. Trate esta exceção aqui!
21         }
      }
23 }

25 void Example_interrupt (void){
      // Informa ao BRTOS que entrou em uma interrupção
27     OS_INT_ENTER();
      // Limpa flags da interrupção e recebe dado da porta serial
29     char dado = recebe_serial();
```

Objetos básicos do sistema operacional

```
31    if (OSQueuePost(TestQueue, dado) == BUFFER_UNDERRUN){
         // Buffer overflow. Trate esta exceção aqui!
33    }

35    // Informa ao BRTOS que está saindo de uma interrupção
      OS_INT_EXIT();
37 }
```

Listagem 4.26 Utilizando uma fila para cópia de dados recebidos por uma interrupção de porta serial no BRTOS.

```
1  // Declara o ponteiro para uma estrutura de fila
   BRTOS_Queue *TestQueue;
3
   typedef struct {
5     short valor_AD;
      char canal_AD;
7  } AD_struct;

9  void Example_Task_1 (void *param){
      AD_struct mensagem;
11
      // Cria uma fila com 64 posições e mensagens do tamanho da estrutura declarada
13    if (OSDQueueCreate(64, sizeof(AD_struct), &TestQueue) != ALLOC_EVENT_OK){
         // Falha na alocação da fila. Trate este erro aqui !!!
15    }

17    /* Laço da tarefa */
      mensagem.canal_AD = 0;
19    for (;;){
         // Aciona conversão A/D no canal 0
21       mensagem.valor_AD = Converte_AD(mensagem.canal_AD);

23       // Copia os dados do A/D para o final da fila
         if (OSDQueuePost(TestQueue, (void*)&mensagem) == BUFFER_UNDERRUN){
25          // Buffer overflow. Trate esta exceção aqui!
         }
27       OSDelayTask(1000);
      }
29 }

31 void Example_Task_2 (void *param){
      AD_struct mensagem_recebida;
33
      // Espera a fila ser iniciada na outra tarefa
35    while(TestQueue == null){
         OSDelayTask(5);
37    }

39    /* Laço da tarefa */
      for (;;){
41       // Espera indefinidamente um dado na fila
         if(!OSDQueuePend(TestQueue, (void*)&mensagem_recebida, 0)){
43          // Trate mensagem recebida aqui!
         }else{
45          // Falha na recepção da mensagem. Trate esta exceção aqui!
         }
47    }
   }
```

Listagem 4.27 Uso de filas de tamanho dinâmico no BRTOS.

Para realizar a alocação dinâmica de memória, o BRTOS possui duas defini-ções chamadas **BRTOS_ALLOC** e **BRTOS_DEALLOC**, em que se deve atribuir as funções de alocação dinâmica de memória utilizadas. A partir da versão 1.75 adicionou-se no repositório do BRTOS, como sugestão, uma solução *third party* de algoritmo de alocação dinâmica de memória. Esse algoritmo de código livre e aberto é conhecido como *umm_malloc*. Assim, existem três alternativas para implementar a alocação dinâmica no BRTOS:

- utilizar o algoritmo *umm_malloc* sugerido pelos desenvolvedores do sis-tema;
- utilizar as funções padrão da biblioteca da linguagem C, *malloc()* e *free()*;
- utilizar um algoritmo de alocação dinâmica de memória desenvolvido pelo próprio projetista ou até mesmo outras técnicas de alocação disponíveis na literatura.

Note que as funções de alocação dinâmica da biblioteca padrão do C não foram desenvolvidas para sistemas preemptivos, ou seja, não são reentrantes. Assim, ao utilizar essas bibliotecas deve-se evitar a preempção chamando as funções dentro de um seção crítica de código, independentemente de serem chamadas pelo próprio sistema ou por uma alocação de memória implementada no código de aplicação.

O sistema FreeRTOS realiza as alocações de memória de semáforos, *mutexes*, filas e tarefas dinamicamente. Para isso, disponibiliza cinco algoritmos para a alocação. O projetista deve escolher a técnica utilizada em tempo de projeto. Maiores detalhes sobre a alocação de memória implementada pelo FreeRTOS serão apresentadas no capítulo que aborda o gerenciamento de memória em sistemas operacionais.

4.3 Sincronização por múltiplos objetos do sistema (*queue sets*)

Em sistemas baseados em RTOSs existem aplicações em que tarefas devem receber múltiplos eventos de outras tarefas ou interrupções, sendo que muitas vezes esses eventos são vinculados a dados de tamanhos diferentes. Por exemplo, uma tarefa pode esperar por um evento de notificação (baseado em um semáforo)

Objetos básicos do sistema operacional

e outro evento de envio de dados a partir de uma fila de mensagem. Nesses casos não se pode utilizar somente um semáforo ou somente uma fila para receber os eventos de sincronização. Uma possível solução é utilizar uma fila que, em vez de gerenciar um determinado dado, gerencia estruturas de eventos. Essas estruturas de eventos são implementadas com uma informação de identificação do evento e um ponteiro para os dados do evento, como no exemplo apresentado na Listagem 4.28, baseado no FreeRTOS. Note que existem três tipos de eventos diferentes: dados recebidos por uma UART, uma tecla pressionada em um teclado e um evento de sincronização informando para iniciar uma conversão A/D.

```c
typedef struct{    /* Definição do tipo de estrutura dos eventos */
  int ident;
  void *dados;
} event_t;

xQueueHandle eventQueue;

void TarefaExemplo(void * pvParameters){
  event_t evento;
  int ValorAD;
  char key;

  // Cria uma fila com 64 posições de eventos
  TestQueue = xQueueCreate(64, sizeof(event_t));

  for(;;){
    /* Espera por um evento */
    xQueueReceive(eventQueue, &evento, portMAX_DELAY);

    /* Analisa o evento */
    switch(evento.ident) {
      case EVENTO_RECV_UART:
        Print(evento.dados);
        break;
      case EVENTO_TECLA:
        key = (char)evento.dados;
        HandleKey(key);
        break;
      case EVENTO_AD:
        ValorAD = GetADValue();
        break;
      default:
        break;
    }
  }
}
```

Listagem 4.28 Uso de filas para envio de diferentes eventos do sistema.

Sistemas como o FreeRTOS e o µC/OS III solucionam esse problema de forma nativa, pois possuem funções que permitem implementar a espera por eventos de múltiplos eventos, mesmo que estes sejam de diferentes tipos. No FreeRTOS essa funcionalidade é conhecida como *queue sets* (conjuntos de filas). Para utilizar essa funcionalidade deve-se:

- criar um conjunto de filas por meio da função *xQueueCreateSet()*;

- incluir semáforos e/ou filas nesse conjunto por meio da função *xQueueAddToSet()*;

- esperar pela recepção de um desses eventos por meio da função *xQueueSelectFromSet()*.

A Listagem 4.29 implementa o exemplo apresentado na Listagem 4.28 utilizando os conjuntos de filas.

```
xQueueSetMemberHandle evento_sel;
xQueueSetHandle conjunto_filas_exemplo;
QueueHandle_t fila_ex_1, fila_ex_2;
xSemaphoreHandle sem_exemplo;

void TarefaExemplo(void * pvParameters){
    int ValorAD;
    char key;
    char *string;

    /* Cria uma fila com 21 posições de eventos
       10 para cada fila e 1 para um semaforo */
    conjunto_filas_exemplo = xQueueCreateSet(21);

    /* Cria as filas e semaforos que serão utilizados no conjunto. */
    fila_ex_1 = xQueueCreate( 10, sizeof(char *));
    fila_ex_2 = xQueueCreate( 10, sizeof(char));
    sem_exemplo = xSemaphoreCreateBinary();

    /* Adiciona os objetos ao conjunto. */
    xQueueAddToSet( fila_ex_1, conjunto_filas_exemplo);
    xQueueAddToSet( fila_ex_2, conjunto_filas_exemplo);
    xQueueAddToSet( sem_exemplo, conjunto_filas_exemplo);

    for(;;){
        /* Espera por um evento */
        evento_sel = xQueueSelectFromSet( conjunto_filas_exemplo, portMAX_DELAY);

        /* Analisa o evento */
        if (evento_sel == fila_ex_1){
            xQueueReceive(evento_sel, &string, 0);
            Print(string);
        }else if (evento_sel == fila_ex_2){
            xQueueReceive(evento_sel, &key, 0);
            HandleKey(key);
        }else if (evento_sel == sem_exemplo){
            xSemaphoreTake( evento_sel, 0);
            ValorAD = GetADValue();
        }
    }
}
```

Listagem 4.29 Uso de filas para envio de diferentes eventos do sistema.

Apesar de ser uma solução nativa do sistema e mais elegante, o uso de conjuntos de filas possui desvantagens. Ao optar-se conjuntos de filas utiliza-se mais memória RAM, já que é necessário criar um objeto para cada evento (duas

Objetos básicos do sistema operacional 229

filas e um semáforo no exemplo anterior), bem como ocupa-se mais memória de programa (*flash*) devido à implementação do código. Ainda, ocupa-se mais processamento, visto que verificar um conjunto de filas ocupa mais tempo do que verificar uma única fila.

O uso dos conjuntos de filas é opcional, uma vez que existem outras soluções para o problema, como a apresentada na Listagem 4.28. No entanto, os conjuntos de filas facilitam a migração de uma aplicação entre sistemas operacionais, pois diversos RTOS disponíveis no mercado (livres ou comerciais) possuem funções de espera por múltiplos objetos.

4.4 Notificação de tarefas (*task notifications*)

A notificação de tarefas é uma alternativa para os objetos tradicionais de comunicação e sincronização, disponibilizada no FreeRTOS a partir da versão 8.2.0. Essa funcionalidade é habilitada por padrão e ocupa 8 *bytes* de RAM em processadores de 32 *bits*, devido aos dados adicionais alocados no bloco de controle de tarefas, como pode ser visto na Listagem 4.30. Para remover as notificações de tarefas deve-se declarar configUSE_TASK_NOTIFICATIONS com o valor 0 no arquivo FreeRTOSConfig.h. Note que o valor da notificação é um valor de 32 *bits*, podendo ser utilizado tanto para enviar um valor limitado a esse tamanho quanto uma informação de endereço associada a um ponteiro.

```
1  typedef struct tskTaskControlBlock{
   ...
3  #if( configUSE_TASK_NOTIFICATIONS == 1 )
   volatile uint32_t ulNotifiedValue;
5  volatile uint8_t ucNotifyState;
   #endif
7  ...
```

Listagem 4.30 Elementos adicionados ao TCB do FreeRTOS para suportar as notificações de tarefas.

A notificação de tarefa é um evento enviado diretamente para a tarefa, podendo adicionar à tarefa notificada a lista de prontos e, opcionalmente, atualizar o valor da variável de notificação dessa tarefa (variável *ulNotifiedValue*, apresentada na Listagem 4.30). A limitação dessa funcionalidade está em um determinado evento notificar uma única tarefa. Ademais, se a notificação for gerada por uma tarefa, essa não será bloqueada no caso de uma notificação anterior ainda não ter sido tratada.

Uma notificação pode atualizar o valor da variável de notificação da tarefa de diferentes maneiras, dependendo do argumento *eAction* utilizado na função *xTaskNotify()*, conforme apresentado a seguir:

- **eNoAction**: a tarefa sendo notificada recebe o evento, mas o valor de notificação não é atualizado;

- **eSetBits**: o valor anterior de notificação da tarefa recebendo o evento sofre uma operação "ou" *bit* a *bit* com o novo valor. Esse modo de operação permite a implementação de um grupo de eventos mais leve;

- **eIncrement**: o valor de notificação da tarefa será incrementado de um, tornando a chamada da função *xTaskNotify()* equivalente à da função *xTaskNotifyGive()*;

- **eSetValueWithOverwrite**: sobrescreve o valor da variável de notificação;

- **eSetValueWithoutOverwrite**: se a tarefa sendo notificada não tiver uma notificação pendente, então seu valor de notificação será definido como o valor passado como argumento da notificação. Se já houver uma notificação pendente o valor não será alterado. Nesse caso a função *xTaskNotify()* falhará e retornará pdFALSE. Tal comportamento equivale ao de uma fila de tamanho 1, com item de fila limitado a 32 *bits*.

Essa flexibilidade no modo de atualização do conteúdo da notificação de tarefa permite substituir os objetos tradicionais de filas, semáforos binários, semáforos contadores ou grupos de eventos. A vantagem em se utilizar as notificações de tarefas é a melhora no desempenho do sistema e consumo de memória RAM. Desbloquear uma tarefa no FreeRTOS utilizando notificação de tarefas é 45% mais rápido e usa menos memória RAM do que desbloquear a tarefa a partir de um semáforo binário. O principal motivo disso é a abordagem minimalista original do FreeRTOS, em que semáforos são criados a partir de simplificações do código utilizado para as filas no sistema. Portanto, não é correto afirmar que um sistema não possuir o recurso de notificação de tarefas significa que sua implementação de semáforos ou outros objetos do sistema é menos eficiente do que a notificação de tarefas implementada no FreeRTOS.

Um exemplo de utilização da notificação de tarefas para criar um objeto de caixas de mensagem foi apresentado previamente, na Seção 4.2.1 referente a caixas de mensagem. No entanto, uma das principais motivações para a criação

Objetos básicos do sistema operacional 231

dessa funcionalidade provavelmente foi melhorar o desempenho de eventos de sincronização. A Listagem 4.31 apresenta um exemplo de como a notificação de tarefas pode ser utilizada para implementar um semáforo binário. Note que, para replicar o comportamento de um semáforo binário, o primeiro parâmetro da função *ulTaskNotifyTake()* foi definido como pdTRUE. Isso tem o efeito de limpar (zerar) o valor da variável de notificação de tarefa, fazendo com que em vez de se comportar como um semáforo contador, a notificação se comporte como um semáforo binário. Verifique ainda que o teste de comparação do retorno da função espera pelo valor 1, indicando que um evento foi sinalizado. O valor retornado como zero indica um estouro de tempo.

```
// Declara variável que conterá o manipulador da tarefa a ser notificada
static TaskHandle_t xTaskToNotify = NULL;

void Example_Task (void *param){
    (void)param;

    /* Armazena o manipulador da tarefa a ser notificada. */
    xTaskToNotify = xTaskGetCurrentTaskHandle();

    // Inicialize aqui o hardware que controlará a interrupção

    for (;;){
        // Espera por uma interrupção ocorrer em até 100 ticks do sistema
        if (ulTaskNotifyTake(pdTRUE, 100) == 1){
            // Trata evento gerado pela interrupção aqui!
        }else{
            // Ocorreu timeout. Trate esta exceção aqui!
        }
    }
}

void Example_interrupt (void){
    // Declara variável utilizada para determinar se haverá preempção
    signed portBASE_TYPE pxHigherPriorityTaskWoken = pdFALSE;

    // Limpa flags da interrupção

    // Informa a tarefa indicada por xTaskToNotify que a interrupção ocorreu
    vTaskNotifyGiveFromISR(xTaskToNotify, &pxHigherPriorityTaskWoken);

    // Somente troca o contexto se uma tarefa de maior prioridade acordou pelo semáforo
    if (pxHigherPriorityTaskWoken == pdTRUE){
        portYIELD();
    }
}
```

Listagem 4.31 Utilizando a notificação de tarefas como um semáforo binário para sincronismo entre uma tarefa e uma interrupção no FreeRTOS.

Outra característica da notificação de tarefas que deve ser destacada é a inexistência de uma função do tipo *create()*, pois as variáveis necessárias para a notificação já existem no bloco de controle da tarefa (TCB) da tarefa. No entanto, é imprescindível utilizar uma variável do tipo *TaskHandle_t* para definir a tarefa que será notificada. Para isso, deve-se chamar a função *xTaskGetCurrentTaskHandle()* dentro da tarefa a ser notificada, com o objetivo de preencher a variável de manipulação da tarefa com o valor correto. Dessa maneira, ao notificar uma tarefa tem-se acesso direto ao seu TCB e, consequentemente, às duas variáveis de notificação

O semáforo contador pode ser implementado exatamente da mesma forma apresentada na Listagem 4.31, simplesmente alterando o primeiro parâmetro da função *ulTaskNotifyTake()* para pdFALSE. Se o valor retornado por essa função for maior que zero, significa que ocorreu um evento. A cada retorno da função o valor de notificação será decrementado. Se o valor retornado pela função for zero, isso indica que houve estouro de tempo, ou seja, não foi recebido nenhum evento dentro do tempo limite estipulado no segundo parâmetro da função.

Um exemplo mais eficiente de implementação de semáforo contador com a notificação de tarefas é apresentado na Listagem 4.32. Nessa abordagem o valor retornado da função *ulTaskNotifyTake()* é utilizado para saber quantas interrupções pendentes devem ser processadas. Dessa forma, o valor da variável de notificação pode ser zerado a cada chamada da função *ulTaskNotifyTake()*. O laço *while* permite tratar cada uma das interrupções pendentes individualmente. O código da notificação por parte da interrupção é exatamente igual ao apresentado na Listagem 4.31.

Nos exemplos apresentados, a função *vTaskNotifyGiveFromISR()* foi utilizada para realizar a notificação. Essa função é implementada no arquivo task.c do FreeRTOS e realiza o incremento da variável de notificação a cada chamada. Se a notificação emulando um semáforo for realizada por uma tarefa, deve-se utilizar a função *xTaskNotifyGive()*, que é uma macro para a função de notificação geral do FreeRTOS, utilizando como terceiro parâmetro o valor *eIncrement* (conforme Listagem 4.33). Isso garante que a notificação de tarefas funcione como um semáforo contador, podendo ser revertido em semáforo binário pelos parâmetros da função *ulTaskNotifyTake()*, como já apresentado na Listagem 4.31. Note ainda que o último argumento da notificação genérica é nulo. Isso deve-se à função genérica também dar suporte à função *xTaskNotifyAndQuery()*, em que o valor da variável de notificação de tarefa antes de qualquer modificação imposta por *xTaskNotifyAndQuery()* pode ser retornado por esse parâmetro, caso seja necessário.

Objetos básicos do sistema operacional

```
1  // Declara variável que conterá o manipulador da tarefa a ser notificada
   static TaskHandle_t xTaskToNotify = NULL;
3
   void Example_Task(void *param){
5     uint32_t ulNotifiedValue;
      (void)param;
7
      /* Armazena o manipulador da tarefa a ser notificada. */
9     xTaskToNotify = xTaskGetCurrentTaskHandle();
11    // Inicialize aqui o hardware que controlará a interrupção
13    for (;;){
         // Espera por uma interrupção ocorrer em até 100 ticks do sistema
15       ulNotifiedValue = ulTaskNotifyTake(pdTRUE, 100);
17       if(ulNotifiedValue == 0){
            /* Não recebeu notificação dentro do tempo esperado. Trate esta exceção aqui. */
19       }
         else{
21          /* ulNotifiedValue contém o número de interrupções pendentes.
            Processar cada uma individualmente. */
23          while(ulNotifiedValue > 0){
               // Processa uma interrupção aqui !
25             ulNotifiedValue--;
            }
27       }
      }
29 }
```

Listagem 4.32 Utilizando a notificação de tarefas como um semáforo contador para sincronismo entre uma tarefa e uma interrupção no FreeRTOS.

```
1  #define xTaskNotifyGive(xTaskToNotify) xTaskGenericNotify((xTaskToNotify),0,eIncrement,NULL)
3  #define xTaskNotifyAndQuery(xTaskToNotify, ulValue, eAction, pulPreviousNotifyValue)
            xTaskGenericNotify((xTaskToNotify), (ulValue), (eAction), (pulPreviousNotifyValue))
```

Listagem 4.33 Definição da macro que implementa a função *xTaskNotifyGive()* a partir da função genérica *xTaskGenericNotify()* no FreeRTOS.

A notificação de tarefa também pode ser utilizada para implementar grupos de eventos. Para tanto, a função *xTaskNotifyWait()* deve ser utilizada. Essa função se diferencia pelos seus dois primeiros argumentos, em que se pode especificar *bits* para serem zerados na variável de notificação da tarefa na entrada ou na saída da função *xTaskNotifyWait()*. Assim, os *bits* do valor de notificação de uma tarefa são utilizados como *event flags* e a função *xTaskNotifyWait()* assume a funcionalidade da função *xEventGroupWaitBits()*.

Como pode-se perceber, a API de notificação de tarefas do FreeRTOS é muito versátil, permitindo implementar uma grande variedade de objetos de sincronização e comunicação com um custo computacional reduzido. No entanto, seu uso também é limitado, pois deve-se tomar cuidados adicionais ao utilizá-la, por exemplo, para a implementação de um *driver*. Múltiplas tarefas podem fazer uso de um *driver* concorrentemente. Assim, ao utilizar a notificação de tarefas nesse caso, deve-se obrigatoriamente proteger as chamadas do *driver* por meio de um *mutex*. Isso garantirá que em um determinado momento a tarefa a ser notificada seja única.

4.4.1 Objetos de comunicação sinalizados por notificação de tarefa

Apesar da notificação de tarefa ser um objeto de sincronização e comunicação no FreeRTOs, suas capacidades de comunicação são limitadas ao valor de 32 *bits* declarado no TCB da tarefa. No entanto, sua criação possibilitou o desenvolvimento de outros objetos de comunicação que utilizam a notificação de tarefa como forma de sinalização de eventos, os *stream buffers* e os *message buffers*. A seguir as principais características e modos de utilização desses objetos são abordados.

4.4.1.1 *Stream buffers*

Os *stream buffers* e os *messagem buffers* são funcionalidades que foram inseridas no FreeRTOS a partir de sua versão 10.0.0. O objeto *stream buffers* do FreeRTOS permite que um conjunto de *bytes* seja transferido de uma rotina de serviço de interrupção para uma tarefa, ou de uma tarefa para outra tarefa. Um *stream buffer* pode ser de qualquer tamanho e não necessariamente tem um início ou fim. Assim, qualquer quantidade de *bytes* pode ser escrita de uma vez, e qualquer quantidade de *bytes* pode ser lida em uma única operação. Essa é a principal diferença de um *stream buffer* para uma fila, pois nas filas do FreeRTOS cada operação de escrita ou leitura considera o tamanho do item com que a fila foi criada. Se um item da fila for um *byte*, cada operação de leitura ou escrita será sob um *byte*. Já se o item da fila for uma estrutura, ao escrever ou ler dessa fila a quantidade de *bytes* enviados ou recebidos será o tamanho em *bytes* da estrutura.

Os *stream buffers* podem ser utilizados até mesmo para enviar dados de um *core* de um microcontrolador para outro *core*, em um processador *dual core*. No entanto, ao contrário da maioria dos outros objetos de comunicação do FreeRTOS, os *stream buffers* são otimizados para cenários em que há somente uma tarefa ou RSI escrevendo no *buffer* e somente uma tarefa lendo esses dados do *buffer*. Isso

Objetos básicos do sistema operacional 235

deve-se aos *stream buffers* fazerem uso da notificação de tarefas como forma de gerenciamento dos eventos. Portanto, se uma tarefa for colocada em estado de bloqueio ao executar uma função da API dos *stream buffers*, provavelmente suas variáveis de valor e de estado de notificação serão alteradas.

Utilizar a notificação de tarefas como forma de gerenciar o *stream buffer* faz com que seja inseguro utilizar múltiplos diferentes escritores ou leitores do *buffer*. Se esse for o caso, cada uma das tarefas ou interrupções que desejem escrever no *buffer* devem colocar as chamadas da API de escrita (*xStreamBufferSend()*, por exemplo) dentro de uma seção crítica e utilizar o *timeout* de escrita como zero. Da mesma forma, se houverem múltiplas tarefas lendo o *buffer*, cada uma das tarefas deve colocar a função da API de leitura (*xStreamBufferReceive()*, por exemplo) em uma região crítica e usar o *timeout* de leitura como zero.

A funcionalidade de *stream buffers* é habilitada ao incluir no projeto o arquivo stream_buffer.c e incluir no código-fonte o *include* para stream_buffer.h. Em um *stream buffer* os dados são copiados para o *buffer* pelo remetente e para fora do *buffer* pela tarefa leitora. Portanto, diferentemente da notificação de tarefas, um *stream buffer* precisa ser criado, com o intuito de alocar a memória necessária para o *buffer* de dados e para a estrutura do *stream buffer*.

A Listagem 4.34 apresenta um exemplo de inicialização de um *stream buffer*. Note que como argumentos deve-se definir o tamanho máximo do *buffer* e um gatilho (8 *bytes* no exemplo) que será utilizado para desbloquear a tarefa de leitura, quando a quantidade de *bytes* enviados ao *stream buffer* atingir o valor especificado. Se o tempo de bloqueio de uma tarefa lendo um *stream buffer* expirar antes do *buffer* ser preenchido com o valor do gatilho, a tarefa receberá os *bytes* disponíveis no *buffer* até aquele momento. É importante ressaltar que definir o gatilho para zero irá resultar em um gatilho de 1 *byte*. Ainda, que não é válido especificar um gatilho maior do que o tamanho do *buffer*. O gatilho de um *stream buffer* pode ser alterado a partir da função *xStreamBufferSetTriggerLevel()* de sua API.

As funções *xStreamBufferSend()* e *xStreamBufferReceive()* devem ser utilizadas para enviar e receber *bytes* do *stream buffer*, respectivamente. Também é possível enviar e receber *bytes* em um *stream buffer* por rotinas de serviço de interrupção, a partir das funções *xStreamBufferSendFromISR()* e *xStreamBufferReceiveFromISR()*. Note que essas funções são não bloqueantes e, portanto,

```
  StreamBufferHandle_t xStreamBuffer;
2 void Example_Task(void){
    /* Cria um stream buffer que pode armazenar até 128 bytes.
4   A tarefa que lerá o buffer será desbloqueada quando receber pelo menos 8 bytes. */
    xStreamBuffer = xStreamBufferCreate(128, 8);
6
    if( xStreamBuffer == NULL ){
8     /* Não há espaço suficiente no heap para criar o stream buffer. */
    }
10  else{
      /* O stream buffer foi criado com sucesso e já pode ser utilizado. */
12  }
  }
```

Listagem 4.34 Exemplo de inicialização de um *stream buffer* no FreeRTOS.

substituem o parâmetro de *timeout* por uma variável que informa se uma tarefa de maior prioridade foi adicionada à lista de prontos pelo *stream buffer*.

A Listagem 4.35 apresenta um exemplo de uso de *stream buffers* em que os dados recebidos em uma porta serial são transferidos para uma tarefa por meio de um *stream buffer*. Usualmente uma interrupção de porta serial é disparada a cada *byte* recebido. Se uma fila fosse utilizada para comunicar a rotina de serviço dessa interrupção com uma tarefa, a cada *byte* recebido a tarefa seria adicionada à lista de prontos para processar esse *byte*. No entanto, essa abordagem pode ser ineficiente em muitos casos, pois ocorrerá uma troca de contexto a cada *byte* recebido. Como no exemplo apresentado um *stream buffer* é utilizado com gatilho de 8 *bytes*, somente após pelo menos 8 *bytes* serem armazenados no *buffer* ocorrerá a inclusão da tarefa de destino na lista de prontos. O "pelo menos" deve-se à possibilidade de uma tarefa de maior prioridade estar em execução durante a recepção dos *bytes*. Nesse caso, enquanto a tarefa que irá processar os dados não consegue acesso ao processador, os dados vão sendo armazenados no *buffer*. Esse também é o motivo pelo qual a função *xStreamBufferReceive()* retorna a quantidade de dados recebidos.

Se o gatilho for definido como 1 na sua criação, o *stream buffer* se comportará como uma fila de itens de 1 *byte*, mas mais eficiente, pois utilizará a notificação de tarefa como forma de informar o evento. Contudo, o que torna o *stream buffer* mais interessante é a função *xStreamBufferSetTriggerLevel()* de sua API, que possibilita alterar dinamicamente o gatilho de *bytes* do *stream buffer*. Imagine o exemplo da Listagem 4.36, que implementa a rotina de serviço de interrupção de uma porta serial que é utilizada em um console de comandos e o protótipo da tarefa do console. Nesse caso, é interessante que a tarefa que processa o console

Objetos básicos do sistema operacional

```
1  StreamBufferHandle_t xStreamBuffer;
   void Example_Task(void *param){
3    int qtd;
     char buff[128];
5
     // Cria stream buffer com tamanho de 128 bytes e gatilho de 8 bytes
7    xStreamBuffer = xStreamBufferCreate(128, 8);
9    // Inicialize aqui o hardware que controlará a interrupção
     while(1){
11      // Recebe pelo menos 8 bytes em uma execução dessa função
        qtd = xStreamBufferReceive(xStreamBuffer, (void *)buff, sizeof(buff), portMAX_DELAY);
13      while(qtd){
          // Processa os dados recebidos
15        qtd--;
        }
17   }
   }
19
   void Example_Interrupt(void){
21   BaseType_t xHigherPriorityTaskWoken = pdFALSE;
     unsigned char data;
23
     /* Recebe dado pela serial */
25   HAL_Getchar(&data);
     xStreamBufferSendFromISR(xStreamBuffer, &data, 1, &xHigherPriorityTaskWoken);
27
     portYIELD_FROM_ISR(xHigherPriorityTaskWoken);
29 }
```

Listagem 4.35 Exemplo de uso de *stream buffer* para receber dados de uma porta serial.

somente seja incluída na lista de prontos após a recepção de um caractere "\r", que equivale à tecla Enter (*carriage return*) do teclado. Em ASCII e Unicode, essa tecla é definida com o valor 13 (0x0D em hexadecimal), mas é representada também em linguagem C por "\r". Note que no exemplo o gatilho do *stream buffer* é alterado dinamicamente para a quantidade de dados recebidos até o caractere "\r". Após receber os caracteres completos de uma só vez, o gatilho do *stream buffer* volta a ser elevado para o do tamanho do *buffer*. Dessa forma, o tamanho do próximo comando será limitado somente pela tamanho do *buffer*. Essa abordagem pode ser utilizada para gerir a recepção de diversos tipos de dados, principalmente nos casos em que as mensagens têm caracteres finalizadores ou quando as mensagens são recebidas em rajadas de *bytes*, que é o caso da comunicação Ethernet e USB.

Como pode-se perceber, os *stream buffers* podem ser utilizados de diversas formas. Um exemplo de personalização do comportamento dos *stream buffers* são os *message buffers*, que são apresentados na próxima seção.

```
1  #define BUFFER_SIZE 128
   StreamBufferHandle_t xStreamBuffer;
3
   void Console_Task(void *param){
5     int qtd;
      char cRxedChar;
7     char buff[BUFFER_SIZE];

9     // Cria stream buffer com gatilho do tamanho do buffer
      xStreamBuffer = xStreamBufferCreate(BUFFER_SIZE, BUFFER_SIZE);
11
      // Inicialize aqui o hardware que controlará a interrupção
13
      while(1){
15        // Recebe todos os caracteres de uma só vez até o primeiro \r encontrado
          qtd = xStreamBufferReceive(xStreamBuffer, (void *)&buff, BUFFER_SIZE, portMAX_DELAY);
17
          // Altera o gatilho novamente para o tamanho do buffer
19        xStreamBufferSetTriggerLevel(xStreamBuffer, BUFFER_SIZE);

21        int i = 0;
          while(qtd){
23            // Copia 1 a 1 os caracteres do buffer
              cRxedChar = buff[i++];
25            qtd--;
              // Processa individualmente cada um dos caracteres recebidos
27        }
      }
29 }

31 void Example_Interrupt(void){
      BaseType_t xHigherPriorityTaskWoken = pdFALSE;
33    unsigned char data;
      static int counter = 0;
35
      /* Recebe dado pela serial */
37    HAL_Getchar(&data);
      // Incrementa contador de caracteres recebidos
39    counter++;
      /* Se o caractere recebido for uma tecla ENTER, altera o gatilho do
41    stream buffer para a quantidade de bytes recebidos até agora. */
      if (data == '\r'){
43        xStreamBufferSetTriggerLevel(xStreamBufferUART, counter);
          // Volta o contador para o valor inicial
45        counter = 0;
      }
47    // Envia um caracter para o buffer
      xStreamBufferSendFromISR(xStreamBuffer, &data, 1, &pxHigherPriorityTaskWokenRX);
49
      portYIELD_FROM_ISR(xHigherPriorityTaskWoken);
51 }
```

Listagem 4.36 Otimização da recepção de dados de uma porta serial utilizando *stream buffer* e gatilho dinâmico.

4.4.1.2 *Message buffers*

Um *message buffer* nada mais é do que um *stream buffer* configurado com gatilho igual a zero, como pode ser visto na Listagem 4.37. Isso significa que ao receber uma mensagem de qualquer tamanho, a tarefa esperando por essa mensagem

Objetos básicos do sistema operacional | 239

será inclusa na lista de tarefas prontas para execução. Na listagem pode-se ver claramente que as funções da API do *message buffer* são macros que utilizam as funções da API dos *stream buffers*. Portanto, um *message buffer* herda todas as características comentadas sobre os *stream buffers*, inclusive a sincronização do evento por notificação de tarefas.

```
1  #define xMessageBufferCreate(xBufferSizeBytes)
            (MessageBufferHandle_t)xStreamBufferGenericCreate(xBufferSizeBytes, (size_t)0, pdTRUE)
3
   #define xMessageBufferSend(xMessageBuffer, pvTxData, xDataLengthBytes, xTicks)
5  xStreamBufferSend((StreamBufferHandle_t)xMessageBuffer,pvTxData,xDataLengthBytes,xTicks)

7  #define xMessageBufferReceive(xMessageBuffer, pvRxData, xBufferLengthBytes, xTicks)
   xStreamBufferReceive((StreamBufferHandle_t)xMessageBuffer,pvRxData,xBufferLengthBytes,xTicks)
```

Listagem 4.37 Macros que definem a API do *message buffer*.

Essa forma de funcionamento dos *message buffers* simplifica o uso dos *stream buffers* para uma grande variedade de aplicações. Por exemplo, imagine que em vez de uma tarefa enviar informações de estado diretamente para um terminal serial, esta delegue o controle do envio dos dados a uma segunda tarefa. Dessa forma, a tarefa que gera os dados pode continuar a processar outras informações enquanto as informações geradas anteriormente vão sendo enviadas pela tarefa de impressão. Esse exemplo é apresentado na Listagem 4.38. Note a partir do exemplo que, como uma mensagem é enviada inteira em uma chamada da função **xMessageBufferSend()**, o sistema pode copiar todos os dados para o *buffer* e somente então notificar a tarefa de recepção. Assim, a tarefa de impressão dos dados também os receberá de uma só vez, tornando o processo mais eficiente do que se uma fila tivesse sido utilizada. O limite do tamanho da mensagem enviada será o tamanho do *buffer*, que é de 768 *bytes* nesse caso.

Os *message buffers* também foram disponibilizados a partir da versão 10.0.0 do FreeRTOS. Essa versão determina a inclusão do FreeRTOS no mundo da internet das coisas, pois, além das novas API, foi incluída uma pilha de protocolos TCP/IP (FreeRTOS+TCP) desenvolvida pela equipe do FreeRTOS. Essas novidades fazem todo o sentido se considerarmos o surgimento do Amazon FreeRTOS (a:FreeRTOS) no final de 2017, que é uma versão do FreeRTOS com diversas bibliotecas para interagir com os serviços de nuvem *Amazon Web Services* (AWS).

```c
void Keyb_Task(void *param){
  uint8_t key = 0;

  (void)param;
  /* Declara message buffer com tamanho máximo de 768 bytes */
  xMessageBuffer = xMessageBufferCreate(768);

  while(1){
    /* Recebe a informação da tecla pressionada por uma fila */
    if(xQueueReceive(qKEYB, &key, portMAX_DELAY) == pdTRUE){
      switch(key){

        case SW1_KEY:
          // Envia dados para a tarefa de impressão
          char *message = "Name            State  Priority  Stack  Number\n\r";
          xMessageBufferSend(xMessageBuffer, message, strlen(message)+1, portMAX_DELAY);
          message = "*******************************************************\n\r";
          xMessageBufferSend(xMessageBuffer, message, strlen(message)+1, portMAX_DELAY);
          vTaskList(buffer);
          xMessageBufferSend(xMessageBuffer, buffer, strlen(buffer)+1, portMAX_DELAY);
          xMessageBufferSend(xMessageBuffer, "\n\r", strlen("\n\r")+1, portMAX_DELAY);
          break;

        case SW2_KEY:
          // Envia dados para a tarefa de impressão
          char *message = "Name            Abs Time     % Time\n\r";
          xMessageBufferSend(xMessageBuffer, message, strlen(message)+1, portMAX_DELAY);
          message = "*************************************************\n\r";
          xMessageBufferSend(xMessageBuffer, message, strlen(message)+1, portMAX_DELAY);
          vTaskGetRunTimeStats(buffer);
          xMessageBufferSend(xMessageBuffer, buffer, strlen(buffer)+1, portMAX_DELAY);
          xMessageBufferSend(xMessageBuffer, "\n\r", strlen("\n\r")+1, portMAX_DELAY);
          break;

        default:
          break;
    }
  }
}

void Print_Task(void *param){
  /* Declaração do buffer de recepção, que determina o tamanho máximo
  de mensagem que pode ser recebida. */
  char buffer[768];
  uint8_t qtd = 0;

  while(1){
    // Recebe mesagens de múltiplos tamanhos pelo buffer de mensagens
    qtd=xMessageBufferReceive(xMessageBuffer,(void *)buffer,sizeof(buffer),portMAX_DELAY);

    // Imprime os dados recebidos em uma porta serial
    UARTPutString(buffer, qtd);
  }
}
```

Listagem 4.38 Exemplo de uso do *message buffer* para enviar mensagens de tamanhos variados no FreeRTOS.

4.5 Resumo

Em um projeto de um sistema embarcado que utiliza RTOS, por vezes, é necessário realizar comunicação e/ou sincronização entre tarefas ou entre uma

Objetos básicos do sistema operacional   241

RSI e uma tarefa. A sincronização pode ser de recursos ou de atividades, enquanto a comunicação pode ser de sinalização ou de transferência de dados. Semáforos, caixas de mensagens e filas de mensagens constituem os objetos básicos de um RTOS que possibilitam a comunicação e a sincronização entre tarefas.

Os semáforos são essencialmente utilizados para realizar o sincronismo na execução de tarefas ou entre tarefas e rotinas de interrupção. Eles podem ser contadores ou binários e possuem os seguintes serviços básicos associados: CREATE (para inicializar o semáforo), PEND ou TAKE (para esperar a sinalização), POST ou GIVE (para sinalizar) e DELETE (para apagar).

Os semáforos binários também podem ser utilizados para gerenciar o acesso das tarefas a recursos compartilhados, mas nesse caso eles são denominados de semáforos de exclusão mútua (ou *mutex*). O *mutex* se diferencia de um semáforo binário convencional por ter, na sua implementação, protocolos para evitar a inversão de prioridade em sistemas preemptivos. Dois protocolos são comumente empregados: o protocolo de herança de prioridade e o protocolo de teto de prioridade.

As caixas de mensagens e as filas de mensagens são extensões de semáforos, pois, além de realizar a sinalização de eventos e permitir a sincronização, esses objetos permitem a comunicação entre as tarefas ou entre tarefas e rotinas de interrupção. Essa comunicação pode ser feita por meio de uma posição de memória compartilhada, no caso da caixa de mensagem, ou por um *buffer* compartilhado, no caso das filas de mensagens. Ainda, nas filas de mensagens, pode-se utilizar as políticas de inserção e remoção *first-in-first-out* (FIFO) ou *last-in-first-out* (LIFO).

Da mesma forma que semáforos, caixas e filas de mensagens possuem serviços básicos associados, como CREATE, POST ou SEND, PEND ou RECEIVE e DELETE, os quais podem, ainda, ser implementados com funcionalidades de temporização associadas, como estouro de tempo (*timeout*) para evitar a espera indefinida por um sinal ou mensagem e, assim, evitar possíveis situações de intertravamento (*deadlocks*).

Há ainda outros objetos que são variações das filas e caixas de mensagens, como as notificações e os *buffers*, que possuem menor uso dos recursos do sistema embarcado (como capacidade de processamento e memória) e que atendem os casos em que uma única tarefa precisa ser notificada utilizando o objeto. Exitem também objetos que são extensões dos objetos mais básicos, como os

242 Sistemas operacionais de tempo real e sua aplicação em sistemas embarcados

grupos de eventos (*event groups*) e os conjuntos de filas (*queue sets*), que permitem sincronização baseada em múltiplos eventos ou múltiplos objetos.

4.6 Problemas

Problema 4.1. Considerando o exemplo de estrutura de uma possível implementação de barreira mostrado na Listagem 4.1, escreva um pseudocódigo para a implementação dessa barreira.

Problema 4.2. Em um determinado sistema multitarefas há, além da tarefa ociosa, apenas cinco tarefas A, B, C, D e E com prioridades decrescentes, as quais possuem o mesmo tempo de computação (digamos, X ms) e usam uma barreira para sua sincronização. Ao final do tempo de computação de cada tarefa e antes de chegar à barreira, cada tarefa aguarda um atraso de tempo decrescente da seguinte forma (A: 5 ms, B: 4 ms, C: 3 ms, D: 2 ms e E: 1 ms). Considerando que tais tarefas são executadas por um núcleo preemptivo com escalonamento dirigido por prioridades fixas e estão inicialmente sincronizadas pela barreira, determine em que condição:

- A tarefa A chega primeiro à barreira.
- A tarefa E chega primeiro à barreira.
- A tarefa C chega primeiro à barreira.

Problema 4.3. Considere o caso em que duas tarefas compartilham um *buffer* de tamanho fixo que pode armazenar até N *bytes*. Uma das tarefas (a produtora) deve escrever um caractere de 8 *bits* (1 *byte*) no *buffer* a cada 10 ms se o *buffer* não estiver cheio; caso contrário, ela deve aguardar até que o *buffer* volte a ter espaço disponível para armazenar pelo menos um caractere. Outra tarefa (a consumidora) aguarda até que haja pelo menos um caractere no *buffer* e então o remove. Ela remove os caracteres um a um enquanto o *buffer* não ficar vazio. Caso o *buffer* esteja vazio, ela deve aguardar até que a tarefa produtora insira neste um novo caractere. Escreva em pseudocódigo a implementação de cada tarefa utilizando semáforos.

Problema 4.4. Supondo que, no Problema 4.3, o tamanho do *buffer* é de 100 *bytes* e que a tarefa consumidora deve, após remover um caractere do *buffer*, aguardar

Objetos básicos do sistema operacional

pelo menos T ms até que possa remover outro caractere do *buffer*, determine o valor máximo de T para que o *buffer* nunca tenha uma ocupação maior do que 90% do seu tamanho.

Problema 4.5. Supondo que, no Problema 4.3, a tarefa consumidora deve, após remover um caractere do *buffer*, aguardar pelo menos 20 ms até que possa remover outro caractere do *buffer*, determine a máxima taxa de transferência de dados da tarefa produtora para a tarefa consumidora em *bytes* por segundo.

Problema 4.6. Escreva em pseudocódigo a implementação de cada tarefa do Problema 4.3 utilizando filas.

5 Capítulo

Gerenciamento de tempo

Em sistemas de tempo real, tanto as tarefas de gerência do sistema quanto as tarefas do usuário frequentemente executam ações periódicas. Por exemplo, os sistemas operacionais de tempo real (RTOS) devem realizar trocas de contexto periódicas entre tarefas de mesma prioridade para garantir uma distribuição justa da CPU quando executando um algoritmo de escalonamento *round-robin*. Ainda, vários protocolos de comunicação agendam ações de retransmissão de dados e recuperação de protocolo em dispositivos com suporte a redes de comunicação. Muitas outras funções para agendamentos baseados em tempo podem ser citados, como: atualização de *displays*, monitoramento de sensores, temporizadores etc. De forma geral, em qualquer aplicação de um RTOS em sistemas embarcados haverá necessidade de agendar ações futuras. O agendamento de ações futuras é realizado por meio de serviços de tempo disponibilizados pelos núcleo do sistema operacional, como temporizadores.

Um exemplo em que se pode utilizar um temporizador é na solução do problema de oscilação de teclas mecânicas (*bouncing*). A oscilação da tecla mecânica gera uma oscilação no sinal elétrico no pino de entrada do microcontrolador (ver Figura 5.1), podendo ocasionar múltiplas interrupções para um único pressionamento de tecla. A remoção do efeito das oscilações consiste em desabilitar

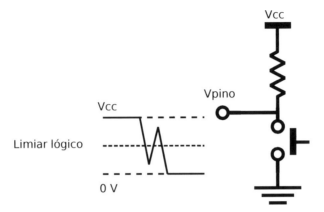

Figura 5.1 Oscilação mecânica da tecla pode causar múltiplas interrupções.

a interrupção associada ao pino de entrada por um tempo suficiente para que as oscilações cessem e apenas a primeira transição de sinal seja detectada. Essa técnica é denominada *debouncing* e pode ser implementada com a utilização de um temporizador, conforme pseudocódigo da Listagem 5.1.

```
   /* Aguarda interrupção de entrada associada à tecla. */
2  tecla_int_aguarda();

4  /* Desabilita interrupção associada à tecla. */
   tecla_int_desabilita();
6
   /* Aguarda tempo suficiente para cessar oscilações mecânicas. */
8  temporizador_espera(ESPERA_20MS);

10 /* Faz a leitura do estado lógico do pino associado à tecla. */
   tecla_leitura_estado();
12
   /* Habilita interrupção associada à tecla. */
14 tecla_int_habilita();
```

Listagem 5.1 Pseudocódigo para *debouncing* de tecla mecânica.

5.1 Temporizadores *hard* e *soft*

Um sistema embarcado complexo contém diversos módulos de *software* e periféricos, cada um demandando uma variedade de temporizações com diferentes valores. A maioria dos sistemas embarcados utiliza dois tipos de temporizadores: temporizadores *hard* e *soft*. Os temporizadores *hard* são derivados de temporizadores físicos que interrompem o processador quando o valor temporizado expira. Operações com requisitos de precisão e latência necessitam do comportamento previsível de um temporizador *hard*. Os temporizadores *soft* são eventos de *software* agendados por um serviço do núcleo. Esses temporizadores permitem agendamento eficiente de eventos quando não há necessidade de alta precisão.

Os temporizadores também são bastante úteis em sistemas de comunicação de dados. Inclusive, nesse caso, o número de temporizadores necessários pode ser bem maior do que o número de temporizadores disponíveis em *hardware* – temporizadores *hard* –, tornando necessária a utilização de temporizadores por *software* – temporizadores *soft*. Note-se, por exemplo, uma implementação da pilha de protocolos TCP/IP. O *transmission control protocol* (protocolo TCP) gerencia conexões remotas fim a fim (geralmente, entre hospedeiro-servidor), sendo que cada conexão aberta possui associada a ela um conjunto de temporizadores. Esses temporizadores são empregados para várias funções executadas pelo protocolo TCP, incluindo temporização de retransmissão (*retransmission timeout* - RTO), temporizador de persistência, temporização de *keepalive* para verificar se uma conexão continua aberta, bem como outros temporizadores que podem ser utilizados dependendo da implementação do protocolo. Nota-se, portanto, que, dependendo do número de conexões abertas, o número de temporizadores necessários pode ser significativamente maior do que o número de temporizadores *hard* disponíveis. Por isso, um gerenciamento eficiente dos temporizadores *soft* é muito importante para uma implementação do protocolo TCP. Uma discussão interessante sobre este assunto pode ser encontrada em Tanenbaum e Wetherall (2003).

O temporizador *hard* é um periférico bastante comum em qualquer microcontrolador. O uso principal de um temporizador é, obviamente, na contagem de tempo. Entretanto, temporizadores também são utilizados para contagem de pulsos e geração de sinais modulados por largura de pulso (*pulse width modulation* - PWM). Por isso, geralmente, microcontroladores incluem um ou mais temporizadores *hard*. A Figura 5.2 apresenta o diagrama de blocos de um temporizador *hard*. O contador é incrementado por um sinal normalmente derivado do *clock* de barramento do processador. Assim que o contador atinge o valor programado, o comparador reinicia o contador e gera uma sinalização para interrupção.

Embora uma aplicação possa precisar de vários temporizadores com resolução de microssegundos, nem todos os agendamentos de ações necessitam de alta precisão. Para um grande número de aplicações a resolução na ordem de milissegundos é suficiente. Além disso, quando o número de temporizadores disponíveis, em um determinado microcontrolador, for menor do que o número de temporizadores necessários para as tarefas em execução, a implementação de temporizadores *soft* é, frequentemente, uma alternativa mais viável do que a substituição do microcontrolador em uso. Por isso, a disponibilidade de temporizadores *soft* é uma funcionalidade, geralmente, fornecida pelo RTOS. Mesmo se não estiver disponível, a implementação de um serviço de gerenciamento de temporizadores *soft* pode ser implementada pelo usuário por meio dos serviços de gerenciamento de tempo já disponíveis. Por outro lado, veremos que uma implementação eficiente pode não ser trivial, sendo preferível que um serviço de gerenciamento de temporizadores *soft* já esteja integrado ao RTOS.

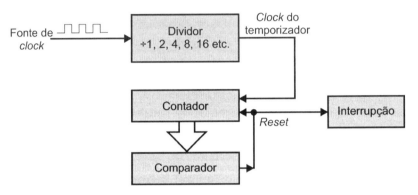

Figura 5.2 Diagrama de blocos de um temporizador *hard*.

Outra razão para a utilização de temporizadores *soft* é a redução do *overhead* causado por interrupções do sistema. Quanto maior o número de temporizadores *hard* ativos e menor o período de operação desses temporizadores, maior será o *overhead* computacional envolvido, podendo chegar a valores consideráveis de ocupação do processador. Isso ocorre porque cada temporizador *hard* é implementado a partir de um dos temporizadores em *hardware* acoplados ao processador, possuindo uma interrupção própria.

A implementação de temporizadores *soft* necessita também de uma base de tempo. Essa base de tempo é obtida por um período programado em um temporizador *hard*. Esse período de tempo que rege os temporizadores *soft* em um sistema de tempo real é conhecido por marca de tempo, como visto anteriormente.

A inicialização da marca de tempo é executada durante o início do sistema. Geralmente o processo de inicialização do temporizador envolve os seguintes passos:

Gerenciamento de tempo

- definição da base de tempo utilizada a partir dos divisores de *clock* disponíveis no *hardware*;

- *reset* do contador;

- cálculo do valor apropriado para obter o período de marca de tempo desejado e programação desse valor no registrador de comparação do temporizador;

- instalação da rotina de serviço de interrupção do temporizador;

- habilitação da interrupção do temporizador.

Além da gerência de atrasos, muitos dos núcleos de tempo real utilizam a marca de tempo para gerenciar o escalonamento de tarefas. Por isso, a escolha apropriada do período da marca de tempo é importante para sistemas de tempo real. Períodos muito curtos (de 10 µs a 1 ms) podem causar *overhead* computacional, pois o tempo de processamento da rotina de serviço de interrupção (RSI) do temporizador torna-se relevante em comparação ao tempo disponível para as tarefas. Normalmente a marca de tempo de um RTOS é configurada para valores entre 1 ms e 100 ms.

Tipicamente a rotina de serviço de interrupção da marca de tempo realiza as seguintes funções:

- atualizar o relógio do sistema: tanto o tempo absoluto quanto o tempo decorrido são atualizados. O tempo absoluto é o tempo do relógio e calendário do sistema, com resolução de segundos. O tempo decorrido determina a quanto tempo o sistema está em execução;

- anunciar uma nova marca de tempo, que será utilizada pelo escalonador e pelos serviços do temporizador do núcleo;

- reconhecer a interrupção (por meio dos registradores de controle) e retornar da interrupção.

Todos os temporizadores *soft* utilizados em uma aplicação serão baseados na marca de tempo do sistema, tendo também sua precisão associada ao tempo escolhido para a marca. Não existe limite teórico para o número de temporizadores *soft* utilizados em uma aplicação. Os limites impostos em sistemas reais devem-se ao tempo de processamento e à quantidade de memória disponível.

O núcleo do sistema operacional deve prover diversos serviços ligados aos temporizadores, por exemplo:

- serviços de configuração da marca de tempo (determinar o período da marca, ativar, desativar etc);
- serviços de atraso para as tarefas e estouro de tempo (*timeout*) nas chamadas de outros serviços do sistema (exemplo: espera de semáforos, espera de chegadas em filas etc.);
- serviços de configuração e leitura do relógio/calendário do sistema;
- serviço para leitura do tempo que o sistema está ativo (*uptime*).

5.2 Modelos de temporizadores em *software* (implementação da marca de tempo)

Existem muitas formas para implementação de temporizadores em *software* em um sistema operacional. Algumas dessas formas têm maior precisão, mas possuem um maior *overhead* computacional associado. Outras técnicas exigem menos operações, mas também apresentam menor precisão.

Uma das técnicas mais simples e bastante difundidas é utilizar um temporizador em *hardware* para gerenciar um contador de marcas de tempo. A cada evento do temporizador *hard* esse contador será incrementado. Dessa forma, a resolução dos contadores em *software* será de ±1 marca de tempo. Sempre que um temporizador em *software* for acionado, o tempo desejado será relativo ao estado atual do contador do sistema. A Figura 5.3 apresenta o comportamento desse modelo para um sistema com marca de tempo de 1 ms, em que dois temporizadores em *software* são acionados em momentos diferentes, com *timeouts* de 10 ms e 30 ms, respectivamente.

O contador do sistema possui um valor limite imposto pelo tamanho de sua palavra. No caso de 16 *bits*, o *overflow* de um contador ocorre em 65.535. Esse *overflow* deve ser considerado pelo serviço do núcleo responsável pelo gerenciamento dos temporizadores em *software*. A Figura 5.4 demonstra como o *timeout* de um serviço de atraso se comporta quando seu agendamento passa por um *overflow* do contador (*overflow* ocorre em 32.000).

Gerenciamento de tempo

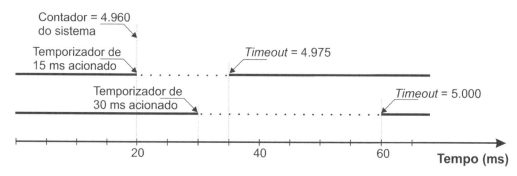

Figura 5.3 Modelo de temporizador em *software* com contador.

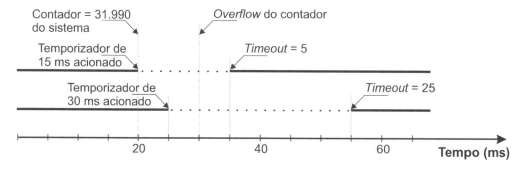

Figura 5.4 *Overflow* do contador do sistema ocorrendo em 32000.

Deve-se observar que, quando uma tarefa utiliza um temporizador por meio de um serviço do sistema do tipo *delay* (atraso) ou *timeout* (no caso de espera por um dado na fila ou semáforo), esta sofre preempção e é incluída em uma lista de espera. Por isso, uma tarefa nunca irá utilizar mais de um temporizador em um mesmo momento. Outra característica dos temporizadores em *software* utilizando esse modelo é o limite de *timeout* imposto pelo *overflow* do contador. No caso apresentado, um contador com limite em 32.000 sendo incrementado a cada 1 ms limita o *timeout* a 32 segundos.

O esforço computacional despendido para o gerenciamento dos temporizadores nesse modelo irá depender de quantos temporizadores estiverem ativos em um determinado momento, bem como de que forma a verificação temporal está implementada. Geralmente o número máximo de temporizadores está associado ao número máximo de tarefas que o sistema operacional permite, como explicado no parágrafo anterior. Em sistemas operacionais mais complexos os temporizadores em *software* são utilizados também por *threads*. Como uma tarefa pode ter diversas *threads* associadas a ela, vários temporizadores também podem ser utilizados.

A cada marca de tempo a RSI irá incrementar o contador do temporizador e verificar se o *timeout* dos temporizadores em *software* ativos foram atingidos. Como visto nos capítulos anteriores, a resolução dos temporizadores em *software* dependerá do tempo de marca do sistema operacional. Quando uma tarefa é incluída na lista de prontos por um serviço de temporizador em *software*, não existem garantias de que o tempo solicitado será mantido. Ao ser incluída na lista de prontos, a tarefa volta a concorrer pelo processador, no entanto, quanto maior for o índice de ocupação do processador, menor será a probabilidade das tarefas de baixa prioridade receberem o processador no tempo desejado.

A implementação da verificação dos *timeouts* passa por dois momentos, a inclusão do temporizador em uma lista e o teste para determinar quais tempos foram atingidos. A inclusão na lista de tarefas esperando por um tempo pode ser implementada de diversas formas, sendo que cada uma delas apresentará um impacto na abordagem de teste temporal utilizado. Para exemplificar algumas dessas formas iremos utilizar três abordagens diferentes, implementadas nos sistemas operacionais μC/OS II, BRTOS e FreeRTOS, respectivamente.

O sistema μC/OS II utiliza a forma mais simples, porém a menos eficiente, para o gerenciamento temporal das tarefas. A inclusão na lista de tarefas em espera de um evento temporal é basicamente a escrita do *timeout* desejado no bloco de controle da tarefa (TCB). Essa abordagem prejudica o desempenho geral do sistema, pois a cada marca de tempo o sistema varre o TCB de todas as tarefas instaladas em busca de um *timeout* equivalente ao tempo atual do sistema. O problema dessa abordagem é facilmente explicado com um simples exemplo. Imagine um dado sistema que possui 10 tarefas sendo executadas concorrentemente. Nesse sistema somente três tarefas estão utilizando um serviço de *delay*, sendo os tempos de 100 ms, 500 ms e 1.000 ms. No entanto, considerando uma janela de 1.000 ms, o sistema operacional irá realizar 10.000 testes, ou seja, 10 testes (número de tarefas instaladas) a cada marca de tempo para determinar o exato momento em que uma dessas tarefas deve voltar à lista de prontos. A Listagem 5.2 apresenta a ideia utilizada para o teste temporal do μC/OS II. Note que além de serem necessário dois testes por tarefa na lista, também existe o decremento da variável que gerencia o tempo para voltar a executar, o que torna o teste ainda mais crítico. Por fim, como existe o decremento da variável de controle de tempo, a operação é executada em região crítica, o que torna o processo ainda mais custoso, visto que é executado uma vez a cada interrupção de tempo.

Gerenciamento de tempo

```
1    // Aponta para o primeiro TCB na lista
     ponteiro_tcb = ListaTCB;
3    // Varre todos os TCBs da lista, menos a tarefa Idle
     while (ponteiro_tcb->Prioridade != PRIORIDADE_IDLE){
5        // Bloqueia as interrupções
         EntraCritíco();
7        // Testa se existe delay ou espera por evento
         if (ponteiro_tcb->tempo != 0) {
9            // Decrementa o timeout até chegar a zero
             if (--ponteiro_tcb->tempo == 0) {
11               // Se chegar a zero
                 // Incluir a tarefa na lista de prontos, dependente do sistema
13           }
         }
15       // Aponta para o próximo TCB na lista
         ponteiro_tcb = ponteiro_tcb->Próxima;
17       SaiCrítico();
     }
```

Listagem 5.2 Código baseado no teste temporal implementado no sistema µC/OS II.

Assim, apesar da inclusão na lista de tarefas esperando por um evento temporal ser extremamente agilizada no µC/OS II, a implementação dos testes temporais compromete uma parcela significativa do tempo do processador. Note que a quantidade de testes necessários para que todas as tarefas utilizem um serviço de *delay* é a mesma, pois todos os TCBs são testados. Cabe ressaltar que o desempenho do gerenciamento temporal do µC/OS III é muito superior ao de sua versão anterior, pois baseia-se no uso de listas encadeadas.

Já no sistema operacional BRTOS existe uma lista de tarefas esperando por eventos temporais. Esse método diminui consideravelmente a quantidade de testes realizados, pois a cada marca de tempo somente as tarefas esperando pelo evento temporal serão testadas. Assim, para o mesmo caso do exemplo anterior serão realizados 3.000 testes, ou seja, 3 a cada marca de tempo, o que equivale ao número de tarefas esperando por um evento temporal. A inclusão na lista de tarefas esperando pelo evento temporal também é ágil nesse sistema, mas o número de testes cresce com a quantidade de tarefas esperando por esse tipo de evento. A Listagem 5.3 apresenta o código de teste temporal do BRTOS. Note que só existe bloqueio das interrupções para modificação de variáveis do sistema se for encontrada uma tarefa para entrar na lista de prontos, ou seja, o teste não é realizado em região crítica.

Finalmente, o sistema FreeRTOS utiliza uma abordagem diferente dos demais. Assim como no BRTOS, o FreeRTOS possui uma lista de tarefas esperando por um evento temporal. No entanto, ao incluir uma tarefa na lista de espera por esse evento, o sistema organiza a lista de forma que a tarefa mais próxima de

```
     // Aponta para primeiro TCB esperando por evento de tempo
2    ContextType *Task = Head;
     // Varre todos os TCB esperando por tempo
4    while(Task != NULL){
         // Testa se chegou o momento de adicionar a tarefa na lista de prontos
6        if (Task->TimeToWait == OSTickCounter){
             iPrio = Task->Priority;
8
             // Bloqueia as interrupções
10           OSEnterCritical();

12           // Adiciona a tarefa na lista de prontos
             OSReadyList = OSReadyList | (PriorityMask[iPrio]);
14
             // Informa que a tarefa acordou por timeout
16           Task->TimeToWait = EXIT_BY_TIMEOUT;

18           OSExitCritical();

20           // Remove a tarefa da lista de espera por evento temporal
             RemoveFromDelayList();
22       }
         // Aponta para o próximo TCB
24       Task = Task->Next;
     }
```

Listagem 5.3 Código do teste temporal implementado no sistema BRTOS.

ocorrer esteja no início da lista, como pode-se verificar no trecho de código apresentado na Listagem 5.4. Verifique ainda na Listagem que pode ocorrer *overflow* da variável que controla as marcas de tempo do sistema. O FreeRTOS possui duas listas de bloqueio, sendo uma para gerenciar os tempos em que houve o *overflow* e outra para gerenciar os tempos de expiração em que não houve o *overflow*. Também pode-se observar que, se a tarefa for adicionada ao topo da lista de bloqueio, a variável global de comparação de expiração de tempo do sistema *xNextTaskUnblockTime* deve ser atualizada para o tempo de expiração dessa tarefa.

```
1  void prvAddCurrentTaskToDelayedList(TickType_t xTicksToWait, const BaseType_t
        xCanBlockIndefinitely){
   TickType_t xTimeToWake;
3  const TickType_t xConstTickCount = xTickCount;

5    /* Remove a tarefa da lista de prontos antes de adicioná-la a lista de bloqueio por tempo. */
     if( uxListRemove( &( pxCurrentTCB->xStateListItem ) ) == ( UBaseType_t ) 0 ){
7      /* Se a tarefa removida for a única com essa prioridade na lista de prontos
       remove a prioridade do mapa de bits das prioridades prontas. */
9      portRESET_READY_PRIORITY( pxCurrentTCB->uxPriority, uxTopReadyPriority );
     }
11
     /* Calcula o tempo no qual a tarefa deve ser acordada se o evento esperado não
13   ocorrer. Pode existir overflow, mas o núcleo do sistema irá gerenciá-lo corretamente. */
     xTimeToWake = xConstTickCount + xTicksToWait;
15
```

Gerenciamento de tempo

```
17   /* Calcula a posição da tarefa na lista de espera na ordem de expiração do timeout. */
     listSET_LIST_ITEM_VALUE( &( pxCurrentTCB->xStateListItem ), xTimeToWake );
19
     if( xTimeToWake < xConstTickCount ){
21     /* Ocorreu overflow no tempo para acordar a tarefa. Adiciona a tarefa na lista de
       tempos com overflow. */
23     vListInsert( pxOverflowDelayedTaskList, &( pxCurrentTCB->xStateListItem ) );
     }
25   else{
       /* Não ocorreu overfow, então adiciona a tarefa à lista de bloqueio por tempo */
27     vListInsert( pxDelayedTaskList, &( pxCurrentTCB->xStateListItem ) );

29     /* Se a tarefa entrando em estado de bloqueio foi adicionada ao topo da lista
       de bloqueio, então xNextTaskUnblockTime deve ser atualizado também. */
31     if( xTimeToWake < xNextTaskUnblockTime ){
         xNextTaskUnblockTime = xTimeToWake;
33     }
     }
35 }
```

Listagem 5.4 Trecho do código em que se adiciona uma tarefa à lista de espera por tempo no sistema FreeRTOS.

A organização da fila de bloqueios por tempo utilizada no FreeRTOS faz com que a quantidade de testes seja sempre o mesmo, independentemente da quantidade de tarefas esperando por um evento temporal, ou seja, um marca de tempo. Esse comportamento pode ser visualizado na Listagem 5.5. Note na listagem que existe um laço *for*, que se deve ao caso em que duas ou mais tarefas possuam tempos de expiração coincidentes. Assim, considerando o exemplo utilizado anteriormente, no FreeRTOS a quantidade de testes para determinar quando uma tarefa estará pronta será sempre em torno de 1.000 testes na janela de tempo analisada.

```
1 BaseType_t xTaskIncrementTick( void ){

3 ...

5 /* Verifica se a marca de tempo fez um timeout expirar. As tarefas são armazenadas em
   uma fila na ordem do tempo para serem reativadas, o que significa que não há necessidade
7 de testar as outras tarefas se a tarefa no topo da fila não tiver expirado. */
   if( xConstTickCount >= xNextTaskUnblockTime ){
9    for( ;; ){
       if( listLIST_IS_EMPTY( pxDelayedTaskList ) != pdFALSE ){
11       /* A lista de delay está vazia. Configura xNextTaskUnblockTime
         para o máximo valor possível, de forma que o teste
13       if( xTickCount >= xNextTaskUnblockTime ) demore a ser verdadeiro
         se nenhuma tarefa estiver pronta para executar. */
15       xNextTaskUnblockTime = portMAX_DELAY;
         break;
17     }
       else{
19       /* A lista de delay não está vazia. Portanto, Pega-se o valor do item
         no topo da lista de tarefas. Essa tarefa deverá ser removida do estado
21       de bloqueio, pois seu tempo de espera expirou. */
         pxTCB = ( TCB_t * ) listGET_OWNER_OF_HEAD_ENTRY( pxDelayedTaskList );
23       xItemValue = listGET_LIST_ITEM_VALUE( &( pxTCB->xStateListItem ) );
```

```
25    if( xConstTickCount < xItemValue ){
        /* Ainda não é o momento de remover a tarefa da lista de espera, mas o valor contido
27      em xItemValue é o tempo no qual a tarefa no topo da lista deveria ser removida da fila
        de delay. Portanto, armazena-se xItemValue em xNextTaskUnblockTime. */
29      xNextTaskUnblockTime = xItemValue;
        break;
31    }

33    /* É o momento de remover a tarefa do estado bloqueado. */
      ( void ) uxListRemove( &( pxTCB->xStateListItem ) );
35
      /* A tarefa também espera por um evento? Se sim, remove-a também
37    da lista de espera por eventos. */
      if( listLIST_ITEM_CONTAINER( &( pxTCB->xEventListItem ) ) != NULL ){
39      ( void ) uxListRemove( &( pxTCB->xEventListItem ) );
      }
41
      /* Coloca-se a tarefa desbloqueada na lista de tarefas prontas. */
43    prvAddTaskToReadyList( pxTCB );

45    /* A troca de contexto somente ocorre se a tarefa desbloqueada
      tiver prioridade igual ou superior à da tarefa executando atualmente. */
47    if( pxTCB->uxPriority >= pxCurrentTCB->uxPriority ){
        xSwitchRequired = pdTRUE;
49    }
    }
51  }
  }
```

Listagem 5.5 Trecho do código de teste temporal implementado no sistema FreeRTOS.

Aparentemente a abordagem utilizada no FreeRTOS irá resultar em menor esforço computacional para o gerenciamento temporal do sistema, pois reduz a quantidade de testes realizados na interrupção de marca de tempo. No entanto, deve-se considerar o esforço computacional necessário para a organização das filas. Assim, de maneira geral, é esperado que se os *delays* e *timeouts* utilizados forem de poucas marcas de tempo, o método de testes simples deverá apresentar um bom desempenho. No entanto, para tempos maiores, a organização de filas trará menor esforço computacional, justificando o tempo dispendido na organização da fila.

5.3 Temporizadores em *software* para execução de *callbacks*

Os serviços de atraso (*delay*) e estouro de tempo (*timeout*) são serviços essenciais fornecidos por um RTOS. Entretanto, embora à primeira vista esses serviços sejam suficientes para o gerenciamento de tempo para muitas aplicações, podem não ser eficientes, ou mesmo suficientes, em aplicações mais complexas (exemplo: implementação do protocolo TCP).

Considere mos, por exemplo, uma tarefa que realiza a alimentação do cão de guarda (*watchdog*), com a escrita de um registrador periodicamente. A utilização de uma tarefa dedicada a essa função torna necessária a alocação de recursos do RTOS (como pilha, TCB, prioridade etc.). Para economizar tais recursos, pode-se reaproveitar uma tarefa já existente que seja executada periodicamente e acrescentar a ela mais essa função. Essa alternativa, embora possa ser utilizada, tem duas desvantagens importantes: (1) ela vai contra o princípio da modularidade do projeto de *software* e (2) a complexidade e a dificuldade de manutenção aumentam à medida que novas funções necessitem ser acrescentadas.

Uma forma mais econômica e modular para se realizar funções periódicas consiste na utilização de temporizadores em *software*, gerenciados pelo RTOS, que permitem executar funções periódicas ou com períodos variáveis por meio de *callbacks*.[1] Portanto, a execução de uma determinada função é realizada quando ocorre o estouro de tempo do temporizador associado a ela.

Na seção seguinte, veremos possíveis formas de implementação de um serviço de gerenciamento de temporizadores em *software* para execução de *callbacks*, geralmente utilizadas em RTOS. Obviamente, é desejável uma implementação eficiente, com baixo consumo de memória (principalmente memória de dados), baixa sobrecarga de processamento, bem como seções críticas de curta duração. Por isso, discutiremos também os aspectos relacionados à eficiência das diversas formas de implementação com relação ao consumo de memória, tempo de processamento e duração máxima das seções críticas.

5.4 Implementação de temporizadores em *software* para execução de *callbacks*

Comecemos por uma implementação trivial, conforme a Listagem 5.6. Nesta implementação, utiliza-se uma estrutura *timer_t* que guarda as informações relativas ao temporizador, como o estado do temporizador (por exemplo, APAGADO, CONTANDO, PARADO etc.), o contador de tempo, o valor máximo da contagem e o ponteiro da função de *callback* que será executada quando o temporizador expirar. Os temporizadores estão armazenados em um vetor, o qual será percorrido

---

[1] *Callback* é uma função (isto é, um código executável) que é passada por referência (isto é, por um ponteiro de função) para outra função (como argumento), sendo que esta última realizará a chamada de volta (*callback*) daquela primeira em um momento futuro.

no momento da interrupção do temporizador em *hardware*. Esse temporizador em *hardware* está configurado para gerar uma interrupção periodicamente, com um período definido de acordo com a granularidade desejada (por exemplo, a cada 1 ms). O gerenciamento dos temporizadores é realizado percorrendo-se o vetor e decrementado-se os contadores dos temporizadores. Na ocasião em que um contador de um determinado temporizador chegar a zero, realiza-se a execução da função de *callback* e reinicia-se o contador para o valor de contagem máxima configurado para aquele temporizador. Essa implementação também pode ser realizada por uma lista não ordenada em vez de se utilizar um vetor.

```
typedef void (*ptr_func_t)(void); /* Definição de um tipo de ponteiro para uma função */

/* Definição de uma estrutura de timer */
typedef struct{
  uint8_t estado;
  uint32_t contador;
  uint32_t contagem_maxima;
  ptr_func_t func_callback;
}timer_t;

/* Função de interrupção para gerenciamento de timers */
void timer_interrupt_1ms(void){
  uint8_t timer_idx = 0;
  while(timer_idx < MAX_NUM_TIMERS){
    if (timers[timer_idx].estado == CONTANDO && timers[timer_idx].contador > 0){
      if(--timers[timer_idx].contador == 0){
        if(timers[timer_idx].func_callback != NULL)
        {
          timers[timer_idx].func_callback();
        }
        timers[timer_idx].contador = timers[timer_idx].contagem_maxima;
      }
    }
    timer_idx++;
  }
}
```

Listagem 5.6 Exemplo de implementação de gerenciamento de *software timers*.

Nesta implementação percebe-se claramente que o vetor (ou lista) de temporizadores é percorrido completamente toda vez que ocorre a interrupção. Portanto, gasta-se tempo de processamento mesmo quando nenhum temporizador está em uso. Além disso, o gerenciamento dos temporizadores é realizado dentro da interrupção do temporizador em *hardware*, o que, dependendo da prioridade configurada para a interrupção, pode causar atraso no atendimento de outras interrupções, impactando negativamente a latência no tratamento das interrupções. Por isso, muitos RTOS, como o FreeRTOS, o μC/OS III e o BRTOS utilizam uma tarefa dedicada ao gerenciamento dos temporizadores. Assim, o gerenciamento passa a ser feito em nível de tarefa com uma prioridade configurável, cuja execução é disparada pela interrupção do temporizador em *hardware*, conforme ilustrado na Figura 5.5.

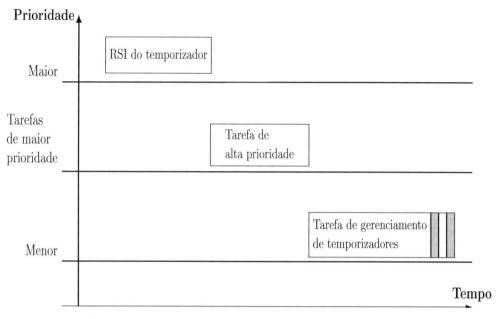

Figura 5.5 Diagrama de tempo da execução da tarefa de gerenciamento de temporizadores.

5.4.1 Gerenciamento de temporizadores com listas ordenadas

Ao se realizar o gerenciamento dos temporizadores no âmbito de tarefa, em contrapartida, passa a ser necessário que o acesso às estruturas de controle dos temporizadores seja protegido das demais tarefas que utilizem esse serviço. Portanto, torna-se ainda mais importante minimizar a máxima duração das seções críticas (isto é, as regiões em que o RTOS desabilita o atendimento às interrupções). Por isso, os RTOS procuram empregar técnicas de gerenciamento dos temporizadores mais eficientes com relação ao tempo de processamento, uso de memória e duração máxima das seções críticas. Tais técnicas se baseiam no uso de listas de temporizadores ordenadas, assim evitando-se percorrer toda a lista de temporizadores a cada execução da tarefa de gerenciamento.

No FreeRTOS, por exemplo, são utilizadas duas listas encadeadas ordenadas, conforme ilustrado na Figura 5.6. Cada temporizador mantém um prazo de expiração, o qual é comparado com o instante atual somente se esse temporizador está na primeira posição da lista. Como o valor de expiração possui um tamanho limitado em *bits*, uma segunda lista é mantida com os temporizadores cujo prazo de expiração está além do valor máximo que pode ser armazenado (isto é, ocorreu *overflow*). Assim, quando o contador de tempo do sistema (*tick counter*) atinge seu valor máximo e reinicia, as listas são invertidas (isto é, tem seus papéis trocados), seguindo-se o mesmo processo sucessivamente.

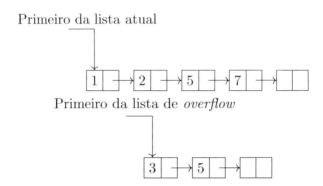

Figura 5.6 Gerenciamento de temporizadores do FreeRTOS usando duas listas encadeadas e ordenadas.

Como apenas o primeiro temporizador da lista é comparado com o contador de tempo do sistema, o tempo de processamento dos temporizadores independe do número n de temporizadores em uso, isto é, o tempo de processamento é constante ($O(1)$). Entretanto, a inserção de um novo temporizador deve ser realizada mantendo-se a ordenação da lista. Portanto, é necessário percorrer a lista até encontrar a posição correta de inserção do temporizador, o que, no pior caso, pode significar percorrer toda a lista. Logo, o tempo de inserção de um temporizador, no FreeRTOS, depende do número n de temporizadores em uso ($O(n)$). Um exemplo de criação de um temporizador *soft* no FreeRTOS é mostrado na Listagem 5.7.

```
   /* Define uma função "callback" que será executada quando o temporizador expirar. */
 2 void vTimerCallback( TimerHandle_t pxTimer );

 4 /* Função para a criação do temporizador. */
   TimerHandle_t  xTimerHandle = xTimerCreate (
 6  "Timer",   /* Nome do temporizador. */
    ( 100),    /* Período do temporizador em marcas de tempo. */
 8  pdTRUE,    /* O temporizador será recarregado automaticamente após expirar. */
    ( void * ) 1,   /* Define uma identificação única para o temporizador. */
10  vTimerCallback  /* Função de "callback" que será executada quando o temporizador expirar. */
   );
12
   if( xTimerHandle != NULL ){
14       /* Inicia o temporizador, sem tempo de bloqueio. */
```

Gerenciamento de tempo

```
        if( xTimerStart( xTimerHandle, 0 ) != pdPASS ){
16          /* O temporizador não pode ser iniciado. */
        }
18  }
    else{
20      /* O temporizador não foi criado. */
    }
```

Listagem 5.7 Exemplo de criação de temporizador em *software* com o FreeRTOS.

Para habilitar a funcionalidade de temporizadores em *software* no FreeRTOS deve-se adicionar o arquivo *"timers.c"* ao projeto e configurar as seguintes opções no arquivo de configuração FreeRTOSConfig.h:

- **configUSE_TIMERS**: "1" para habilitar a funcionalidade de temporizadores em *software*;
- **configTIMER_TASK_PRIORITY**: prioridade da tarefa que gerencia os temporizadores no sistema;
- **configTIMER_QUEUE_LENGTH**: tamanho da fila de temporizadores que podem ser criados;
- **configTIMER_TASK_STACK_DEPTH**: tamanho da pilha da tarefa que gerencia os temporizadores no sistema.

As funções adicionais para manipulação de temporizadores em *software* no FreeRTOS podem ser visualizadas na Listagem 5.8. Note que, além de criar e apagar um temporizador, é possível iniciá-los, pará-los ou reiniciá-los.

```
  /* Apaga um temporizador em software */
2 BaseType_t xTimerDelete(TimerHandle_t xTimer, TickType_t xBlockTime);

4 /* Inicia um temporizador em software */
  BaseType_t xTimerStart(TimerHandle_t xTimer, TickType_t xBlockTime);
6
  /* Para um temporizador em software */
8 BaseType_t xTimerStop(TimerHandle_t xTimer, TickType_t xBlockTime);

10 /* Reinicia um temporizador em software */
  BaseType_t xTimerReset(TimerHandle_t xTimer, TickType_t xBlockTime);
```

Listagem 5.8 Funções de manipulação de temporizadores em *software* no FreeRTOS.

5.4.2 Gerenciamento de temporizadores com roda de sincronismo

No µC/OS III, utiliza-se uma estrutura denominada roda de temporizadores (do inglês, *timer wheel*), também conhecida como **roda de sincronismo**. A utilização de uma roda de sincronismo foi proposta por Varghese e Lauck (1987) e consiste em um *buffer* circular de N posições contendo, em cada posição, um ponteiro para uma lista de temporizadores, conforme ilustrado na Figura 5.7.

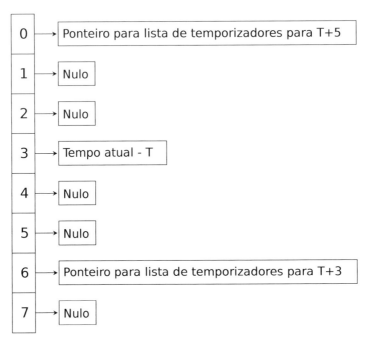

Figura 5.7 Gerenciamento de temporizadores do µC/OS III usando uma roda de sincronismo.

Em uma roda de sincronismo, cada "dente da roda" corresponde a um determinado instante de tempo discreto (isto é, um valor do contador de marcas). Assim, a cada incremento do contador de marcas o tempo atual T é movido para a próxima posição da roda (isto é, o próximo "dente"). Então, a lista de temporizadores armazenada naquela posição é percorrida e os temporizadores são executados. Caso nenhum temporizador esteja agendado para o tempo T, a lista estará vazia. Assim, a roda continua sendo "girada" a cada incremento do contador de marcas até atingir o valor máximo do contador (por exemplo, N), sendo então reiniciado o tempo atual na posição 0.

Em uma roda de sincronismo, a inserção de um temporizador na roda independe do número de temporizadores n. A inserção é realizada utilizando-se aritmética modular a partir do tempo atual T. O cálculo retorna a posição da roda em que se encontra a lista na qual o temporizador deve ser inserido. Em ambos os casos, o tempo de inserção é constante ($O(1)$). Por exemplo, se a roda

Gerenciamento de tempo

tiver $N = 8$ posições, o tempo atual for $T = 3$ e um temporizador deverá expirar após 3 marcas de tempo, ele será inserido 3 posições "à frente" do tempo atual. Portanto, na posição $(T + 3) \mod N = 6 \mod 8 = 6$, conforme ilustrado na Figura 5.7.[2] Já se um temporizador deverá expirar após 5 marcas, ele será inserido na posição $(T + 5) \mod 8 = 8 \mod 8 = 0$.

Caso o intervalo de um temporizador seja limitado a $N - 1$, o tempo de processamento será independente do número de temporizadores n (portanto, $O(1)$). Neste caso, a cada novo incremento do contador de marcas, quando a lista de temporizadores está vazia, não há tempo de processamento gasto para percorrê-la, e quando há temporizadores na lista, todos eles estão expirados e são executados sequencialmente, sendo isso o melhor que se pode fazer. Entretanto, isso requer que a roda tenha N posições para manter até N listas, consumindo memória excessivamente. Por exemplo, se o intervalo máximo do temporizador for um número de 16 *bits*, a roda deverá armazenar até $2^{16} = 65.536$ ponteiros para as listas, ou 128 kB de memória se um ponteiro ocupar 2 *bytes*. Portanto, claramente existe um compromisso entre tempo de processamento e consumo de memória.

Para limitar o uso de memória da roda de sincronismo é necessário limitar o número de posições. Por isso, implementações práticas permitem que o usuário do sistema configure o número de posições da roda. Por exemplo, no µC/OS III, o número de posições da roda de sincronismo pode ser configurado na macro OS_CFG_TMR_WHEEL_SIZE. Nesse caso, para suportar um intervalo máximo do temporizador de 16 *bits*, por exemplo, o cálculo da posição é feito utilizando-se aritmética modular, mas agora temporizadores posicionados na mesma lista podem não ter o mesmo instante de disparo. Portanto, deve-se manter na estrutura de dados associada ao temporizador o valor de estouro de tempo esperado a partir do valor atual do contador de marcas. Ao percorrer a lista, o valor armazenado para cada temporizador é comparado ao valor do contador de marcas, sendo executados apenas os temporizadores cujo valor de estouro coincida com o valor atual do contador de marcas. Os demais temporizadores permanecem na lista aguardando os próximos "giros" da roda.

Como exemplo da inserção de temporizadores na roda, considere que o valor atual do contador de marcas (*TickCounter*) é 12 e OS_CFG_TMR_WHEEL_SIZE

---

[2] A operação mod retorna o resto da divisão, portanto $X \mod N$ significa o resto da divisão de X por N.

foi configurado com o valor 9. Nesse momento, deseja-se iniciar um temporizador com prazo de 1 marca de tempo. Portanto, o temporizador deverá expirar quando o contador de marcas atingir $13 = 12 + 1$. O cálculo da posição (*posicao_na_roda*) da lista na qual o temporizador deverá ser inserido e do valor de estouro do temporizador (*valor_estouro*) é feito da seguinte forma:

$$valor\_estouro = TickCounter + prazo \qquad (5.1)$$

$$posicao\_na\_roda = valor\_estouro \ \% \ _{OS\_CFG\_TMR\_WHEEL\_SIZE} \qquad (5.2)$$

Em que *prazo* é o prazo desejado para o temporizador. Portanto, neste exemplo, tem-se:

$$valor\_estouro = 12 + 1 = 13 \qquad (5.3)$$

$$posicao\_na\_roda = 13 \ \% \ 9 = 4 \qquad (5.4)$$

Logo, o temporizador será colocado na lista armazenada na posição 4 da roda de sincronismo. Se um novo temporizador fosse iniciado com prazo 10, ele também seria inserido na lista da posição 4, porém o valor de estouro seria diferente, conforme calculado a seguir:

$$valor\_estouro = 12 + 10 = 22 \qquad (5.5)$$

$$posicao\_na\_roda = 22 \ \% \ 9 = 4 \qquad (5.6)$$

Neste caso, há duas possibilidades de implementação da forma de inserção do segundo temporizador na lista. A primeira consiste em inserir o temporizador sempre no início ou no fim da lista. Neste caso, o tempo de inserção é constante, mas o processamento dos temporizadores necessita que toda a lista seja percorrida. A outra forma consiste em inserir o temporizador mantendo-se a lista ordenada. Neste caso, não é necessário percorrer toda a lista para realizar o processamento dos temporizadores, porém, o tempo de inserção dependerá do número de temporizadores já presentes na lista. No pior caso, a inserção em ordem requer que toda a lista seja percorrida. Portanto, em ambas as implementações, ou o tempo de inserção ou o tempo de processamento deixa de ser independente do número de temporizadores n. No μC/OS III, utiliza-se a inserção que mantém a lista ordenada. Na média, ambas as implementações serão mais eficientes se o número de temporizadores n for distribuído uniformemente nas k posições da roda, isto é, se cada lista tiver, em média, n/k temporizadores. Na prática, não há garantia de que essa condição será satisfeita, entretanto, não usar um valor par para k, ou mesmo utilizar um número primo, pode ser preferível. Ainda, para $k = 1$ a roda de sincronismo equivale a uma única lista de temporizadores.

Em Varghese e Lauck (1987), discutem as duas formas de implementação. De acordo com os autores, o tempo de processamento, no pior caso, acontece quando todos os n temporizadores expiram ao mesmo tempo, sendo, neste caso, sempre $O(n)$. Portanto, eles sugerem que a inserção sem ordenação é preferível, pois o tempo de inserção é constante, e o tempo de processamento continua sendo $O(n)$. Se o número n de temporizadores for menor que o número de posições da roda k, na média, as listas serão pequenas e o tempo de processamento médio será $O(1)$. Por isso, eles sugerem também que k seja escolhido uma potência de 2, pois a divisão e o cálculo do resto são "baratos" (isto é, uma operação lógica "AND"). Entretanto, esta estratégia requer $k > n$, o que pode ainda não ser viável com relação ao uso de memória, principalmente em sistemas embarcados. Por exemplo, para a roda de sincronismo, são gastos $k + n$ ponteiros se as listas forem simples ou $k + 2 \times n$ ponteiros se as listas forem duplamente encadeadas.

5.4.3 Gerenciamento de temporizadores com *heap* binário

Uma estratégia que pode ser mais econômica e ainda ter um tempo de processamento médio $O(1)$ se baseia no emprego de técnicas eficientes de ordenação. Existem estruturas de dados, como árvores e *heaps* binários, para as quais existem algoritmos de inserção ordenada com tempo de execução, no pior caso, $O(\log n)$, que são exponencialmente mais eficientes do que os existentes para as listas encadeadas ($O(n)$). Essas estruturas de dados são, geralmente, empregadas na implementação de filas de prioridade, pois permitem remover o elemento de menor prioridade em tempo constante.[3] No BRTOS, por exemplo, emprega-se um *heap* binário mínimo para se realizar o gerenciamento dos temporizadores.

Um *heap* binário mínimo é uma árvore binária que satisfaz as seguintes propriedades:

---

[3] Equivalentemente, podem ser implementados para se remover o elemento de maior prioridade em tempo constante.

- É uma árvore binária completa. Isto é, possui todos os níveis preenchidos, com possível exceção do último, no qual os nós estão preenchidos da esquerda para a direita.
- Todos os nós possuem um dado menor ou igual aos dados dos respectivos nós filhos.

A Figura 5.8 ilustra um *heap* binário mínimo. Note que a raiz é o nó de menor valor, e que o valor contido em qualquer um dos nós é sempre menor do que os valores contidos nos respectivos nós filhos. Portanto, para se realizar a remoção do menor valor remove-se a raiz. Entretanto, tanto a remoção quanto a inserção de um nó no *heap* alteram sua propriedade de ordenação, havendo a necessidade de reordená-lo a cada operação realizada (isto é, inserção ou remoção). Notavelmente, as operações de inserção e remoção podem ser realizadas eficientemente, levando, no pior caso, tempo proporcional à altura do *heap* ($O(\log n)$) e, em média, constante $O(1)$. Além disso, um *heap* binário de n nós pode ser implementado utilizando-se um vetor com n posições.

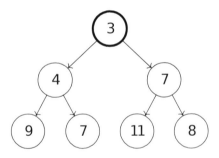

Figura 5.8 Exemplo de um *heap* binário mínimo.

Há duas possíveis formas de implementação de um *heap* binário com vetor, dependendo se o vetor é indexado a partir de 0 ou de 1, que corresponde ao nó raiz. A seguir, será explicada a abordagem com vetor iniciando pelo índice 1. Entretanto, a implementação com o vetor iniciando em 0 pode ser realizada como uma modificação da primeira. É interessante notar que ao utilizar um vetor pode-se empregar operações aritméticas de deslocamento de *bits* para percorrer os nós do *heap*, evitando a utilização de ponteiros e o respectivo consumo de memória. Ainda, em geral, tais operações são executadas em uma única instrução do processador com tempo de execução de um único ciclo de *clock*.

Assim, um *heap* binário é implementado da seguinte forma: utilizando-se um vetor V, o nó raiz é armazenado na posição $V[1]$, e para cada nó $V[i]$, o nó pai está em $V[i/2]$ (divisão inteira), e os nós filhos à esquerda e à direita estão armazenados nas posições $V[2i]$ e $V[2i+1]$, respectivamente. Nessa implementação, o elemento $V[0]$ do vetor não é utilizado para armazenar um nó e pode ser utilizado, por exemplo, para guardar o número de nós contidos no *heap*. Note que o nó raiz é o único nó sem pai. Como exemplo, para o *heap* binário ilustrado na Figura 5.8, a implementação com vetor é ilustrada na Figura 5.9.

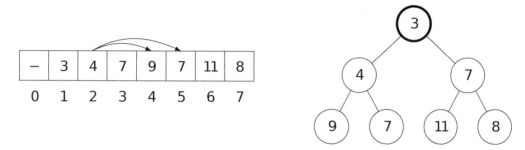

Figura 5.9 Implementação de *heap* binário mínimo empregando vetor.

Como um *heap* binário de mínimo possui o nó de menor valor na raiz, ele pode ser usado para o gerenciamento de temporizadores. Nesse caso, os temporizadores são mantidos no *heap* de acordo com os respectivos instantes de estouro (*timeout*). Assim, o processamento dos temporizadores é realizado pela ordem deles no *heap*. A cada marca de tempo, caso o primeiro temporizador (nó raiz) tenha o valor de estouro superior ao valor atual de marcas, não há qualquer processamento a ser realizado e aguarda-se a próxima marca. Já se o primeiro temporizador (nó raiz) tiver o valor de estouro igual ao valor atual de marcas, ele será executado e removido do *heap*.

Quando ocorre a remoção de um temporizador do *heap*, é necessário reordená-lo a fim de se posicionar um novo temporizador na raiz. Porém, diferentemente da ordenação de uma lista que necessita $O(n)$ comparações, em um *heap* binário o número de comparações para reordená-lo é limitado pela sua altura h, sendo $h = \log_2 n$. Portanto, a reordenação do *heap* necessita ($O(\log n)$) comparações.

O processo de execução de um temporizador do *heap* consiste em removê-lo do nó raiz $V[1]$ e executá-lo. Em seguida, o último nó do *heap* $V[n]$ é transferido para o nó raiz $V[1]$ e o *heap* é reordenado a partir do nó raiz. O procedimento de reordenação é realizado de forma iterativa por comparações com os nós filhos e substituições até que o *heap* esteja novamente ordenado. No pior caso, o nó raiz "desce" o *heap* até ocupar a posição de um dos nós folhas.[4] O procedimento é descrito graficamente na Figura 5.10 e algoritmicamente na Listagem 5.9.

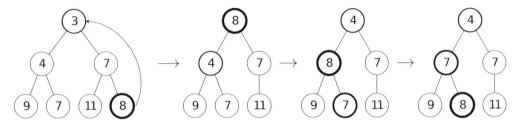

Figura 5.10 Remoção da raiz e reordenação do *heap* binário mínimo.

```
V[1] = V[n];      /* Remove nó raiz e transfere último nó para a raiz. */
n--;              /* Desconta 1 do número de nós do heap. */
/* Reordena o heap a partir do nó raiz. */
pai = 1;          /* Inicia pelo nó raiz */
while(1){
    /* Tem nó filho à direita e o nó filho da direita é menor do que o da esquerda ?*/
    if (2*pai + 1 <= n && V[2*pai + 1] < V[2*pai]){
        filho = 2*pai + 1;
    }else{
        if (2*pai <= n){ /* Tem nó filho à esquerda ?*/
            filho = 2*pai;
        }else{
            break;  /* É um nó folha, então terminou! Heap está ordenado !*/
        }
    }
    if (V[filho] < V[pai]){       /* Nó filho é menor que pai ?*/
        temporario = V[filho];    /* Troca pai e filho */
        V[filho] = V[pai];
        V[pai] = temporario;
        pai = filho;              /* Troca o nó pai */
    }
    else{
        break;     /* Terminou! Heap está ordenado !*/
    }
}
```

Listagem 5.9 Procedimento de remoção do nó raiz e reordenação do *heap* binário.

A inserção de um temporizador, por sua vez, segue um procedimento similar ao da remoção. A diferença é que um novo temporizador é sempre inserido no fim do *heap* (isto é, em um nó folha) e o *heap* é reordenado a partir desse nó. Portanto, o nó "sobe" pelo *heap* até que este esteja reordenado. Da mesma forma que ocorre na remoção, o número de operações é limitado pela altura do *heap*, sendo que, no pior caso, o nó "sobe" até a raiz ($O(\log n)$). O procedimento de inserção é descrito graficamente na Figura 5.11 e algoritmicamente na Listagem 5.10.

---

[4] Nós folhas são nós filhos que, por sua vez, não possuem filhos.

Gerenciamento de tempo

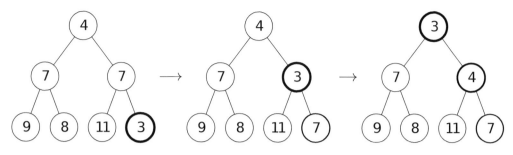

Figura 5.11 Inserção de um novo nó e reordenação do *heap* binário mínimo.

```
1  n++;                      /* Incrementa número de nós do heap. */
   V[n] = valor_inserido;    /* Insere novo nó na última posição do heap. */
3  /* Reordena o heap a partir do último nó. */
   filho = n;                /* Inicia pelo nó folha */
5  pai = filho/2;            /* E respectivo nó pai */
   while(filho > 1 && V[pai] > V[filho]){ /* Não chegou na raiz e nó filho é menor que pai ? */
7     temporario = V[pai];   /* Troca pai e filho */
      V[pai] = V[filho];
9     V[filho] = temporario;
      filho = pai;           /* Troca o nó filho */
11    pai = filho/2;         /* E o nó pai */
   }
```

Listagem 5.10 Procedimento de inserção de um nó e reordenação do *heap* binário.

A utilização de um *heap* binário para inserção e remoção de temporizadores permite o gerenciamento de um número grande de temporizadores com um tempo de processamento exponencialmente menor do que se fosse utilizada uma lista. Por exemplo, enquanto em uma lista de n temporizadores a ordenação pode necessitar de n operações de comparação (no pior caso), com o mesmo número de operações pode-se realizar o gerenciamento de até 2^n temporizadores com um *heap* binário. É interessante observar que esse aumento de desempenho não requer um aumento do consumo de memória, diferentemente do que ocorre com a roda de sincronismo. O consumo de memória para o *heap* é de n ponteiros, sendo o mesmo consumo de uma lista simplesmente encadeada e a metade do consumo de uma lista duplamente encadeada, enquanto para a roda de sincronismo necessita-se $n + k$ ponteiros, sendo k o número de posições da roda.

Um exemplo de implementação prática do *heap* binário para o gerenciamento de temporizadores pode ser encontrado no BRTOS, em que são empregados dois *heaps*. Dessa forma, enquanto um é utilizado para manter os temporizadores cujo prazo de expiração se encontre dentro do valor máximo suportado (por exemplo, 16 *bits*), o outro mantém os temporizadores cujo prazo de expiração está além desse valor (isto é, ocorreu *overflow*). Então, toda vez que o contador de marcas reinicia sua contagem, os *heaps* têm seu papel invertido, seguindo-se assim sucessivamente.

A implementação do BRTOS também conta com uma otimização das operações de remoção e inserção de temporizadores com repetição (com períodos constantes ou variáveis), na qual a remoção e a inserção do temporizador são mescladas em uma única operação. Essa otimização consiste em realizar a execução do temporizador, e se o temporizador tiver que ser repetido em um instante futuro, atualiza-se seu prazo de expiração e reordena-se o *heap*. Portanto, só no caso em que o temporizador não for repetido, como um temporizador de disparo único, ocorre a sua remoção. Assim, diminui-se o número de operações necessárias para a reordenação do *heap*. Um exemplo de criação de um temporizador *soft* no BRTOS é mostrado na Listagem 5.11. Note que para o temporizador ser periódico é necessário retornar o período de ativação pela função de *callback*. Dessa forma pode-se parar o temporizador ao retornar zero ou mudar o período de ativação dinamicamente.

```
    /* Define uma função "callback" que será executada quando o temporizador expirar. */
2   TIMER_CNT  TimerCallback( void){
        executa_algo();
4       return 100;
    }
6
    /* Define uma estrutura para controle do temporizador. */
8   BRTOS_TIMER   TimerHandle;

10  /* Retorno para verificar a execução da função. */
    INT8U ret;
12
    /* Função para a criação do temporizador. */
14  ret = OSTimerSet (
        &TimerHandle,   /* Ponteiro para a estrutura de controle do temporizador. */
16      TimerCallback   /* Função de "callback" que será executada quando o temporizador expirar. */
        (100)           /* Período do temporizador em marcas de tempo. */
18  );

20  if(ret == OK){
        /* Inicia o temporizador, passando o período desejado para a próxima expiração. */
22      if( OSTimerStart(TimerHandle, 100 ) != OK ){
            /* O temporizador não pode ser iniciado. */
24      }
    }
26  else{
            /* O temporizador não foi criado. */
28  }
```

Listagem 5.11 Exemplo de criação de temporizador em *software* com o BRTOS.

Deve-se ressaltar que no BRTOS o desenvolvedor deve instalar a tarefa que irá gerenciar os temporizadores em *software*, utilizando a função ***OSTimerInit()***.

Gerenciamento de tempo

A tarefa que gerencia os temporizadores deve ser instalada antes do uso de quaisquer funções que manipulem esses temporizadores, com tamanho de pilha e prioridade especificados pelo desenvolvedor a partir dos parâmetros da função de inicialização. As funções adicionais para manipulação de temporizadores em *software* no BRTOS podem ser visualizadas na Listagem 5.12. Perceba que, diferentemente do FreeRTOS, a função que inicia o temporizador também pode reiniciá-lo. Ainda, a função que para o temporizador também pode apagá-lo.

```
   /* Instala a tarefa que gerencia os temporizadores em software */
 2 void OSTimerInit(uint16_t timertask_stacksize, uint8_t prio);

 4 /* Cria um temporizador em software, informando a função de callback e período */
   uint8_t OSTimerSet (BRTOS_TIMER *cbp, FCN_CALLBACK cb, TIMER_CNT timeout);
 6
   /* Retorna o tempo que falta para a ativação do temporizador em software */
 8 TIMER_CNT OSTimerGet (BRTOS_TIMER p);

10 /* Inicia ou reinicia a contagem do temporizador */
   uint8_t OSTimerStart (BRTOS_TIMER p, TIMER_CNT timeout);
12
   /* Para e opcionalmente apaga o temporizador em software */
14 uint8_t OSTimerStop (BRTOS_TIMER p, uint8_t del);
```

Listagem 5.12 Funções de manipulação de temporizadores em *software* no BRTOS.

5.4.4 Comparação das estratégias de gerenciamento de temporizadores

Neste capítulo, foram apresentadas quatro formas de gerenciamento de temporizadores, listadas a seguir:

1. Vetor ou lista não ordenada.

2. Lista ordenada simples ou duplamente encadeada.

3. Roda de sincronismo.

4. *Heap* binário mínimo.

Cada forma de implementação possui características diversas, como tempo de processamento, de inserção e de remoção dos temporizadores, bem como com relação ao consumo de memória. A Tabela 5.1 apresenta uma comparação resumida entre essas diferentes formas de implementação, considerando-se tais características para valores médios e de pior caso, em função do número de temporizadores e notação O. Em suma, a escolha da forma mais adequada de

Tabela 5.1 Comparação entre estratégias de gerenciamento de temporizadores

Implementação	Tempo de processamento médio e no pior caso	Tempo de inserção médio e no pior caso	Consumo de memória
Vetor ou lista não ordenada	$O(n)$ e $O(n)$	$O(1)$ e $O(1)$	$O(n)$
Lista ordenada simples ou duplamente encadeada	$O(1)$ e $O(n)$	$O(n)$ e $O(n)$	$O(n)$
Roda de sincronismo com k listas ordenadas	$O(1)$ e $O(n)$	$O(1)$ e $O(n)$	$O(n + k)$
Roda de sincronismo com k listas não ordenadas	$O(n/k)$ e $O(n)$	$O(1)$ e $O(1)$	$O(n + k)$
Heap binário mínimo	$O(1)$ e $O(n)$	$O(1)$ e $O(\log n)$	$O(n)$

implementação dependerá dos requisitos do projeto, como número de temporizadores utilizados, e dos recursos disponíveis, como capacidade de processamento e de memória.

5.5 Sistemas com suporte ao modo *tickless*

Em geral, um RTOS possui uma marca de tempo periódica para gerenciar *delays*, *timeouts*, entre outros eventos temporais, como já comentado anteriormente. A definição da frequência da marca de tempo é fundamental para o desempenho do sistema, pois cada interrupção implica sair de um modo de baixo consumo de energia, processar os eventos temporizados e voltar a entrar em um modo de baixo consumo de energia. Se a frequência for muito alta, a energia e o tempo consumidos para cada marca de tempo se elevam, gerando alta ocupação com-

Gerenciamento de tempo

putacional e de energia. De forma oposta, se a frequência for muito baixa, ocorre redução na resolução dos temporizadores do sistema. Usualmente se escolhem tempos entre 1 e 100 ms, sendo a taxa de 1 kHz (período de 1 ms) largamente utilizada por ser considerada de ótima relação entre custo computacional e resolução temporal.

Apesar da frequência de 1 kHz prover uma boa resolução temporal, diversas aplicações utilizam *delays* e *timeouts* de dezenas, centenas ou até milhares de milissegundos, podendo chegar a atrasos de tempo na faixa de horas. Em sistemas com esse comportamento, principalmente os móveis e/ou que utilizam baterias, o custo energético de entrar e sair periodicamente do modo de baixo consumo de energia é excessivo. Uma das principais abordagens para reduzir esse custo energético é tornar a marca de tempo do sistema dinâmica. Sistemas que utilizam essa abordagem são amplamente conhecidos por terem suporte ao modo *tickless*.

O *tickless* é uma técnica que tem como objetivo principal reduzir o consumo de energia de um processador graças ao processamento da marca de tempo do sistema. Ao utilizar essa técnica as interrupções de marca de tempo são reduzidas, evitando processamento desnecessário e, consequentemente, reduzindo o consumo de energia por parte do processador.

O modo *tickless* baseia-se na análise dos TCB das tarefas que esperam por um evento temporal. Ao analisar a lista de tarefas esperando por um evento temporal é possível determinar a tarefa com o menor tempo para voltar a concorrer pelo processador. A partir da descoberta desse tempo é possível reconfigurar o periférico responsável pela interrupção da marca de tempo, de forma a gerar uma interrupção somente quando esse tempo for atingido. Esse método diminui a quantidade de interrupções de marca de tempo do sistema, permitindo que o processador permaneça por um maior tempo em seus modos de baixo consumo de energia. O procedimento de ajuste do periférico responsável pela interrupção de marca de tempo é comumente implementado na tarefa ociosa do sistema, antes de entrar em um modo de economia de energia.

A Figura 5.12 apresenta um diagrama de tempo por consumo de energia de um sistema com marca de tempo periódica em 1 ms. Geralmente, o consumo de energia quando o processador está em modo de execução normal (*run*) é muito superior ao dos modos disponíveis para reduzir o consumo de energia, sendo facilmente atingidas taxas de redução de consumo entre dez e cem vezes. A limitação dos modos de economia de energia está em que periféricos são desligados ao utilizar esses modos. Note que o consumo médio de energia deve-se mais ao pico de consumo de corrente devido ao processamento da marca de tempo do que ao consumo quando em um modo de economia de energia. Essa relação está também interligada com quão eficiente é o processamento da marca de tempo.

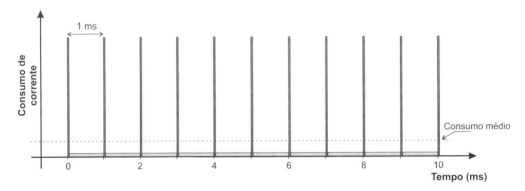

Figura 5.12 Análise de consumo médio de corrente em um processador utilizando um RTOS sem suporte ao modo *tickless*.

A Figura 5.13 apresenta um exemplo de sistema com suporte ao modo *tickless*, em que a tarefa com menor período de ativação utiliza um *delay* de 5 ms. Verifique que os picos de consumo deixam de ocorrer a cada 1 ms, passando aos 5 ms da tarefa de menor período de ativação. Essa abordagem reduz consideravelmente o consumo médio de energia do sistema, podendo atingir valores muito próximos ao do consumo em modo de economia de energia para sistemas com tempos de ativação elevados.

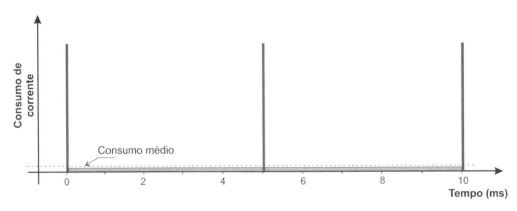

Figura 5.13 Análise de consumo médio de corrente em um processador utilizando um RTOS com suporte ao modo *tickless*.

Gerenciamento de tempo

Sistemas operacionais que possuem a lista de eventos temporais organizada, como o FreeRTOS, são beneficiados quando utilizam o modo *tickless*, pois a tarefa de menor período de ativação sempre estará no topo da lista de tarefas esperando por um evento temporal. Já em sistemas em que a lista não está organizada é necessário buscar pela tarefa mais próxima na lista de tarefas esperando por um evento temporal.

5.6 Resumo

A capacidade da medição da passagem do tempo (temporização) é de fundamental importância no projeto de sistemas embarcados, principalmente em se tratando de sistemas de tempo real. Em sistemas embarcados, essa capacidade é obtida pela utilização de temporizadores em *hardware* (temporizadores *hard*), os quais sinalizam ao processador a passagem de certa quantidade de tempo com base em um sinal de temporização (*clock*).

Em geral, a disponibilidade de temporizadores *hard* não é suficiente para atender a todas as tarefas que necessitam de temporização em um sistema embarcado, sendo necessário empregar temporizadores em *software* (temporizadores *soft*), em complementação aos temporizadores *hard*. Estes são implementados a partir de um temporizador *hard* disponível, o qual é configurado para gerar uma interrupção periódica denominada de marca de tempo do sistema (*tick timer*).

Os temporizadores *soft* são comumente fornecidos pelo RTOS para uso na temporização das tarefas, como serviços de espera e atraso, na temporização dos serviços do sistema (*timeouts*), na manutenção de relógio e calendário do sistema, bem como para agendamento da execução de funções das aplicações (temporizadores de *callbacks*).

Como a obtenção da marca de tempo para o gerenciamento é feita a partir da interrupção de um temporizador *hard*, o aumento da frequência da marca de tempo, embora permita temporizadores *soft* de maior resolução temporal, também impacta o consumo de energia do sistema. Por isso, alguns sistemas permitem a realização da configuração dinâmica da frequência da marca de tempo, o que é conhecido como modo *tickless*. Assim, pode-se diminuir o consumo de energia do sistema embarcado por meio do uso dos modos de baixo consumo do processador e da diminuição do número de interrupções desnecessárias causadas pelo temporizador da marca de tempo.

5.7 Problemas

Problema 5.1. A roda de sincronismo para gerenciamento dos temporizadores pode ser utilizada também de forma hierárquica. Por exemplo, considerando uma hierarquia na base 10, um temporizador que tem seu tempo de estouro previsto de 643 *ticks* a partir do instante zero poderia ser armazenado utilizando-se 3 rodas de sincronismo (para a centena, a dezena e a unidade) com 9 posições cada. Assim, o temporizador passaria pelas seguintes posições até ser executado: inicialmente 6 (isto é, 643/100); em seguida, 4 (de 43/10) e, por último, 3. Portanto, supondo que os temporizadores tenham seu tempo de estouro limitado em 999 *ticks* por quantas rodas de sincronismo em média um temporizador precisa passar até ser executado?

Problema 5.2. Repita o exercício anterior considerando uma roda de sincronismo hierárquica binária, em que o tempo de estouro é limitado a um valor de 16 *bits*. Portanto, são 17 rodas de sincronismo com 1 posição, considerando a possibilidade de *overflow*.

Problema 5.3. Os temporizadores em *software* para execução de *callback* são executados em que contexto (interrupções, tarefa que solicitou o *callback* ou tarefa específica)? Comente.

Problema 5.4. Por que os temporizadores em *software* para execução de *callback* são conhecidos por serem mais eficientes em ocupação de recursos computacionais que outras abordagens para temporização utilizando um RTOS?

Problema 5.5. O gerenciamento da marca de tempo em um sistema operacional de tempo real pode ser implementado de diferentes formas. Certas operações realizadas para gerenciar esses tempos podem estar associadas a seções críticas de código e laços. Comente as implementações do gerenciamento da marca de tempo nos sistemas µC/OS II, BRTOS e FreeRTOS, destacando os impactos de cada abordagem no consumo de recursos computacionais.

Problema 5.6. Em aplicações que requerem otimizações em consumo de energia, os sistemas com suporte a *tickless* são muito importantes. Comente essa forma de operação da marca de tempo em um RTOS, evidenciando como essa técnica pode ser implementada e por que gera economia de energia no sistema.

6 Capítulo

Gerenciamento de memória

Os sistemas operacionais de modo geral devem implementar técnicas de gerenciamento de memória, sendo este um aspecto importante no desenvolvimento de um sistema operacional de tempo real (RTOS). O conhecimento das capacidades de gerenciamento de memória de um sistema é importante para o projetista da aplicação.

A memória disponível em um sistema pode ser alocada estaticamente ou dinamicamente. A alocação estática se assemelha à declaração de uma variável e é comumente utilizada em sistemas operacionais de tempo real, por ser imune a fragmentação de memória (conceito abordado logo a seguir, na alocação dinâmica de memória). Quando a alocação estática de memória é utilizada, a quantidade de memória disponível para cada objeto do sistema operacional é definida em tempo de projeto. Por exemplo, pode-se definir a quantidade máxima de semáforos e filas que uma aplicação poderá utilizar. Nesse caso, ao fazer a requisição para criar um semáforo, a aplicação irá solicitar ao sistema operacional um dos blocos de controle de semáforos disponíveis. Se houver um bloco disponível, o semáforo será criado e o ponteiro para o bloco de controle será retornado pela função que o criou. Se a aplicação liberar o semáforo, o bloco de controle volta a ficar disponível. Essa abordagem é imune à fragmentação porque a memória já está alocada no tamanho específico do bloco de controle de um objeto do sistema. Assim, ao liberar um objeto não ocorre a liberação da memória, mas sim a disponibilização daquele bloco de memória para que outras tarefas possam utilizá-lo.

Apesar da abordagem estática de alocação de memória ser uma das mais utilizadas em sistemas embarcados por evitar a fragmentação, apresenta como desvantagem o tamanho fixo de memória para os objetos do sistema definido em tempo de projeto. Assim, caso o projetista superdimensione a memória, por exemplo para blocos de controle de semáforos, se as tarefas não utilizarem os semáforos essa memória não poderá ser utilizada por mais nenhum objeto ou aplicação do sistema. Por outro lado, se os blocos de controle forem subdimensionados, poderá ocorrer de uma tarefa tentar criar um semáforo e ter seu pedido negado por falta de blocos disponíveis na memória. Portanto, essa abordagem gera uma maior preocupação em tempo de projeto quanto à memória disponível para cada objeto do sistema.

Já a alocação e a liberação dinâmicas de memória normalmente utilizam algoritmos especializados, sendo que cada algoritmo possui suas vantagens e desvantagens. Uma implementação bastante utilizada de alocação de memória está disponível na biblioteca padrão do ANSI C, a partir das funções *malloc()*, *realloc()*, *calloc()* e *free()*.

O uso dessas funções pode causar um efeito colateral não desejado, chamado de fragmentação de memória. A fragmentação de memória ocorre quando a memória disponível fica separada em pequenos blocos não contíguos. A Figura 6.1 ilustra um caso em que a memória disponível no sistema é 5 kB (a). Em um primeiro momento, três tarefas são instaladas (A, B e C), cada uma requerendo um bloco de memória de 1,5 kB. A memória para as tarefas é então alocada com a função *malloc()* (b). Após um tempo de operação, a aplicação remove as tarefas A e B, liberando a memória dessas tarefas por meio da função *free()*. Nesse momento a memória disponível é de 3,5 kB, no entanto, em blocos separados (c). Isso significa que uma tarefa que solicitar 3 kB de memória não poderá ser instalada, pois a memória agora está fragmentada.

No entanto, se as tarefas nunca forem desinstaladas, alocar memória dinamicamente por meio da função *malloc()* é perfeitamente aceitável. A utilização das funções de gerenciamento dinâmico de memória, dependendo de sua implementação, pode impactar o desempenho geral do sistema.

Gerenciamento de memória

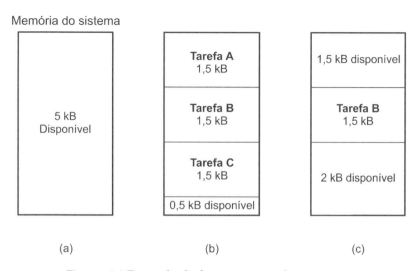

Figura 6.1 Exemplo de fragmentação de memória.

Muitos dispositivos embarcados possuem um número limite de tarefas que podem ser executadas em paralelo e pouca memória disponível, tornando mais fácil o gerenciamento de memória. Entretanto, em sistemas de maior porte (por exemplo, servidores e roteadores) os requisitos que devem ser atingidos são: mínima fragmentação, mínimo *overhead* de gerenciamento e tempo de alocação de memória determinístico.

6.1 Alocação dinâmica de memória em sistemas embarcados

As variáveis e estruturas de dados utilizadas para o gerenciamento de um RTOS são usualmente alocadas estaticamente durante a inicialização do sistema. Já os blocos de controle de tarefas e objetos do sistema operacional podem ser alocados estaticamente ou dinamicamente. Quando se utiliza a alocação dinâmica de memória, a área de memória disponível para alocação é definida em tempo de projeto, sendo comumente chamada de *heap*. A vantagem dessa abordagem em comparação com o gerenciamento estático de memória é a possibilidade de se definir um grande bloco de memória que será utilizado para alocar semáforos, filas, pilhas, entre outros. Assim, não irá ocorrer uma maior preocupação do projetista quanto à quantidade de memória específica para cada um desses objetos, mas somente quanto ao total de memória necessário para uma dada aplicação. Ainda, facilita o gerenciamento de blocos de memória que podem ter tamanhos variáveis, como filas e pilhas.

Em geral, o serviço de gerenciamento de memória de um núcleo mantém informação do *heap* em uma área reservada de memória, chamada de bloco de controle da memória. Algumas das informações normalmente armazenadas são:

- o endereço de início do bloco de memória utilizado para alocação dinâmica;
- o tamanho total desse bloco de memória;
- a tabela de alocação que indica que áreas da memória estão em uso, que áreas estão livres e o tamanho de cada região livre.

Uma das possíveis formas de gerenciar a memória é dividi-la em blocos de tamanho fixo. O tamanho dos blocos geralmente é uma potência de 2. Como exemplo, imagine que os blocos de memória têm tamanho fixo de 32 *bytes* (2^5). A função de alocação de memória deve possuir um parâmetro que especifica a quantidade de memória solicitada. A função de alocação deverá escolher o número correto de blocos que comportem a quantidade de memória especificada. Imagine para este caso uma solicitação de alocação de 100 *bytes*. A função de alocação irá retornar 128 *bytes* (4×32 *bytes*). Como resultado desse procedimento, os 28 *bytes* alocados a mais poderão não ser utilizados. Essa forma específica de fragmentação é chamada de fragmentação interna.

Um exemplo bastante conhecido desse tipo de fragmentação acontece em sistemas de arquivos utilizados por sistemas operacionais bastante difundidos, como o NTFS. As unidades de alocação (blocos de memória) possuem tamanho padrão de 4 kB. No caso de arquivos menores que 4 kB serem gravados a partir desse padrão, os *bytes* restantes não serão utilizados.

A tabela de alocação de memória pode ser representada por um mapa de *bits*, em que, por exemplo, cada *bit* representa uma unidade de memória de 32 *bytes*. A Figura 6.2 mostra os estados de um mapa de *bits* controlando a alocação de um *heap* de 256 *bytes* após uma série de chamadas das funções **malloc()** e **free()**. Note que após a liberação da memória da tarefa D (**free(D)**) ocorre fragmentação na memória (esse tipo de fragmentação é conhecido como fragmentação externa). Assim que o comando **free(C)** é executado, a memória livre volta a ser um bloco contíguo de memória, deixando de existir fragmentação.

Uma maneira de se eliminar a fragmentação externa é deslocar a memória com o intuito de preencher os blocos isolados de memória (processo conhecido

Gerenciamento de memória

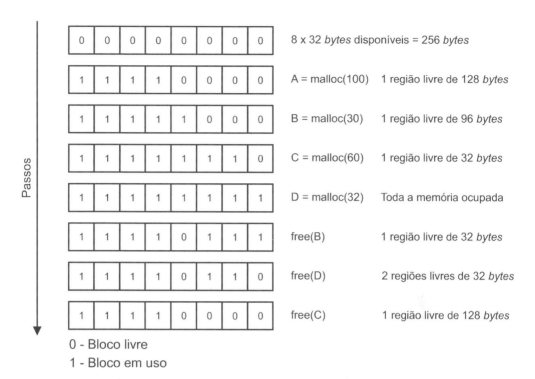

Figura 6.2 Estados de um mapa de alocação de memória.

como compactação ou desfragmentação da memória). No exemplo apresentado na Figura 6.3, um *heap* de 256 *bytes*, encontra-se com 128 *bytes* de memória livre disponível, no entanto, fragmentada. Neste caso não será possível instalar uma tarefa que necessite de mais de 32 *bytes* para alocação de memória. Pelo processo de desfragmentação, os blocos de memória das tarefas A, B, C e D são deslocados, de forma a preencher os espaços livres na memória. Ao final do processo o *heap* apresentará a memória de forma contígua, permitindo a alocação de uma tarefa de até 128 *bytes* de memória.

O processo de desfragmentação possui uma série de fatores complicantes, como:

- o tempo necessário para transferir o conteúdo de memória de um local para outro pode ser considerável;
- o custo da cópia de memória depende do tamanho dos blocos de memória contíguos em uso;
- as tarefas que possuem os blocos de memória alocados são impedidas de acessar seu conteúdo durante o processo de transferência;

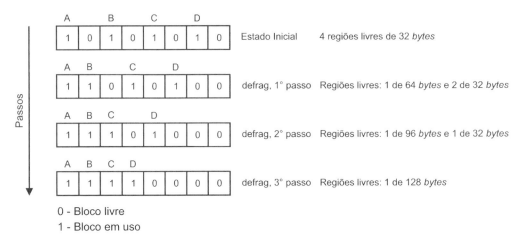

Figura 6.3 Processo de desfragmentação de um *heap*.

Devido a estes motivos a desfragmentação de memória é raramente implementada em sistemas embarcados.

6.2 Técnicas de alocação dinâmica de memória

A alocação dinâmica de memória pode ser realizada de diversas formas, mas os desafios para um algoritmo realizar tal tarefa está em alocar, liberar e realocar a memória necessária para cada uma das requisições. As diversas abordagens existentes possuem diferentes pontos fortes e fraquezas. Entre essas abordagens pode-se citar o *first fit*, *next fit*, *best fit*, *worst fit*, *buddy system* e as subalocações.

O algoritmo *first fit* mantém uma lista de blocos livres de memória. Quando recebe uma requisição para alocação de memória, varre essa lista a partir dos menores endereços à procura do primeiro bloco de memória que seja suficientemente grande para satisfazer a requisição. Se o bloco escolhido é significativamente maior do que o requisitado, geralmente esse algoritmo divide o bloco de memória e adiciona o bloco de memória restante na lista de blocos de memória livres.

O modo de operação do algoritmo *first fit* pode ser demonstrado com o auxílio da Figura 6.4. A partir do exemplo de configuração de blocos apresentados nessa figura, para alocar com *first fit* um bloco de 5 kB de memória a lista de blocos livres será percorrida a partir do início, em busca de um bloco de tamanho igual ou maior do que 5 kB. Como o primeiro bloco livre não é suficiente para alocar a memória desejada, pois possui 4 kB, o algoritmo busca o próximo bloco. O segundo bloco suporta a alocação da memória desejada e, portanto, será o selecionado para alocar a memória especificada. Como esse bloco possui 12 kB, os 7 kB restantes formarão um novo bloco que será inserido na lista de blocos livres.

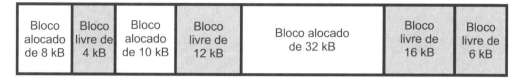

Figura 6.4 Exemplo de distribuição de memória em blocos alocáveis.

O algoritmo *first fit* tem bom desempenho, pois garante que a alocação seja rápida. Para agilizar ainda mais esse processo, uma variação desse algoritmo conhecida como *next fit* opera da mesma forma, no entanto inicia a busca a partir do local de memória onde terminou a alocação anterior.

Já o algoritmo *best fit* busca em toda a lista de espaços livres por um bloco que seja o mais próximo possível do tamanho requisitado. Esse algoritmo é mais lento que os anteriores, pois precisa pesquisar em toda a lista para determinar a melhor opção. Ainda, possui a desvantagem de deixar pequenas áreas não contíguas de memória livres, aumentando o problema da fragmentação. Isso torna-se evidente no exemplo da Figura 6.4, em que o algoritmo *best fit* selecionará o bloco de 6 kB de memória. Assim, esse bloco será dividido em dois blocos, um com os 5 kB solicitados e outro novo bloco livre de 1 kB, que será inserido na lista de blocos livres. Como esse algoritmo acaba formando blocos livres de tamanho reduzido, a alocação desses pequenos blocos livres é dificultada, aumentando, consequentemente, a fragmentação da memória.

A técnica *worst fit* realiza exatamente o contrário, ou seja, escolhe a partição que deixa o maior espaço livre sem utilização. Assim, existe uma maior probabilidade de o bloco livre restante ainda poder ser aproveitado em outra requisição, reduzindo o problema da fragmentação. Se aplicarmos o algoritmo *worst fit* no exemplo da Figura 6.4, o bloco livre de 16 kB será selecionado e dividido em um bloco de 5 kB como solicitado e um bloco de 11 kB contendo o restante da memória disponível.

Dentre os diversos algoritmos dessa classe de técnicas podemos destacar o *first fit* como uma das abordagens mais utilizadas em sistemas embarcados, pois, além de ser o mais rápido na tomada de decisão, ainda apresenta um desempenho satisfatório quanto à fragmentação da memória.

No *buddy system*, o algoritmo somente irá alocar blocos de determinados tamanhos e possui uma lista de blocos de memória livre para cada tamanho permitido. Os tamanhos permitidos são usualmente potências de 2 (exemplo da Figura 6.5) ou formam uma sequência Fibonacci. Assim, qualquer bloco pode ser dividido em dois blocos menores de tamanho permitido, com a exceção dos blocos de menor tamanho permitido. Ao receber uma requisição de memória, o algoritmo arredonda o valor recebido para o próximo tamanho permitido e retorna o primeiro bloco de memória da lista de blocos livres desse tamanho de bloco. Se a lista de blocos livres do tamanho calculado estiver vazia, o algoritmo divide um bloco maior e retorna um dos blocos resultantes da divisão, adicionando o outro à lista de blocos vazios do tamanho resultante.

Quando os blocos são reciclados no algoritmo *buddy system*, pode haver a tentativa de unir blocos adjacentes de memória em um bloco de tamanho maior dentre os tamanhos permitidos. Para facilitar essa tarefa, a lista de blocos livres é organizada em ordem de endereço. A principal vantagem do *buddy system* é que a coalescência é facilitada devido ao bloco companheiro (*buddy*) de qualquer bloco livre poder ser calculado a partir de seu endereço.

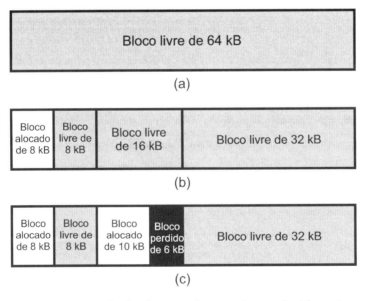

Figura 6.5 Exemplo de alocação de memória no *buddy system*.

Um exemplo de alocação de memória pelo *buddy system* pode ser observado na Figura 6.5, em que se utiliza um *buddy system* binário com tamanhos 16 B, 32 B, ..., 32 kB, 64 kB. O algoritmo pode iniciar a partir de um *heap* de 64 kB, como

Gerenciamento de memória

visto na Figura 6.5(a). Se uma aplicação requisita 8 kB de memória, o algoritmo procura por um bloco de 8 kB disponível. No entanto, no exemplo utilizado não é possível encontrar um bloco desse tamanho disponível. Assim, o algoritmo divide o bloco de 64 kB em dois de 32 kB e, divide um dos blocos de 32 kB em dois blocos de 16 kB e, finalmente, divide um dos blocos de 16 kB em dois blocos de 8 kB (Figura 6.5(b)). O *buddy system* retorna então um dos blocos de 8 kB para a aplicação e mantém os blocos restantes (8 kB, 16 kB e 32 kB) em listas de blocos livres. Se uma aplicação requisita então um bloco de 10 kB, o algoritmo irá arredondar a solicitação para 16 kB e retornará o bloco de 16 kB da lista de blocos livres, desperdiçando 6 kB no processo, como apresentado na Figura 6.5(c).

Já um *buddy system* por sequência de Fibonacci pode utilizar blocos de tamanho 16, 32, 48, 80, 128, 208 etc., de forma que cada tamanho seja a soma dos dois tamanhos anteriores. Quando um bloco for dividido, os dois blocos resultantes irão para as listas de blocos livres dos dois tamanhos anteriores. Um *buddy system* pode operar muito bem ou muito mal, dependendo de como os tamanhos escolhidos interagem com as solicitações típicas de memória em uma determinada aplicação. O arredondamento geralmente causa uma quantidade significativa de desperdício de memória, que nesse caso é uma fragmentação interna.

Como pode-se notar, um dos grandes problemas da alocação dinâmica de memória é a diferença nos tamanhos de blocos de memória solicitados ao algoritmo alocador. Uma solução para reduzir a fragmentação é utilizar a ideia de subalocação. Essa técnica parte do princípio de que é possível dividir o *heap* do sistema em diversos *heaps* menores. Imagine um sistema operacional de tempo real que possui uma grande diversidade de objetos a serem alocados, como semáforos, *mutexes*, filas, tarefas etc. Nesse cenário, o ideal é que exista um *heap* para cada tipo de objeto, pois um mesmo tipo de objeto usualmente gera solicitações com blocos de mesmo tamanho. Assim, se somente semáforos fossem alocados dinamicamente em um determinado *heap* não ocorreria fragmentação, pois os blocos de controle de semáforos possuem sempre o mesmo tamanho. As exceções a essa regra são as filas e as tarefas, pois ambas geralmente podem gerar requisição de alocação de memória de tamanho variável.

Note que a ideia de subalocações é muito semelhante à alocação estática de memória utilizada em grande parte dos RTOS, como descrito na seção seguinte. O esquema de alocação de memória mais próximo do ideal para um sistema embarcado seriam subalocações distintas para cada objeto do sistema operacional, com a desvantagem de ser necessário projetar da melhor forma possível o *heap* de cada objeto. A seguir são apresentadas as formas de alocação de memória utilizadas nos sistemas FreeRTOS e BRTOS.

6.3 Gerenciamento de memória em RTOS

Dentre os muitos RTOS disponíveis no mercado o FreeRTOS apresenta a peculiaridade de possuir mais de um modo de gerenciamento de memória, com os diferentes modos variando em complexidade e características. A implementação mais simples não permite a alocação dinâmica de memória, por questões de segurança.

No FreeRTOS também é possível prover um gerenciamento de memória por parte do desenvolvedor, assim como é possível utilizar dois *heaps* simultaneamente. Ao utilizar dois *heaps* simultâneos é possível alocar objetos do sistema operacional com tamanhos muitos diferentes em diferentes *heaps*, o que ajuda a reduzir a fragmentação. Ainda, permite que os objetos do sistema sejam alocados em uma memória RAM interna mais rápida, e que os dados da aplicação sejam alocados em uma memória RAM externa mais lenta.

O núcleo do FreeRTOS aloca memória RAM cada vez que uma tarefa, fila, semáforo, *mutex*, temporizador de *software* ou grupo de eventos é criado, diferente de alguns sistemas que alocam alguns desses objetos estaticamente. As funções da biblioteca padrão do C podem ser utilizadas para realizar essa tarefa, mas possuem algumas restrições quando relacionadas a sistemas embarcados:

- nem sempre essas funções estão disponíveis em sistemas embarcados;
- o tamanho de código da implementação dessas bibliotecas geralmente não é otimizado para sistemas embarcados, podendo consumir muito espaço na memória de programa;
- essas funções não são reentrantes (*thread safe*);
- essas funções não são determinísticas, ou seja, a quantidade de tempo necessária para executar a função poderá ser diferente de chamada para chamada das funções.

Devido a essas limitações, apesar de prover algumas soluções para a alocação de memória, a maioria dos sistemas operacionais mantém a interface de programação de aplicação (*application programming interface* – API) de gerenciamento de

Gerenciamento de memória

memória em sua camada portável de código. O FreeRTOS não foge a essa regra, disponibilizando cinco formas de gerenciamento de memória. Cada uma das soluções está contida em um arquivo separado (heap_1.c, heap_2.c etc.), disponíveis na pasta Source/Portable/MemMang do sistema. Uma solução alternativa também pode ser implementada, sendo que somente o arquivo da solução a ser utilizada deve ser adicionado a um determinado projeto.

As possíveis implementações do FreeRTOS são:

- **heap_1** – o mais simples, não permitindo que a memória seja liberada;

- **heap_2** – permite que a memória seja liberada, mas não realiza coalescência (combinação de partições adjacentes de memória) de blocos livres adjacentes;

- **heap_3** – simplesmente torna as funções *malloc()* e *free()* da biblioteca padrão do C funções reentrantes, a partir de seções críticas do sistema;

- **heap_4** – permite alocação e liberação de memória, bem como realiza coalescência de blocos livres adjacentes para reduzir a fragmentação. Ainda, inclui opção para definição de endereço absoluto de memória;

- **heap_5** – mesmas funcionalidades do heap_4, com a capacidade de estender o *heap* em diversas áreas de memória não adjacentes.

O **heap_1** é a implementação mais simples de gerenciamento de memória do FreeRTOS, pois não permite que a memória seja liberada após ter sido alocada. Apesar disso, essa abordagem é apropriada para uma grande variedade de aplicações para sistemas embarcados. A maioria dos sistemas embarcados cria todas as tarefas, filas, semáforos etc. necessários quando o sistema inicializa, e utiliza esses objetos até que a aplicação seja desligada ou reiniciada. Assim, nenhum objeto é excluído. Essa abordagem simplesmente divide um único bloco de RAM declarado como um vetor em blocos menores de RAM quando requisitados. A quantidade total de memória disponível no *heap* é configurada pela definição configTOTAL_HEAP_SIZE, que é modificada no arquivo FreeRTOSConfig.h (a mesma configuração também é valida para as implementações do **heap_2** e **heap_4**). Devido à sua implementação simplificada, apresenta comportamento determinístico e não pode resultar em fragmentação de memória.

O algoritmo utilizado no **heap_2** é o *best fit*. Assim, diferente da abordagem anterior, é possível liberar os blocos de memória previamente alocados.

No entanto, essa implementação não inclui um algoritmo de coalescência para combinar blocos livres adjacentes. Devido a isso, não deve ser utilizada quando a memória sendo alocada e liberada é de tamanho aleatório. Exemplos desses casos são:

- quando uma aplicação cria e apaga dinamicamente tarefas e o tamanho da pilha alocada para as tarefas sendo criadas não é de mesmo tamanho;

- quando uma aplicação cria e apaga dinamicamente filas e a área de armazenamento da fila não é de mesmo tamanho;

- quando os objetos do sistema, como tarefas, filas, semáforos etc., forem alocados e liberados em uma ordem imprevisível.

Qualquer um dos casos apresentados possivelmente levará a memória livre disponível a se fragmentar. A implementação do **heap_2** não é determinística, mas é mais eficiente que a maioria das abordagens utilizadas nas funções *malloc()* e *free()* da biblioteca padrão do C.

Já a implementação proposta no **heap_3** basicamente permite que as funções da biblioteca padrão da linguagem C sejam utilizadas seguramente em um ambiente multitarefa, a partir do bloqueio das interrupções ou desabilitação do escalonador sempre que as funções forem acessadas. Ao utilizar essa abordagem deve-se prover um *heap* a partir da configuração do *linker* da plataforma de desenvolvimento utilizada. Geralmente, em sistemas embarcados utilizando a linguagem C a memória RAM é separada em segmentos de dados. Os segmentos tradicionalmente utilizados na memória RAM são conhecidos por *data*, *bss*, *heap* e *stack*. A Figura 6.6 apresenta a disposição típica desses segmentos em um sistema embarcado.

O segmento *data* contém quaisquer variáveis globais ou estáticas que foram declaradas com um valor predefinido e podem ser modificadas (não são constantes). Essas são todas as variáveis que não foram definidas dentro de uma função (podem ser acessadas de qualquer local) ou que foram definidas dentro de uma função como estáticas[1] (utilizando a palavra-chave *static*). Exemplos dessas declarações são apresentados na Listagem 6.1.

Os valores predefinidos das variáveis alocadas nesse segmento são armazenados geralmente na memória de programa (comumente ROM ou *flash* em

---

[1] Variáveis estáticas mantêm seu valor em chamadas subsequentes das funções.

Gerenciamento de memória

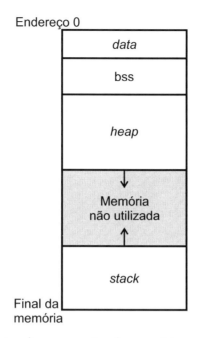

Figura 6.6 Disposição típica dos segmentos de memória em um sistema embarcado.

```
1  int val = 10;
   char string[] = "Olá, Mundo!";
3
   void funcao_teste(void){
5    static int = 1;
     ...
7  }
```

Listagem 6.1 Variáveis com valor predefinido.

sistemas embarcados) e copiadas para a memória RAM durante a rotina de inicialização do sistema. Esse procedimento é implementado na interrupção de *reset* do sistema, como apresentado na Listagem 6.2, que demonstra o código de inicialização de um sistema ARM Cortex-Mx. Note que os símbolos utilizados na cópia dos dados, __data_load__, __data_start__ e __data_end__, são providos pelo arquivo de configuração do *linker*. A informação contida nesses símbolos é a posição inicial da primeira variável inicializada na RAM, a posição inicial na *flash* onde encontram-se os valores de inicialização dessas variáveis e a posição do último valor na *flash*, respectivamente. Algo interessante de se verificar na mesma listagem é que o *main* é na verdade uma função chamada pela interrupção de *reset* do sistema.

```
1  void ResetISR(void){
       uint32_t *pui32Src, *pui32Dest;
3
       // Copia os valores de inicialização de variáveis globais da flash para a SRAM.
5      pui32Src = &__data_load__;
       for(pui32Dest = &__data_start__; pui32Dest < &__data_end__; ){
7          *pui32Dest++ = *pui32Src++;
       }
9
       // Zera as variáveis do segmento bss.
11     __asm("     ldr     r0, =__bss_start__\n"
             "     ldr     r1, =__bss_end__\n"
13            "     mov     r2, #0\n"
             "     .thumb_func\n"
15     "zero_loop:\n"
             "         cmp     r0, r1\n"
17            "         it      lt\n"
             "         strlt   r2, [r0], #4\n"
19            "         blt     zero_loop");
21     // Chama o ponto de entrada da aplicação
       main();
23 }
```

Listagem 6.2 Exemplo de interrupção de *reset* de um processador ARM Cortex-Mx.

O segmento *bss* contém todas as variáveis globais e estáticas não inicializadas ou inicializadas com o valor zero, sendo usualmente adjacente ao segmento *data*. Note na Listagem 6.2 que todas as variáveis contidas na seção *BSS* são inicializadas com zero. Já a área de *heap* geralmente começa no final do segmento *BSS* e cresce para endereços maiores. A área de *heap* é gerenciada pelas funções **malloc()**, **realloc()** e **free()**, que podem usar as chamadas de sistema **brk** e **sbrk** para ajustar seu tamanho. Em sistemas embarcados o tamanho do *heap* geralmente é definido em tempo de projeto na configuração de *linker* do ambiente de desenvolvimento de integrado (*integrated development environment* - IDE) utilizado e é limitado ao tamanho dos outros segmentos de memória.

Finalmente, a área de *stack* contém o espaço destinado à pilha da aplicação, geralmente disposta nas últimas posições de memória e crescente no sentido do endereço zero de memória. O uso da pilha aumenta proporcionalmente à quantidade de variáveis locais, saltos para funções e interrupções habilitadas no sistema. Apesar de se definir o tamanho máximo da pilha na configuração de *linker* do IDE, nada impede que o ponteiro da pilha cresça até encontrar o ponteiro do *heap*, o que provavelmente causaria a sobrescrição de valores armazenados do *heap* e, consequentemente, geraria inconsistências na aplicação. Essas inconsistências geralmente levam a uma falha de *hardware* ou de *software*, causando, na maioria dos casos, o congelamento da aplicação ou, na melhor das hipóteses, o *reset* do sistema. Devido a esse problema, definir corretamente o tamanho do *heap* e do *stack* é uma parte importante do projeto de um sistema embarcado. Definir uma região de *heap* muito grande causa o desperdício de memória. No entanto, um *heap* reduzido pode causar falta de memória nas solicitações de alocação dinâmica. Já um *stack* mal dimensionado pode causar problemas mais graves no sistema, como comentado anteriormente. Quando utilizando um RTOS deve-se ter o cuidado adicional de se dimensionar corretamente a pilha de cada tarefa. No caso de pilhas de tarefas mal dimensionadas, o erro mais comum é a sobrescrita de dados na pilha da tarefa adjacente, o que provavelmente irá levar a uma falha do sistema.

O **heap_4** utiliza o algoritmo *first fit*, o qual, ao contrário do utilizado no **heap_2**, combina blocos de memória livres adjacentes em um único bloco maior a partir de um algoritmo de coalescência. Apesar disso, não disponibiliza nenhum modo de acessar a informação de como a memória não alocada está fragmentada em blocos menores. O **heap_4** é recomendado em casos em que a aplicação repetidamente apaga tarefas, filas, semáforos, *mutexes* etc., pois é menos susceptível à fragmentação de memória do que a implementação do **heap_2**. No entanto, assim como qualquer técnica de alocação dinâmica, não é imune à fragmentação. Ainda, também não é determinística, apesar de apresentar melhor desempenho que as implementações da biblioteca padrão da linguagem C. Essa implementação possui ainda a possibilidade de especificar um endereço absoluto para a posição inicial do *heap*, dependendo da sintaxe específica de cada IDE para atingir tal objetivo.

A implementação do **heap_5** é exatamente a mesma do **heap_4**, com a adição da possibilidade de abranger várias regiões (não contíguas) de memória não adjacentes. O **heap_5** é inicializado a partir da função *vPortDefineHeapRegions()* e não pode ser utilizado até que tal função seja executada. Ao criar um objeto do RTOS (tarefa, fila, semáforo etc.), a função de alocação dinâmica será implicitamente chamada. Portanto, é essencial que, quando utilizando o **heap_5**, essa função seja executada antes de criar qualquer objeto do sistema. A função *vPortDefineHeapRegions()* utiliza somente um parâmetro, que é um vetor de estruturas contendo as regiões de *heap* utilizadas. Esse vetor deve ser terminado utilizando um ponteiro nulo para a última estrutura de região de *heap*, e as estruturas de *heap* devem aparecer no vetor na ordem de seus endereços, do menor para o maior endereço, conforme exemplo apresentado na Listagem 6.3.

```
1  typedef struct HeapRegion{
    uint8_t *pucStartAddress;  /* ponteiro para o endereço inicial de uma região da RAM */
3   size_t xSizeInBytes;       /* Tamanho da região de memória, em bytes */
    } HeapRegion_t;
5
    /* Aloca dois blocos de RAM para uso como heap. O primeiro bloco de
7   0x20000 bytes inicia no endereço 0x40000000, e o segundo bloco com
    0x40000 bytes inicia no endereço 0x80000000.
9   O bloco que inicia em 0x40000000 tem o menor endereço inicial e, portanto,
    será o primeiro bloco a ser declarado no vetor. */
11
    const HeapRegion_t xHeapRegions[] = {
13      { ( uint8_t * ) 0x40000000UL, 0x20000 },
        { ( uint8_t * ) 0x80000000UL, 0x40000 },
15      { NULL, 0 } /* Terminação do vetor */
    };
```

Listagem 6.3 Definições de região de *heap* do FreeRTOS.

Várias famílias de microcontroladores possuem regiões de memória RAM reservadas para periféricos como controladores USB ou Ethernet. Essas regiões são reservadas para uso como *buffers* de recepção e transmissão de dados nesses periféricos específicos. No entanto, em aplicações em que tais periféricos não são utilizados, a memória RAM correspondente pode ser usada como *heap*. Como normalmente essas regiões de memória RAM estão localizadas em regiões de endereço não adjacentes à memória RAM principal, o **heap_5** torna-se uma opção interessante para implementar o gerenciamento de memória.

Como pode-se perceber, o FreeRTOS possui uma grande possibilidade de algoritmos de alocação dinâmica de memória, podendo ainda ser desenvolvida uma solução proprietária ou diferente das disponíveis no sistema. Já o sistema BRTOS não possuía um algoritmo de alocação dinâmica de memória nas versões anteriores à 1.9x, sendo que essa funcionalidade deveria ser implementada a partir da camada de porte do sistema. Assim, poderia-se utilizar tanto a biblioteca padrão da linguagem C quanto uma solução proprietária ou de código aberto. A decisão por essa abordagem deve-se à maior parte dos objetos alocados em um sistema embarcado não necessitar de alocação dinâmica. Isso ocorre porque alguns objetos nunca serão removidos ou porque podem utilizar a alocação estática de blocos de objetos e distribuição sob demanda. Somente filas ou pilhas necessitam de tamanhos variáveis, portanto somente esses objetos necessitam de alocação dinâmica no BRTOS.

A alocação dinâmica de memória é a única forma de permitir que objetos de tamanhos variáveis sejam criados e apagados durante a execução de um sistema implementado a partir de um RTOS. No BRTOS, para disponibilizar a alocação dinâmica de memória para a pilha das tarefas e, consequentemente, a função **UninstallTask()**, deve-se habilitar a configuração **BRTOS_DYNAMIC_TASKS_ENABLED**. Da mesma forma, para disponibilizar o serviço de filas de tamanhos variáveis (filas dinâmicas), deve-se habilitar a configuração **BRTOS_DYNAMIC_QUEUE_ENABLED**. Adicionalmente, deve-se definir o tamanho do *heap* para memória dinâmica na definição de configuração **DYNAMIC_HEAP_SIZE** (todas as configurações devem estar no arquivo BRTOSConfig.h). Assim, o BRTOS deixa de utilizar os *heaps* estáticos de pilha e fila e passa a utilizar a alocação dinâmica de memória. No entanto, para utilizar o serviço de filas dinâmicas deve-se utilizar as funções específicas para essa categoria de filas, pois o serviço de filas estáticas de tamanho fixo (em que a unidade de objeto da fila é 1 *byte*) continua a operar normalmente.

A partir da versão 1.9x o projeto BRTOS adotou um algoritmo de alocação de memória livre e de código aberto conhecido como *umm_malloc*. Entretanto, para utilizá-lo deve-se configurar no arquivo BRTOSConfig.h a associação das funções de alocação e desalocação do BRTOS para as funções do *umm_malloc*, como apresentado na Listagem 6.4. Esse algoritmo foi desenvolvido especificamente para sistemas embarcados com baixa capacidade de memória RAM (<1MB). Para acelerar o processo de alocação e desalocação de memória o algoritmo utiliza um sistema de lista duplamente encadeada, tanto para o gerenciamento dos blocos ocupados quanto para os blocos livres de memória. Ainda, permite a escolha entre os métodos de alocação *best fit* e *first fit* em seu arquivo de configuração. Apesar de a escolha ser permitida, o BRTOS adota como padrão o *first fit*, de forma a reduzir o tempo de alocação de memória e diminuir os problemas vinculados à fragmentação.

```
/// Define as funções de alocação e desalocação de memória para filas dinâmicas
2  #include "umm_malloc.h"
   #define BRTOS_ALLOC    umm_malloc
4  #define BRTOS_DEALLOC umm_free
```

Listagem 6.4 Definição das funções de alocação e desalocação de memória no BRTOS.

A maioria dos gerenciadores de memória utiliza algum tipo de estrutura de lista de ponteiros para gerenciar o uso dos blocos de memória. Se esses ponteiros forem de 32 *bits*, o armazenamento da informação de gerenciamento dos blocos pode gerar uso excessivo de memória. Ainda, em sistemas embarcados dificilmente há alocação de grandes blocos de memória. O armazenamento de quatro ponteiros devido às duas listas duplamente encadeadas gera uma ocupação de 16 *bytes* para os ponteiros. Portanto, a biblioteca *umm_malloc* é implementada de forma a visualizar o *heap* de alocação como um vetor de blocos e utiliza o índice dos blocos como forma de localizar posições de memória. Assim é possível reduzir a quantidade de *bits* para representar uma posição de memória. Na referida biblioteca, o índice que controla os blocos é limitado a 15 *bits*, ou seja, são permitidos até 32.767 blocos de memória. O 16° *bit* é usado para marcar se um bloco está livre ou em uso. Tal abordagem permite utilizar ponteiros de memória de 16 *bits*, o que reduz consideravelmente a ocupação de memória para os ponteiros utilizados no gerenciamento de memória. Assim, em vez de utilizar 16 *bytes* para gerenciar um bloco de memória, utilizam-se 8 *bytes* (4 ponteiros de 16 *bits*).

Outra otimização implementada no *umm_malloc* diz respeito aos ponteiros de gerenciamento de blocos livres. Quando um bloco de memória é alocado nesse algoritmo, os ponteiros de valor prévio e próximo da lista duplamente encadeada de blocos livres passam a fazer parte da memória disponível para alocação. Assim, a sobrecarga de um bloco alocado passa a ser 4 *bytes*, ou seja, o tamanho de dois ponteiros de 16 *bits*. Cada bloco de memória detém 8 *bytes* por padrão e existem até 32.767 blocos de memória disponíveis, o que representa um total de 256 kB de tamanho máximo de *heap*. Se essa memória não for suficiente, pode-se aumentar o tamanho do bloco de memória gerenciado. Note que quanto maior for o tamanho das regiões de memória alocadas, menor será a sobrecarga com os ponteiros de gerenciamento do algoritmo alocador.

6.4 Alocação estática de memória no FreeRTOS

Ao criar um objeto do sistema em qualquer sistema operacional é necessário uma certa quantidade de memória de dados para o armazenamento de seu estado. Uma tarefa, ao ser criada, necessita de memória para alocar o bloco de controle de tarefa (TCB), assim como semáforos, filas e qualquer outro objeto ocupam memória de dados para armazenar informações que permitam seu funcionamento.

No FreeRTOS, sempre que um objeto é criado o bloco de controle do objeto é alocado dinamicamente em seu *heap*. Como visto extensivamente durante este capítulo, o uso de alocação dinâmica de memória pode ser perigoso em um sis-

Gerenciamento de memória

tema embarcado. Por isso, o FreeRTOS possui em sua API funções que permitem criar os objetos com alocação estática de memória. Nesse caso, a memória de dados para o bloco de controle do objeto deverá ser provido pelo desenvolvedor da aplicação e será alocada estaticamente em tempo de compilação. Para que isso seja possível parâmetros adicionais devem ser informados nas funções de criação dos objetos.

A Listagem 6.5 apresenta as modificações necessárias para a criação de uma tarefa com alocação estática de memória. Note que são necessários dois parâmetros adicionais, a memória para a pilha da tarefa e a memória para o bloco de controle da tarefa.

```
/* Declara task handler como global para ter acesso a qualquer lugar do código */
xTaskHandle task_id;

/* Tamanho da região de memória que será utilizada como pilha da tarefa.
   Note que o tamanho em bytes depende do tipo StackType_t do sistema.
   Em sistemas de 32 bits, ao especificar 256 como tamanho do stack serão
   ocupados 1.024 bytes de memória RAM para a pilha da tarefa. */
#define STACK_SIZE 256

/* Estrutura de dados na qual será alocado o TCB da tarefa */
StaticTask_t xTaskBuffer;

/* Pilha da tarefa */
StackType_t xStack[ STACK_SIZE ];

/* Instala a tarefa Task_1 com alocação estática de memória */
task_id = xTaskCreateStatic(
    Task_1,             /* Função que implementa a tarefa */
    "Teste de tarefa",  /* Nome da tarefa */
    STACK_SIZE,         /* Tamanho da pilha da tarefa */
    null,               /* sem passagem de parâmetros (parâmetro null). */
    tskIDLE_PRIORITY,   /* Prioridade da tarefa */
    xStack,             /* Pilha da tarefa */
    &xTaskBuffer);      /* Variável usada para armazenar o TCB da tarefa */
```

Listagem 6.5 Exemplo de código para instalação de uma tarefa com alocação estática de memória no FreeRTOS.

A Listagem 6.6 apresenta um exemplo de criação de semáforo binário e semáforo contador com alocação estática de memória. No caso do semáforo, somente é necessário especificar o *buffer* de memória para o armazenamento de seu bloco de controle.

Para as filas de mensagem, a função de criação altera-se de maneira semelhante à criação de tarefas, pois uma fila deve conter seu bloco de controle e o *buffer* de armazenamento dos dados da fila. A Listagem 6.7 apresenta as modificações necessárias para se criar uma fila de mensagens com alocação estática de memória no FreeRTOS. Note que a região de memória para o armazenamento

```
1  // Declara o ponteiro para uma estrutura de semáforo
   xSemaphoreHandle TestSemb, TestSemc;
3
   // Declara o buffer de memória no qual será armazenado o bloco de controle do semáforo
5  StaticSemaphore_t xSemaphoreBufferb, xSemaphoreBufferc;

7  void Example_Task (void *param){
     // Cria semáforo binário com alocação estática de memória
9    TestSemb = xSemaphoreCreateBinaryStatic(&xSemaphoreBufferb);
     if (TestSemb == null){
11     // Falha na alocação do semáforo. Trate este erro aqui !!!
     }
13
     /* Cria semáforo contador, com contagem inicial igual a zero e limite de contagem de 255. */
15   TestSemc = xSemaphoreCreateCountingStatic(255,0, &xSemaphoreBufferc);
     if (TestSemc == null){
17     // Falha na alocação do semáforo. Trate este erro aqui !!!
     }
19 }
```

Listagem 6.6 Criando um semáforo binário e contador no FreeRTOS com alocação estática de memória.

dos dados na fila deve ser um vetor que comporte a quantidade especificada de itens, considerando-se o tamanho individual de cada item.

```
1  // Declara o ponteiro para uma estrutura de controle da fila
   xQueueHandle TestQueue;
3
   // Define o tamanho da fila e o tamanho do item na fila
5  #define QUEUE_LENGTH 10
   #define ITEM_SIZE sizeof( uint64_t )
7
   // Variável para armazenar os dados de controle da fila
9  static StaticQueue_t xStaticQueue;

11 // Vetor para armazenar os dados contidos na fila
   uint8_t ucQueueStorageArea[ QUEUE_LENGTH * ITEM_SIZE ];
13
   void Example_Task (void *param){
15   char mensagem;

17   // Cria uma fila com 128 posições e mensagens do tamanho de uma varável de 64 bits
     TestQueue = xQueueCreate(QUEUE_LENGTH, ITEM_SIZE, ucQueueStorageArea, &xStaticQueue);
19   if( TestQueue == NULL ){
       // Falha na alocação da fila. Trate este erro aqui !!!
21   }

23   /* Laço da tarefa */
     for (;;){
25     // Espera indefinidamente por uma mensagem
       if(xQueueReceive(TestQueue, &mensagem, portMAX_DELAY) == pdTRUE){
27       // Trata mensagem recebida pela interrupção aqui!
       }else{
29       // Falha na recepção da mensagem. Trate esta exceção aqui!
       }
31   }
   }
```

Listagem 6.7 Exemplo de criação de uma fila com alocação estática de memória no FreeRTOS.

Assim como existem funções para a criação de tarefas, semáforos e filas com alocação estática de memória no FreeRTOS, todos os outros objetos providos pelo sistema podem ter seus blocos de controle alocados dessa forma. Recomenda-se a consulta ao manual de referência do sistema para maiores detalhes de como utilizar as funções de alocação estática para outros objetos.

6.5 Resumo

Sistemas embarcados, em geral, possuem bastante limitação na quantidade de memória RAM disponível, tornando o gerenciamento de memória fundamental para o correto funcionamento lógico e temporal do sistema. Por isso, os serviços utilizados nesse gerenciamento, para a alocação e liberação de memória, devem ser, preferencialmente, providos pelo RTOS.

Os RTOS permitem, comumente, que a memória seja alocada estaticamente ou dinamicamente. Na alocação estática, a memória é alocada uma única vez, em tempo de projeto, e nunca é liberada. Já na alocação dinâmica, a memória é alocada e liberada, em tempo de execução, sendo, portanto, compartilhada pelas tarefas. Em comparação com a alocação estática, a alocação dinâmica permite a reutilização da memória disponível entre várias tarefas. Mas, em contrapartida, necessita de algoritmos especializados para alocação e liberação de memória que tentem minimizar a fragmentação e que possuam tempo determinístico de alocação e de liberação, além de serem compatíveis para uso em sistemas multitarefas (*thread-safe*). Alguns dos algoritmos empregados para o gerenciamento de memória são *first fit*, *next fit*, *best fit*, *worst fit*, *buddy system* e as subalocações.

A fragmentação de memória pode ser interna ou externa. A interna ocorre devido à divisão da memória em blocos de tamanho fixo mínimo e que podem ser, ainda, maiores do que o necessitado pela tarefa solicitante, resultando em sobras não alocáveis. Já a fragmentação externa ocorre devido à sequência dos processos de alocação e liberação, que pode resultar na fragmentação da memória em blocos livres não contíguos. Nesse caso, mesmo que a memória total disponível em um determinado momento possa satisfazer a solicitação de alocação por uma determinada tarefa, a alocação não pode ser realizada, pois os blocos livres não são contíguos e precisariam ser combinados em uma região contínua de memória de tamanho igual ou maior ao solicitado. Esse processo de combinação de blocos livres não contíguos em blocos maiores contínuos é denominado desfragmentação de memória.

6.6 Problemas

Problema 6.1. Por que a técnica de alocação dinâmica de memória *best fit* não é recomendada para sistemas embarcados de tempo real? Qual a técnica mais utilizada nesses sistemas?

Problema 6.2. Por que a alocação dinâmica de memória não é desejada em um sistema embarcado? Como os sistemas operacionais de tempo real podem ser implementados de forma que semáforos, filas, *mutexes* e outros objetos do sistema possam ser criados e apagados sem que a alocação dinâmica seja utilizada?

Problema 6.3. Que características são desejadas para um algoritmo de alocação dinâmica de memória aplicado a sistemas de tempo real?

Problema 6.4. Em que situações a alocação dinâmica de memória não pode ser evitada quando concebendo um sistema embarcado? Os sistemas operacionais de tempo real usualmente possibilitam utilizar a alocação dinâmica somente em determinados objetos durante sua criação?

Capítulo 7

Arquiteturas de interrupções

O acesso assíncrono às estruturas de dados internas de um sistema operacional é um dos principais aspectos a serem abordados no projeto do sistema. As estruturas de dados internas mais comuns são filas de tarefas prontas, filas de eventos temporizados, blocos de controle de tarefas, de semáforos, de *mutexes*, de caixas de mensagens, de filas e de qualquer outro serviço do sistema. Para que existam recursos de sincronização e comunicação é necessário que essas estruturas de dados sejam alteradas tanto por rotinas de tratamento de interrupção quanto por tarefas. Quando uma dessas estruturas de dados estiver sendo modificada e ocorrer uma interrupção, não se deve permitir que sejam realizadas modificações na estrutura pela rotina de tratamento da interrupção. Tais modificações podem vir a deixar a estrutura de dados do sistema em um estado diferente, e provavelmente inconsistente. O resultado dessas modificações pode ser catastrófico, podendo levar o sistema operacional de tempo real (RTOS) à instabilidade. Portanto, um RTOS deve impedir múltiplas interrupções e/ou chamadas de serviço por tarefas de modificarem a mesma estrutura de dados "ao mesmo tempo".

Entre as possíveis abordagens para evitar tais problemas, duas se destacam: arquitetura de interrupções unificada e arquitetura de interrupções segmentada. A arquitetura unificada é mais tradicional e utilizada pela maioria dos RTOS disponíveis. Nessa abordagem, as interrupções são desabilitadas enquanto estruturas de dados críticas do RTOS são modificadas. Esse bloqueio no nível do *hardware*, realizado por instruções *assembly* do processador utilizado, impede temporariamente que ocorra o salto para a rotina de tratamento da interrupção se um evento ocorrer. Assim, tal procedimento evita, de forma confiável, que qualquer outra interrupção ou tarefa faça mudanças nas estruturas de dados críticas em uso pelo código sendo executado em um dado momento. Essa abordagem recebe o nome de unificada devido ao tratamento de um interrupção ser realizado de uma só vez, em uma única rotina de serviço "unificada".

A abordagem segmentada, em vez de desabilitar as interrupções, não permite o acesso assíncrono às estruturas de dados críticas do sistema por interrupções ou chamadas de serviço executadas nas tarefas. Note que o acesso assíncrono não está obrigatoriamente vinculado à execução de um código pela rotina de tratamento da interrupção. Em um sistema preemptivo uma tarefa pode estar modificando uma estrutura de dados do sistema e sofrer preempção. Nesse caso, apesar de usualmente existir uma interrupção de *software* para a troca de contexto, o acesso assíncrono à estrutura de dados pode ser realizado por uma tarefa de maior prioridade que vier a ser executada ao ser adicionada à lista de prontos do sistema. Para evitar esse tipo de situação, em sistemas com interrupção segmentada o acesso a estruturas de dados críticas por rotinas de serviço de interrupção (RSI) ou tarefas é adiado, sendo realizado por uma rotina no nível de usuário quando não houverem estruturas de dados internas do sistema sendo modificadas, como demonstrado na Figura 7.1. Com o objetivo de padronizar o texto, a partir deste momento chamaremos essa rotina de RSI2, ou seja, rotina de serviço de interrupção de segundo nível. Essa abordagem também impede, de maneira confiável, interferências em um serviço de sistema em execução. Isso é possível devido ao sistema atrasar a execução de qualquer tarefa ou RSI2 até que o processamento de estruturas de dados críticas seja completado. Uma arquitetura de interrupções implementada dessa forma é chamada de segmentada por separar o processamento de um serviço de interrupção em dois ou mais segmentos, executados em locais distintos e com diferentes prioridades.

Arquiteturas de interrupções

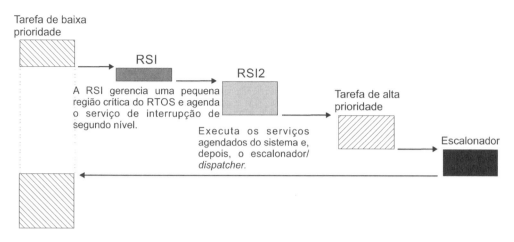

Figura 7.1 Processamento de uma interrupção dividida em múltiplas partes na arquitetura segmentada.

A forma com que as estruturas de dados internas do sistema são protegidas não é a única questão a ser abordada na arquitetura de interrupções de um RTOS. Outra questão importante é permitir ou não o uso de interrupções aninhadas no sistema (permitir que uma interrupção de alta prioridade interrompa uma interrupção de baixa prioridade). Não permitir o aninhamento de interrupções tem impacto direto no tempo de resposta das interrupções, pois o processamento de uma interrupção de baixa prioridade poderá atrasar o processamento de uma interrupção de alta prioridade. No entanto, interrupções aninhadas aumentam o uso da pilha das tarefas, podendo causar estouros de pilha inesperados. O estouro de pilha não é de fácil depuração e deve ser evitado por meio da cuidadosa definição do tamanho da pilha de cada tarefa por parte do programador. Processadores que possuem dois ponteiros de pilha (como os ARM Cortex-Mx) facilitam essa tarefa, pois é possível definir uma pilha do sistema, que é responsável pelo empilhamento de dados realizado dentro das interrupções.

Os erros no acesso a recursos compartilhados é outro problema que pode ser causado pelo aninhamento de interrupções. Por exemplo, duas interrupções podem utilizar uma mesma variável global. Se durante o processamento dessa variável a interrupção for interrompida por outra interrupção que modifique tal variável, quando a CPU retornar a processar a interrupção anterior poderá ocorrer inconsistência no processamento desta. Outro caso ainda pior pode ocorrer com recursos de *hardware*. Microcontroladores geralmente possuem somente um conversor analógico/digital (A/D) multiplexado. Imagine que uma interrupção dispare a conversão de um dos canais multiplexados do conversor A/D e, antes que essa conversão se complete, seja interrompida por outra interrupção que dispare a conversão de outro canal. Essa sequência de eventos pode levar a conversões incorretas ou até mesmo ao cancelamento do processo de conversão.

O aninhamento de interrupções ocorre na maioria dos processadores. Portanto, ao gerenciar variáveis globais e recursos de *hardware* compartilhados dentro de interrupções, recomenda-se o uso de seções críticas. O uso de *mutex* não é permitido, pois geralmente não é possível realizar uma aquisição de *mutex* dentro de uma interrupção. Um caso especial dessa abordagem é desabilitar completamente o aninhamento de interrupções, bloqueando-as na entrada de qualquer rotina de tratamento de interrupção. Tal método é permitido sempre que o tempo de resposta das interrupções não for crítico, sendo essa técnica tida como defensiva, pois pode evitar uma série de falhas em sistemas altamente concorrentes.

7.1 Arquitetura de interrupção unificada

Sistemas operacionais de tempo real que empregam a arquitetura unificada tratam uma interrupção de forma semelhante a sistemas *foreground/background*. Verifique que o termo "semelhante" em vez de "igual" deve-se à possibilidade de ocorrer preempção em um RTOS e, portanto, haver alteração no fluxo de código na saída da rotina de tratamento da interrupção. Nessa arquitetura permite-se que as interrupções façam chamadas de serviços do RTOS que modifiquem estruturas de dados do núcleo do sistema e, consequentemente, que essas interrupções interajam diretamente com tarefas e outros recursos. Como visto anteriormente, para permitir isso, o RTOS desabilita as interrupções em certos segmentos de código (geralmente trechos de código curtos), protegendo as estruturas de dados internas do sistema de acessos assíncronos por múltiplas interrupções e serviços do sistema.

A simplicidade dessa abordagem é um dos motivos de sua adoção em vários sistemas operacionais. No entanto, ela pode trazer uma dificuldade adicional na implementação do sistema. As rotinas dentro de seções críticas devem ser, de preferência, determinísticas. Assim, pode-se prever a maior latência do sistema devido às suas seções críticas. Certos RTOS têm essa limitação como diretriz no seu desenvolvimento. Por exemplo, no FreeRTOS não existem laços dentro de seções críticas de código que possam gerar diferentes tempos de execução, ou

Arquiteturas de interrupções

seja, não se permite que existam laços com iterações de tamanhos não definidos *a priori*. Essa diretriz de projeto pode ser facilmente observada no código que verifica tarefas esperando por tempo no processamento da marca de tempo do µC/OS II, apresentado no Capítulo 5, Listagem 5.2. Note que, apesar de o laço depender da quantidade de tarefas instaladas no sistema, a cada iteração do laço o sistema bloqueia e libera as interrupções para proteger o acesso assíncrono de estruturas do sistema. Esse método faz com que o tempo máximo de bloqueio das interrupções seja determinístico, apesar da sobrecarga adicional imposta pelas múltiplas entradas e saídas de região crítica.

O processamento de uma interrupção em um sistema unificado pode ser com ou sem preempção. A seguir são demonstrados os passos de execução de cada um desses procedimentos.

Tratamento de interrupção sem preempção causada por chamadas de serviços do sistema:

- salva o contexto total ou parcial do processador. Em alguns portes, o salvamento do contexto é total na entrada da interrupção. Em outros, o salvamento é parcial, implementado em *hardware* ou *software*;
- executa rotina de tratamento de interrupção. Quando o salvamento do contexto é parcial, recomenda-se a execução da rotina de tratamento em uma função, pois assim os registradores adicionais serão salvos e restaurados pela função. Essa abordagem mantém a consistência da pilha nas interrupções;
- desabilita as interrupções;
- executa o escalonador;
- não havendo tarefa mais prioritária pronta para executar, restaura o contexto total ou parcial salvo;
- retorna para a tarefa interrompida, habilitando novamente as interrupções.

Tratamento de interrupção com preempção causada por chamadas de serviços do sistema:

- salva o contexto total ou parcial do processador (depende do porte do sistema);
- executa rotina de tratamento de interrupção contendo serviços do sistema;

- desabilita as interrupções;

- executa o escalonador;

- caso um serviço do sistema tenha adicionado uma tarefa de maior prioridade à lista de prontos, salva o contexto complementar da tarefa interrompida;

- restaura o contexto da tarefa de maior prioridade adicionada à lista de prontos;

- salta para a tarefa de maior prioridade selecionada, habilitando novamente as interrupções.

Algumas observações são importantes para um melhor entendimento desses passos. Durante a execução da rotina de tratamento de interrupção, os serviços do sistema operacional podem ser utilizados. Assim, podem ocorrer bloqueios das interrupções para proteger as estruturas de dados internas do sistema. Ademais, dependendo da implementação do sistema, nem sempre irá ocorrer a execução do escalonador em uma interrupção. Por exemplo, no FreeRTOS, os serviços do sistema executados em interrupções testam se uma tarefa de maior prioridade foi adicionada à lista de prontos. Se isso não ocorrer, a RSI tem comportamento semelhante ao de um sistema em superlaço, não executando o escalonador. Finalmente, o bloqueio das interrupções ocorre independentemente de existirem estruturas de dados do sistema sendo modificadas no momento da interrupção.

O exemplo clássico de interrupções que podem ou não gerar preempção em um RTOS é a interrupção de marca de tempo. Como visto anteriormente, todo e qualquer RTOS possui uma interrupção de marca de tempo para controlar a temporização das tarefas pelo sistema. Assim, a cada interrupção que determina a passagem de uma unidade de tempo do sistema existe a possibilidade ou não de ocorrer preempção. Imagine uma situação em que a unidade temporal do sistema é 1 ms e o tempo atual está em 90 ms. Se a tarefa mais próxima de executar está agendada para o tempo 100 ms, ocorrerão 9 interrupções sem preempção para, então, ocorrer uma possível preempção. Não há certeza da preempção, pois esta dependerá da prioridade da tarefa sendo adicionada à lista de prontos pelo gerenciamento de tempo do sistema.

Um dos maiores problemas de uma arquitetura unificada é que todas as interrupções são desabilitadas em um acesso a serviços do sistema, independentemente de sua prioridade. Assim, a latência nas interrupções introduzida pelos serviços do RTOS neste caso impactam a parte mais importante do sistema, as interrupções de alta prioridade. Essa forma de implementação é particularmente prejudicial no caso de interrupções de alta prioridade que não fazem chamadas de serviços do RTOS, pois essas interrupções de alta prioridade sofrem aumento de latência, mesmo que não façam acesso a nenhum recurso sendo protegido pelo sistema.

Para resolver esse problema, alguns sistemas operacionais implementam no seu porte as funções de bloqueio e desbloqueio de interrupções com limite de nível de prioridade, como realizado no FreeRTOS. Assim, é possível criar seções críticas somente para uma faixa de prioridades de interrupção. A limitação imposta é que nenhum recurso do RTOS pode ser utilizado em uma interrupção com prioridade acima do limite configurado. A única desvantagem desse método é que as funções de entrada e saída de seção crítica se tornam mais complexas, custando mais ciclos de *clock* do processador para sua execução.

7.2 Arquitetura de interrupção segmentada

A principal métrica de projeto de um RTOS utilizando arquitetura segmentada é evitar, sempre que possível, desabilitar as interrupções nas rotinas de serviço do sistema. Ao não bloquear as interrupções, tais sistemas não podem realizar modificações nas estruturas de dados do RTOS dentro de rotinas de serviço de interrupção. Isso se deve à possibilidade de uma tarefa ou RSI executando um serviço do sistema ser interrompida por uma rotina de tratamento de interrupção (interrupção de maior prioridade, no caso da RSI ser interrompida), que poderia tentar modificar a mesma estrutura de dados sendo atualizada no serviço acessado. Uma das principais abordagens para tentar evitar essa possível inconsistência dos dados é bloquear o escalonador nas rotinas de serviço do sistema e dividir o processamento da interrupção em dois ou mais segmentos de código. Nesse método, chamaremos de RSI1 a rotina de serviço de interrupção tradicional, executada por *hardware* quando o evento ocorre. As RSI1 são o primeiro segmento de código executado para tratar os eventos assíncronos e são executadas com as interrupções habilitadas, o que não permite a manipulação das estruturas de dados do RTOS nessas rotinas.

A grande maioria dos sistemas segmentados realiza o tratamento das interrupções utilizando somente dois passos. O segundo passo chamaremos de RSI2, sendo esse segmento de código um serviço provido pelo sistema que faz todas as atualizações necessárias nas estruturas de dados do RTOS em nível de aplicação. Assim, a RSI2 é executada somente após o término do processamento de todas as RSI1. Deve-se destacar que, dependendo de como o sistema é implementado, a RSI2 pode ser executada no contexto da tarefa interrompida ou por uma tarefa dedicada a esse propósito. Outras denominações encontradas na literatura para RSI2 são: *link service routine* (LSR), *deferred service routine* (DSR) e *bottom-half services* (no Linux).

Nos sistemas com interrupções segmentadas, o processador é devolvido para a tarefa ativa de maior prioridade tão logo as rotinas RSI1 e RSI2 completem seu processamento. Portanto, a execução das tarefas de aplicação é adiada, enquanto as RSI1 e RSI2 são executadas. Assim, embora diminuam a latência das interrupções não as desabilitando, RTOS segmentados atrasam a entrega do processador para as tarefas de aplicação, impactando diretamente o desempenho do sistema.

Da mesma forma como no sistema unificado, o processamento de uma interrupção em um sistema segmentado pode ser com ou sem preempção. A diferença é que geralmente a preempção não ocorre a partir das RSI1, mas sim em uma RSI2 ou em uma tarefa, dependendo de como o processamento deferido de interrupções é realizado. Esse modo de operar gera sobrecarga adicional ao processamento das interrupções, a qual será discutida a Seção 7.3, que compara as diferentes abordagens.

As listagens 7.1 e 7.2 apresentam uma possível implementação de arquitetura segmentada utilizando o código padrão do BRTOS como referência. Esse exemplo apresenta a interrupção de tempo do sistema e como ela poderia ser realizada em dois passos distintos. Note que a maior parte do código é executado fora de regiões críticas. A Listagem 7.1 descreve a RSI1, simplesmente realizando um incremento em uma variável global do sistema e agendando uma RSI2. O agendamento da RSI2 pode ser realizado pela restauração de contexto de uma tarefa específica para esse propósito. É importante notar que a RSI2 será executada no mesmo nível das tarefas, apesar de ser a tarefa de maior prioridade no sistema.

```
2  void Tick_Timer(void){
      // Rotina de entrada de interrupção
4     OS_INT_ENTER();

6     // Limpa flag de interrupção de timer
      TICKTIMER_INT_HANDLER;
8
```

Arquiteturas de interrupções 307

```
     // Conta uma marca de tempo
10   os_cont_1++;

12   /* Saída da interrupção por agendamento de uma RSI2 */
     OS_INT_EXIT();
14 }
```

Listagem 7.1 Agendamento de um *tick counter* do sistema BRTOS em RSI1.

```
   void Tick_Timer_2(void){
2      INT8U  iPrio = 0;
       ContextType *Task = Head;

4
       // Inicia um laço para tratar todas as interrupções agendadas pela variável os_cont_1
6      while(1){
           /* Copia o tempo atual do sistema para uma variável local. Como somente a RSI2
8          altera seu valor, é seguro realizar a operação fora de seção crítica */
           os_cont_2 = os_counter;
10         // Incrementa a variável de tempo, pois houve uma chamada de RSI2 para o tick timer
           os_cont_2++;
12         if (os_cont_2 == TickCountOverFlow) os_cont_2 = 0;

14         // Analisa as tarefas esperando por timeout
           while(Task != NULL){
16             if (Task->TimeToWait == os_cont_2){
                   // Se o tempo do sistema for igual ao tempo para acordar a tarefa
18                 iPrio = Task->Priority;
                   // Inclui a tarefa na lista de prontos
20                 OSReadyList = OSReadyList | (PriorityMask[iPrio]);
                   // Informa que saiu por timeout
22                 Task->TimeToWait = EXIT_BY_TIMEOUT;
                   // Remove a tarefa da lista de espera por tempo
24                 RemoveFromDelayList();
               }
26             Task = Task->Next;
           }
28
           OSEnterCritical();
30         /* Decrementa o contador de eventos do tick timer e sai do
              laço se não houver mais eventos a serem tratados. */
32         os_cont_1--;
           if (!os_cont_1) break;
34         OSExitCritical();
           // Atualiza a contagem do sistema fora de seção crítica
36         os_counter = os_cont_2;
       }
38     // Se sair do laço pelo break, deve sair da região crítica aqui.
       OSExitCritical();
40 }
```

Listagem 7.2 Processamento de um *tick counter* do sistema BRTOS em RSI2.

Um exemplo de implementação do *tick counter* do BRTOS em RSI2 pode ser visualizado na Listagem 7.2. Note que essa é uma das funções que poderiam ser realizadas dentro de uma RSI2 geral para todas as interrupções do sistema. Verifique ainda que seções críticas somente são necessárias para acessos à variável os_cont_1, pois esta está vinculada a uma RSI1. O acesso à lista de prontos é permitido sem bloqueio de interrupções, pois em uma arquitetura segmentada somente a própria RSI2 poderá alterar a lista devido a um evento. O mesmo pode ser observado para a remoção de uma tarefa da lista de tarefas esperando por tempo. No entanto, ambas as listas poderiam estar sendo alteradas por uma chamada de serviço executada em uma tarefa quando a interrupção ocorreu. Nesse caso, a RSI2 somente poderá executar os serviços deferidos após o sistema retornar para a tarefa interrompida e os recursos serem liberados com a conclusão da execução do serviço.

Como pode-se perceber a partir do caso apresentado, individualizar a ação de cada serviço postergado pode ser extremamente complexo e pouco eficiente. Para simplificar o problema, em arquiteturas segmentadas geralmente agenda-se a execução atrasada de um serviço do sistema a partir de uma fila circular, com tamanho definido pelo desenvolvedor da aplicação. Essa fila deve ser capaz de suportar um número máximo de requisições, definido por períodos de pico de interrupções assíncronas. Uma característica interessante da RSI2 é que esta pode ser agendada múltiplas vezes antes de ser executada. Cada um desses agendamentos pode ser realizado por um serviço diferente, com diferentes parâmetros (semáforos, filas etc.). Os parâmetros podem ser ponteiros para blocos de dados que contenham informações recebidas pelo evento, necessárias para o tratamento das interrupções, ou até mesmo pode não haver parâmetros adicionais, como é o caso de um semáforo. Assim, cada agendamento de uma RSI2 possui os próprios dados para processar, tornando o processo mais ágil e viável.

Um exemplo de sistema operacional de tempo real que possui a arquitetura de interrupção segmentada e utiliza filas para agendar processamentos deferidos é o CoOS. A grande característica informada por seus desenvolvedores é a latência de interrupções próxima a zero. Para realizar esse deferimento de processamento, o CoOS separa as funções que podem ser utilizadas por tarefas das funções do sistema que devem ser utilizadas em interrupções. Ainda, em vez de utilizar o bloqueio das interrupções para proteger estruturas de dados nos serviços do sistema, utiliza o bloqueio do escalonador, como visto na Listagem 7.3. Esse trecho de código apresenta uma simplificação do código do CoOS para a postagem de um semáforo.

Note que, na listagem apresentada, a função *EventTaskToRdy()* verifica se existem tarefas aguardando pela postagem do semáforo. Se houver, pelo menos uma dessas tarefas será adicionada à lista de prontos. Adicionalmente, será atri-

Arquiteturas de interrupções

```
StatusType CoPostSem(OS_EventID id){
    P_ECB pecb;
    pecb = &EventTbl[id];

    /* Teste para verificar overflow do contador do semáforo */
    if(pecb->eventCounter == pecb->initialEventCounter){
        /* O contador do semáforo atingiu o valor máximo */
        return E_SEM_FULL;
    }
    /* Bloqueia o escalonador */
    OsSchedLock();
    /* Incrementa contador do semáforo para registrar o evento */
    pecb->eventCounter++;
    /* Verifica se existem tarefas aguardando a postagem do semáforo */
    EventTaskToRdy(pecb);
    /* Libera o escalonador */
    OsSchedUnlock();
    return E_OK;
}
```

Listagem 7.3 Código de postagem de um semáforo no sistema CoOS.

buído o valor verdadeiro para a variável *TaskSchedReq*, o que causará a execução do escalonador ao desbloqueá-lo e, possivelmente, uma troca de contexto.

Nas funções do sistema que podem ser utilizadas em interrupções existe um teste adicional para verificar se o escalonador está bloqueado, como pode ser visto na Listagem 7.4, que apresenta uma simplificação da postagem de semáforo por interrupção no CoOs. Se o escalonador estiver bloqueado, o sistema adiciona a requisição de postagem de semáforo a uma fila de deferimento de processamento. O motivo do escalonador estar bloqueado é ter ocorrido uma interrupção no momento em que uma tarefa ou outra interrupção estivesse fazendo acesso à interface de programação de aplicações (API) do sistema, e essa função da API tenha bloqueado o escalonador para permitir o acesso exclusivo de uma estrutura de dados do sistema.

```
StatusType isr_PostSem(OS_EventID id){
    /* Se o escalonador está bloqueado, provavelmente foi chamado por uma RSI */
    if(OSSchedLock > 0){
        /* Inicia uma requisição de deferimento de processamento */
        if(InsertInSRQ(SEM_REQ,id,Co_NULL) == Co_FALSE){
            /* Se a fila de requisição estiver cheia, retorna um erro */
            return E_SEV_REQ_FULL;
        }
        else return E_OK; /* Retorna com sucesso */
    }
    else return(CoPostSem(id)); /* Posta o semáforo */
}
```

Listagem 7.4 Código de postagem de um semáforo dentro de interrupções no sistema CoOS.

A função utilizada para inserir uma requisição na fila de pós-processamento no CoOS é a *InsertInSRQ()*, apresentada na Listagem 7.5. Note que para garantir o acesso exclusivo à estrutura de dados que gerencia essa fila é necessário bloquear as interrupções. A vantagem desse procedimento é que só é necessário bloquear as interrupções na inserção e retirada (pela função *RespondSRQ()*) de dados da fila de deferimento de processamento. Os outros bloqueios de estrutura de dados do sistema são realizados pelo bloqueio do escalonador.

```
BOOL InsertInSRQ(U8 type,U8 id,void* arg){
    P_SQC   pcell;
    U8 cnt;
    U8 heed;
    IRQ_DISABLE_SAVE();
    if (ServiceReq.cnt >= CFG_MAX_SERVICE_REQUEST){
        IRQ_ENABLE_RESTORE ();
        /* Retorna erro se ultrapassou o máximo de requisições permitido */
        return Co_FALSE;
    }
    cnt = Inc8(&ServiceReq.cnt);
    heed = ServiceReq.head;
    IsrReq = Co_TRUE;
    pcell = &ServiceReq.cell[((cnt+heed)%CFG_MAX_SERVICE_REQUEST)];/*the tail */
    /* Salva o tipo de requisição de serviço */
    pcell->type = type;
    pcell->id   = id;                    /* salva id do evento  */
    pcell->arg  = arg;                   /* salva parâmetro     */
    IRQ_ENABLE_RESTORE ();

    return Co_TRUE;                       /* Retorna com sucesso */
}
```

Listagem 7.5 Inserção na fila de deferimento de processamento do CoOS.

A execução dos serviços deferidos é realizada na função que desbloqueia o escalonador (*OsSchedUnlock()*), apresentada na Listagem 7.6. Note que o processamento dessas requisições e a execução do escalonador somente ocorre quando a contagem de bloqueios atinge o valor 1, ou seja, quando a última instância de bloqueio estiver sendo desbloqueada.

No CoOS o desbloqueio do escalonador ocorre em qualquer função que o tenha bloqueado, como o código de espera por semáforo apresentado parcialmente na Listagem 7.7. Note que nessa abordagem o pós-processamento das requisições realizadas por um serviço do sistema em uma interrupção será realizado no contexto da tarefa que realizar o desbloqueio do escalonador. Esse procedimento pode ser mais bem visualizado na Figura 7.2. A tarefa que irá realizar esse desbloqueio será a tarefa que foi interrompida durante o uso de um serviço do sistema que bloqueou o escalonador. Esse procedimento fica claro se percebermos que o escalonador está bloqueado, ou seja, ele não será executado ao

Arquiteturas de interrupções

```
   void OsSchedUnlock(void){
2      /* Verifica se este é o último desbloqueio */
       if(OSSchedLock == 1){
4          if(IsrReq == Co_TRUE){
               /* Processa requisições de deferimento de processamento */
6              RespondSRQ();
           }
8          /* Verifica se existe uma tarefa de maior prioridade pronta para executar */
           if(TaskSchedReq == Co_TRUE){
10             /* Chama o escalonador */
               Schedule();
12         }
           OSSchedLock = 0;
14     }
       else{
16         OSSchedLock--;
       }
18 }
```

Listagem 7.6 Desbloqueio do escalonador no CoOS.

retornar da interrupção. Assim, o processamento das requisições será realizado na tarefa que foi interrompida, e, caso um dos serviços postergados adicione uma tarefa de maior prioridade à lista de prontos, o escalonador será executado tão logo a RSI2 seja concluída.

```
   StatusType CoPendSem(OS_EventID id,U32 timeout){
2      P_ECB     pecb;
       P_OSTCB   curTCB;
4      pecb = &EventTbl[id];
       /* Se o escalonador estiver bloqueado, não é permitido usar funções do tipo pend  */
6      if(OSSchedLock != 0){
           /* Se estiver, retorna um erro */
8          return E_OS_IN_LOCK;
       }
10     /* Bloqueia o escalonador */
       OsSchedLock();
12     /* Se o contador do semáforo for positivo, o recurso está disponível */
       if(pecb->eventCounter > 0){
14         /* Decrementa o semáforo contador */
           pecb->eventCounter--;
16         /* Desbloqueia o escalonador */
           OsSchedUnlock();
18         return E_OK;
       }
20     else{
           /* Recurso não disponível, desiste do processador */
22         ...
       }
24     ...
   }
```

Listagem 7.7 Desbloqueio do escalonador no CoOS.

No exemplo anterior, o bloqueio do escalonador foi realizado por uma função *CoPendSem()* executada por uma tarefa. Entretanto, se o escalonador for

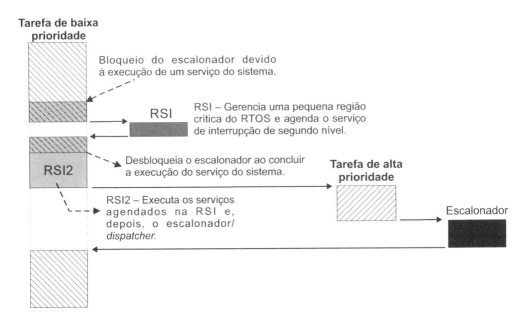

Figura 7.2 Execução da RSI2 em uma arquitetura segmentada no contexto da tarefa interrompida.

inicialmente bloqueado por uma função *isr_PostSem()* executada em uma RSI, o desbloqueio do escalonador será realizado no contexto da interrupção e, consequentemente, os serviços postergados após esse bloqueio serão executados na própria rotina de tratamento da interrupção. Esse procedimento é mais bem visualizado a partir da Figura 7.3. É importante destacar que durante a execução da RSI2 ocorrem bloqueios de interrupção e bloqueios do escalonador. Se vários serviços forem deferidos, diversos bloqueios ocorrerão durante tal processamento. Esse comportamento pode ser facilmente observado na Listagem 7.8, que apresenta uma simplificação da função **RespondSRQ()** do CoOS. Note que, ao remover dados da fila, as interrupções são desabilitadas. Ainda, que, ao executar o serviço deferido de postagem de um semáforo ou fila, o escalonador é bloqueado. É importante destacar que existem diferentes implementações de sistemas segmentados e que cada uma dessas abordagens pode apresentar diferentes formas de realizar o deferimento do processamento dos serviços do sistema.

Como pode-se observar, um benefício adicional da arquitetura segmentada é a capacidade de suavizar a sobrecarga do processamento de interrupções. Quando ocorre uma rajada de interrupções assíncronas nessa arquitetura, RSI1 executam

Arquiteturas de interrupções

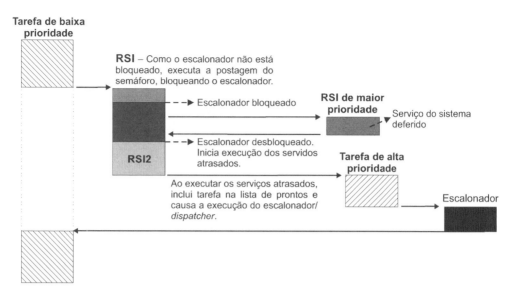

Figura 7.3 Execução da RSI2 em uma arquitetura segmentada no contexto de uma interrupção.

```
1  void RespondSRQ(void){
       while (ServiceReq.cnt != 0){
3          IRQ_DISABLE_SAVE ();
           cell = ServiceReq.cell[ServiceReq.head];   /* Extrai um serviço da lista */
5          ServiceReq.head = (ServiceReq.head + 1) % CFG_MAX_SERVICE_REQUEST;
           ServiceReq.cnt--;
7          IRQ_ENABLE_RESTORE ();

9          switch(cell.type){              /* Verifica qual serviço foi deferido */
           case SEM_REQ:                   /* Executa postagem de semáforo postergado */
11             CoPostSem(cell.id);
               break;
13
           case QUEUE_REQ:                 /* Executa postagem de fila postergada */
15             CoPostQueueMail(cell.id, cell.arg);
               break;
17         ...                             /* Entre outros serviços */
           default:
19             break;
           }
21     }
   }
```

Listagem 7.8 Remoção e execução dos serviços na fila de deferimento de processamento do CoOS.

rapidamente, realizando o processamento mínimo e agendando uma RSI2 para completar o processamento posteriormente. As RSI2 são executadas quando não existirem mais eventos a serem processados, mantendo assim a integridade temporal do sistema. RSI2 processam dados "congelados" daquilo que aconteceu em tempo real. Como o processamento é adiado, a manifestação externa desse processamento também é adiada. No entanto, não há perda de controle, nem colapso no sistema. Portanto, o RTOS com arquitetura segmentada normalmente agrega robustez aos sistemas embarcados que o utilizam.

Normalmente o processamento de eventos em RSI2 não possui prioridade (o agendamento é implementado com uma fila FIFO), característica que ajuda a minimizar sua sobrecarga no sistema. No entanto, muitas interrupções de baixa ou média prioridade podem ser agendadas para serem processadas antes de uma interrupção de alta prioridade. Por outro lado, o agendamento por fila FIFO mantém a sequência real dos eventos.

O escalonador de um sistema segmentado pode ser interrompido. Se durante essa interrupção um novo serviço for agendado pela RSI2, certos mecanismos de controle do sistema devem ser acionados para evitar que mudanças de estruturas de dados do RTOS sejam desconsideradas quando ocorrer o retorno para o escalonador. O mais simples dos mecanismos para realizar tal tarefa é o reinício do escalonador, mas pode comprometer o determinismo do sistema. Esse procedimento é muito importante na arquitetura segmentada, pois se uma tarefa for chamada para execução pelo escalonador sem considerar o processamento de uma RSI2, somente outra interrupção ou chamada do sistema pode provocar o reconhecimento de que essa RSI2 está pronta para ser processada.

Note que em sistemas segmentados ocorre redução da latência das interrupções, e não do tempo de resposta das interrupções (o tempo de resposta é composto pelo processamento total do evento da interrupção). A latência de interrupção atrasa o processamento de todas as interrupções, o que pode levar a sérias restrições no projeto de um sistema de tempo real. Suponha, por exemplo, que uma interrupção seja utilizada somente para a contagem de pulsos aleatórios. Uma latência de interrupção muito grande pode causar a perda de pulsos. É óbvio que RSI2 aumentam o tempo de resposta das interrupções. No entanto, a RSI2 pode evitar que um evento seja perdido, sob pena do atraso da resposta do sistema ao evento. Do ponto de vista de quem implementa o sistema, existem três níveis de prioridade: RSI1, de alta prioridade; RSI2, de média prioridade; e as tarefas, de baixa prioridade. Deve-se destacar que, apesar de existirem esses três níveis, o desenvolvedor não tem acesso direto ao código executado na RSI2. Essa rotina simplesmente executará posteriormente as solicitações de serviços do sistema utilizados pelo desenvolvedor nas RSI1 ou nas tarefas.

Arquiteturas de interrupções   315

Um exemplo clássico do benefício da arquitetura segmentada é sua aplicação em comunicação serial (UART, SPI, USB etc.). Quando um dado é recebido por um canal serial, normalmente gera-se uma interrupção. Em um sistema unificado o dado é recebido e introduzido em uma fila do sistema, que pode colocar uma tarefa que espera esse dado na lista de tarefas prontas (utilizando um serviço do sistema que geralmente contém regiões críticas). Esse procedimento pode ser separado em um sistema segmentado. A RSI1 correspondente à recepção serial coloca o dado recebido em um *buffer* ou fila (caso apresentado do CoOS) por meio de uma função do sistema (uma das poucas que uma RSI1 pode utilizar) e agenda uma RSI2. A RSI2 remove o dado do *buffer* com outra função do sistema e realiza uma verificação de erros. Se não houver erros na estrutura, o dado é adicionado a uma fila do sistema e acorda a tarefa que espera por esses dados. Se um erro é detectado, o *buffer* é esvaziado e a tarefa que espera dados não é informada. O tamanho do *buffer* é de responsabilidade do projetista e deve estar de acordo com as aplicações do sistema.

7.3 Comparando as duas abordagens

O tempo para executar os procedimentos usuais de um sistema operacional (por exemplo, salvar e restaurar contexto) será similar na maioria dos RTOS. No entanto, o tempo de tratamento de uma interrupção será ligeiramente maior em um RTOS que utilize a arquitetura segmentada. Nota-se pelos exemplos apresentados que essa arquitetura introduz uma sobrecarga adicional, dependendo de sua implementação. Em sistemas nos quais o processamento da RSI2 é realizado na tarefa interrompida existe a sobrecarga da manipulação de filas para agendar um evento deferido. Já em sistemas em que se utiliza uma tarefa específica para gerenciar RSI2, existe a sobrecarga de um salvamento e restauração de contexto adicional. Pode existir ainda sobrecarga adicional nas interrupções em que não ocorre preempção. Em um sistema unificado, quando não ocorre preempção, o tratamento da interrupção será similar ao de um sistema com superlaço. Já em um sistema segmentado, uma RSI2 será agendada para realizar a manipulação das estruturas de dados do sistema.

A seguir realiza-se uma análise sobre diversos aspectos que diferenciam cada arquitetura no contexto de sistemas operacionais de tempo real.

7.3.1 Latência de interrupção

A arquitetura segmentada para RTOS foi concebida com o objetivo de responder rapidamente às interrupções do sistema. Isso parece relativamente óbvio, pois se as interrupções não são desabilitadas, ou são desabilitadas por períodos muito curtos de tempo, não haverá atrasos causados pelo sistema no atendimento dessas interrupções. No entanto, aspectos práticos de implementação podem reduzir as vantagens dessa abordagem.

Embora a arquitetura segmentada não desabilite interrupções, ou desabilite por trechos muito curtos de código ao manipular estruturas de dados críticas, o *hardware*, ao processar determinada interrupção, desabilita as demais interrupções de menor prioridade. Assim, o pior caso de latência em um RTOS segmentado é o tempo de bloqueio das interrupções durante o processamento de outras interrupções. Ainda, as interrupções podem ser frequentemente desabilitadas em um RTOS segmentado que utiliza uma interrupção por *software* para processar as solicitações de serviços do sistema. Nesses casos, o *hardware* irá desabilitar as interrupções enquanto processando a interrupção por *software*.

Finalmente, a própria aplicação poderá fazer uso de desabilitação de interrupções para possibilitar a manipulação de estruturas de dados compartilhadas entre múltiplas tarefas ou até mesmo para realizar o acesso a um periférico específico. Dependendo do caso, o bloqueio de interrupções na aplicação pode ser mais crítico que os bloqueios realizados pelo próprio sistema operacional. Portanto, é fácil perceber que todas essas questões dificilmente possibilitarão que se obtenha na prática latência de interrupção próxima a zero em um sistema segmentado. Assim, desde que um RTOS unificado não desabilite as interrupções por muito mais tempo que um sistema segmentado, ou por mais tempo que a própria aplicação, aparentemente não há vantagem de desempenho no tempo de resposta das interrupções com a arquitetura segmentada.

Apesar da latência de interrupção ser importante, outra questão relevante é o tempo envolvido em completar o tratamento da interrupção. Para completar o tratamento da interrupção é necessário considerar o tempo de agendamento do serviço deferido e seu processamento posterior pela RSI2. O tempo total de processamento requerido para uma interrupção em um RTOS segmentado é dependente de sua implementação, como pode ser visto a seguir:

Arquiteturas de interrupções

- sistemas com uma tarefa dedicada ao processamento de RSI2: o tempo total de processamento é de dois salvamentos de contexto, duas restaurações de contexto, a execução de uma RSI1, de uma RSI2 e do escalonador;

- sistemas que processam as RSI2 na tarefa interrompida: o tempo total de processamento pode apresentar até dois salvamentos/restaurações de contexto, além do tempo de execução da RSI1, RSI2 e escalonador, pois pode ocorrer de uma tarefa de maior prioridade ser adicionada à lista de prontos pela RSI2, gerando a segunda troca de contexto.

Adicionalmente aos passos apresentados, deve-se considerar que a segmentação da execução da interrupção provavelmente irá agregar como tempo adicional de processamento a inserção e remoção dos serviços na fila que controla o deferimento. Ademais, é importante destacar que, como já comentado, sistemas unificados têm sobrecarga mínima no processamento de interrupções sem preempção. Assim, conclui-se que o tempo total de processamento de uma interrupção é sempre menor em uma arquitetura unificada.

7.3.2 Utilização de recursos

Outra questão relacionada com a arquitetura de interrupções é a utilização de recursos de sistema, sendo a pilha de cada tarefa um dos recursos mais custosos para sistemas com pouca memória de dados. As duas abordagens mais comuns para a ocupação de pilha pelas interrupções são: pilha compartilhada com as tarefas e pilha dedicada para o sistema.

A abordagem em que as interrupções são processadas no contexto da tarefa interrompida (pilha compartilhada) é a mais simples de ser realizada. No entanto, alocar espaço na pilha de cada tarefa para o tratamento de interrupções certamente desperdiça uma quantidade excessiva de memória, principalmente quando se permite aninhamento de interrupções. Por esse motivo, a maioria dos sistemas com arquitetura de interrupção unificada utilizada uma pilha do sistema dedicada para o processamento das interrupções. Assim, a pilha de cada tarefa deve considerar somente as variáveis locais e as chamadas de função realizadas.

Em sistemas segmentados a ocupação de pilha para o processamento das interrupções depende da implementação do sistema. Tome como exemplo o sistema CoOS apresentado anteriormente, em que a RSI2 pode ser executada tanto no contexto da RSI1 quanto no contexto da tarefa interrompida. Por mais

318 Sistemas operacionais de tempo real e sua aplicação em sistemas embarcados

que se utilize uma pilha dedicada ao processamento das RSI1, deverá se prever espaço na pilha do sistema e nas pilhas das tarefas para a execução da RSI2. Felizmente, o maior caso de ocupação da pilha do sistema deve-se ao aninhamento de interrupções. Como na RSI2 as requisições realizadas nas RSI1 são executadas uma a uma, somente se deve prever ocupação de pilha pela RSI2 para a execução de um serviço do sistema. Esse comportamento pode ser observado na Listagem 7.8, em que a cada leitura da fila de requisição um serviço do sistema postergado é executado.

7.3.3 Determinismo

O conceito de determinismo geralmente está atrelado a um padrão previsível de execução, ou seja, o sistema deve responder a um determinado evento dentro de um intervalo de tempo rigorosamente definido em projeto. Como a latência das interrupções é parte do tempo total para o sistema responder a um evento, é importante que exista uma latência máxima conhecida no sistema. Portanto, assumindo que a latência máxima é similar nos dois modelos de arquiteturas de interrupção abordadas, ambas podem ser consideradas determinísticas.

As diferenças no determinismo entre os modelos de arquitetura começam a surgir quando consideramos o descarte de processamento de segmentos de código que fazem acesso a regiões críticas. Por exemplo, suponha que uma tarefa está sendo executada e modificando uma estrutura de dados do RTOS quando uma interrupção ocorre. Uma RSI1 é executada, seguida por uma RSI2. Suponha agora que essa RSI2 tente acessar a mesma estrutura de dados que a tarefa interrompida estava acessando. Alguns RTOS segmentados suspendem temporariamente a execução da RSI2, enquanto outros simplesmente descartam o trabalho já realizado pela tarefa interrompida. Para tanto, reiniciam o serviço do sistema em execução pela tarefa tão logo a RSI2 complete suas rotinas, descartando as modificações já realizadas nas estruturas de dados do sistema. A primeira abordagem é determinística. No entanto, a abordagem que descarta o trabalho já realizado claramente pode apresentar comportamento imprevisível. Portanto, sistemas que utilizam essa técnica devem evitar que quantidades substanciais de processamento sejam descartadas.

Outra situação preocupante em um RTOS com arquitetura de interrupção segmentada ocorre durante rajadas de interrupções. Nesses casos é possível que as rotinas de tratamento das interrupções ocupem excessivamente o processador,

Arquiteturas de interrupções

pois o tempo de processamento das interrupções é maior no sistema segmentado. O caso extremo ocorreria se não houvesse tempo para processar as tarefas. Dessa forma, pode-se afirmar que um sistema unificado inerentemente suporta taxas maiores de processamento de interrupções do que um sistema segmentado, enquanto um sistema segmentado suporta menores tempos entre ativações de interrupções sem que ocorra perda de informação.

7.3.4 Complexidade

A análise da complexidade de ambas as abordagens é relativamente simples. Basta considerar a lista de trabalho adicional para o desenvolvedor do sistema segmentado, assim como o trabalho adicional para um desenvolvedor utilizando o sistema para criar uma aplicação.

- Determinar a quantidade adicional de recursos necessária para a RSI2. Por exemplo, ocupação adicional de pilha para cada tarefa;

- determinar que parte do código é executado na RSI1 e que parte é executado na RSI2;

- desenvolver a comunicação entre RSI1 e RSI2. Como visto anteriormente, em muitos casos uma RSI1 precisa enviar dados para uma RSI2. Ironicamente, tais passagens de dados se fazem por chamadas de sistema (proibidas de serem executadas em uma RSI1 por definição). Ainda, em muitos casos ocorre a desabilitação das interrupções nesses procedimentos.

- definir o tamanho da fila de serviços deferidos pelas RSI1. Se ocorrer uma rajada de interrupções e o número máximo de requisições for atingido, qualquer outra interrupção que ocorrer na sequência será perdida. Esse comportamento é contrário ao princípio básico da arquitetura de interrupção segmentada, em que se pretende evitar a perda de eventos assíncronos.

7.3.5 Arquiteturas de interrupção de RTOS conhecidos

Atualmente existe uma grande quantidade de sistemas operacionais de tempo real disponíveis no mercado. Alguns dos principais sistemas gratuitos e comerciais implementam a arquitetura unificada, como é o caso do FreeRTOS, BRTOS, μC/OS II (Micrium, Inc.), MQX ™(NXP ®), VxWorks (Wind River Systems, Inc.), entre outros. Contudo, há uma tendência de que novos sistemas ou atualizações de sistemas tradicionais utilizem a arquitetura segmentada, como é o caso do µC/OS III (Micrium, Inc.), Coocox CoOS, NuttX, SMX (Micro Digital, Inc.) e ThreadX (Express Logic, Inc.). Essa tendência se deve ao fato de os sistemas embarcados terem se tornado mais complexos com o passar dos anos, e também por ser natural que sistemas mais complexos apresentem possíveis fontes de rajadas de eventos. Apesar de existirem diferenças consideráveis quanto à implementação e tempos de resposta desses dois modelos de arquitetura de interrupção, grande parte das aplicações de sistemas de tempo real apresentará desempenho semelhante utilizando qualquer uma das abordagens. Portanto, recomenda-se que sejam considerados os aspectos discutidos na Seção 7.3 que compara ambas as técnicas, para se determinar qual a melhor solução para uma dada aplicação.

7.4 Resumo

Um RTOS deve definir uma forma de processar RSI. Basicamente, existem duas formas possíveis: a arquitetura unificada e a arquitetura segmentada. A diferença entre elas reside na maneira com que os serviços do RTOS são utilizados junto com o processamento da interrupção. Na arquitetura unificada, o processamento da interrupção e a utilização dos serviços do RTOS são realizados em um mesmo nível de prioridade. Já na estrutura segmentada, a RSI é subdividida em RSI1 e RSI2, as quais são executadas em níveis de prioridade diferentes. A RSI1 é mais prioritária, sendo responsável pelo processamento da interrupção e agendamento da RSI2. A RSI2 é menos prioritária e faz uso dos serviços do RTOS que utilizam estruturas de dados compartilhadas e que não podem ser usadas na RSI1.

Do ponto de vista do projetista, é importante entender a arquitetura de interrupção do RTOS em mãos, pois ambas possuem impactos diferentes no sistema embarcado, considerando quesitos como atraso, latência, determinismo, uso de memória e complexidade de utilização. Dessa maneira, o projetista poderá utilizar adequadamente o RTOS, obtendo o desempenho desejado, independentemente da arquitetura de interrupção utilizada pelo RTOS.

7.5 Problemas

Problema 7.1. As arquiteturas de interrupção unificada e segmentada são duas possíveis abordagens para tratar os eventos assíncronos em um sistema operacional de tempo real. Comente as principais diferenças de cada técnica. Ainda, com base nas características de cada técnica, descreva com suas palavras em que cenários cada uma das técnicas é mais recomendada.

Problema 7.2. Ao utilizar uma arquitetura de interrupção segmentada, a rotina de tratamento de interrupção de segundo nível pode ser elaborada de diferentes maneiras. Uma das possíveis abordagens é realizar o processamento deferido das interrupções no contexto da tarefa interrompida. Descreva como essa abordagem pode ser implementada, destacando os impactos dessa técnica na integridade temporal do processamento dos eventos ocorridos.

Problema 7.3. É possível afirmar que não existe latência nas interrupções em uma arquitetura de interrupção segmentada? Ainda, nessa técnica há necessidade de se utilizarem seções críticas de código? Comente.

Desenvolvimento de *drivers*

O *hardware* de um sistema embarcado geralmente requer trechos de código para sua inicialização e seu gerenciamento. O código que interage diretamente e controla esse *hardware* é comumente conhecido como *driver* de dispositivo, ou simplesmente *driver*. Os *drivers* de dispositivos são bibliotecas de *software* que gerenciam o acesso a esse *hardware* por meio das camadas de alto nível do *software*, conforme ilustra o modelo de camadas na Figura 8.1. Portanto, os *drivers* de dispositivos são o elo de ligação entre o *hardware* e o sistema operacional, *middleware*, e as camadas de aplicação. Deve-se destacar que nesse contexto o *middleware* é uma camada de componentes de *software* altamente portáveis, que se localiza entre o sistema operacional e a camada de aplicação, provendo diversas funcionalidades como sistema de arquivos, interface gráfica, comunicação, entre outros.

Os *drivers* não dependem diretamente de um sistema operacional, sendo muitas vezes desenvolvidos simplesmente para facilitar o acesso a um determinado *hardware*. Alguns desses *drivers* são desenvolvidos com a possibilidade de suporte a um sistema operacional (não dependem necessariamente de um sistema operacional), a partir de uma camada de adaptação. A ideia da camada de adaptação parte do princípio que os sistemas operacionais geralmente pos-

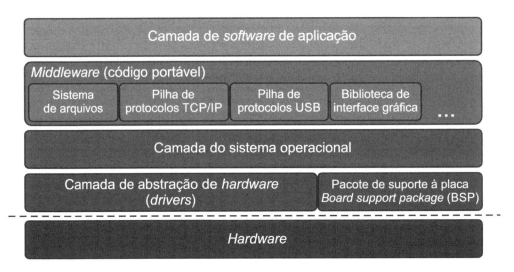

Figura 8.1 Modelo de camadas de *software*.

suem um conjunto mínimo de objetos, como semáforos, temporizadores e filas. Assim, essa camada simplesmente adapta uma função genérica do *driver* a um determinado sistema operacional.

Outra forma de enxergar os *drivers* vinculados a um sistema operacional de tempo real (RTOS) vem da análise do princípio básico de funcionamento desses sistemas. A maioria dos RTOS são preemptivos, o que significa que o sistema sempre irá executar a tarefa pronta mais importante. Sistemas preemptivos também são dirigidos a eventos, ou seja, as tarefas devem esperar por eventos para que executem. Por exemplo, uma tarefa pode esperar por um tempo expirar, enquanto outra tarefa espera por um pacote proveniente do controlador Ethernet, entre outros casos. Quando esse evento ocorre, a tarefa passa a disputar o processador e executa quando for a tarefa pronta mais prioritária. O sistema executa outras tarefas enquanto não ocorre o evento que a tarefa está esperando. A grande vantagem de um sistema preemptivo dirigido a eventos é que esperar um evento não consome tempo de processamento. A espera por eventos e sinalização de quando ocorrem é realizada pelos serviços do sistema operacional. Geralmente o evento que uma tarefa espera é disparado por uma rotina de tratamento de um periférico a partir dos serviços do RTOS. Tipicamente, ao executar um serviço de sinalização o RTOS executa o escalonador, que decide se haverá ou não a troca de contexto para a tarefa que está à espera do evento sinalizado, dependendo de sua prioridade frente à tarefa atualmente em execução. Como pode-se perceber,

Desenvolvimento de *drivers* 325

em muitos casos o código que irá interagir com os eventos está vinculado a periféricos e, portanto, deve fazer parte do *driver* desse periféricos.

Assim, a implementação de *drivers* utilizando objetos de um RTOS deve visar simplificar e/ou otimizar o acesso a um determinado *hardware*/periférico a partir desses objetos, utilizando as mais variadas formas de sincronismo, troca de mensagens e temporização disponibilizadas por um sistema operacional. Essa abordagem é particularmente interessante devido ao próprio princípio de funcionamento da maioria dos periféricos utilizados em sistemas embarcados estar vinculado a temporizações e interrupções.

Para melhor abordar o assunto, nas próximas seções serão utilizados *hardwares* comumente aplicados a sistemas embarcados para exemplificar uma boa utilização de objetos de um sistema operacional no desenvolvimento de um *driver*. Entre esses *hardwares* podemos citar comunicações seriais, teclados (físicos ou *touchscreen*) etc.

8.1 Comunicação serial

As comunicações seriais em sistemas embarcados possuem diversos padrões, entre eles a comunicação serial assíncrona (também conhecida como *universal asynchronous receiver/transmitter* – UART), o padrão *serial peripheral interface* (SPI) e o padrão *inter-integrated circuit* (I2C). A comunicação serial assíncrona é largamente utilizada, tanto para acesso a um determinado periférico quanto para troca de informações com outros sistemas. Os padrões de taxa de transferência comumente utilizados na comunicação assíncrona vão de 9.600 a 115.200 bauds por segundo, podendo chegar a até 460.800 bauds/s em alguns sistemas. O baud é um símbolo na comunicação serial assíncrona, podendo ser um início de transmissão, paridade, fim de transmissão ou os próprios *bits* de dados.

Um dos padrões mais utilizados em UART é a utilização de 1 baud de início de transmissão, 8 bauds de dados e 1 baud de fim de transmissão, o que faz com que uma comunicação a 9.600 bauds/s tenha como taxa útil de transmissão de dados em torno de 7.680 *bits*/s, bem como uma comunicação em 115.200 bauds/s apresentará taxa útil de 92.160 *bits*/s. Um dos maiores problemas na implementação de um *driver* para uma comunicação assíncrona está vinculado a essa taxa de transmissão. É fácil concluir que o tempo de transmissão de um *byte* utilizando a taxa de 9.600 bauds/s é de 1,04 ms. Já na taxa de 115.200 bauds/s esse tempo cai para 86,8 µs. Apesar de parecer pouco tempo, a transmissão de um *byte* a 115.200 bauds/s equivale ao tempo de execução de 8.680 instruções em um processador de 100 MHz que execute uma instrução por ciclo.

Os *drivers* desenvolvidos para esse tipo de comunicação sem um sistema operacional geralmente possuem duas formas de transmissão, com ou sem espera por espaço no *buffer* de transmissão. Quando não há a espera, deve-se ter o cuidado de evitar a sobrescrita do *buffer* antes do fim da transmissão. Já com a espera, geralmente existe um laço de teste que verifica o final de uma transmissão, desperdiçando a capacidade de processamento durante toda a transmissão do dado.

Ao utilizar um sistema operacional, pode-se destinar o processador a outra tarefa enquanto o *hardware* da comunicação assíncrona realiza o envio de dados, evitando o desperdício de tempo do processador. Para que isso seja possível, deve-se utilizar um objeto de sincronização do RTOS de forma a avisar que a transmissão do dado finalizou. Geralmente existem duas formas de se verificar que o *buffer* de transmissão está vazio, ou seja, que a transmissão dos dados foi finalizada: a partir da leitura de um registrador ou por uma interrupção. Ao utilizar um sistema operacional, pode-se utilizar a interrupção de *buffer* de transmissão vazio para avisar ao *driver* que um novo dado pode ser transmitido. Essa sincronização pode ser obtida por meio do uso de um semáforo.

Ao utilizar um semáforo para informar o final de uma transmissão em uma comunicação serial assíncrona pode-se proceder da seguinte forma:

- carregar o dado a ser transmitido no *buffer* da porta serial.

- habilitar a interrupção de *buffer* vazio.

- utilizar o serviço PEND ou TAKE do semáforo responsável pela sincronização de transmissão.

Já na interrupção, um dos possíveis procedimentos pode ser desabilitar a interrupção de *buffer* vazio e utilizar o serviço POST ou GIVE do mesmo semáforo, de forma a comunicar ao *driver* que o *buffer* está livre para um novo dado. No momento em que o semáforo realizar essa comunicação estará adicionando a tarefa que está utilizando o *driver* à lista de prontos do sistema operacional.

A recepção de dados por uma comunicação serial utilizando um RTOS é um processo relativamente simples, pois utiliza um objeto comumente disponível em sistemas operacionais: uma fila. Geralmente a recepção de dados por comunicações seriais é baseada em um evento assíncrono, que informa por meio de uma interrupção que um novo dado está disponível no *buffer* de recepção. Assim, o *driver* da comunicação serial deve simplesmente copiar o dado recebido do *buffer* de *hardware* para uma fila do sistema operacional. Esse procedimento deixará o dado disponível para a tarefa que primeiro solicitá-lo ou de maior prioridade, a partir de uma função disponibilizada pelo próprio *driver*. Em muitos casos, pode-se associar esse pedido de leitura de dados do *driver* com um *timeout*, o que permite que a tarefa espere somente durante um determinado tempo por um novo dado.

Uma possível implementação de um *driver* para comunicação serial, utilizando o sistema operacional FreeRTOS, é apresentada na Listagem 8.1. Note que o *driver* possui uma função de inicialização do serviço, uma função de envio e uma função de recepção dos dados. Ainda, está associado a uma interrupção da porta serial sendo utilizada, de modo a informar os eventos assíncronos de transmissão e recepção para o *driver*. Comumente também se disponibilizam funções de configuração do *driver*, bem como funções para desabilitá-lo.

```
    // Declara uma estrutura de fila para a UART
 2  static xQueueHandle qUART = NULL;

 4  // Declara uma estrutura de semáforo para a UART
    static xSemaphoreHandle sUART = NULL;

 6
    // Declara duas estruturas de mutex para a UART
 8  static xSemaphoreHandle mutexTx = NULL;
    static xSemaphoreHandle mutexRx = NULL;
10

12  int UART_Init(UBaseType_t size){
        static int driver_is_installed = false;
14
        if (driver_is_installed == false){
16          // Inicia o semáforo responsável pela sincronia de transmissão dos dados na UART
            sUART = xSemaphoreCreateBinary();
18          if( sUART == NULL ){
                return DRIVER_FAILURE;
20          }else{
                // Inicia o mutex que gerencia a exclusão mútua de envio na UART
22              mutexTx = xSemaphoreCreateMutex();
                if( mutexTx == NULL ){
24                  vSemaphoreDelete(sUART);
                    return DRIVER_FAILURE;
26              }else{
                    // Inicia o mutex que gerencia a exclusão mútua de recepção na UART
28                  mutexRx = xSemaphoreCreateMutex();
                    if( mutexRx == NULL ){
30                      vSemaphoreDelete(sUART);
                        vSemaphoreDelete(mutexTx);
32                      return DRIVER_FAILURE;
                    }else{
```

```
34                        // Cria a fila que irá gerenciar os dados recebidos pela UART
                          qUART = xQueueCreate(size, sizeof(char));
36                        if( qUART == NULL ){
                              vSemaphoreDelete(sUART);
38                            vSemaphoreDelete(mutexTx);
                              vSemaphoreDelete(mutexRx);
40                            return DRIVER_FAILURE;
                          }else{
42                            // Inicializa os registradores da UART (Específico de cada hardware)
                              driver_is_installed = true;
44                            return DRIVER_INITIALIZED;
                          }
46                    }
                  }
48          }
      }
50 }

52 void UART_Send(char *string, int size){
       // Espera indefinidamente pelo recurso
54     if (xSemaphoreTake(mutexTx, portMAX_DELAY) == pdTRUE){
           // Recurso adquirido, inicia transmissão
56         while(size){
               // Envia caractere para o buffer da UART
58             UART_DATA_R = *string++;

60             // Aciona interrupção de buffer vazio
               UARTIntEnable(INT_TX);
62             // Espera indefinidamente por uma interrupção da UART
               xSemaphoreTake(sUART, portMAX_DELAY);

64
               // Incrementa o ponteira de transmissão dos dados
66             size--;
           }
68         // Libera recurso
           xSemaphoreGive(mutexTx);
70     }
   }
72
   int UART_Receive(char *data, int size, int timeout){
74     // Espera indefinidamente pelo recurso
       if (xSemaphoreTake(mutexRx, portMAX_DELAY) == pdTRUE){
76         /* Recurso adquirido, inicia leitura da fila com timeout especificado
              nos parâmetros da função */
78         while(size){
               if(xQueueReceive(qUART, data, timeout) == pdTRUE){
80                 size--;
               }else{
82                 // Libera recurso
                   xSemaphoreGive(mutexRx);
84                 return TIMEOUT;
               }
86         }
           // Libera recurso
88         xSemaphoreGive(mutexRx);
       }
90     return OK;
   }
92
   //**************************************************************************
94 // Rotina de serviço de interrupção da UART
   //**************************************************************************
96 void UARTIntHandler(void){
       unsigned int ui32Status;
98     portBASE_TYPE pxHigherPrioTaskWokenRX = pdFALSE;
       portBASE_TYPE pxHigherPrioTaskWokenTX = pdFALSE;
100    char data;
```

Desenvolvimento de *drivers* 329

```
102     // Lê flags de interrupção
        ui32Status = UARTIntStatus();
104
        // Limpa flags das interrupções acionadas
106     UARTIntClear(UART0_BASE, ui32Status);

108     // Se for interrupção de recepção
        if ((ui32Status&INT_RX) == INT_RX){
110         // Lê o caractere recebido
            data = UART_DATA_R;
112         xQueueSendToBackFromISR(qUART, &data, &pxHigherPrioTaskWokenRX);
        }
114
        // Se for interrupção de transmissão
116     if ((ui32Status&INT_TX) == INT_TX){
            UARTIntDisable(INT_TX);
118
            /* Informa ao driver que o buffer de transmissão está vazio e pronto
120         para o próximo caractere */
            xSemaphoreGiveFromISR(sUART, &pxHigherPrioTaskWokenTX);
122     }

124     /* Verifica se o semáforo ou a fila acordaram uma tarefa de maior prioridade
        que a tarefa sendo executada atualmente */
126     if ((pxHigherPrioTaskWokenRX == pdTRUE) || (pxHigherPrioTaskWokenTX == pdTRUE)){
            // Se acordou, chama interrupção de software para troca de contexto
128         portYIELD();
        }
130 }
```

Listagem 8.1 Exemplo de um *driver* UART.

8.2 Teclados

Os teclados utilizados em sistemas embarcados podem possuir teclas mecânicas, capacitivas ou até mesmo ser implementados em telas com sensoriamento *touchscreen* (resistivo ou capacitivo). Em grande parte desses teclados, principalmente os com sistemas mecânicos, ocorrem as oscilações comentadas no Capítulo 5. Ainda, geralmente podem disponibilizar informações de entrada de dados para uma ou mais tarefas. Para gerenciar esses procedimentos, geralmente um *driver* para teclados implementado com um RTOS utiliza uma tarefa especificamente para esse propósito. Assim, ao inicializar o *driver*, também estaremos inicializando uma nova tarefa. A Listagem 8.2 apresenta um exemplo de código de inicialização para um teclado, baseado no sistema operacional FreeRTOS.

A tarefa de um *driver* para teclado deve aguardar por uma interrupção em uma das teclas, executar o *debouncing* (procedimento que evita problemas com o *bouncing* das teclas), verificar se a tecla lida é válida para o sistema e, finalmente, salvar a tecla recebida em uma fila do sistema. A Listagem 8.3 apresenta uma pos-

```c
// Declara uma estrutura de fila para o teclado
static xQueueHandle qKEYB = NULL;

// Declara uma estrutura de semáforo para o teclado
static xSemaphoreHandle sKEYB = NULL;

// Declara duas estruturas de mutex para o teclado
static xSemaphoreHandle mKEYB = NULL;

// Declara handler da tarefa de teclado
static xTaskHandle KEYBId;

UBaseType_t KEYB_Init(UBaseType_t size, UBaseType_t prio){
    static UBaseType_t driver_is_installed = false;

    if (driver_is_installed == false){
        // Inicia o semáforo responsável pelo evento de teclado pressionado
        sKEYB = xSemaphoreCreateBinary();
        if( sKEYB == NULL ){
            return DRIVER_FAILURE;
        }else{
            // Inicia o mutex que gerencia a exclusão mutua do teclado
            mKEYB = xSemaphoreCreateMutex();
            if( mKEYB == NULL ){
                vSemaphoreDelete(sKEYB);
                return DRIVER_FAILURE;
            }else{
                // Cria a fila que irá gerenciar as teclas pressionadas
                qKEYB = xQueueCreate(size, sizeof(UBaseType_t));
                if( qKEYB == NULL ){
                    vSemaphoreDelete(sKEYB);
                    vSemaphoreDelete(mKEYB);
                    return DRIVER_FAILURE;
                }else{
                    if (xTaskCreate(keyb_handler, "Keyboard handler task",
    configMINIMAL_STACK_SIZE, NULL, prio, &KEYBId) != pdPASS){
                        vSemaphoreDelete(sKEYB);
                        vSemaphoreDelete(mKEYB);
                        vQueueDelete(qKEYB);
                        return DRIVER_FAILURE;
                    }else{
                        // Inicializa os registradores do teclado
                        // Específico de cada hardware
                        driver_is_installed = true;
                        return DRIVER_INITIALIZED;
                    }
                }
            }
        }
    }
}
```

Listagem 8.2 Exemplo de uma função de inicialização de um *driver* para teclado.

sível implementação desses procedimentos a partir dos serviços disponibilizados pelo sistema operacional FreeRTOS.

Note que no exemplo de *driver* proposto na Listagem 8.3 existe a diretiva de pré-compilação "MULTIPLAS_TECLAS_VALIDO". Essa diretiva permite habilitar a captura de diversas teclas pressionadas, no caso de o teclado ser

Desenvolvimento de *drivers*

```c
// Tarefa do teclado
void keyb_handler(void *param){
    // Configuração da tarefa
    UBaseType_t  key  = NO_KEY;
    (void)param;

    for (;;){
        // Espera por uma interrupção de teclado
        xSemaphoreTake(sKEYB, portMAX_DELAY);

        // Tempo de debouncing
        vTaskDelay(30);

        #if (MULTIPLAS_TECLAS_VALIDO)
        do{
        #endif
        // Lê pinos do teclado. Dependente do hardware.
        key = ReadPins();

        // Descobre que tecla foi pressionada. Dependente do hardware.
        key = FindKey(key);

        // Copia a tecla para a fila somente se for válida
        if(key != NO_KEY){
            xQueueSendToBack(qKEYB, &key);

            //Permite 10 teclas por segundo
            vTaskDelay(70);
        }
        #if (MULTIPLAS_TECLAS_VALIDO)
        }while(key != NO_KEY);
        #endif

        // Habilita novamente a interrupção. Dependente do hardware
    }
}

//Interrupção do teclado
void ButtonsHandler(void){
    // Limpa flag de interrupção
    // Desabilita interrupção. Dependente do hardware

    // Informa o evento de tecla pressionada
    xSemaphoreGiveFromISR(sKEYB, &pxHigherPriorityTaskWoken);

    /* Verifica se o semáforo acordou uma tarefa de maior prioridade
    que a tarefa sendo executada atualmente */
    if (pxHigherPriorityTaskWoken == pdTRUE){
        // Se acordou, chama interrupção de software para troca de contexto
        portYIELD();
    }
}
```

Listagem 8.3 Exemplo da tarefa de tratamento de eventos e interrupção de um *driver* para teclado.

mantido pressionado. Se essa diretiva for desabilitada, uma nova tecla somente será capturada quando o teclado for liberado e pressionado novamente. Ainda, nesse *driver* é possível verificar que a interrupção permanecerá desabilitada durante o processo de *debouncing*, evitando a múltipla captura de teclas pela vibração dos contatos das teclas. Para que uma tarefa utilize as teclas capturadas pela tarefa do teclado, o *driver* deverá prover uma função do tipo "GET", que controlará o acesso ao teclado por um *mutex*, bem como gerenciará a solicitação de teclas da fila, como demonstrado na Listagem 8.4.

```
int KEYB_Get(UBaseType_t *data, int timeout){
    // Espera indefinidamente pelo recurso
    if (xSemaphoreTake(mKEYB, portMAX_DELAY) == pdTRUE){
        /* Recurso adquirido, inicia leitura da fila com timeout especificado
        nos parâmetros da função */
        if(xQueueReceive(qKEYB, &data, timeout) == pdTRUE){
            return TIMEOUT;
        }
        // Libera recurso
        xSemaphoreGive(mKEYB);
    }
    return OK;
}
```

Listagem 8.4 Exemplo da função que permite a utilização das teclas em um *driver* para teclado.

Diferentemente do proposto no *driver* de exemplo de teclado apresentado, pode-se separar as requisições de aquisição e liberação do recurso da função "GET". Dessa forma, uma tarefa poderia adquirir o teclado e ter acesso às teclas durante uma determinada operação sem a necessidade de competir pelo teclado a cada nova tecla pressionada.

8.3 Cartão SD e sistema de arquivos FAT

O *secure digital* (SD) é um formato de cartão de memória não volátil desenvolvido pela SD Association. Atualmente esse padrão é amplamente utilizado em sistemas que demandem o uso de memórias portáteis de grande capacidade. Os cartões SD são implementados a partir de memórias *flash*, uma evolução das memórias apagáveis eletricamente (*electrically-erasable programmable read only memory* – EEPROM). A principal diferença entre a EEPROM e a *flash*, além das taxas de escrita e leitura, é que na EEPROM é possível apagar dados *byte* a *byte*, enquanto na *flash* deve-se apagar um bloco de memória.

Os cartões SD possibilitam a utilização de dois modos de barramento de comunicação: o barramento SD e a comunicação por barramento serial do tipo *serial peripheral interface* (SPI). Ao inicializar o cartão, o dispositivo controlador (microcontrolador, por exemplo) deve selecionar o barramento SPI ou o barramento SD operando com 1 *bit* de dados. Quando operando no modo de barramento SD, o dispositivo controlador pode enviar a seguir um comando para trocar o modo de operação para a interface de 4 *bits* de dados (se o cartão suportar esse modo de operação). O suporte ao barramento SD de 4 *bits* pode ser mandatório ou opcional, dependendo do tipo de cartão SD utilizado. Note ainda que a conexão SPI ocorre com um barramento de quatro fios (*clock, MISO, MOSI* e *chip select*), enquanto o barramento SD pode operar com três fios (*clock*, comando e 1 *bit* de dado), ou a seis fios (*clock*, comando e 4 *bits* de dados). A Figura 8.2 apresenta os pinos de um cartão SD, miniSD e microSD, tanto na configuração barramento SD quanto no barramento SPI. É importante mencionar que é necessário utilizar resistores de *pull-up* no barramento de dados que interliga o cartão SD ao dispositivo controlador.

Pinos SD	Pinos miniSD	Pinos microSD	Nome SD	Nome SPI	Descrição
1	1	2	DAT3	CS	Dado serial 3
2	2	3	CMD	MOSI	Comando/resposta
3	3		VSS	VSS	Terra
4	4	4	VDD	VDD	Alimentação
5	5	5	CLK	CLK	*Clock* serial
6	6	6	VSS	VSS	Terra
7	7	7	DAT0	MISO	Dado serial 0
8	8	8	DAT1/IRQ	X	Dado serial 1 (interrupção)
9	9	1	DAT2	X	Dado serial 2

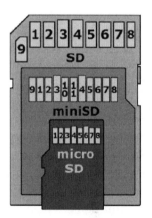

Figura 8.2 Pinos de um cartão SD e suas conexões para um barramento SD e SPI.

A comunicação inicial com o cartão SD, em que o controlador determina os modos de operação e características do cartão, não deve exceder a taxa de *clock* de 400 kHz no barramento. Após determinar que o cartão suporta uma taxa de transferência superior, o dispositivo controlador pode enviar um comando para o cartão SD aumentar a frequência de operação do *clock* do barramento. A velocidade padrão do barramento SD especificada pela norma SD 1.0 é de 12,5 MB/s, com um *clock* máximo de 25 MHz. Posteriormente, o padrão SD 1.1 definiu o modo *high speed* com taxas de até 25 MB/s, operando a 50 MHz. Atualmente é possível atingir taxas de até 312 MB/s com um cartão SD. Não é necessário que o dispositivo controlador utilize o *clock* máximo permitido pelo cartão, podendo operar a uma taxa de *clock* inferior para economizar energia. Entre comandos, o controlador pode parar completamente o *clock* do barramento.

A maioria dos microcontroladores e processadores que possuem suporte ao barramento SD o implementa por meio de um periférico compatível com o padrão *secure digital input output* (SDIO). A interface SDIO é baseada e compatível com os cartões de memória SD. Essa compatibilidade inclui conexões mecânicas, elétricas, alimentação, sinalização e *software*. A interface SDIO foi projetada como uma extensão ao padrão existente dos cartões SD, permitindo a conexão de múltiplos periféricos a um controlador utilizando o barramento SD. Ademais, a intenção dos cartões SDIO é prover alta velocidade de entrada/saída de dados com baixo consumo de energia para dispositivos eletrônicos móveis.

Quando utilizando uma interface SDIO, o limite da taxa de transferência é 10 MB/s a 25 MHz (taxa máxima bruta da comunicação). Nos códigos de demonstração que acompanham este livro é possível observar o desempenho dos barramentos SPI, SD com 1 *bit* e SD com 4 *bits*. Em um ARM Cortex-M4 a 120 MHz, com barramento SPI operando a 25 MHz, é possível atingir 480 kB/s. Já em um ARM Cortex-M4 operando a 168 MHz e barramento SDIO a 25 MHz foi possível obter até 1,2 MB/s. Note que as taxas de transferência inferiores ao padrão devem-se também ao processamento do sistema de arquivos FAT.

8.3.1 Sistema de arquivos FAT

A memória de um cartão SD pode ser acessada de maneira direta, sem o uso de um sistema de arquivos. No entanto, para facilitar seu uso, geralmente utiliza-se a estrutura de um sistema de arquivos conhecido. Um padrão comumente utilizado é o *file allocation table* (FAT), por ser de fácil implementação e apresentar relativa robustez. O sistema de arquivos FAT utiliza um método de organização de dados exatamente como indicado por seu nome, ou seja, uma tabela de alocação de arquivos. Os dados são paginados em blocos de mesmo tamanho, conhecidos como *clusters* ou unidades de alocação. No início da memória encontra-se uma tabela que contém a localização de todos os dados contidos no dispositivo de memória.

O padrão FAT teve origem no fim da década de 1970 e foi originalmente desenvolvido para arquiteturas de computadores pessoais da *international business machines* (IBM). Era utilizado como o sistema de arquivos padrão do sistema operacional *Microsoft disk operating system* (MS-DOS). Inicialmente suportava discos de até 512 kB e, com o passar do tempo, evoluiu para suportar mídias de armazenamento com tamanhos cada vez maiores.

Os três formatos mais conhecidos de FAT são o FAT12, o FAT16 e o FAT32. São padrões que foram desenvolvidos a partir do padrão FAT original, conforme evoluía a capacidade dos dispositivos de armazenamento. A diferença básica entre esses formatos é o tamanho da representação do endereço dos *clusters* na tabela FAT: utilizam, respectivamente, endereços de 12, 16 e 32 *bits*.

Para gravar um arquivo no sistema FAT é realizado o particionamento do arquivo em um número de *clusters* que possibilite seu armazenamento. O tamanho do *cluster* é variável e é definido no processo de formatação da mídia. Por exemplo, em um sistema FAT com *clusters* de 32 kB, um arquivo de 34 kB ocupa dois *clusters* para ser armazenado. Tal estratégia leva a um desperdício de 30 kB de memória nesse caso. Esse é o motivo pelo qual alguns sistemas operacionais apresentam o tamanho real do arquivo e o tamanho ocupado pelo arquivo no sistema de arquivos.

Um dispositivo de memória FATn, sendo n a versão do sistema de arquivos, pode possuir no máximo 2^n *clusters*. Assim, o tamanho mínimo do *cluster* em um sistema FAT depende da capacidade de armazenamento do dispositivo de memória. Por outro lado, quanto maior o *cluster*, maior pode ser o desperdício de memória. Por esse motivo utiliza-se como padrão atualmente o formato FAT32, que possibilita um maior número de *clusters* e, consequentemente, permite um tamanho de *cluster* reduzido. Apesar de parecer ideal utilizar tamanhos de *clusters* menores, os tamanhos mais utilizados são 512, 1 kB e 4 kB. Isso deve-se ao tamanho dos arquivos utilizados na maioria dos sistemas, mas principalmente ao melhor desempenho na taxa de transferência obtido com unidades de alocação maiores. Portanto, existe uma relação entre desperdício de memória e taxa de transferência que deve ser avaliada para uma determinada aplicação.

8.3.2 FatFs by Chan

Apesar da simplicidade do sistema de arquivos FAT, a implementação do controle do formato pode ser extensa e um tanto complexa de ser desenvolvida. Por esse motivo, várias aplicações utilizam bibliotecas de sistemas de arquivos FAT disponíveis tanto comercialmente quanto de forma gratuita e com código aberto. Uma das bibliotecas gratuitas mais utilizadas atualmente em sistemas embarcados é o FatFs. A biblioteca FatFs é um *software* livre e de código aberto para o gerenciamento de dispositivos de armazenamento utilizando o sistema de arquivos FAT, voltado para o uso em sistemas embarcados com recursos computacionais reduzidos.

O código da biblioteca FatFs é escrito em ANSI C (C89) e foi desenvolvido completamente separado da camada de controle de entrada/saída da unidade de armazenamento. Dessa forma, o FatFs é independente da plataforma utilizada, sendo necessário desenvolver o *driver* para o dispositivo de armazenamento utilizado. Entre os exemplos que acompanham este livro estão uma implementação do FatFs com barramento SPI no *kit* Tiva Connected e uma implementação com barramento SD a 4 *bits* em um microcontrolador STM32F4. O *driver* deve prover funções para inicialização, leitura e escrita no cartão SD, bem como funções de controle e informação do cartão. Em conjunto com o *driver* de comunicação, a biblioteca FatFs possibilita a leitura, escrita, criação e remoção de arquivos, bem como a navegação e o gerenciamento de diretórios.

O sistema FatFs permite que diversos arquivos sejam lidos ou escritos ao mesmo tempo. No entanto, para permitir seu uso em sistemas multitarefa é necessário implementar uma camada de porte do objeto de sincronização do sistema operacional sendo utilizado. A Listagem 8.5 apresenta o porte que adapta o *mutex* do sistema FreeRTOS para ser utilizado como objeto de sincronização no FatFs. Note que com essa camada de portabilidade é possível utilizar o FatFs em qualquer sistema operacional, seja de tempo real ou não. É importante também destacar que é necessário criar um objeto de sincronização para cada dispositivo de armazenamento utilizado.

```
1  /* Esta função é executada pela função f_mount() para criar um novo objeto
   /  de sincronização, como um semáforo ou mutex. Quando o valor 0 é retornado,
3  /  a função f_mount() retorna um erro com código FR_INT_ERR. */
   int ff_cre_syncobj (
5      BYTE vol,              /* Disco lógico sendo processado */
       _SYNC_t *sobj          /* Ponteiro para retornar o objeto de sincronização criado */
7  ){
       int ret;
9
       *sobj = xSemaphoreCreateMutex();
11     ret = (int)(*sobj != NULL);
13     return ret;
   }
15
17 /* Esta função é executada pela função f_mount() para apagar o objeto de
   /  sincronização. É necessária quando o dispositivo de armazenamento é removido. */
19 int ff_del_syncobj (
       _SYNC_t sobj          /* Variável que identifica o objeto de sincronização que será apagado
                             */
21 ){
       int ret;
23
```

Desenvolvimento de *drivers*

```
24       vSemaphoreDelete(sobj);
25       ret = 1;
26
27       return ret;
   }
29

31   /* Esta função é executada na entrada das funções de manipulação de arquivo para garantir
    /  acesso exclusivo à unidade de memória sendo utilizada. Quando um 0 é retornado, a função
33   /  de manipulação de arquivo retorna um código de erro FR_TIMEOUT. */
   int ff_req_grant (    /* 1: Permissão recebida para acessar a memória, 0: permissão negada */
35       _SYNC_t sobj     /* Objeto de sincronização utilizado para solicitar acesso */
   ){
37       int ret;
38
39       ret = (int)(xSemaphoreTake(sobj, _FS_TIMEOUT) == pdTRUE);
40
41       return ret;
   }
43

45   /* Esta função é executada para na saída das funções de manipulação dos arquivos para
    /  liberar o acesso ao dispositivo de armazenamento sendo utilizado. */
47   void ff_rel_grant (
       _SYNC_t sobj   /* Objeto de sincronização utilizado para liberar a memória */
49   ){
       xSemaphoreGive(sobj);
51   }
```

Listagem 8.5 Porte de adaptação do *mutex* do sistema FreeRTOS para a biblioteca FatFs.

Diferentemente da maioria dos *drivers* utilizados em comunicações serial com um RTOS, os *drivers* utilizados para a interface do FatFs com os dispositivos de armazenamento raramente utilizam objetos de sincronização na comunicação (o *mutex* apresentado na Listagem 8.5 é utilizado para exclusão mútua). Isso deve-se à alta taxa de transferência utilizada nesses dispositivos, que torna a troca de contexto entre a transferência de blocos de dados ineficiente. No entanto, pode-se adaptar sincronismo com semáforos quando é utilizado acesso direto à memória (DMA). Nesses casos, a interrupção de DMA pode ser utilizada para avisar quando um bloco de memória foi transferido, solicitando o próximo bloco à biblioteca FatFs. Como a biblioteca não utiliza um objeto de sincronização por padrão, deve-se configurar uma baixa prioridade às tarefas que fazem uso dessa biblioteca. Assim, a leitura ou escrita de arquivos grandes não irá fazer com que tarefas de maior prioridade deixem de ser executadas.

Note ainda que, com o intuito de reduzir o consumo de memória RAM ao utilizar sistemas FAT, geralmente o tamanho do bloco de memória utilizado pelo FatFs é de 512 *bytes*. Esse tamanho de bloco faz com que a leitura e escrita de arquivos maiores seja realizada com múltiplas chamadas das funções *f_read()* e *f_write()*, respectivamente. A Listagem 8.6 apresenta um exemplo de leitura

338 Sistemas operacionais de tempo real e sua aplicação em sistemas embarcados

de arquivo com a biblioteca FatFs, em que os dados lidos são enviados por uma porta serial conectada a um terminal. Observe que, como a leitura é realizada em blocos de 512 *bytes*, é possível utilizar objetos de sincronização para sincronizar a leitura ou escrita de dados com um determinado dispositivo. Há um exemplo desse cenário no Capítulo 9, em que é apresentada uma possível implementação de reprodução de um arquivo de áudio a partir de um cartão SD. Nesse caso, a leitura dos dados deve ser sincronizada com a taxa de amostragem utilizada para adquirir originalmente o sinal de áudio.

```
1  FATFS fatfs;
   FIL file;
3  char buffer[512];
   unsigned int size;
5  void SDCard_task(void const *argument){
       // Monta o sistema de arquivos
7      f_mount(&fatfs,"0:/",0);

9      // Abre o arquivo teste.txt para leitura
       FRESULT res = f_open(&file,"teste.txt", FA_OPEN_EXISTING | FA_READ);
11     // Se o arquivo existe
       if (res == FR_OK){
13         // Realiza a leitura do arquivo até seu final
           do{
15             f_read(&file, buffer, 512, &size);
               // Imprime os dados lidos no terminal
17             printf_serial(buffer);
           }while(size != 512);
19     }
       // Fecha o arquivo
21     f_close(&file);
       for(;;){
23         vTaskDelay(1);
       }
25 }
```

Listagem 8.6 Exemplo de uso da biblioteca FatFs para a leitura de um arquivo.

8.4 *Displays* (telas)

As telas para visualização de informação utilizadas em sistemas embarcados são as mais variadas. Em sistemas mais simples, é comum a utilização de *displays* de LED de sete segmentos e *displays* LCD alfanuméricos. Já em sistemas em que existe a necessidade de visualização de muitas informações, bem como a interação com uma série de parâmetros, os *displays* LCD gráficos são comumente utilizados. Cada um dos tipos existentes de opção para visualização de informação possui suas peculiaridades no acionamento. Portanto, a utilização de um

RTOS trará diferentes facilidades na implementação de *drivers* para cada um desses dispositivos.

Um display de sete segmentos é formado por sete LED (a, b, c, d, e, f, g) que são previamente encapsulados e conectados de duas maneiras: anodo comum e catodo comum, como pode ser visto na Figura 8.3. No modo catodo comum liga-se cada LED conectando-se o barramento comum ao terra e aplicando-se o valor lógico 1 a cada segmento que se deseja acender. Já no modo anodo comum acende-se cada LED conectando-se o barramento comum a um barramento de tensão contínua e aplicando-se o valor lógico 0 a cada segmento que se deseja acender. Normalmente esses *displays* possuem um oitavo LED, que possibilita a representação de um ponto decimal. Essa configuração é apresentada na Figura 8.4.

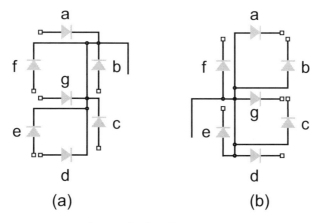

Figura 8.3 Conexões internas de um *display* de sete segmentos na configuração catodo comum (a) e anodo comum (b).

Para realizar a interface de um *display* de sete segmentos com um microcontrolador deve-se conectar oito pinos de entrada/saída para controlar cada um dos LED do *display*. A partir da definição da conexão com os pinos do microcontrolador pode-se criar a Tabela 8.1 de codificação para um *display* anodo ou catodo comum. Essa tabela irá conter os valores necessários para criar os números e/ou letras desejados a partir dos LED do *display*. Nota-se que não existe uma grande diferença entre um *display* anodo comum para um *display* catodo comum além da lógica de acionamento dos LED. No entanto, há uma diferença importante. Em uma configuração catodo comum, o microcontrolador estará fornecendo corrente para os LED do *display*, enquanto em uma configuração anodo comum o microcontrolador estará drenando corrente. Esse fato é importante porque nor-

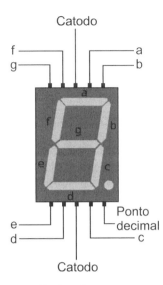

Figura 8.4 Conexões em um *display* de sete segmentos com ponto decimal.

malmente os pinos de entrada/saída de um microcontrolador possuem maior capacidade de dreno de corrente do que para fornecer corrente. Ainda, existe um limite máximo de fornecimento de corrente, considerando todos as portas do microcontrolador (usualmente em torno de 100 mA). De posse dessas informações, pode-se chegar à conclusão de que é recomendável utilizar *displays* do tipo anodo comum para interface com um microcontrolador.

O código que implementa a escrita no *display* é extremamente simples, pois será simplesmente uma igualdade de uma das constantes apresentadas na Tabela 8.1 para a porta em que o *display* está conectado. A implementação da interface com um *display* de sete segmentos para um dígito aparentemente é simples. No entanto, se for necessário conectar dois ou mais dígitos a abordagem é um pouco diferente, pois utilizar uma porta de entrada/saída completa para cada dígito não é uma boa solução. Dessa forma, precisamos encontrar formas mais econômicas em termos de pinos e portas para implementar essa interface. Duas soluções bem conhecidas para esses casos podem ser utilizadas: multiplexação por *latches* ou multiplexação no tempo com transistores.

O problema de utilizar *latches* é que será necessário ainda utilizar um *driver* de corrente para alimentar os LED do *display*, sendo necessário um *latch* e um *driver* para cada dígito utilizado. A segunda solução é mais eficiente e utiliza menos componentes. Com a multiplexação no tempo, uma porta irá manter o valor do código hexadecimal correspondente ao dígito a ser aceso e uma outra porta

Desenvolvimento de *drivers*

Tabela 8.1 Tabela de codificação para um display cadoto comum

Dígito	a	b	c	d	e	f	g	Código hexadecimal
0	1	1	1	1	1	0	0	0x7E
1	0	1	1	0	0	0	0	0x30
2	1	1	0	1	1	0	1	0x6D
3	1	1	1	1	0	0	1	0x79
4	0	1	1	0	0	1	1	0x33
5	1	0	1	1	0	1	1	0x5B
6	1	0	1	1	1	1	1	0x5F
7	1	1	1	0	0	0	0	0x70
8	1	1	1	1	1	1	1	0x7F
9	1	1	1	1	0	1	1	0x7B
A	1	1	1	0	1	1	1	0x77
b	0	0	1	1	1	1	1	0x1F
C	1	0	0	1	1	1	0	0x4E
d	0	1	1	1	1	0	1	0x3D
E	1	0	0	1	1	1	1	0x4F
F	1	0	0	0	1	1	1	0x47

de entrada/saída indicará em qual dos *displays* será aceso o dígito equivalente. Portanto, deve ser realizada uma varredura do dígito menos significativo para o dígito mais significativo (ou vice-versa), controlada por outra porta, alterando-se o valor de cada dígito no tempo, por meio da porta conectada aos LEDs dos *displays*. A Figura 8.5 apresenta uma possível interface de três dígitos de sete segmentos anodo comum com um microcontrolador.

Note que, ao utilizar a multiplexação no tempo, cada um dos dígitos permanecerá um determinado tempo acionado. No entanto, se a frequência em que o digito é alterado for muito baixa, fará com que um usuário perceba os dígitos piscarem, o que não é interessante quanto à usabilidade. Assim, geralmente utilizam-se frequências iguais ou superiores a 60 Hz, que diminuem esse efeito no *display* devido ao tempo de resposta do olho humano. Ao utilizarmos um determinado número de dígitos portanto, o tempo em que cada dígito deverá permanecer aceso é obtido dividindo-se o período de 60 Hz pelo número de dígitos. Para o exemplo de três dígitos, o tempo entre o chaveamento do dígito acesso é de aproximadamente 5,5 ms. Ao desenvolver o *driver* para esse *display* utilizando um RTOS, pode-se temporizar a ação de troca de dígito por meio de um *soft timer* ou a partir de uma tarefa. Ambas as soluções serão limitadas

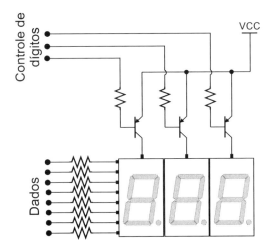

Figura 8.5 Conexões para três dígitos em um *display* de sete segmentos.

pela marca de tempo do sistema, geralmente de 1 ms. Para o exemplo dos três dígitos, utilizar um tempo de 5 ms irá gerar uma taxa de atualização do *display* de aproximadamente 66,6 Hz.

A Listagem 8.7 apresenta um exemplo de tarefa para acionar três dígitos de sete segmentos utilizando o FreeRTOS, em que PIN_CTL_DIGx representa os pinos de controle do dígito (conectados a um transistor), DATA_7SEG equivale à porta de entrada/saída utilizada para determinar quais LED serão acesos, *codigo7seg* é um vetor contendo os valores que irão ligar os LED para valores de 0 a 9 e DIGx são variáveis que representam os valores a serem escritos no *display*. No exemplo apresentado o *display* mostrará o valor 123. Note que para aumentar a taxa de atualização do display para 111 Hz basta substituir o *delay* de 5 ms para 3 ms, no caso de uma marca de tempo de 1 ms.

O limite de acionamento utilizando essa estratégia é definido pela marca de tempo do sistema. Assim, para 1 ms e uma taxa mínima de atualização de 60 Hz, o número máximo será de dezesseis dígitos. Esse número de dígitos é suficiente para a maioria das aplicações que fazem uso de *displays* de sete segmentos. No entanto, para acionamentos com taxas maiores torna-se necessário utilizar um temporizador em *hardware* e sincronizá-lo a partir de um semáforo, quando utilizando um sistema operacional de tempo real.

Os *displays* LCD alfanuméricos geralmente utilizados em sistemas embarcados possuem um controlador que realiza a interface entre os microcontroladores e o *hardware* responsável pelo acionamento do cristal líquido utilizado no *display*.

Desenvolvimento de *drivers*

```
 1  char DIG1 = 1;
    char DIG2 = 2;
 3  char DIG3 = 3;

 5  void 7seg(void *param){
        (void)param;
 7      if (PIN_CTL_DIG_1 == 1){       // Se o primeiro dígito estava aceso
            PIN_CTL_DIG_1 = 0;          // apaga primeiro dígito
 9          DATA_7SEG = codigo7seg[DIG2];  // Altera o valor para o segundo digito
            PIN_CTL_DIG_2 = 1;         // acende segundo dígito
11      }else{                         // senão
            if (PIN_CTL_DIG_2 == 1){   // ...
13              PIN_CTL_DIG_2 = 0;
                DATA_7SEG = codigo7seg[DIG3];
15              PIN_CTL_DIG_3 = 1;
            }else{
17              if (PIN_CTL_DIG_3 == 1){
                    PIN_CTL_DIG_3 = 0;
19                  DATA_7SEG = codigo7seg[DIG1];
                    PIN_CTL_DIG_1 = 1;
21              }
            }
23      }
        vTaskDelay(5);
25  }
```

Listagem 8.7 Acionamento de um display de sete segmentos a partir de uma tarefa do FreeRTOS.

Portanto, ao criar um *driver* para esse tipo de *display*, cria-se um *driver* para o controlador utilizado. A comunicação com os controladores pode ser realizada a partir de 8 ou 4 *bits* de dados (DB0-DB7 para 8 *bits* e DB4 a DB7 para 4 *bits*), além de um pino de controle para seleção entre dados e instruções (RS), bem como pinos de controle para definir escrita ou leitura (RW) e um pino de controle de ativação (E – *enable*). Ao gerar um pulso no pino de ativação (usualmente esse pulso deve ser de pelo menos 450 ns), o comando informado pelos pinos de dados e controle do controlador será processado. Geralmente esses controladores utilizam um dos pinos de dados para informar que o comando foi processado e está disponível para um novo comando.

Um *driver* para esses controladores utilizando um RTOS dificilmente poderá controlar o tempo de 450 ns do pulso de ativação pelos objetos do sistema operacional, pois em um processador de 100 MHz esse tempo equivale a 45 ciclos de *clock*. Nesse caso, dificilmente seria benéfica uma troca de contexto para processar outra tarefa. Portanto, o tempo do pulso geralmente é gerado por um número específico de instrução NOP (não opera) no *driver* do *display*. No entanto, ao receber um comando, o controlador do *display* pode levar de 40 µs até 3 ms para aceitar um novo comando (a maioria em 40 µs). O tempo mínimo de 40µs possibilita a execução de até 4 mil ciclos de *clock* em um processador operando a 100 MHz. Portanto, o *driver* poderia liberar o processador durante esse tempo para que outra tarefa processe suas informações. Infelizmente, a marca de tempo de um RTOS usualmente possui resolução de 1 ms. Assim, um *delay* não seria a melhor abordagem para a espera de resposta do controlador do *display*, a menos que o tempo de 3 ms seja razoável para a aplicação embarcada a ser desenvolvida. Como a maioria dos *displays* alfanuméricos possui de vinte a oitenta caracteres no total, utilizar um *delay* de 3 ms (ou até mesmo 4 ms por segurança) para enviar um novo comando ao *display* é uma abordagem viável, podendo gerar a atualização de até 333 caracteres em um segundo. A Listagem 8.8 apresenta como essa abordagem pode ser implementada.

```
1
    void lcd_write(char dado){
3       RS = 1;             // Envio de um dado ao display
        RW = 0;             // modo escrita
5       dados = dado;       // copia do dado a ser escrito para o barramento de dados do LCD
        E = 1;              // Pulso de ativação
7       asm{                // Espera de pelo menos 450 ns (depende do clock / processador)
            nop
9           nop
            nop
11      }
        E = 0;
13      vTaskDelay(3);
    }
```

Listagem 8.8 Envio de um comando para o controlador de um *display* LCD alfanumérico utilizando *delay* como controle de tráfego de dados.

A outra abordagem possível para implementar um *driver* para um *display* LCD alfanumérico é utilizar o último *bit* do barramento de dados do controlador (DB7) como *bit* de estado do comando solicitado. Ao enviar um comando para o controlador a partir da transição do pino de ativação, o controlador inicia seu processamento. A informação do estado desse processamento pode ser obtida pelo pino de dados DB7, que durante o processamento do comando passa a ser um pino de saída de dados, informando o estado ocupado do controlador (nível lógico alto equivale a controlador ocupado). Portanto, se a configuração do pino do microcontrolador conectado ao pino DB7 do *display* for alterada para entrada e uma interrupção for ativada nesse pino por borda de descida, é possível gerenciar a ocupação do controlador por um semáforo, como ocorre no *driver* de uma porta serial para a transmissão. Assim, ao enviar o comando para o controlador do *display* o *driver* poderá esperar pela liberação de um semáforo para enviar

Desenvolvimento de *drivers* 345

um novo comando/dado. Esse semáforo será disparado pela interrupção do pino de entrada/saída do microcontrolador conectado ao pino DB7 do *display*. A Listagem 8.9 demonstra como essa abordagem pode ser implementada utilizando o FreeRTOS.

```
void lcd_write(char dado){
    RS = 1;                    // Envio de um dado ao display
    RW = 0;                    // modo escrita
    dados = dado;              // cópia do dado a ser escrito para o barramento de dados do LCD
    E = 1;                     // Pulso de ativação
    asm{                       // Espera de pelo menos 450 ns (depende do clock / processador)
        nop
        nop
        nop
    }
    E = 0;
    asm{                       // Espera de pelo menos 450 ns (depende do clock / processador)
        nop
        nop
        nop
    }

    RS = 0; RW = 1;            // Altera modo para comando e leitura
    DATA_DB7_DIR = IN;         // Altera direção do pino conectado a DB7 para entrada
    DATA_DB7_INT = EN;         // Habilita interrupção de gpio
    E = 1;                     // Pulso de ativação
    xSemaphoreTake(sLCD, 3);   // Espera até 3 ms por uma interrupção do pino conectado a DB7
    E = 0;
    RW = 0;
    DATA_DB7_INT = EN;         // Desabilita interrupção de gpio
    DATA_DB7_DIR = OUT;        // Altera direção do pino conectado a DB7 para saída
}

//********************************************************************************
// Rotina de serviço de interrupção do GPIO
//********************************************************************************
void GPIOIntHandler(void){
    unsigned int ui32Status;
    portBASE_TYPE pxHigherPrioTaskWoken = pdFALSE;
    char data;

    // Limpa flags das interrupções acionadas
    GPIOIntClear(GPIO_BASE, GPIO_PIN);

    /* Informa ao driver que o controlador está desocupado */
    xSemaphoreGiveFromISR(sGPIO, &pxHigherPrioTaskWoken);

    /* Verifica se o semáforo ou a fila acordaram uma tarefa de maior prioridade
    que a tarefa sendo executada atualmente */
    if (pxHigherPrioTaskWoken == pdTRUE){
        // Se acordou, chama interrupção de software para troca de contexto
        portYIELD();
    }
}
```

Listagem 8.9 Envio de um comando para o controlador de um *display* LCD alfanumérico utilizando semáforo como controle de tráfego de dados.

346 Sistemas operacionais de tempo real e sua aplicação em sistemas embarcados

Uma solução alternativa para ambas as abordagens é utilizar uma função específica para a verificação de ocupação do *display* LCD, baseando seu funcionamento na espera por *delay*, como apresentado na Listagem 8.10.

```
1  void lcd_write(char dado){
       lcd_busy();              // Espera o LCD estar desocupado para receber um novo comando
3      RS = 1;                  // Envio de um dado ao display
       RW = 0;                  // modo escrita
5      dados = dado;            // cópia do dado a ser escrito para o barramento de dados do LCD
       E = 1;                   // Pulso de ativação
7      asm{                     // Espera de pelo menos 450 ns (depende do clock / processador)
           nop
9          nop
           nop
11     }
       E = 0;
13 }

15 void lcd_busy(void){
       RS = 0; RW = 1;                              // Altera modo para comando e leitura
17     DATA_DB7_DIR = IN;                           // Altera direção do pino conectado a DB7 para entrada
       E = 1;                                       // Pulso de ativação
19     while(DATA_DB7 == 1) vTaskDelay(1);          // Espera pela desocupação do controlador do LCD
       E = 0;
21     RW = 0;
       DATA_DB7_DIR = OUT;                          // Altera direção do pino conectado a DB7 para saída
23 }
```

Listagem 8.10 Envio de um comando para o controlador de um *display* LCD alfanumérico utilizando uma função de controle de tráfego de dados.

Note que, apesar de a implementação de um *driver* para um *display* alfanumérico utilizar objetos ou funções de um RTOS, como semáforos ou *delays*, existem outras vantagens de se utilizar o *driver* de um LCD em um ambiente multitarefas. As telas para visualização de informação são periféricos conhecidamente lentos, comparados com a maioria dos periféricos existentes em um sistema embarcado. Tal característica faz com que projetistas escolham baixas prioridades para as tarefas que irão gerenciar as informações nesses *displays*. Assim, mesmo que não se utilize nenhum recurso específico do RTOS, a execução do *driver* de um *display* LCD será interrompido muitas vezes enquanto o controlador do *display* segue processando um comando recebido, otimizando dessa forma o uso do processador. Isso é possível porque, enquanto o controlador do *display* LCD processa um comando, o microcontrolador que o está acionando ficaria ocioso se um ambiente multitarefa não fosse utilizado no sistema embarcado.

8.4.1 Displays gráficos e suporte a touchscreen

Um *display* LCD gráfico, ou *graphic liquid crystal display* (GLCD), em vez de possuir caracteres pré-gravados na memória de um controlador, como um *display* LCD alfanumérico, permite a geração de texto e imagens pela combinação de *pixels*, que são os menores elementos que podem ser endereçados em um *display* LCD. Ao utilizar um GLCD pode-se conceber diversas formas de interface homem-máquina. Nessas interfaces, além de se utilizar texto e imagens, é comum a utilização de objetos visuais bem conhecidos, entre os quais botões, caixas de seleção (*checkboxes*), controles deslizantes (*sliders*), gráficos etc. (exemplo: Figura 8.6). Tal abordagem é possível pela crescente utilização de filmes ou vidros sensíveis ao toque em sobreposição à tela gráfica. Dessa forma, o usuário do sistema pode interagir com a interface a partir do toque nos objetos projetados na tela.

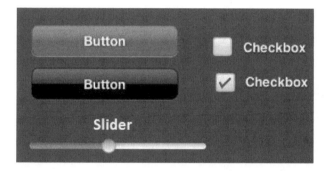

Figura 8.6 Exemplos de objetos gráficos comumente utilizados em interfaces gráficas de telas sensíveis ao toque.

A integração de um *driver* para telas gráficas sensíveis ao toque com um sistema operacional traz grandes facilidades para a implementação do *driver*. O sistema de gerenciamento de uma tela sensível ao toque pode ser concebido a partir de um gerenciador de eventos, sendo que os eventos mais comuns são o toque em uma região da tela ou eventos temporizados. Ambos os eventos podem ser controlados por objetos de um sistema operacional, como semáforos, filas e *soft timers*.

O princípio de funcionamento do sistema de sensibilidade de toque de um *display* gráfico geralmente é resistivo ou capacitivo. O uso de sensoriamento resistivo ainda é mais comum em sistemas embarcados de baixo custo. Nesse tipo de dispositivo, ao pressionar a película sobre a tela, geram-se dois comportamentos distintos, uma transição em um pino que registra o toque e uma divisão resistiva em ambos os eixos. A transição pode ser facilmente associada a uma interrupção. Tal interrupção pode ser sincronizada por um semáforo com uma tarefa de gerenciamento do sistema *touchscreen*. A tarefa de gerenciamento, ao ser desbloqueada pelo semáforo, fará a leitura da posição do toque na tela. Essa leitura usualmente é baseada no princípio da divisão resistiva, a partir de dois canais de um conversor analógico/digital, um para o eixo X e outro para o eixo Y. Atualmente existem circuitos integrados que realizam essa análise e informam a posição do toque por uma comunicação serial, por exemplo, SPI. Esse procedimento é muito similar ao utilizado no exemplo de um *driver* para teclado apresentado anteriormente, como pode ser visto na Listagem 8.11.

```
1
    /* Estrutura de dado do toque */
3   typedef struct _TouchInfo{
      short x; // coordenada x
5     short y; // coordenada y
    }Touch_t;
7
    // Declara variável de toque
9   Touch_t        TouchPos;
11  // Tarefa do touchscreen
    void touch_handler(void *param){
13     // Configuração da tarefa
      (void)param;
15
       // task main loop
17     for (;;){
          // Espera por uma interrupção de toque
19        xSemaphoreTake(sTOUCH, portMAX_DELAY);
21        // Tempo de debouncing
          vTaskDelay(30);
23
          // Lê a posição do toque na tela
25        TP_Read(&TouchPos);
27        // Verifica se a posição é válida
          if (ValidTouch(TouchPos) == pdTRUE){
29          xQueueSendToBack(qTOUCH, &TouchPos);
          }
31
          // Habilita novamente a interrupção
33        // Dependente do hardware
       }
35  }
37  //Interrupção do toque na tela
    void TouchPressHandler(void){
39     // Limpa flag de interrupção
       // Desabilita interrupção
41     // Dependente do hardware
43     // Informa o evento de tecla pressionada
       xSemaphoreGiveFromISR(sTOUCH, &pxHigherPriorityTaskWoken);
45
```

Desenvolvimento de *drivers* 349

```
47      /* Verifica se o semáforo acordou uma tarefa de maior prioridade. */
        if (pxHigherPriorityTaskWoken == pdTRUE){
            // Se acordou, chama interrupção de software para troca de contexto
49          portYIELD();
        }
51  }
```

Listagem 8.11 Exemplo da tarefa de tratamento de interrupção de um *driver* para tela sensível ao toque.

Assim, qualquer tarefa que desejar descobrir a posição de um toque em um dado momento pode solicitar a informação a partir da leitura da fila que possui os dados de toque atualizados. A função que permite tal acesso pode ser desenvolvida como apresentado na Listagem 8.12.

```
1   // Função que retorna o toque na tela com limite de timeout
    Touch_t get_touch_position(int timeout){
3       Touch_t position;
        if (xQueueReceive(qTOUCH, &position, timeout) == pdTRUE){
5           return position;
        }else{
7           return (Touch_t)0;
        }
9   }
```

Listagem 8.12 Exemplo de função para retornar a posição do toque na tela.

A partir da verificação da posição atual pode-se determinar se o toque foi realizado sobre algum objeto da interface gráfica, como botões. Geralmente, as bibliotecas de interface gráfica possuem uma função que, a partir da posição informada, retorna o objeto sobre o qual o toque foi realizado, como apresentado na Listagem 8.13.

Verifique ainda na implementação exposta na Listagem 8.13 que existe uma fila chamada qTOUCH_EVENTS. Essa fila é utilizada no código de exemplificação para formar a fila de processamento das funções de *callback* dos objeto gráficos. Geralmente, quando um objeto é criado na interface gráfica, define-se uma ou mais funções de *callback* para serem executadas quando ocorre um evento (toque sobre o objeto, por exemplo) vinculado ao objeto criado. A Listagem 8.14 apresenta uma possível implementação para uma função de criação de um botão em uma interface gráfica. Note que na função de inicialização do botão são passados os seguintes parâmetros: posição inicial (x e y), largura, altura, cores de frente e fundo, texto dentro do botão, ponteiro para uma estrutura de botão e uma função de *callback*. Verifique ainda que a tarefa do sistema que criar esse botão, bem como qualquer outro objeto, será responsável por processar suas funções de *callback*, a partir dos ponteiros de função recebidos pela fila qTOUCH_EVENTS.

```
ObjectEvent_t    *object;
object = GUI_VerifyObjects(TouchPos.x, TouchPos.y);
if (object != NULL){
  switch(object->object_type){
    case BUTTON_OBJECT:
      // Processa toque em um botão
      Button_t *button = (Button_t*)object->ObjectPointer;
      ...
      xQueueSendToBack(qTOUCH_EVENTS, (void*)(&(button->ClickEvent)));
      break;
    case SLIDER_OBJECT:
      // Processa toque em um controle deslizante
      Slider_t *slider = (Slider_t*)object->ObjectPointer;
      ...
      xQueueSendToBack(qTOUCH_EVENTS, (void*)(&(slider->ClickEvent)));
      break;
    case CHECKBOX_OBJECT:
      // Processa toque em uma caixa de seleção
      Checkbox_t *checkbox = (Checkbox_t*)object->ObjectPointer;
      ...
      xQueueSendToBack(qTOUCH_EVENTS, (void*)(&(checkbox->ClickEvent)));
      break;
    default:
      break;
  }
}
```

Listagem 8.13 Exemplo da tarefa de tratamento de eventos de um *driver* para tela sensível ao toque.

```
/* Tipo para função de callback de  objeto*/
typedef void (*Callbacks)(void);

void click_event_button(void){
    // Acende ou apaga um LED
}

void GLCD_task(void *param){
    Button_t button;
    Callbacks callback_fnc = NULL;

    // Inicializa o display GLCD
    GLCDInit();

    // Inicializa touchscreen
    TP_Init();

    // Inicializa botão
    Button.Init(120,195,90,40,Blue,White,"OK",&button,&click_event_button);

    while(1){
        /* Execute callback */
        xQueueReceive(qTOUCH_EVENTS, &callback_fnc, portMAX_DELAY);
        if (callback_fnc != NULL){
            callback_fnc();
        }
    }
}
```

Listagem 8.14 Exemplo de uma tarefa utilizando os eventos de toque de uma interface gráfica com tela sensível ao toque.

Desenvolvimento de *drivers*

A partir dos exemplos apresentados, nota-se claramente o uso de semáforos e filas para gerenciar uma interface gráfica baseada em toques. No entanto, uma interface gráfica muitas vezes possui interações vinculadas à temporização. Por exemplo, um objeto utilizado para criar um gráfico de um sinal senoidal sendo capturado por um conversor A/D deve atualizar a interface gráfica periodicamente. Para atingir tal objetivo, as interfaces gráficas baseadas em um RTOS geralmente utilizam *soft timers*. Os *soft timers* podem estar vinculados diretamente aos objetos ou ser utilizados pelo projetista para interagir com os objetos. A Listagem 8.15 apresenta o uso de um *soft timer* para atualizar o valor em um controle deslizante.

Note que no exemplo apresentado o *soft timer* chamado de slider_timer terá como objetivo alterar periodicamente o valor apresentado pelo controle deslizante na interface gráfica desenvolvida, de zero até o valor máximo (até 100, como visto nos parâmetros de inicialização do controle deslizante) e do valor máximo até zero.

Como se pode ver, os objetos de um RTOS podem ajudar consideravelmente no desenvolvimento de *drivers* para *displays*, qualquer que seja o tipo do *display*. Devido aos recursos mais elaborados, o uso dos objetos de um RTOS fazem-se mais necessários em *displays* gráficos com tela sensível ao toque. Ao desenvolver um sistema embarcado, nota-se claramente que um periférico visualizador é, muitas vezes, um dos periféricos de resposta mais lenta presentes no sistema. Assim, uma abordagem adequada no desenvolvimento de seu *driver* trará benefícios consideráveis ao sistema como um todo. Uma implementação correta ajudará a evitar tanto congelamentos de informações na interface gráfica por atraso de resposta como permitirá que as tarefas de maior prioridade sejam executadas sem a perda de prazos.

8.5 Padronização de *drivers*

Geralmente os *drivers* de periféricos para sistemas embarcados não possuem padronização, sendo geralmente desenvolvidos pelos fabricantes do *hardware*. Exemplos de *drivers* de periféricos providos por fabricantes são o TivaWare/MPSWare™ disponibilizado pela *Texas Instruments*, assim como os *drivers* disponibilizados na IDE CodeWarrior da NXP pelo Processor Expert™.

```c
void slider_callback(TimerHandle_t pxTimer){
    static int sentido = 0;
    if (sentido == 0){
        if (slider.value < 100){
            slider.value++;
        }else{
            sentido = 1;
        }
    }else{
        if (slider.value > 0){
            slider.value--;
        }else{
            sentido = 0;
        }
    }
    Slider.Draw(&slider);
}

void GLCD_task(void *param){
    Slider_t slider;
    Callbacks callback_fnc = NULL;
    (void)param;

    // Inicializa o display GLCD
    GLCDInit();

    // Inicializa touchscreen
    TP_Init();

    // Inicializa slider
    Slider.Init(10,200,100,30,White,Blue,100,&slider,NULL);

    // Função para a criação do temporizador
    TimerHandle_t  slider_timer = xTimerCreate(
      "Slider Timer", /* Nome do temporizador. */
      (10),            /* Período do temporizador em marcas de tempo. */
      pdTRUE,          /* O temporizador será recarregado automaticamente após expirar. */
      (void *)1,       /* Define uma identificação única para o temporizador. */
      slider_callback /* Função de callback que será executada quando o temporizador expirar.*/
    );

    if( slider_timer != NULL ){
        // Inicia o temporizador, sem tempo de bloqueio
        if( xTimerStart( slider_timer, 0 ) != pdPASS ){
            // O temporizador não pode ser iniciado
        }else{
            // O temporizador não foi criado
        }
    }

    ...
}
```

Listagem 8.15 Exemplo de uma tarefa utilizando *soft timers* para interagir com um controle deslizando em uma interface gráfica.

Ao perceber a falta de padronização nos *drivers* de periféricos, a ARM® desenvolveu uma camada de abstração de *hardware* para todos os seus processadores da série Cortex-M, conhecida como Cortex Microcontroller Software Interface Standard (CMSIS). O CMSIS foi criado para que seja possível desenvolver soluções

Desenvolvimento de *drivers*

com processadores da série Cortex-M sem se preocupar com as particularidades dos periféricos de cada fabricante. Segundo a ARM®, o desenvolvimento do *software* é um importante fator de custo na indústria de sistemas embarcados. Portanto, ao padronizar as interfaces de *software* para todos os dispositivos utilizando um núcleo ARM Cortex-M, pode-se obter redução significativa de custo ao se desenvolver uma nova solução ou realizar a migração do *software* para um novo dispositivo. Ainda, a empresa defende que a padronização dos *drivers* de periféricos e de configuração do processador simplifica o reúso de código, reduz a curva de aprendizado ao utilizar um novo processador/microcontrolador, assim como reduz o tempo para um novo dispositivo chegar ao mercado (ARM Ltd., 2018).

As vantagens descritas sobre a padronização de código são bem conhecidas. No entanto, o CMSIS é um padrão disponibilizado somente para processadores ARM Cortex-M. Ainda, depende de sua implementação por parte do fabricante, visto que existe uma série de particularidades dos periféricos providos por um dado fabricante. Finalmente, não existe um consenso sobre a padronização de periféricos externos ao processador/microcontrolador quando utilizando o CMSIS. Portanto, tal padrão de interface de *software* ainda não é a solução para a otimização no reúso de código.

A padronização dos *drivers* de periféricos usualmente traz como demérito o aumento da sobrecarga computacional. No entanto, pode permitir que um *software* concebido para uma dada plataforma seja totalmente reutilizado em diversas outras plataformas. A única exigência para que isso seja possível é a implementação dos *drivers* da nova plataforma sobre o mesmo padrão. Portanto, diversos padrões para *drivers* são disponibilizados, o que gera um outro problema. Se existem tantos padrões, qual padrão deve-se utilizar? Não existe uma resposta única para essa pergunta, mas o ideal é adotar o padrão que melhor atenda às necessidades e manter esse padrão para os desenvolvimentos futuros. Essa abordagem irá permitir a máxima portabilidade de código dentro de uma empresa, o que realmente traz redução de tempo de desenvolvimento.

Atualmente existe uma grande variedade de padrões de *drivers*, como os provido pelos sistemas FreeRTOS e BRTOS, ou ainda o modelo proposto para sistemas embarcados em Almeida, Ferreira e Valério (2013). O modelo de *driver* do FreeRTOS é o FreeRTOS+IO, que fornece uma interface para periféricos do tipo Linux/POSIX por meio das funções **open()**, **read()**, **write()** e **ioctl()**. O padrão POSIX (*portable operating system interface*) é um conjunto de padrões especificados pela IEEE Computer Society para manter a compatibilidade entre sistemas operacionais. A POSIX define uma interface de programação de aplicações (*application programming interface* – API) para compatibilidade de *software* com variantes de Unix e outros sistemas operacionais. Como pode-se perceber, a POSIX é algo mais completo do que simplesmente um padrão de desenvolvimento de *drivers* para periféricos. Portanto, os desenvolvedores do FreeRTOS deixam claro que não há a pretensão de ser totalmente compatível com o padrão POSIX. As funções de API são nomeadas *FreeRTOS_open()*, *FreeRTOS_read()*, *FreeRTOS_write()* e *FreeRTOS_ioctl()*. As próximas seções apresentam a utilização da API FreeRTOS+IO e o modelo de *driver* utilizado no BRTOS.

8.6 FreeRTOS+IO

O FreeRTOS+IO pode ser visto como uma camada de *software* entre a aplicação de usuário e uma biblioteca de *drivers* de periféricos provida por fabricantes. Essa camada de *software* provê uma interface única e comum para todos os periféricos suportados em todas as plataformas suportadas. No presente momento, essa API disponibilizada pelo FreeRTOS suporta somente a generalização de *drivers* para periféricos seriais, como UART, I2C e SPI.

O padrão de *driver* do FreeRTOS possui três modos de escrita e três modos de leitura. Uma breve descrição desses modos de operação é apresentada na Tabela 8.2. Para que esses modos de transferência de dados estejam disponíveis ao usuário, o *driver* desenvolvido deve implementar todas as soluções.

A implementação dos *drivers* utilizando a API FreeRTOS+IO inicia com um pacote de suporte à placa (*board support package* – BSP), que implementa o código do FreeRTOS+IO para um processador, microcontrolador ou placa de desenvolvimento específicos. Pode-se dizer que o BSP equivale ao porte de um sistema operacional para os *drivers*. O código BSP do FreeRTOS+IO inclui um arquivo de configuração chamado FreeRTOS_IO_BSP.h. Esse arquivo pode conter as informações necessárias para a plataforma utilizada ou simplesmente incluir o arquivo que contém essas informações. Um pacote de suporte à placa geralmente contém os seguintes itens:

- uma tabela que define os periféricos suportados e, como cada periférico é identificado nas chamadas do *FreeRTOS_open()*;

Desenvolvimento de *drivers*

Tabela 8.2 Modos de transferência de dados do FreeRTOS+IO

Modo de transferência	Direção dos dados	Descrição
Polled	Leitura e escrita	O modo mais básico de leitura e escrita, em que testes de espera são utilizados em vez de interrupções.
Interrupção com *buffer* circular	Somente leitura	Os dados recebidos em uma interrupção são adicionados a um *buffer*; a leitura remove os dados do *buffer*.
Interrupção sem cópia de dados	Somente escrita	Nesse modo as rotinas de serviço de interrupção transmitem os dados diretamente para um *buffer* de escrita, sem utilizar RAM adicional para cópias intermediárias.
Interrupção com fila de caractere	Leitura e escrita	Filas do FreeRTOS são utilizadas para armazenar dados entre rotinas de serviço de interrupção e as operações de leitura e escrita.

- os *drivers* de periféricos específicos do dispositivo utilizado;

- um conjunto de constantes que definem os pinos do dispositivo, polaridade dos LED etc.;

- um exemplo do arquivo de configuração FreeRTOSIOConfig.h;

- documentação que descreve códigos específicos do dispositivo para requisições da função *FreeRTOS_ioctl()*.

Os periféricos suportados são definidos por um vetor de estruturas do tipo Available_Peripherals_t, como apresentado na Listagem 8.16. Nesse exemplo é

356 Sistemas operacionais de tempo real e sua aplicação em sistemas embarcados

definido o *driver* de três periféricos. O periférico acessado pelo nome "/UART3/" é do tipo UART e tem o endereço base definido em MCU_UART3. No mesmo vetor também são definidos os *drivers* para uma porta SPI e uma porta I2C. Atribuir o vetor para a macro boardAVAILABLE_DEVICES_LIST permite que o código do FreeRTOS+IO seja utilizado por múltiplos BSP, simplesmente alterando-se o arquivo de configuração do BSP.

```
 1  #include "uart.h"
 2  #include "ssp.h"
 3  #include "i2c.h"
 4
 5  typedef struct xAVAILABLE_DEVICES{
 6      /* Nome do periférico. Por exemplo, "/UART0/", or "/SPI2/". */
 7      const int8_t * const pcPath;
 8
 9      /* O tipo do periférico, definido por Peripheral_Types_t enum. */
10      const Peripheral_Types_t xPeripheralType;
11
12      /* O endereço base do periférico no mapa de memória do microcontrolador. */
13      const void *pvBaseAddress;
14  } Available_Peripherals_t;
15
16  #define boardAVAILABLE_DEVICES_LIST                                 \
17  {                                                                   \
18      { ( const int8_t * const ) "/UART3/", eUART_TYPE, ( void * ) MCU_UART3 },  \
19      { ( const int8_t * const ) "/SSP1/", eSSP_TYPE, ( void * ) MCU_SSP1 },    \
20      { ( const int8_t * const ) "/I2C2/", eI2C_TYPE, ( void * ) MCU_I2C2 }     \
21  }
```

Listagem 8.16 Formato da estrutura de periféricos disponíveis e exemplo de tabela de *drivers* disponíveis.

As funções *open()*, *read()*, *write()* e *ioctl()* de cada *driver* devem ser desenvolvidas para permitir o uso do FreeRTOS+IO. A única função pública do *driver* deve ser a função *open()*, pois é utilizada pelo código do FreeRTOS+IO para inicializar o *driver*. As funções *open()* de todos os *drivers* são combinadas em uma função que permite a configuração de todos os periféricos suportados, como exemplificado na Listagem 8.17.

```
 1  /* FreeRTOS includes. */
 2  #include "FreeRTOS.h"
 3  #include "task.h"
 4
 5  /* Inclusões das bibliotecas FreeRTOS+IO */
 6  #include "FreeRTOS_DriverInterface.h"
 7  #include "FreeRTOS_uart.h"
 8  #include "FreeRTOS_ssp.h"
 9  #include "FreeRTOS_i2c.h"
10
11  portBASE_TYPE vFreeRTOS_PopulateFunctionPointers(const Peripheral_Types_t ePeripheralType,
12          Peripheral_Control_t *const pxPeripheralControl){
13      portBASE_TYPE xReturn = pdFALSE;
14      switch( ePeripheralType ){
15          /* Abre o periférico. */
```

Desenvolvimento de *drivers*

```
15        case eUART_TYPE:
              #if ioconfigINCLUDE_UART == 1
17                xReturn = FreeRTOS_UART_open( pxPeripheralControl );
              #endif /* ioconfigINCLUDE_UART */
19            break;

21        case eSSP_TYPE:
              #if ioconfigINCLUDE_SSP == 1
23                xReturn = FreeRTOS_SSP_open( pxPeripheralControl );
              #endif /* ioconfigINCLUDE_SSP */
25            break;

27        case eI2C_TYPE:
              #if ioconfigINCLUDE_I2C == 1
29                xReturn = FreeRTOS_I2C_open( pxPeripheralControl );
              #endif /* ioconfigINCLUDE_I2C */
31            break;

33        default:
              /* Periférico não suportado.  xReturn retorna pdFALSE. */
35            configASSERT( xReturn );
              break;
37    }
    return xReturn;
39 }
```

Listagem 8.17 Função que inicializa os periféricos e atribui as funções para a API do *driver*.

Cada função ***open()*** deve ser implementada no *driver* do respectivo periférico. Um exemplo de função de abertura de um periférico é apresentado na Listagem 8.18. Note que a função ***FreeRTOS_UART_open()***, além de apontar as funções que implementam os comandos de leitura, escrita e *ioctl*, inicializa os pinos e realiza uma configuração inicial do periférico.

```
1
  /* FreeRTOS includes. */
3 #include "FreeRTOS.h"
  #include "task.h"
5 #include "semphr.h"

7 /* IO library includes. */
  #include "FreeRTOS_IO.h"
9 #include "IOUtils_Common.h"
  #include "FreeRTOS_uart.h"
11

13 portBASE_TYPE FreeRTOS_UART_open(Peripheral_Control_t *const pxPeripheralControl){
      PINSEL_CFG_Type xPinConfig;
15    UART_CFG_Type xUARTConfig;
      UART_FIFO_CFG_Type xUARTFIFOConfig;
17    LPC_UART_TypeDef *const pxUART = (LPC_UART_TypeDef *const) diGET_PERIPHERAL_BASE_ADDRESS(
        pxPeripheralControl);
      portBASE_TYPE xReturn;
19    const uint8_t cPeripheralNumber = diGET_PERIPHERAL_NUMBER( pxPeripheralControl );

21    /* Teste para verificar periférico suportado. */
      if( cPeripheralNumber < boardNUM_UARTS ){
23        pxPeripheralControl->read = FreeRTOS_UART_read;
          pxPeripheralControl->write = FreeRTOS_UART_write;
25        pxPeripheralControl->ioctl = FreeRTOS_UART_ioctl;
```

```
27        /* Configura os pinos da UART utilizada. */
        taskENTER_CRITICAL();{
29            boardCONFIGURE_UART_PINS( cPeripheralNumber, xPinConfig );

31            /* Configuração padrão da UART. */
            xUARTConfig.Baud_rate = boardDEFAULT_UART_BAUD;
33            xUARTConfig.Databits = UART_DATABIT_8;
            xUARTConfig.Parity = UART_PARITY_NONE;
35            xUARTConfig.Stopbits = UART_STOPBIT_1;
            UART_Init( pxUART, &xUARTConfig );

37
            /* Habilita transmissão. */
39            UART_TxCmd( pxUART, ENABLE );
        }
41        taskEXIT_CRITICAL();

43        xReturn = pdPASS;
    }
45    else{
        xReturn = pdFAIL;
47    }

49    return xReturn;
}
```

Listagem 8.18 Exemplo de implementação de função *open* para uma porta serial UART.

As funções **write()**, **read()** e **ioctl()** devem seguir o padrão do *driver*, preferencialmente implementando todos os modos de transferência de dados previstos para meios seriais de comunicação. As listagens 8.19 e 8.20 apresentam exemplos das funções **read()** e **ioctl()** para um periférico UART, respectivamente.

A função **read()** do exemplo implementa todos os modos de transferência de dados suportados para leitura. No modo *polling* nenhum objeto do FreeRTOS é utilizado para receber dados. Assim, se não houver dados ocorrerá o retorno de um código de erro. Preferencialmente, somente uma tarefa deve tentar ler um dado por *polling*. Já a leitura por *buffer* circular utiliza um semáforo para indicar que existem dados disponíveis. Esse mesmo semáforo garante que somente a tarefa de maior prioridade solicitando os dados irá recebê-los. O modo com fila permite que múltiplas tarefas tentem ler os *bytes* ao mesmo tempo, mas assegura que somente a de maior prioridade tenha acesso. Se duas tarefas de mesma prioridade tentarem ler os dados, recomenda-se a utilização de exclusão mútua. Caso contrário, pode ocorrer de cada tarefa receber parcialmente os dados da *string* contida na fila.

A função **ioctl()** é utilizada para as configurações da porta serial. Entre as configurações apresentadas na Listagem 8.20 estão a mudança de *baud rate* da porta, habilitação de interrupção, alteração do modo de transferência de dados e definição do nível de prioridade das interrupções.

Desenvolvimento de *drivers*

```
size_t FreeRTOS_UART_read(Peripheral_Descriptor_t const pxPeripheral, void *const pvBuffer,
    const size_t xBytes){
    Peripheral_Control_t *const pxPeripheralControl = (Peripheral_Control_t *const)
    pxPeripheral;
    size_t xReturn = 0U;
    LPC_UART_TypeDef *const pxUART = (LPC_UART_TypeDef *const)diGET_PERIPHERAL_BASE_ADDRESS
    (((Peripheral_Control_t *const)pxPeripheral));

    if( diGET_RX_TRANSFER_STRUCT( pxPeripheralControl ) == NULL ){
        #if ioconfigUSE_UART_POLLED_RX == 1
        {
            xReturn = UART_Receive( pxUART, pvBuffer, xBytes, NONE_BLOCKING );
        }
        #endif /* ioconfigUSE_UART_POLLED_RX */
    }
    else{
        switch( diGET_RX_TRANSFER_TYPE( pxPeripheralControl )){
            case ioctlUSE_CIRCULAR_BUFFER_RX :
                #if ioconfigUSE_UART_CIRCULAR_BUFFER_RX == 1
                {
                    ioutilsRECEIVE_CHARS_FROM_CIRCULAR_BUFFER(
                        pxPeripheralControl,
                        UART_IntConfig(pxUART,UART_INTCFG_RBR,DISABLE),/* Desabilita periférico.*/
                        UART_IntConfig(pxUART,UART_INTCFG_RBR, ENABLE),/* Habilita periférico.*/
                        ((uint8_t *)pvBuffer ),                        /* Destino dos dados.  */
                        xBytes,                                        /* Quant. dados a serem lidos.*/
                        xReturn                                        /* Bytes efetivamente lidos.  */
                    );
                }
                #endif /* ioconfigUSE_UART_CIRCULAR_BUFFER_RX */
                break;

            case ioctlUSE_CHARACTER_QUEUE_RX :
                #if ioconfigUSE_UART_RX_CHAR_QUEUE == 1
                {
                    xReturn = xIOUtilsReceiveCharsFromRxQueue(pxPeripheralControl, (uint8_t *)
        pvBuffer, xBytes);
                }
                #endif /* ioconfigUSE_UART_RX_CHAR_QUEUE */
                break;

            default :
                /* Outros métodos podem ser implementados aqui. */
                configASSERT( xReturn );
                break;
        }
    }
    return xReturn;
}
```

Listagem 8.19 Exemplo de implementação de função *read* para uma porta serial UART.

Note que as funções ***read()*** e ***write()*** são implementadas com macros no FreeRTOS+IO, como apresentado na Listagem 8.21. Dessa forma, essas funções são executadas diretamente da estrutura do *driver*, sem a necessidade de código adicional por parte da API do FreeRTOS+IO. Essas macros, as definições da API, os protótipos de funções, entre outras configurações do FreeRTOS+IO, estão locali-

360 Sistemas operacionais de tempo real e sua aplicação em sistemas embarcados

```c
portBASE_TYPE FreeRTOS_UART_ioctl( Peripheral_Descriptor_t pxPeripheral, uint32_t ulRequest,
    void *pvValue ){
    Peripheral_Control_t * const pxPeripheralControl = ( Peripheral_Control_t * const )
    pxPeripheral;
    UART_CFG_Type xUARTConfig;
    uint32_t ulValue = ( uint32_t ) pvValue;
    const int8_t cPeripheralNumber = diGET_PERIPHERAL_NUMBER( ( ( Peripheral_Control_t *
    const ) pxPeripheral ) );
    LPC_UART_TypeDef *pxUART = (LPC_UART_TypeDef *)diGET_PERIPHERAL_BASE_ADDRESS(((
    Peripheral_Control_t *const)pxPeripheral));
    portBASE_TYPE xReturn = pdPASS;

    /* Teste para verificar se o índice de periférico é válido */
    configASSERT( cPeripheralNumber < ( int8_t ) ( sizeof( xIRQ ) / sizeof( IRQn_Type ) ) );

    taskENTER_CRITICAL();{
        switch( ulRequest ){
            case ioctlUSE_INTERRUPTS :
                if( ulValue == pdFALSE ){
                    NVIC_DisableIRQ( xIRQ[ cPeripheralNumber ] );
                }
                else{
                    /* Habilita interrupções de RX e TX. */
                    UART_IntConfig( pxUART, UART_INTCFG_RBR, ENABLE );
                    UART_IntConfig( pxUART, UART_INTCFG_THRE, ENABLE );

                    /* Habilita interrupção e define prioridade mínima. Um comando
                       separado pode ser utilizado para subir a prioridade, se desejado. */
                    NVIC_SetPriority(xIRQ[cPeripheralNumber],
    configMIN_LIBRARY_INTERRUPT_PRIORITY);
                    NVIC_EnableIRQ(xIRQ[cPeripheralNumber]);

                    /* Se a recepção é configurada para utilizar interrupções,
                       configura estrutura de dados para recepção. */
                    pxRxTransferControlStructs[cPeripheralNumber] = pxPeripheralControl->
    pxRxControl;
                }
                break;

            case ioctlSET_SPEED :
                /* Configura o baud rate da porta */
                xUARTConfig.Baud_rate = ulValue;
                xUARTConfig.Databits = UART_DATABIT_8;
                xUARTConfig.Parity = UART_PARITY_NONE;
                xUARTConfig.Stopbits = UART_STOPBIT_1;
                UART_Init( pxUART, &xUARTConfig );
                break;

            case ioctlSET_INTERRUPT_PRIORITY :
                /* Configura prioridade da interrupção */
                NVIC_SetPriority( xIRQ[ cPeripheralNumber ], ulValue );
                break;

            default :
                xReturn = pdFAIL;
                break;
        }
    }
    taskEXIT_CRITICAL();
    return xReturn;
}
```

Listagem 8.20 Exemplo de implementação de função *ioctl* para uma porta serial UART.

Desenvolvimento de *drivers* 361

zados no arquivo FreeRTOS_DriverInterface.h. Já o arquivo FreeRTOS_DriverInterface.c implementa as funções *FreeRTOS_open()* e *FreeRTOS_ioctl()* da API.

```
#define FreeRTOS_write( xPeripheral, pvBuffer, xBytes ) ( ( Peripheral_Control_t * )
    xPeripheral )->write( ( ( Peripheral_Control_t * ) xPeripheral ), ( pvBuffer ), ( xBytes )
    )
#define FreeRTOS_read( xPeripheral, pvBuffer, xBytes ) ( ( Peripheral_Control_t * )
    xPeripheral )->read( ( ( Peripheral_Control_t * ) xPeripheral ), ( pvBuffer ), ( xBytes )
    )
```

Listagem 8.21 Definição dos macros que implementam as funções de escrita (*FreeRTOS_write()*) e de leitura (*FreeRTOS_read()*).

Após configurar os *drivers* dos periféricos da plataforma pode-se partir para o uso da API. O código escrito utilizando os *drivers* é totalmente reutilizável em plataformas que os implementem com o mesmo modelo. A Listagem 8.22 apresenta um exemplo de uso de um periférico UART. Note que esse exemplo descreve parcialmente um terminal (console) em uma porta UART. O terminal é interessante como exemplo, pois apresenta diferentes configurações de modos de transferência de dados, bem como faz uso de todas as funções da API do FreeRTOS+IO. Nesse exemplo pode-se confirmar a característica de reutilização do código, sendo necessário no máximo alterar qual porta UART está sendo utilizada, pois não existem chamadas de funções específicas do *driver* do fabricante para o periférico UART.

```
static void prvUARTCommandConsoleTask( void *pvParameters ){
  int8_t cRxedChar, cInputIndex = 0, *pcOutputString;
  static int8_t cInputString[ cmdMAX_INPUT_SIZE ], cLastInputString[ cmdMAX_INPUT_SIZE ];
  portBASE_TYPE xReturned;

  ( void ) pvParameters;

  /* Obtém o ponteiro do buffer de saída dos dados. */
  pcOutputString = FreeRTOS_CLIGetOutputBuffer();

  /* Abre a porta UART usada por um console. As flags não são utilizadas
  nesse caso. O baud rate padrão é definido em boardDEFAULT_UART_BAUD parameter.
  O baud rate pode ser alterado utilizando-se a função FreeRTOS_ioctl() com o
  parâmetro ioctlSET_SPEED command. */
  xConsoleUART = FreeRTOS_open( boardCOMMAND_CONSOLE_UART, ( uint32_t ) cmdPARAMTER_NOT_USED );

  /* Altera o modo de transmissão de polled mode para interrupção sem cópia. */
  xReturned = FreeRTOS_ioctl( xConsoleUART, ioctlUSE_ZERO_COPY_TX, cmdPARAMTER_NOT_USED );

  /* Altera o modelo de transferência de dados para fila de caractere. */
  xReturned = FreeRTOS_ioctl(xConsoleUART, ioctlUSE_CHARACTER_QUEUE_RX, (void *)
    cmdMAX_INPUT_SIZE);

  /* Envia mensagem de boas-vindas. */
  if( FreeRTOS_ioctl( xConsoleUART, ioctlOBTAIN_WRITE_MUTEX, cmd50ms ) == pdPASS ){
    FreeRTOS_write( xConsoleUART, pcWelcomeMessage, strlen( ( char * ) pcWelcomeMessage ) );
  }
```

```
28    for( ;; ){
        /* Lê um caractere por vez. */
30      FreeRTOS_read( xConsoleUART, &cRxedChar, sizeof( cRxedChar ) );

32      /* Devolve o caractere para o terminal (echo). */
        if( FreeRTOS_ioctl( xConsoleUART, ioctlOBTAIN_WRITE_MUTEX, cmd50ms ) == pdPASS ){
34          FreeRTOS_write( xConsoleUART, &cRxedChar, sizeof( cRxedChar ) );
        }

36
        if( cRxedChar == '\n' ){
38          /* O comando enviado para o terminal está completo. Processa o comando ... */
            ....
40      }
    }
42  }
```

Listagem 8.22 Exemplo de uso de um periférico UART com o modelo de *driver* FreeRTOS+IO.

8.7 BRTOS *device drivers*

Nem todos os RTOS disponíveis possuem modelos para implementação de *drivers*. O modelo do BRTOS, por exemplo, apesar de já ser funcional, ainda está em fase de desenvolvimento. É importante destacar que um padrão de *driver* não está necessariamente ligado ao RTOS, podendo-se utilizar diversos modelos em diferentes RTOS.

O modelo de *drivers* de dispositivos proposto no BRTOS é similar ao do FreeRTOS em alguns aspectos. Apesar disso, já há suporte a uma maior variedade de periféricos, como os seriais (UART, SPI e I2C), PWM, GPIO, entre outros. Uma das principais diferenças no uso dos *drivers* do BRTOS é a inicialização de um dispositivo, como pode ser visto na Listagem 8.23. Em vez de existir uma configuração padrão determinada pelo BSP, no BRTOS cada tipo de *driver* possui uma estrutura de dados em que se deve atribuir os valores iniciais de operação do periférico. Por exemplo, para configurar um PWM, a partir da estrutura *pwm_config_t*, o desenvolvedor deve especificar a frequência de operação do PWM, os canais utilizados, o *duty cycle* inicial de cada canal e o modo de operação (alinhado à borda ou centralizado). No exemplo apresentado, ainda é possível observar as configurações de uma GPIO e de uma porta UART, a partir das estruturas *gpio_config_t* e *uart_config_t*, respectivamente. Note ainda que a estrutura de controle dos periféricos é genérica independentemente de qual dispositivo é aberto. Assim, um ponteiro do tipo *OS_Device_Control_t* é utilizado para controlar qualquer um dos dispositivos do sistema.

Desenvolvimento de *drivers*

```c
#include "BRTOS.h"
#include "device.h"

void Test_Task_1(void *param){
    /* Configuração da tarefa */
    pwm_config_t pwm0;
    int channel_list[] = {2,3};
    int duty_list[] = {20,30};
    (void)param;

    /* Configuração dos canais PWM */
    pwm0.frequency = 60000;
    pwm0.mode = 2;
    pwm0.channel_list = channel_list;
    pwm0.init_duty = duty_list;

    /* Abre driver para PWM */
    OSDevOpen("PWM0",&pwm0);

    /* Laço principal */
    ...
}

void Test_Task_2(void *param){
    /* Configuração da tarefa */
    OS_Device_Control_t *dev_gpiob;
    gpio_config_t gpiob;
    (void)param;

    /* Configura e abre uma porta de entrada/saída */
    gpiob.used_pins_out = GPIO_PIN_18 | GPIO_PIN_19;
    gpiob.used_pins_in = 0;
    gpiob.irq_pins = 0;
    dev_gpiob = OSDevOpen("GPIOB", &gpiob);

    /* Laço principal */
    for(;;){
        OSGPIOWrite(dev_gpiob,GPIO_PIN_18 | GPIO_PIN_19,1);
        OSDelayTask(500);
        OSGPIOWrite(dev_gpiob,GPIO_PIN_18 | GPIO_PIN_19,0);
        OSDelayTask(500);
    }
}

void SerialTask(void *param){
    /* Configuração da tarefa */
    char data;
    OS_Device_Control_t *uart;
    uart_config_t uart0;
    (void)param;

    /* Configura e abre uma porta serial UART */
    uart0.baudrate = 115200;
    uart0.parity = UART_PAR_EVEN;
    uart0.polling_irq = UART_IRQ;
    uart0.queue_size = 128;
    uart0.stop_bits = UART_STOP_ONE;
    uart0.timeout = INF_TIMEOUT;
    uart0.read_mutex = false;
    uart0.write_mutex = true;
    uart = OSDevOpen("UART0", &uart0);

    OSDevWrite(uart,"Porta serial ativa!\n\r",21);

    while(1){
        /* Realiza o echo na porta UART aberta */
        if (OSDevRead(uart,&data,1) >= 1){
```

```
68              if (OSDevSet(uart,CTRL_ACQUIRE_WRITE_MUTEX,50) == OK){
                    OSDevWrite(uart,&data,1);
70                  OSDevSet(uart,CTRL_RELEASE_WRITE_MUTEX,0);
                }
72          }
        }
74 }
```

Listagem 8.23 Exemplo de uso do modelo de *driver* do BRTOS.

No BRTOS, os *drivers* disponíveis são determinados pelo arquivo de configurações OSDevConfig.h (uma demonstração é apresentada na Listagem 8.24). Note que a definição MAX_INSTALLED_DEVICES determina quantos *drivers* podem ser instalados, mantendo a característica de alocação estática de memória recomendada para sistemas embarcados. Já a definição AVAILABLE_DEVICES_TYPES determina quantos *drivers* de diferentes dispositivos estão disponíveis no sistema. Deve-se destacar que, se existirem várias portas seriais do tipo UART, por exemplo, o *driver* deve suportar instalar qualquer uma das portas, e é o final da *string* que determina a porta a ser aberta que indica qual dos periféricos deve ser iniciado. Essa característica pode ser facilmente visualizada na Listagem 8.23, em que a UART "0" e o PMW "0" são utilizados. No entanto, verifique que, embora a função *OSDevOpen()* espere por um caractere finalizador numérico, para *drivers* de portas de entrada/saída o caractere final pode ser uma letra, como apresentado no mesmo exemplo (porta GPIO "B"). Finalmente, a lista de periféricos disponíveis é especificada na macro DRIVER_LIST, que define o tipo de cada periférico e sua função de abertura, a qual deve ser a única função pública do *driver*.

As funções padrão do modelo de *driver* do BRTOS são *OSDevOpen()*, *OSDevWrite()*, *OSDevRead()*, *OSDevSet()*, *OSDevGet()*, e as funções do tipo *Open()*, *Write()* e *Read()* se assemelham às do modelo proposto no FreeRTOS. No entanto, em vez de disponibilizar uma função de configuração *ioctl()*, propõem-se as funções *Set()* e *Get()*, utilizadas para definir/modificar um parâmetro e verificar a configuração atual do periférico, respectivamente. A função *OSDevSet()* possibilita a implementação de diversas funcionalidades. Exemplos são a aquisição de um *mutex*, como apresentado para o exemplo de UART da Listagem 8.23, e a modificação da largura de pulso de um PWM.

Note na Listagem 8.25 (contida no arquivo device.c) que, com exceção de *OSDevOpen()*, as funções do modelo de *driver* do BRTOS são *wrapper functions*, ou seja, funções que reordenam as informações contidas na estrutura genérica

Desenvolvimento de *drivers*

```
1  // Define o número máximo de drivers que podem ser abertos
   #define MAX_INSTALLED_DEVICES   5
3  // Define a quantidade de diferentes tipos de drivers disponíveis
   #define AVAILABLE_DEVICES_TYPES 3
5
   // Drivers reconhecidos pelo BRTOS
7  #define DRIVER_NAMES {"UART", "SPI", "I2C", "GPIO","AD","DA","PWM"}
   typedef enum{
9      UART_TYPE = 0,
       SPI_TYPE,
11     I2C_TYPE,
       GPIO_TYPE,
13     AD_TYPE,
       DA_TYPE,
15     PWM_TYPE,
       END_TYPE
17 } Device_Types_t;
19 /* Protótipo das funções que abrem os drivers disponíveis */
   void OSOpenUART(void *pdev, void *parameters);
21 void OSOpenGPIO(void *pdev, void *parameters);
   void OSOpenPWM(void *pdev, void *parameters);
23 /* Drivers disponíveis */
   #define DRIVER_LIST {{UART_TYPE, OSOpenUART}, {GPIO_TYPE, OSOpenGPIO},{PWM_TYPE, OSOpenPWM}}
```

Listagem 8.24 Exemplo de tabela de *drivers* disponíveis.

do modelo *OS_Device_Control_t* e nos parâmetros adicionais para realizar uma chamada da função implementada internamente no *driver*. Portanto, o modelo somente define o formato de chamada e parâmetros das funções, deixando como atribuição do desenvolvedor definir como as operações solicitadas serão realizadas.

```
size_t OSDevWrite(OS_Device_Control_t *dev, const void *string, const size_t bytes){
2     return dev->api->write(dev,string,bytes);
   }
4
   size_t OSDevRead(OS_Device_Control_t *dev, void *string, const size_t bytes){
6     return dev->api->read(dev,string,bytes);
   }
8
   size_t OSDevSet(OS_Device_Control_t *dev, uint32_t request, uint32_t value){
10    return dev->api->set(dev,request,value);
   }
12
   size_t OSDevGet(OS_Device_Control_t *dev, uint32_t request){
14    return dev->api->get(dev,request);
   }
```

Listagem 8.25 Funções de leitura/escrita e configuração dos *drivers* no BRTOS.

Na Listagem 8.26 é possível verificar a implementação de uma função de leitura para uma porta serial UART. Verifique que os dados contidos nas estruturas *OS_Device_Control_t* e *uart_conf* são utilizados para realizar a leitura de um dado a partir de uma fila do sistema criada internamente pelo *driver* do exemplo.

366   Sistemas operacionais de tempo real e sua aplicação em sistemas embarcados

```
1  static size_t UART_Read(OS_Device_Control_t *dev, char *string, size_t size ){
       size_t nbytes = 0;
3      uart_config_t *uart_conf = (uart_config_t *)dev->device->DriverData;
       while(nbytes < size){
5          if (OSQueuePend(SerialQ[dev->device_number], (uint8_t*)string, uart_conf->timeout) !=
           READ_BUFFER_OK) goto failed_rx;
           string++;
7          nbytes++;
       }
9      failed_rx:
       return nbytes;
11 }
```

Listagem 8.26 Exemplo de implementação de função *read()* no BRTOS para uma porta serial UART.

Como nem todos os possíveis periféricos se encaixam no modelo de parâmetros proposto para as funções de leitura e escrita, no BRTOS propõe-se uma adaptação para determinados periféricos, como é o caso das portas de entrada/saída. Na Listagem 8.27 é possível visualizar tal adaptação, em que as funções **OSGPIOWrite()** e **OSGPIORead()** modificam a passagem de parâmetros das funções originalmente propostas. Na Listagem 8.23 pode-se observar o uso da função de escrita em uma GPIO.

```
1  #define OSGPIOWrite(x,y,z) OSDevWrite(x, (const void *)(y), z)
   #define OSGPIORead(x,y) OSDevRead(x, y, 0)
```

Listagem 8.27 Definição das macros que implementam as funções *OSGPIOWrite()* e *OSGPIORead()*.

A partir das listagens e exemplos apresentados, pode-se perceber a viabilidade do modelo proposto no BRTOS e como a expansão do suporte a diferentes tipos de periféricos é viável. Também é possível verificar que o modelo não tem nenhuma dependência com o BRTOS, podendo ser utilizado em outros sistemas operacionais ou até mesmo em sistemas desenvolvidos com superlaço e máquinas de estado.

8.8 Resumo

A utilização adequada dos serviços do RTOS no desenvolvimento de *drivers* é fundamental no projeto de sistemas embarcados baseados em RTOS. Neste capítulo, foram apresentados alguns exemplos que mostram ao leitor como utilizar adequadamente o RTOS no desenvolvimento de *drivers* de periféricos comumente encontrados em sistemas embarcados, como periféricos para comunicação serial,

Desenvolvimento de *drivers*

teclados e *displays*. Espera-se, assim, que esses exemplos possam servir como ponto de partida para o desenvolvimento de outros *drivers* que venham a ser necessários no projeto de sistemas embarcados.

8.9 Problemas

Problema 8.1. Os *drivers* de dispositivos facilitam o acesso ao *hardware* pelas camadas de *middleware* e aplicação. A utilização de objetos de um RTOS não é obrigatória para a implementação de um *driver*, pois muitas vezes um sistema embarcado pode ser desenvolvido sem utilizar um RTOS. No entanto, se for utilizado,recomenda-se o uso dos objetos de sincronização e comunicação para um melhor desempenho do sistema como um todo. Comente, explicando a importância desses objetos na concepção de *drivers* para um sistema embarcado baseado em um RTOS.

Problema 8.2. Existem diversos padrões de comunicação serial disponíveis, como UART, SPI e I2C. Comente a importância de se utilizar objetos de sincronização e comunicação ao se desenvolver *drivers* para essas comunicações em um sistema baseado em RTOS. Destaque como cada um desses objetos podem ser utilizados para otimizar o acesso ao *hardware*.

Problema 8.3. As bibliotecas de interface gráfica para sistemas embarcados geralmente suportam o uso com ou sem um RTOS. Quando um RTOS é utilizado, certos objetos têm fundamental importância para a interação eficaz da aplicação com a biblioteca gráfica. Nesse contexto, explique por que os objetos de temporização são importantes, dando destaque ao possível uso de temporizadores em *software*.

Problema 8.4. A padronização dos *drivers* de periféricos sempre foi um problema no desenvolvimento de sistemas embarcados. É comum que cada fabricante disponibilize uma camada de abstração de *hardware* utilizando um modelo próprio. Recentemente modelos de padronização de *drivers* têm surgido, como o CMSIS e o FreeRTOS+IO. Descreva com suas palavras a importância de se utilizar um desses modelos ao projetar um sistema.

Projetos de sistemas embarcados baseados em RTOS

O conhecimento sobre teoria de sistemas de tempo real e sobre os mecanismos de funcionamento de um sistema operacional de tempo real (RTOS) permitem ao projetista compreender com mais clareza como empregar corretamente um RTOS no projeto de sistemas embarcados multitarefas. Todavia, embora a utilização de um RTOS possa ser um primeiro passo em direção ao sucesso do projeto, a complexidade inerente ao projeto de sistemas multitarefas torna quase imprescindível que o projetista adote nesta jornada uma metodologia adequada de projeto com RTOS, bem como faça uso de ferramentas auxiliares para acompanhamento e depuração do sistema projetado. Por isso, a seguir serão apresentadas técnicas e ferramentas para auxiliar o projetista em seu caminho da teoria à prática em projeto de sistemas embarcados com RTOS. Além disso, ao final do capítulo, são abordados os passos do processo de portabilidade de um RTOS para uma determinada plataforma.

9.1 Distribuição do sistema embarcado em tarefas

Uma das tarefas mais difíceis para iniciantes no conceito da multitarefa e de sistemas de tempo real é como distribuir um sistema em múltiplas tarefas. Para poder chegar a algumas conclusões sobre quantas tarefas são necessárias em uma dada aplicação, é importante conhecer as vantagens e desvantagens de se utilizar um grande número de tarefas. Como vantagens, pode-se destacar:

- maior controle sobre os tempos de resposta dos diferentes módulos que compõem o sistema;
- a aplicação torna-se mais modular, facilitando o desenvolvimento do sistema, bem como testes de validação;
- código mais limpo, o que facilita sua manutenção.

Já a utilização de um número excessivo de tarefas apresenta as seguintes desvantagens:

- aumento do compartilhamento de dados entre tarefas e, consequentemente, do uso da interface de programação de aplicações (API) do núcleo para sincronismo e troca de informações entre as tarefas;
- aumento da ocupação de memória RAM, visto que quanto maior for o uso da API para sincronismo e troca de informação, maior será o consumo de memória RAM por utilização de objetos do sistema;
- quando utilizando sistemas operacionais preemptivos exige mais memória RAM, já que cada tarefa requer uma pilha;
- aumento da sobrecarga computacional do sistema devido à troca de contexto.

Como pode-se perceber, a utilização de um grande número de tarefas pode ajudar na organização e desempenho do sistema como um todo. No entanto, o custo de tais vantagens é uma maior sobrecarga computacional e aumento do consumo de memória RAM. Portanto, deve-se encontrar um ponto de equilíbrio na distribuição de tarefas no sistema.

Assim, como fase inicial do desenvolvimento de um sistema embarcado baseado em um RTOS, o desenvolvedor deve dividir as funcionalidades do sistema em tarefas. Para tanto, recomendam-se algumas boas práticas de projeto:

- atividades que podem ser executadas em paralelo devem ser implementadas com tarefas concorrentes;

- funcionalidades do sistema com diferentes prioridades exigem diferentes tarefas;

- funções periódicas devem ser implementadas em uma tarefa ou em um temporizador por *software*;

- interrupções devem sincronizar ou transferir dados para as tarefas. Portanto, é provável que uma ou mais tarefas sejam associadas a uma dada interrupção;

- usualmente, cada dispositivo de *hardware* compartilhado do sistema utiliza uma ou mais tarefas para desempenhar suas funcionalidades.

Exemplos podem ser utilizados para melhor compreender a distribuição de tarefas a partir das práticas apontadas. Existe uma série de atividades em uma sistema embarcado que podem ser executadas em paralelo e, portanto, são passíveis de ser distribuídos em tarefas. Imagine um sistema embarcado que possui: tela gráfica com suporte a toque, comunicação do tipo *universal asynchronous receiver-transmitter* (UART — por exemplo, acesso a um barramento Modbus), comunicação USB, comunicação Ethernet, teclado alfanumérico, cartão SD com sistema FAT, aquisição de dados por um conversor analógico/digital (A/D), implementação de um sistema de controle proporcional-integral, entre outros.

A característica mais aparente em um sistema desse tipo é que existem funcionalidades diretamente ligadas e funcionalidades completamente independentes. Por exemplo, enquanto a comunicação UART está sendo utilizada para fazer uma requisição Modbus, a tela gráfica pode estar sendo atualizada com outro tipo de informação. Portanto, a execução de cada uma das tarefas pode ser independente e, consequentemente, paralela. No entanto, uma tela gráfica com suporte a toque depende da informação de que posição foi tocada para executar uma ação, o que configura tarefas com dependência.

Para um melhor entendimento do exemplo proposto é importante analisar as funcionalidades do sistema como um todo, mas também considerar as características individuais de cada funcionalidade. Assim, segue a análise da distribuição do sistema exemplo em tarefas.

- **Tela gráfica com suporte a toque**

  Em um primeiro momento pode-se acreditar que a melhor abordagem seja implementar somente uma tarefa para gerenciar o sistema de toque e a atualização da tela gráfica. Essa análise é válida, pois a tela gráfica a princípio deve ser atualizada a partir das ações solicitadas pelo sistema de toque. Assim, uma interrupção seria suficiente para gerenciar o evento de toque na tela. No entanto, ao analisar o problema de diferentes ângulos, é possível perceber que isolar as funcionalidades em diferentes tarefas trará benefícios.

  A atualização de uma tela gráfica pode ocorrer por um ou mais eventos. Por exemplo, eventos de toque e eventos temporizados. Assim, isolar o gerenciamento do evento de toque da tarefa que atualiza a tela gráfica traz benefícios no sentido de organização de código. Porém, existem outros benefícios. Em um sistema de toque resistivo, geralmente um circuito integrado externo processa o toque na tela e entrega dados brutos relativos a esse toque por uma interrupção. Para extrair o dado de posição do toque faz-se a leitura desse circuito integrado, e a posição é processada no sentido de considerar valores de calibração e orientação da tela. Se existir uma tarefa dedicada a essa ação no sistema, um novo toque pode estar sendo processado paralelamente à atualização de dados na tela por outro evento. Ainda, se a atualização da tela possuir menor prioridade no sistema que outras atividades, pode haver atraso em sua atualização. No entanto, se a tarefa que gerencia o toque for independente, poderá não ocorrer perda de toques na tela. Dessa forma, as ações relativas aos toques serão processadas com atraso, mas não serão perdidas. Note que, para o funcionamento correto da separação dessas ações em tarefas, a tarefa responsável por capturar o toque da tela deve ter prioridade superior à atualização da tela.

  Esse exemplo leva em consideração mais de uma das práticas apontadas: atividades que podem ser executadas em paralelo devem ser executadas em diferentes tarefas; funcionalidades do sistema com diferentes prioridades

Projetos de sistemas embarcados baseados em RTOS

exigem diferentes tarefas; cada dispositivo de *hardware* é gerenciado por uma tarefa (nesse caso, a tela gráfica e o sistema de toque são *hardwares* diferentes); cada interrupção deve ser associada a uma ou mais tarefas.

- **Teclado alfanumérico**

  Da mesma forma que no sistema de toque, geralmente o gerenciamento de um teclado alfanumérico é realizado por uma tarefa, quando o sistema utilizado é multitarefa. Assim, a tarefa é responsável por implementar o *debounce* das teclas, verificar se a tecla é válida e guardar a tecla pressionada em uma fila. Assim, a captura da tecla se torna independente do seu uso no sistema. É fácil observar esse tipo de situação em um sistema operacional de propósito geral, quando a atualização da tela parece ter deixado de atualizar a digitação de um texto, mas ao voltar a responder todas as teclas pressionadas são mostradas na tela. Isso só é possível porque a tarefa de captura de teclas não deixou de operar quando a atualização da tela parou de responder. Note que, para isso, a tarefa responsável por capturar as teclas deve ter prioridade superior as tarefas que utilizam as teclas.

  Esse exemplo leva em consideração as mesmas práticas do exemplo anterior: atividades que podem ser executadas em paralelo devem ser executadas em diferentes tarefas (no caso, a captura da tecla e seu uso); funcionalidades do sistema com diferentes prioridades exigem diferentes tarefas; cada dispositivo de *hardware* é gerenciado por uma tarefa (o teclado está associado a uma tarefa); cada interrupção deve ser associada a uma ou mais tarefas (o teclado alfanumérico gera uma interrupção cada vez que uma tecla é pressionada).

- **Comunicação UART**

  A comunicação UART é muito utilizada em sistemas embarcados. No entanto, diferente dos exemplos anteriores, esse periférico geralmente não utiliza uma tarefa para gerenciá-lo. O que ocorre é o uso de um *driver* de UART por uma ou mais tarefas do sistema para realizar algum tipo de comunicação. Portanto, usualmente existe pelo menos uma tarefa associada a uma porta UART em um sistema embarcado. No exemplo apresentado a comunicação UART está associada a um protocolo Modbus. Tanto no uso do protocolo Modbus como mestre quanto no seu uso como escravo, a comunicação deve ser bidirecional nesse sistema. No entanto, não é necessário duas tarefas para gerenciar os dois fluxos de informação.

Se o caso analisado for a implementação de um escravo Modbus, a tarefa que utiliza a comunicação UART deve esperar um evento que comunique a chegada de um novo caractere (recepção de dados) e, a partir de uma máquina de estados, decodificar a mensagem recebida. No momento em que uma mensagem válida for recebida, deve-se realizar a resposta da mensagem, a partir da transmissão da mensagem de resposta. Portanto, somente uma tarefa pode gerenciar esse padrão de comunicação.

Outro uso comum de uma comunicação UART é em um terminal de depuração do código sendo desenvolvido. Dessa forma, várias tarefas podem fazer uso do *driver* da UART para transmitir mensagens de estado. Nesse caso existem diversas tarefas associadas a esse periférico. Esses exemplos levam em consideração que cada *hardware* é gerenciado por uma ou mais tarefas e que, como interrupções devem sincronizar ou transferir dados para as tarefas, devem ser associadas a uma ou mais tarefas.

- **Comunicação USB/Ethernet**
  As comunicações USB e Ethernet são casos muito interessantes nos sistemas embarcados. A primeira particularidade desses padrões de comunicação é que, em vez de existir uma interrupção por caractere recebido, geralmente ocorre uma interrupção por bloco de dados recebidos. Assim, uma tarefa pode ser associada ao processamento do bloco de dados recebidos de forma a tomar uma ação. Em alguns casos, esse pré-processamento é realizado na própria interrupção, o que deve ser evitado.

  A comunicação Ethernet, por exemplo, pode ser utilizada em conjunto com uma pilha de protocolos TCP/IP para gerir uma série de aplicações. Exemplos de aplicações são: servidor *hypertext transfer protocol* (HTTP), servidor *file transfer protocol* (FTP), servidor *telnet*, aplicações dedicadas com *sockets*, entre outras. Se cada aplicação for implementada por uma tarefa, o código será mais bem estruturado. Se a pilha LwIP for utilizada, é comum uma tarefa para gerenciar a interrupção Ethernet, uma tarefa para o protocolo TCP/IP e uma tarefa para cada aplicação sendo executada.

Da mesma forma, a comunicação USB permite os dispositivos compostos, em que uma conexão USB pode ser utilizada para gerenciar um conversor USB/serial (classe CDC – do inglês *communication device class*), um mouse (classe HID – do inglês *human interface device*) e um dispositivo de armazenamento de dados (classe MSB – do inglês *mass storage device*). Nesses casos existem várias formas de implementação, mas a separação das múltiplas funcionalidades de uma porta USB em tarefas, assim como o gerenciamento de sua interrupção, é uma boa prática de projeto.

- **Cartão SD com sistema FAT**

  A utilização de um cartão SD em um sistema embarcado por si só não gera a existência de uma tarefa para gerenciá-lo. No entanto, o cartão é utilizado como uma memória não volátil de alta capacidade com um ou mais objetivos. Imagine que no exemplo proposto o cartão de memória é utilizado para armazenar imagens que podem ser solicitadas para atualizar a tela gráfica, assim como está sendo utilizado como mídia física de armazenamento no servidor FTP. Dessa forma, o cartão SD está sendo utilizado por duas tarefas já existentes no sistema. No entanto, sua conexão não gera a necessidade de uma tarefa específica para o seu gerenciamento.

- **Aquisição de dados e controlador**

  Assim como uma calendário possui como base de tempo 1 segundo, a implementação de um controlador em um sistema digital possui um passo de atualização de sua saída. Portanto, se for considerado que a taxa de atualização de um controlador é de mil atualizações por segundo, deve existir uma tarefa periódica associada a esse controlador. O evento que sincroniza a tarefa periódica nesses casos geralmente é um temporizador ou a finalização de uma conversão A/D. Com essa abordagem, um controlador digital pode ser executado sem atrasos em um sistema bastante complexo, desde que a prioridade de sua tarefa seja uma das mais altas do sistema.

Como pode-se perceber, a distribuição das diversas funcionalidades de um sistema embarcado em tarefas depende de diversos critérios e da experiência do desenvolvedor, assim como pode passar até por preferências pessoais de implementação. O ideal é obter um sistema o mais organizado possível, que possa responder a todas as suas requisições com o menor atraso possível. Para

376 Sistemas operacionais de tempo real e sua aplicação em sistemas embarcados

isso, faz-se necessário conhecer formas coerentes e adequadas para a distribuição de prioridades entre as tarefas que formam o sistema. Esse assunto é abordado na seção a seguir.

9.2 Definição de prioridades entre tarefas

A grande maioria dos sistemas embarcados com restrições de tempo real possui um escalonador com prioridades fixas. Tal abordagem é interessante sempre que se deseja determinismo, embora nem sempre seja possível atingir altas taxas de ocupação de processador. A distribuição de prioridades para as tarefas nesses sistemas é relativamente mais simples do que dividir a aplicação em tarefas. No entanto, a própria divisão do sistema em tarefas terá impacto nessa distribuição. É fácil perceber, por exemplo, que uma tarefa que trabalha com processamento ou controle digital deverá ter maior prioridade que uma tarefa responsável por gerenciar a interface com o usuário. Ainda, é fácil perceber que, em uma interface de usuário com tela gráfica e sensível ao toque, a captura do toque deve ter maior prioridade que a atualização da tela.

No entanto, quando o sistema cresce em complexidade e o número de tarefas se eleva, a distribuição de prioridades deixa de ser simples. As principais regras para se levar em consideração são:

- tarefas com requisitos *hard real-time* devem ter maior prioridade que tarefas *soft real-time*;

- tarefas com elevado uso de processador devem ter menores prioridades que tarefas de rápida execução;

- tarefas com frequência elevada de ativação geralmente devem ter maior prioridade que tarefas com ativação aleatória;

- tarefas com os menores prazos devem ter maiores prioridades;

- tarefas conectadas a periféricos de comunicação usualmente devem ter alta prioridade, para liberar o *hardware* para a recepção de novos dados;

Uma das técnicas mais recomendadas para a distribuição de prioridades em um sistema é o escalonador por taxa monotônica, já visto no Capítulo 3. Como explicado, quanto mais frequente for a tarefa, maior será sua prioridade. O problema de se utilizar esse algoritmo são suas restrições, que dificilmente permitem sua aplicação direta em um sistema real. Entretanto, a distribuição de prioridades por taxa monotônica é muito utilizada como diretriz inicial para definir as prioridades das tarefas do sistema.

Utilizando as considerações apresentadas anteriormente e o preceito básico da taxa monotônica, pode-se chegar a uma série de conclusões com relação à definição de prioridades de tarefas. Por exemplo, é comprovado que reduzir a prioridade de tarefas com o uso elevado do processador reduz o tempo médio de espera de um dado conjunto de tarefas. Assim, tarefas que manipulam interfaces com o usuário e geralmente são executadas na ordem de centenas de milissegundos devem receber uma prioridade condizente com seu tempo de processamento e prazo.

O contraponto ao exemplo anterior são tarefas periódicas que executam em unidades de microssegundo ou menos. Nesses casos, é mais comum a sua implementação dentro da própria rotina de serviço de interrupção, pois, como sua frequência de ativação é alta, o prazo da tarefa consequentemente será pequeno. Lembre-se de que em um sistema de tempo real as rotinas de serviço de interrupção têm prioridade superior a qualquer tarefa do sistema.

Com base nas recomendações descritas, é possível fazer uma distribuição inicial das prioridades do sistema de exemplo utilizado na Seção 9.1. As tarefas que provavelmente irão apresentar menores tempos de computação são as tarefas que gerenciam o teclado alfanumérico, o sensor de toque da tela gráfica e o controlador digital. Note, no entanto, que a frequência de ativação do controlador digital deverá ser muito superior à das outras tarefas, pois existe um limite físico de quantas teclas podemos digitar por segundo, bem como de quantos toques podemos realizar na tela. Ainda, o processamento de um teclado geralmente é menor do que o necessário para um sensor de toque. Portanto, uma boa abordagem seria atribuir a maior prioridade do sistema à tarefa do controlador digital (caso não seja implementado dentro da própria rotina de serviço de interrupção). Já a segunda e terceira maiores prioridades do sistema podem ser atribuídas às tarefas que gerenciam o teclado alfanumérico e o sensor de toque, respectivamente.

Apesar da análise inicial por ocupação de processamento, as tarefas que gerenciam comunicações seriais, como USB, Ethernet e UART, geralmente têm picos de ativação, com rajadas de dados sendo transmitidos. Assim, recomenda-se que pelo menos as tarefas responsáveis por copiar e fazer o pré-processamento dos dados recebidos tenham alta prioridade. Note por exemplo o caso da UART com o protocolo Modbus, em que existem tempos máximos de espera pela resposta, na casa de muitos microssegundos a poucos milissegundos. Ainda, comunicações USB e Ethernet podem chegar a taxas de 480 Mbps e 1 Gbps, respectivamente.

Nas rajadas de comunicação, a taxa de ativação das tarefas que controlam esses periféricos sofrerá um pico, que deve ser considerado em um sistema de tempo real. Por exemplo, uma comunicação USB a 480 Mbps com pacotes de 64 *bytes* pode gerar uma interrupção a cada 1µs no pico de ativação. Nesses casos existem duas abordagens possíveis. A abordagem mais simples, comumente utilizada em muitas pilhas de protocolos, é processar os dados recebidos na própria interrupção e, em vários casos, realizar a resposta a partir de uma função de *callback*. No entanto, essa abordagem não é interessante por aumentar a latência de interrupção do sistema. A outra abordagem é copiar os dados recebidos para uma fila durante a rajada de comunicação e processá-los posteriormente em uma tarefa de alta prioridade. Essa cópia pode ocorrer na própria interrupção ou na tarefa que irá processar os dados recebidos. Diversas implementações da pilha de protocolos TCP/IP LwIP utilizam uma tarefa de alta prioridade para receber os dados da porta de comunicação Ethernet. Portanto, as prioridades das tarefas que gerenciam as interrupções de comunicações seriais podem ser tão altas quanto ou até maiores que as prioridades atribuídas ao gerenciamento do teclado e sensor de toque nesse sistema.

Já as prioridades das aplicações que fazem uso dos dados recebidos pelo teclado, sensor de toque, comunicação USB, Ethernet e UART praticamente dependem de uma preferência pessoal do desenvolvedor. Com exceção da comunicação Modbus do exemplo, que é determinística, as outras aplicações devem ter sua prioridade definida por grau de preferência. Por exemplo, o desenvolvedor prefere que o servidor HTTP demore um pouco mais a responder durante um acesso excessivo a um terminal que utiliza USB/CDC? Ou é mais importante responder às requisições de um servidor *telnet* implementado com *sockets*?

O que na verdade deve ficar claro para o desenvolvedor é que muitas dessas aplicações deverão executar poucos trechos de código e desistir do processador ao esperar o processamento do *hardware* associado. Esse comportamento das tarefas é esperado desde que se utilizem os objetos do sistema operacional de forma correta e eficiente, como semáforos e filas. Dessa forma, haverá a impressão de que todas as aplicações respondem de maneira semelhante. Por exemplo, quem faz a

Projetos de sistemas embarcados baseados em RTOS

transmissão de um dado em uma comunicação UART é um periférico. Portanto, durante o envio de um *byte* ou bloco de *bytes*, a tarefa que gerencia o protocolo Modbus pode ceder o processador. Da mesma forma, em uma comunicação Ethernet existe um periférico, interno ou externo, que transmite um bloco de dados. Durante essa transmissão, a tarefa pode desistir do processador.

A prioridade das tarefas que fazem acesso ao cartão SD também passa por uma decisão de projeto. No entanto, geralmente a leitura de um cartão por *serial peripheral interface* (SPI) de grandes blocos de dados é um processo que pode chegar a atingir picos de segundos de acesso contínuo. Assim, geralmente essas tarefas devem possuir prioridades menores do que a maioria das tarefas já analisadas. O único impacto sentido pelo usuário será uma redução na taxa de leitura/escrita do cartão SD quando houver rajadas de comunicação, por exemplo. Outra decisão de projeto é a preferência por reduzir a taxa de leitura/escrita do cartão, mas não permitir atrasos na atualização da interface do usuário, ou por "travamentos" na interface do usuário durante esses picos de acesso. Esse é um caso interessante para a utilização de mesma prioridade para as tarefas, em sistemas que permitem tal funcionalidade. Como ambas as tarefas podem fazer uso contínuo do processador por diversos milissegundos, a distribuição do processador por um algoritmo de fatiamento de tempo (como o *round-robin*) é interessante.

Apesar da distribuição de prioridades em um sistema baseado em RTOS possuir uma série de diretrizes que ajudam o desenvolvedor, a experiência é um fator importante para se obter bons resultados. No entanto, ao seguir as principais diretrizes para uma distribuição coerente das prioridades entre as tarefas, provavelmente serão obtidos resultados satisfatórios.

9.3 Tarefas periódicas a partir de funções de *delay*

Tarefas periódicas são comumente utilizadas em sistemas baseados em um RTOS para as mais variadas aplicações. Uma tarefa periódica deve ser ativada com um período fixo, idealmente sem nenhuma variação. Sabe-se que, apesar disso, *jitter* pode ser inserido nessas ativações devido a uma tarefa de maior prioridade estar sendo executada. Apesar de parecer extremamente fácil projetar uma tarefa nessas condições, comumente desenvolvedores cometem um erro ao fazê-lo. Para que uma tarefa seja periódica a partir do tempo estipulado em uma função de *delay*, o tempo de processamento das funções da aplicação deve ser próximo de zero.

Considere a Listagem 9.1, em que um *display* deve ser atualizado a cada 1 segundo, a partir de uma função *delay*. Note que se a atualização do *display* durar 100 ms, a periodicidade dessa tarefa será na verdade 1,1 segundos. Outro problema que pode ocorrer é que a função **UpdateDisplay()** pode ter alterações no tempo de execução, dependendo do que deve ser atualizado na tela, uma vez que as mudanças na tela podem ser diferenciais. Esse comportamento poderia gerar uma tarefa com *jitter* excessivo, podendo haver grandes variações no período de atualização. Apesar desse problema parecer irrelevante, em muitos casos existem diversas condições no código de aplicação que levam a grande variação na periodicidade da tarefa.

```
void task_display(void *param){
  (void)param;

  while(1){
    UpdateDisplay();
    vTaskDelay(1000);
  }
}
```

Listagem 9.1 Exemplo de uso da função *vTaskDelay()* do FreeRTOS para gerar uma tarefa periódica.

Para solucionar esse possível problema, o FreeRTOS possui a função *vTask-DelayUntil()*, que, se utilizada corretamente, calcula o tempo de execução da tarefa e decrementa esse tempo calculado do período de inatividade do *delay*. A Listagem 9.2 apresenta um exemplo de uso dessa função. Note que na primeira ativação da tarefa adquire-se o tempo atual do sistema. Assim, na primeira chamada da função de *delay* tem-se o período definido pelo parâmetro *xTimeIncrement*. O tempo atual do sistema é passado por referência, pois a variável precisa ser atualizada dentro da função *vTaskDelayUntil()*. Essa atualização é realizada na saída da função de *delay*, contendo o tempo do sistema no exato momento em que as funções da aplicação começam a ser executadas. Na próxima chamada da função *vTaskDelayUntil()*, o tempo atual do sistema será subtraído do tempo armazenado na variável *xLastWakeTime*, gerando o tempo de execução das funções da aplicação. Assim, a função de *vTaskDelayUntil()* realiza o *delay* do tempo dado pela subtração do período informado em *xTimeIncrement*, pelo tempo de execução das funções da aplicação, gerando uma tarefa com ativação periódica.

Projetos de sistemas embarcados baseados em RTOS

381

```c
// Protótipo da função vTaskDelayUntil()
void vTaskDelayUntil(TickType_t *pxPreviousWakeTime, const TickType_t xTimeIncrement);

// Tarefa com período de 10 marcas de tempo.
void vTaskFunction( void * pvParameters ){
  TickType_t xLastWakeTime;
  const TickType_t xFrequency = 10;

  // Inicializa a variável xLastWakeTime com o tempo atual do sistema.
  xLastWakeTime = xTaskGetTickCount();

  for( ;; ){
    // Espera pelo próximo ciclo.
    vTaskDelayUntil( &xLastWakeTime, xFrequency );

    // Atualiza a tela.
    UpdateDisplay();
  }
}
```

Listagem 9.2 Exemplo de uso da função *vTaskDelayUntil*() do FreeRTOS para gerar uma tarefa periódica.

Note que diversos sistemas operacionais de tempo real não possuem essa funcionalidade, como o BRTOS. No entanto, esse comportamento é facilmente obtido por meio da abordagem utilizada na Listagem 9.3. Percebe-se que a tarefa periódica é facilmente atingida ao se descontar o tempo de execução das funções da aplicação do período que se pretende para a tarefa.

```c
// Tarefa com período de 10 marcas de tempo.
void TaskDisplay( void *param){
  (void)param;
  ostick_t last_wake_time;

  for( ;; ){
    // Adquire o tempo atual do sistema.
    last_wake_time = OSGetTickCount();

    // Atualiza a tela.
    UpdateDisplay();

    // Espera pelo próximo ciclo.
    OSDelayTask(10 - (OSGetTickCount() - last_wake_time));
  }
}
```

Listagem 9.3 Exemplo de implementação de tarefa periódica no BRTOS.

Para a utilização dessa abordagem recomenda-se um cuidado adicional. Deve-se garantir que o tempo de execução das funções da aplicação não ultrapassem o período estipulado para a tarefa. Como geralmente o tempo em marcas de tempo é dado por uma variável sem sinal, esse problema poderia gerar um valor negativo passado como parâmetro para a função *delay*, o que causaria uma grande variação no período da tarefa. Esse comportamento é facilmente contornado pelo uso de um teste para valores negativos, antes de passar o valor para a função *OSDelayTask()*.

9.4 Uso da biblioteca padrão do C e seu impacto na pilha das tarefas

Como visto anteriormente, o tamanho da pilha de cada tarefa depende do código interno da própria tarefa. Ao definir o tamanho da pilha, deve-se levar em consideração as chamadas de funções realizadas, variáveis locais, interrupções e o contexto do processador utilizado. No entanto, outro aspecto a ser considerado são as chamadas de funções de bibliotecas dinâmicas ligadas ao projeto, como a biblioteca padrão da linguagem C.

O uso da pilha pode ficar muito maior quando funções da biblioteca padrão do C são usadas, especialmente as que manipulam *strings*, como a família de funções *printf()*. Facilmente o uso de pilha pode chegar a mais de 2 kB com uma simples chamada de *printf()* ou *sprintf()*.

O FreeRTOS utiliza uma versão simples e eficiente do *sprintf()*, disponível a partir do arquivo printf-stdarg.c. As funções dessa biblioteca podem ser usadas pela aplicação e consomem muito menos pilha que a implementação padrão da biblioteca C. Essa biblioteca foi desenvolvida por Georges Menie, com contribuições de Christian Ettinger. Trata-se de um *software* de código aberto e de livre distribuição sob a licença GNU LGPL versão 2.

O BRTOS não utiliza a biblioteca padrão do C para a maior parte das suas funções. A exceção é a função *OSRuntimeStats()*, que utiliza o *sprintf()*. Para reduzir o consumo de pilha nessa função, o BRTOS também utiliza a biblioteca disponibilizada no arquivo printf-stdarg.c. Essa biblioteca pode ainda ser utilizada no BRTOS para *drivers* de UART e USB por meio de uma simples especificação da função que transmite um caractere por esses padrões de comunicação.

9.5 Utilizando funções de *callback*

A maioria dos sistemas operacionais de tempo real possui funções de *callback* em determinados trechos de código. A principal diferença dessas funções de *callback* do conceito tradicional é que não são funções cadastradas por um argumento de uma função, mas sim a partir de configurações específicas do sistema operacional. Por terem essa diferença na implementação, também são conhecidas como funções gancho, pois são "enganchadas" ou encaixadas em uma posição específica do código e executadas junto com o trecho de código em que estão posicionadas. A existência dessas funções em posições bem definidas do código é proposital, permitindo implementar certas funcionalidades exatamente por serem executadas em uma determinada posição do código. Exemplos de funções de *callback* comumente existentes em sistemas operacionais são os ganchos de tarefa ociosa, marca de tempo, alocação de memória e verificação de pilha.

9.5.1 Gancho de tarefa ociosa

A tarefa ociosa pode opcionalmente chamar uma aplicação gancho, implementada por uma função de *callback*. A tarefa ociosa executa na prioridade mais baixa do sistema, como já visto anteriormente. Portanto, o gancho de tarefa ociosa somente será executado quando não houver tarefas com prioridades maiores prontas para executar. Isso torna a função gancho o local ideal para colocar o processador em modo de baixo consumo de energia (caso não implementado pelo porte). Consequentemente, permite proporcionar economia de energia automática, sempre que não há processamento a ser realizado. Outras aplicações do gancho de tarefa ociosa são executar processamento contínuo em *background* e medir a quantidade de processamento livre disponível.

Como a tarefa ociosa é o local para onde o processador é deslocado quando não há mais tarefas a serem executadas, o gancho de tarefa ociosa não deve executar nenhuma chamada da API do sistema que possa bloqueá-lo, como um *delay* ou espera por semáforo. O sistema FreeRTOS possui uma particularidade com relação a essa função gancho. Caso esse *callback* faça uso da função *vTaskDelete()* da API do sistema, a função deve sempre retornar dentro de um período de tempo razoável. Como a tarefa ociosa é responsável pela limpeza de recursos do núcleo depois de uma tarefa ser excluída, se a tarefa ociosa permanecer permanentemente na função de gancho, essa limpeza não ocorrerá.

No FreeRTOS, a função de gancho da tarefa ociosa só será executada se configUSE_IDLE_HOOK for definido como 1 no arquivo FreeRTOSConfig.h. Quando essa opção for configurada, a aplicação deve prover a função gancho com o protótipo "void vApplicationIdleHook(void);".

Já no BRTOS, a definição para habilitar a função de gancho da tarefa ociosa é IDLE_HOOK_EN, que deve ser configurada para o valor 1 no arquivo BRTOSConfig.h. O protótipo da função a ser provida pela aplicação é void "IdleHook(void);".

9.5.2 Gancho de marca de tempo

A interrupção de marca de tempo pode, opcionalmente, executar uma aplicação definida pela função gancho da marca de tempo. Essa função gancho provê um local conveniente para implementar um temporizador, tendo como base temporal a marca de tempo. A função de gancho de marca de tempo executa a partir de uma interrupção e, portanto, deve ser curta e não utilizar muita pilha.

No FreeRTOS, o gancho da marca de tempo só será executado se configUSE_TICK_HOOK for definido como 1 no arquivo FreeRTOSConfig.h. Quando essa opção for habilitada, a aplicação deve prover a função de gancho com o protótipo "void vApplicationTickHook(void);". Ainda, devido ao modo de operação do FreeRTOS, essa função de gancho só poderá utilizar funções da API do sistema que terminam com "FromISR".

No BRTOS, a definição para habilitar a função de gancho de marca de tempo é TIMER_HOOK_EN, que deve ser configurada para o valor 1 no arquivo BRTOS--Config.h. Ainda, a aplicação deverá implementar a função de gancho com o protótipo "void BRTOS_TimerHook(void);".

9.5.3 Gancho de alocação de memória

O gancho de alocação de memória é uma função que pode ser cadastrada para realizar algum tipo de verificação no sistema quando a alocação de memória falhar. Por exemplo, em alguns sistemas pode ser interessante realizar uma reinicialização no momento em que a alocação falhar, pois talvez seja melhor religar o sistema do que comprometer seu funcionamento devido à falha de alocação. Basicamente, uma falha de alocação significa que não há *heap* disponível suficiente para alocar a memória solicitada.

O BRTOS não possui até o momento uma função de *callback* para a falha de alocação de memória, devendo ser realizada no código do usuário. A alocação dinâmica de memória só é utilizada no BRTOS quando são utilizadas filas dinâmicas ou quando é permitido desinstalar tarefas. Portanto, recebe um pouco menos de atenção com relação a falhas de alocação. Já no FreeRTOS, todas os

Projetos de sistemas embarcados baseados em RTOS   385

esquemas de alocação de memória providos pelo sistema possuem a função gancho para a falha de alocação. Para habilitar o gancho de alocação de memória no FreeRTOS, configUSE_MALLOC_FAILED_HOOK deve ser definido como 1 no arquivo FreeRTOSConfig.h. Da mesma forma que outras funções gancho, quando essa opção for configurada, a aplicação deve prover a função gancho com o protótipo "void vApplicationMallocFailedHook(void);".

9.5.4 Gancho de verificação de pilha

Como já visto anteriormente, cada tarefa mantém sua própria pilha em um sistema operacional preemptivo. Em cada sistema existe uma função que, ao criar a tarefa, aloca automaticamente a pilha da tarefa no *heap* do sistema, com seu tamanho determinado a partir de um parâmetro da função de criação/instalação da tarefa. Como visto anteriormente, no FreeRTOS existe a possibilidade de o desenvolvedor alocar a pilha da tarefa, caso esta seja criada com a função *xTaskCreateStatic()* de sua API.

O estouro de pilha é uma das principais causas de instabilidade das aplicações desenvolvidas com um RTOS. Contudo, a maioria dos sistemas provê mecanismos que podem ser utilizados para ajudar na detecção e correção desse erro. O FreeRTOS possui essa funcionalidade, controlada pela configuração da constante configCHECK_FOR_STACK_OVERFLOW. Note que essa opção só está disponível para arquiteturas em que o mapa de memória não é segmentado. Ainda, pode ocorrer uma interrupção vinculada a erros na pilha antes que o núcleo do sistema perceba o estouro de pilha.

A aplicação deve prover uma função de gancho para o estouro de pilha se configCHECK_FOR_STACK_OVERFLOW não estiver definido como zero. O protótipo da função que deve ser disponibilizada é "void vApplicationStackOverflowHook(TaskHandle_t xTask, signed char *pcTaskName);". Os parâmetros *xTask* e *pcTaskName* são o identificador e o nome da tarefa que gerou a falha, respectivamente. Note, entretanto, que dependendo de quão severa for a corrupção da pilha, os próprios parâmetros podem estar corrompidos. Nesses casos, a variável *pxCurrentTCB* deve ser inspecionada diretamente. No entanto, a recuperação de um estouro de pilha é uma tarefa muito difícil de ser implementada, e dificilmente se obterá sucesso em todos os casos. Verifique ainda que toda e qualquer inspeção de estouro de pilha introduz sobrecarga computacional à troca de contexto. Portanto, seu uso só é recomendado durante o desenvolvimento ou durante a fase de teste do sistema.

O FreeRTOS permite dois métodos de detecção de estouro de pilha:

- **Método 1:** é provável que a pilha de uma tarefa atinja a sua maior ocupação no momento da troca de contexto, pois nesse momento o contexto da tarefa será salvo em sua pilha. Assim, é possível verificar nesse trecho do código se o ponteiro da pilha da tarefa encontra-se dentro dos limites da pilha atribuída pelo sistema. A função gancho de estouro de pilha é chamada se o ponteiro de pilha estiver fora dos limites da pilha da tarefa. Esse método é rápido, mas não garante que um estouro de pilha seja detectado. Quando existem funções recursivas, muitas chamadas de funções sequenciais e declaração de variáveis locais, a pilha cresce rapidamente. Se a interrupção da tarefa ocorrer depois do retorno dessas funções e desalocação das variáveis locais da pilha, não será possível verificar nesse método que a pilha foi corrompida e, possivelmente, o sistema apresentará instabilidade. Para utilizar esse método, a constante configCHECK_FOR_STACK_OVERFLOW deve ser definida com o valor 1.

- **Método 2:** quando esse método está habilitado, ao criar uma tarefa a sua pilha será preenchida com um valor conhecido. Dessa forma, quando a tarefa sofre a preempção pelo sistema, o FreeRTOS verifica os últimos 16 *bytes* dentro da pilha da tarefa que está deixando de executar. Assim é possível descobrir se o valor conhecido imposto à memória da pilha não foi sobrescrito pela tarefa ou pela atividade de uma interrupção. A função gancho do estouro de pilha é executada somente se algum desses 16 *bytes* não contiver seu valor inicial. Esse método é menos eficiente computacionalmente do que o método anterior, mas possui melhores chances de detectar um estouro de pilha. Portanto, utilizando-se o método 2 a probabilidade de detectar um estouro de pilha aumenta, mas ainda não é garantido que todo e qualquer estouro seja percebido por essa técnica. Para utilizar esse método, a constante configCHECK_FOR_STACK_OVERFLOW deve ser definida com o valor 2.

O sistema BRTOS não possui um gancho para a verificação de estouro de pilha em seu código. No entanto, permite que seja atribuída uma marca d'água para o conteúdo da pilha. Dessa forma, o desenvolvedor pode detectar a estouro

Projetos de sistemas embarcados baseados em RTOS 387

de pilha ao consultar o conteúdo da pilha da tarefa, da mesma forma que é implementado o método 2 do FreeRTOS, ou utilizando ferramentas de monitoramento do sistema, como descrito na Seção 9.7.

9.6 Corrotinas no FreeRTOS

O FreeRTOS permite a utilização de corrotinas junto com as tarefas do sistema preemptivo. Como as corrotinas compartilham a mesma pilha, existem certas restrições no uso da API do FreeRTOS em uma corrotina. O local onde o escalonamento das corrotinas ocorre é controlado pelo desenvolvedor, sendo realizado de forma cooperativa.

Essa funcionalidade é disponibilizada no FreeRTOS para sistemas com poucos recursos de memória de dados, como microcontroladores de 8 *bits*. Para habilitar essa funcionalidade, deve-se configurar para o valor "1" a definição **configMAX_CO_ROUTINE_PRIORITIES** no arquivo FreeRTOSConfig.h.

A função de instalação das corrotinas no FreeRTOS é apresentada na Listagem 9.4. Os parâmetros utilizados na instalação de uma corrotina são descritos a seguir:

- **pxCoRoutineCode**: ponteiro para a função que implementa a corrotina;

- **uxPriority**: prioridade com respeito às outras corrotinas do sistema;

- **uxIndex**: utilizado para distinguir diferentes corrotinas que são implementadas pelo mesmo código.

```
2  BaseType_t xCoRoutineCreate
   (
4      crCOROUTINE_CODE pxCoRoutineCode,
       UBaseType_t uxPriority,
6      UBaseType_t uxIndex
   );
```

Listagem 9.4 Função para criação de corrotinas no FreeRTOS.

A Listagem 9.5 apresenta um exemplo de uso de corrotinas. Note que, assim como nas tarefas, as corrotinas podem aproveitar um mesmo código, mudando seu comportamento com a passagem de parâmetros. No exemplo apresentado, uma corrotina irá piscar um LED com o *delay* de 200 *ticks* e a outra corrotina irá piscar um segundo LED com *delay* de 400 *ticks*.

```
1
2   // Exemplo de código de corrotina
3   void PiscaLed( CoRoutineHandle_t xHandle, UBaseType_t uxIndex ){
4       /* Variáveis declaradas em uma corrotina devem ser estáticas
5          para manter seu valor entre as chamadas da corrotina */
6       static const char cLedPisca[ 2 ] = { 5, 6 };
7       static const TickType_t uxTaxaPisca[ 2 ] = { 200, 400 };
8
9       // Cada corrotina deve ser iniciada com crSTART();
10      crSTART( xHandle );
11
12      for( ;; ){
13          /* Esta corrotina troca o estado de um LED com um período fixo
14             Duas corrotinas são criadas com essa função, portanto o parâmetro
15             é utilizado para informar o LED que deve trocar de estado e o
16             período em que troca de estado. */
17          vTrocaEstadoLED( cLedPisca[ uxIndex ] );
18          crDELAY( xHandle, uxTaxaPisca[ uxIndex ] );
19      }
20
21      // Cada corrotina deve terminar com crEND();
22      crEND();
23  }
24
25
26  // Função que cria duas corrotinas.
27  void main(void){
28      unsigned char ucParam;
29      TaskHandle_t xHandle;
30      UBaseType_t uxIndex;
31
32      /* Cria duas corrotinas com prioridade 0, com o mesmo código.
33         Os parâmetros determinam o LED que irá piscar e a taxa de
34         troca de estado. Para uma corrotina é atribuído o índice 0
35         e para a outra o índice 1 */
36      for( uxIndex = 0; uxIndex < 2; uxIndex++ ){
37          xCoRoutineCreate( PiscaLed, 0, uxIndex );
38      }
39  }
```

Listagem 9.5 Exemplo de uso de corrotinas no FreeRTOS.

O escalonamento das corrotinas deve ser realizado por uma tarefa ou por um dos ganchos disponíveis no sistema. A Listagem 9.6 apresenta a implementação do escalonador das corrotinas no gancho da tarefa ociosa. Note que, nesse caso, as corrotinas somente serão executadas quando não houver tarefas prontas para executar. Isso ocorre porque a tarefa ociosa é a de menor prioridade no sistema. Para que tal abordagem funcione, é necessário habilitar o gancho da tarefa ociosa no arquivo FreeRTOSConfig.h.

```
1   /* Escalona as corrotinas no gancho da tarefa ociosa */
2   void vApplicationIdleHook(void){
3       vCoRoutineSchedule(void);
4   }
```

Listagem 9.6 Implementação do escalonador das corrotinas a partir do gancho da tarefa ociosa no FreeRTOS.

Projetos de sistemas embarcados baseados em RTOS 389

9.7 Ferramentas para monitoramento do sistema

Em geral os sistemas operacionais de tempo real disponibilizam um conjunto de ferramentas que permitem monitorar o estado do próprio sistema e de suas tarefas. Dentre as funcionalidades mais interessantes que esse conjunto de tarefas disponibiliza estão: verificação do tempo atual do sistema, verificação da ocupação do processador pelas tarefas, tamanho da pilha atualmente sendo ocupada pela tarefa, entre muitas outras.

As ferramentas de monitoramento de um RTOS são de grande utilidade durante o desenvolvimento de um sistema embarcado e/ou microprocessado. No entanto, quando se pretende projetar um sistema embarcado para uso comercial, recomenda-se suprimir tais funcionalidades. Isso se deve ao custo computacional e de memória de dados envolvido em obter tais informações do sistema. Por exemplo, para obter o tempo de ocupação do processador por parte de cada tarefa deve-se verificar o tempo entre todas as modificações de estado da tarefa. Usualmente o tempo de ocupação do processador é a subtração do tempo em que a tarefa sofre preempção e/ou desiste do processador do tempo em que a tarefa é ativada. Como esse é o tempo de somente uma ativação, esse valor deve ser acumulado para se obter o tempo de ocupação total do processador por parte dessa tarefa.

Para melhor entender as funcionalidades providas por essas ferramentas é importante entender como essas informações podem ajudar no ajuste de parâmetros de um projeto baseado em um RTOS. Portanto, ao apresentar uma ferramenta específica pretende-se demonstrar sua utilidade para a modelagem do sistema sendo desenvolvido.

9.7.1 Lista de tarefas com suas principais informações

Uma ferramenta muito importante é a função que retorna a lista de tarefas sendo executadas no sistema. Isso deve-se ao fato de a informação de quais tarefas estão sendo executadas no momento geralmente agregar outras informações, como: estado atual da tarefa, prioridade e ocupação de pilha etc. Grande parte dessas informações são de pouca utilidade. No entanto, a verificação de ocupação de pilha é muito importante para determinar um valor adequado para a quantidade de memória disponível na pilha de cada tarefa.

A quantidade de memória disponível para a pilha de uma tarefa geralmente é um parâmetro utilizado em sua instalação/criação e, portanto, é fixo em tempo de projeto. Para determinar esse valor, o projetista deve realizar uma estimativa da quantidade de variáveis declaradas dentro da tarefa, da quantidade de chamadas de funções encadeadas, da quantidade de parâmetros em cada uma dessas funções, entre outros. Portanto, não é uma informação muito fácil de ser obtida em tempo de projeto.

Se a quantidade de memória disponibilizada para a pilha de uma dada tarefa for subdimensionada, existe a possibilidade de o ponteiro de pilha ultrapassar o espaço alocado para a pilha na criação da tarefa. Esse problema é conhecido como estouro de pilha (*stack overflow*), sendo uma das principais causas de falhas em projetos de sistemas baseados em RTOS. Quando a pilha de uma tarefa é ultrapassada, provavelmente a pilha de outro processo será sobreescrita, pois é bem provável que a pilha das tarefas esteja alocada em trechos adjacentes de memória. Ao sobreescrever a pilha de outro processo, um dos menores problemas que pode ocorrer são as variáveis de outra tarefa serem sobreescritas. Um problema mais grave e possível seria, por exemplo, o endereço de retorno de uma função ser alterado, ou até mesmo o endereço de retorno para o ponto atual de execução da tarefa. Geralmente esse tipo de problema leva ao acesso ilegal de uma posição de memória, o que provavelmente irá gerar uma interrupção de falha de *hardware* no processador.

Devido à importância desse tipo de informação para o projetista, grande parte dos sistemas operacionais de tempo real disponibilizam uma função que retorna em tempo real uma *string* formatada com a informação de todas as tarefas em execução. Os sistemas FreeRTOS e BRTOS possuem essa funcionalidade.

No FreeRTOS é necessário habilitar as opções configUSE_TRACE_ FACILITY e configUSE_STATS_FORMATTING_FUNCTIONS no arquivo FreeRTOSConfig.h para ter acesso à função *vTaskList()*. Como visto anteriormente, esse tipo de rotina só deve ser usado para fins de depuração. Isso deve-se à ocupação computacional excessiva da rotina, bem como a ser necessário desabilitar as interrupções para obter a informação das tarefas. Note ainda que a rotina provida pelo FreeRTOS somente formata a informação em uma *string*, sendo necessário externar a informação de alguma maneira. Métodos comuns para a visualização dessas informações são terminais seriais e páginas *web*, quando disponíveis. A

Listagem 9.7 apresenta um exemplo de uso da função *vTaskList()* utilizando um terminal serial como forma de visualização.

```
2  void terminal_task(void *param){
     char buffer[512];
4
     (void)param;
6    InitUART0();

8    while(1){
       UARTPrintf(UART0_BASE, "Name                State  Priority  Stack  Number\n\r");
10     UARTPrintf(UART0_BASE, "***********************************************************\n\r");
       vTaskList(buffer);
12     UARTPrintf(UART0_BASE, buffer);
       UARTPrintf(UART0_BASE, "\n\r");
14       vTaskDelay(10000);
     }
16 }
```

Listagem 9.7 Exemplo de uso da função *vTaskList*() do FreeRTOS para obtenção de informação das tarefas em execução.

Note ainda no exemplo apresentado na Listagem 9.7 que é necessário fornecer uma quantidade razoável de memória RAM para a função *vTaskList()*, possibilitando que o FreeRTOS armazene as informações formatadas das tarefas nesse bloco de memória. Essa alocação de memória pode ser dinâmica ou estática. Caso seja estática, deve-se levar essa informação em conta para determinar a quantidade de memória da pilha da tarefa que irá imprimir essas informação. A Figura 9.1 apresenta um exemplo de saída das informações providas pela função em um terminal serial. Verifique que utilizando essa função é possível listar as tarefas com as seguintes informações:

- nome na forma de uma *string* contendo a identificação da tarefa;
- estado atual da tarefa, com as seguintes possibilidades: **B** – *blocked* (tarefa bloqueada esperando um evento), **R** – *ready* (pronta para execução), **D** – *deleted* (à espera da limpeza), **S** – *suspended* (tarefa suspensa ou bloqueada sem *timeout*) e **X** – *running* (tarefa em execução);
- prioridade da tarefa, sendo que quanto maior o valor, maior a prioridade;
- quantidade de memória da pilha não utilizada no momento em *words*, ou seja, se esse valor for de 1 em um processador de 32 *bits*, a pilha ainda disponível na tarefa é de 4 *bytes*;
- número que equivale ao identificador da tarefa.

```
Name                          State  Priority  Stack  Number
*************************************************************
Keyb Task                       X        4        187     6
SD Task                         R        2        324     8
IDLE                            R        0        236    10
LwIP TCP/IP Task                B        5        671    12
Keyb Handler                    B       13        216     5
Teste1                          B       11        228     1
Teste2                          B       12        218     2
LwIP Task                       B        3        438     7
System Time                     B       14        228     9
Tmr Svc                         B        2        466    11
eth_int                         B        7        195    13
Teste3                          S       10        222     3
Terminal Task                   B        8        211     4
```

Figura 9.1 Exemplo de saída da função *vTaskList()* do FreeRTOS.

Da mesma forma que o FreeRTOS, o sistema BRTOS também possui uma tarefa com as mesmas funcionalidades. A função **OSTaskList()** pode ser utilizada exatamente da mesma forma que no FreeRTOS, sendo necessário um bloco de memória alocado para a formatação dos dados e um modo de imprimir o resultado. Diferente da função do FreeRTOS, no BRTOS o cabeçalho já é incluído na saída da função **OSTaskList()**. A Listagem 9.8 apresenta seu uso utilizando um terminal serial para visualizar a saída dos dados.

```
2  void terminal_task(void *param){
       char buffer[512];

4
       (void)param;
6      InitUART0();

8      while(1){
           OSTaskList(buffer);
10         UARTPrintf(UART0_BASE, buffer);
           vTaskDelay(10000);
12     }
   }
```

Listagem 9.8 Exemplo de uso da função *OSTaskList*() do BRTOS para obtenção de informação das tarefas em execução.

Um exemplo da saída dessa função do BRTOS pode ser verificada na Figura 9.2. Note que no BRTOS as informações apresentam pequenas diferenças. O número identificador das tarefas aparece no início da listagem. Já a informação *stack size* apresenta a quantidade de pilha ocupada, em *bytes*, por cada tarefa. Ainda, os estados das tarefas são diferentes, conforme descrito a seguir:

- **R** (*ready*): tarefa incluída na lista de tarefas prontas para executar, ou seja, participando da concorrência pelo processador;

- **S** (*suspended*): tarefa suspensa à espera de um evento. Exemplos de eventos de espera são *delays*, semáforos, filas ou caixas de mensagem pendentes, entre outros;

- **B** (*blocked*): tarefa bloqueada pelo sistema, não participando da disputa pelo processador.

```
************************************************************
ID    NAME                 STATE    PRIORITY   STACK SIZE
************************************************************
 [1]  System Time            S         29         120
 [2]  Teste stack 1          S         31         120
 [3]  Teste stack 2          S         30         120
 [4]  Teste 1                S         18         120
 [5]  Teste 2                S         19         112
 [6]  Keyb Handler           S         25         120
 [7]  Keyb Task              R         12         776
 [8]  Terminal               S         15         152
 [9]  LwIP UP task           S          8         216
[10]  SD Card Task           S          7         336
[11]  USB Terminal           S         21         168
[12]  Idle Task              R          0          80
[13]  LwIP TCP/IP task       S          9         296
[14]  LwIP Eth task          S         10         184
```

Figura 9.2 Exemplo de saída da função *OSTaskList()* do BRTOS.

9.7.2 Estatísticas de tempo de execução

A maioria dos RTOS pode opcionalmente recolher informações sobre a quantidade de tempo de processamento utilizado por cada tarefa. Geralmente essa informação é disponibilizada no formato de percentual do tempo total de execução, bem como pela quantidade de unidades de tempo utilizada por cada tarefa. A quantidade de unidades de tempo está relacionada com a base de tempo utilizada para contabilizar o tempo de execução das tarefas. Para se obter uma boa resolução de análise de tempo de execução, recomenda-se uma base de tempo entre dez e mil vezes mais rápida que a utilizada na marca de tempo do sistema. Quanto mais rápida for a base de tempo utilizada, mais precisa será a estatística de tempo de execução. Assim, se no sistema a base de tempo for 1 ms, uma granularidade adequada para a base de tempo de execução é 10 μs.

O problema de se utilizar bases de tempo na casa de poucos microssegundos é a sobrecarga computacional gerada pela alta frequência de ocorrência da interrupção de tempo utilizada. Portanto, é importante fazer uma análise de quantos ciclos de *clock* são necessários para entrar na interrupção, incrementar a variável de monitoramento do tempo e retornar. Por exemplo, em um processador a 1 MHz que consegue executar uma instrução por ciclo, é possível executar dez instruções no tempo de 10 μs. Esse tempo provavelmente não é suficiente para saltar para a interrupção, calcular os dados e retornar. Assim, 100% do processador seria utilizado somente para a interrupção vinculada às estatísticas do tempo de execução das tarefas. Já se o processador estiver a 200 MHz, é possível executar 2 mil instruções no tempo de 10 μs, sendo aceitável a sobrecarga computacional destinada ao monitoramento das tarefas. A partir dessa análise, é fácil observar que essas estatísticas somente são interessantes durante o desenvolvimento do sistema embarcado, pois a sobrecarga das estatísticas em um produto comercial é desnecessária.

O FreeRTOS e o BRTOS são sistemas que possuem a análise estatística de tempo de execução entre suas funcionalidades. No FreeRTOS, para habilitar essa análise são necessários dois passos. Primeiro, deve-se definir a macro configGENERATE_RUN_TIME_STATS como 1, no arquivo FreeRTOS-Config.h. Uma vez essa macro definida, o segundo passo é definir outras duas macros para obter uma compilação bem-sucedida. A macro portCON-FIGURE_TIMER_FOR_RUN_TIME_STATS() configura um temporizador para obter interrupções na granularidade necessária para a análise de tempo de execução. Já a macro portGET_RUN_TIME_COUNTER_VALUE() é responsável por retornar o tempo atual do contador responsável pela análise estatística. As listagens 9.9 e 9.10 apresentam as configurações necessárias para implementar as estatísticas de tempo de execução em um processador da linha Tiva da Texas Instruments. Note que, além das duas funções atribuídas por macros, é necessário implementar a interrupção de tempo, que incrementa a variável de monitoramento do tempo atual do sistema.

A Listagem 9.11 apresenta um exemplo de uso da função *vTaskGetRunTimeStats()*, que retorna as estatísticas de tempo de execução das tarefas do sistema. Já a Listagem 9.12 apresenta um trecho do código que calcula tais estatísticas. Note que existe uma variável *ulRunTimeCounter* em uma estrutura de estado das tarefas, e que, para calcular esses dados, é necessário obter o tempo atual do

Projetos de sistemas embarcados baseados em RTOS

```
1  #define configGENERATE_RUN_TIME_STATS 1

3  extern void vConfigureTimerForRunTimeStats( void );
   extern unsigned int vGetTimerForRunTimeStats( void );
5
   #define portCONFIGURE_TIMER_FOR_RUN_TIME_STATS() vConfigureTimerForRunTimeStats()
7  #define portGET_RUN_TIME_COUNTER_VALUE() vGetTimerForRunTimeStats()
```

Listagem 9.9 Configuração para habilitar as estatísticas de tempo de execução no arquivo FreeRTOSConfig.h.

```
1  /* Declaração da variável que mantém o tempo atual */
   unsigned int ulHighFrequencyTimerTicks = 0;
3
   /* Interrupção de tempo utilizada */
5  void Timer0AHandler(void){
     // Limpa a flag de interrupção
7    ROM_TimerIntClear(TIMER0_BASE, TIMER_A);

9    ulHighFrequencyTimerTicks++;
   }
11
   /* Retorna a contagem de tempo atual */
13 unsigned int vGetTimerForRunTimeStats(void){
     return ulHighFrequencyTimerTicks;
15 }

17
   /* Configuração do timer */
19 void vConfigureTimerForRunTimeStats( void ){
       // Habilita o clock do temporizador utilizado
21     SysCtlPeripheralEnable(SYSCTL_PERIPH_TIMER0);

23     // Configura o timer para operação em 32 bits periórica com contagem crescente
       TimerConfigure(TIMER0_BASE, TIMER_CFG_A_PERIODIC_UP);
25
       /* Configura o overflow do timer para o módulo equivalente a 10us
27     ou 100 kHz, a partir da frequência de clock do processador */
       TimerLoadSet(TIMER0_BASE, TIMER_A, configCPU_CLOCK_HZ / 1200);
29
       // Configura a interrupção do temporizador para timeout/overflow
31     TimerIntEnable(TIMER0_BASE, TIMER_TIMA_TIMEOUT);

33     // Habilita a interrupção no controlador de interrupções NVIC dos processadores ARM.
       IntEnable(INT_TIMER0A);
35
       // Habilita o temporizador.
37     TimerEnable(TIMER0_BASE, TIMER_A);
   }
```

Listagem 9.10 Função para implementar as estatísticas de tempo de execução no FreeRTOS.

sistema quando a tarefa for despachada e subtraí-lo do tempo do sistema quando a tarefa sofrer preempção. Assim é possível obter quantas unidades de 10 μs de tempo (no exemplo apresentado) foram utilizadas pela tarefa durante sua execução. Esse valor vai sendo acumulado e, portanto, quanto maior o tempo de execução do sistema, mais precisos serão os dados obtidos. Verifique que, além da sobrecarga do sistema devido à interrupção de tempo, existe a sobrecarga relativa a computar o tempo de ocupação de cada tarefa na troca de contexto.

```c
void terminal_task(void *param){
    char buffer[512];
    (void)param;
    InitUART0();
    while(1){
        UARTPutString(UART0_BASE, "Name                Abs Time      % Time\n\r");
        UARTPutString(UART0_BASE, "*****************************************************\n\r");
        vTaskGetRunTimeStats(buffer);
        UARTPutString(UART0_BASE, buffer);
        UARTPutString(UART0_BASE, "\n\r");
        vTaskDelay(10000);
    }
}
```

Listagem 9.11 Uso da função de estatística de tempo de execução do sistema FreeRTOS.

```c
/* Adquire a informação do tempo total de execução, entre outras informações */
uxArraySize = uxTaskGetSystemState( pxTaskStatusArray, uxArraySize, &ulTotalTime );
/* Divide a contagem atual do sistema por 100 para fins de cálculo percentual. */
ulTotalTime /= 100UL;

/* Evita erros devido a divisões por zero. */
if( ulTotalTime > 0 ){
    /* Calcula o valor percentual do tempo de execução da tarefa. */
    for( x = 0; x < uxArraySize; x++ ){
        /* Ao dividir o contador da tarefa pela contagem total do sistema, obtém
        o valor percentual de ocupação do processador nessa tarefa */
        ulStatsAsPercentage = pxTaskStatusArray[ x ].ulRunTimeCounter / ulTotalTime;
}
```

Listagem 9.12 Cálculo estatístico de tempo de execução do FreeRTOS.

Um exemplo de saída das informações disponibilizadas pela função *vTaskGetRunTimeStats()* é apresentado na Figura 9.3. A informação de tempo absoluto (*Abs Time*) apresenta a quantidade de unidades do temporizador de tempo de execução acumuladas na execução de uma dada tarefa. Já o tempo percentual (*% Time*) apresenta a ocupação percentual do processador para cada tarefa, calculada pela divisão do tempo absoluto de ocupação de cada tarefa pelo tempo total de execução do sistema, como apresentado na Listagem 9.12. Note ainda que a informação de tempo de ocupação da tarefa IDLE equivale ao tempo percentual em que o processador está desocupado. No entanto, isso não pode ser afirmado com certeza no FreeRTOS, visto que a tarefa IDLE também é utilizada para manutenção do sistema, como desfragmentação de memória e desalocação de memória.

Projetos de sistemas embarcados baseados em RTOS

```
Name                          Abs Time      % Time
**********************************************************
Keyb Task                     1053          1%
SD Task                       22526         33%
IDLE                          43018         64%
LwIP TCP/IP Task              10            <1%
Keyb Handler                  1             <1%
Teste2                        9             <1%
LwIP Task                     2             <1%
Teste1                        1             <1%
System Time                   1             <1%
Tmr Svc                       0             <1%
Teste3                        6             <1%
Terminal Task                 1             <1%
eth_int                       0             <1%
```

Figura 9.3 Exemplo de saída da função *vTaskGetRunTimeStats()* do sistema FreeRTOS.

Para obter as estatísticas de tempo de execução no BRTOS o procedimento é praticamente idêntico. Para habilitar a funcionalidade é necessário definir a macro COMPUTES_TASK_LOAD para 1 no arquivo BRTOSconfig.h, assim como definir as funções que iniciam o temporizador e retornam o tempo atual do sistema, como apresentado na Listagem 9.13. A utilização da função que disponibiliza as informações também é praticamente a mesma utilizada no FreeRTOS, somente alterando-se a função para *OSRuntimeStats()*, como apresentado na Listagem 9.14.

```
1  #define COMPUTES_TASK_LOAD     1
   extern void OSConfigureTimerForRuntimeStats(void);
3  extern unsigned int OSGetTimerForRuntimeStats(void);
```

Listagem 9.13 Configuração para habilitar as estatísticas de tempo de execução no arquivo BRTOSConfig.h.

```
1  void terminal_task(void *param){
       char buffer[512];
3
       InitUART0();
5
       while(1){
7          OSRuntimeStats(buffer);
           UARTPutString(UART0_BASE, buffer);
9          UARTPutString(UART0_BASE, "\n\r");
           vTaskDelay(10000);
11     }
   }
```

Listagem 9.14 Exemplo de uso da função de estatística de tempo de execução do BRTOS.

As estatísticas do BRTOS são apresentadas no mesmo formato do FreeRTOS, pois o princípio de operação da obtenção de estatísticas de tempo de execução é o mesmo, como pode ser observado na Figura 9.4. Note, entretanto, que as estatísticas da tarefa *idle* no BRTOS realmente representam o tempo ocioso do sistema.

```
*************************************************
ID    NAME                   Abs Time      % Time
*************************************************
[1]   System Time              0            <1%
[2]   Teste stack 1            1            <1%
[3]   Teste stack 2            0            <1%
[4]   Teste 1                  0            <1%
[5]   Teste 2                  0            <1%
[6]   Keyb Handler             0            <1%
[7]   Keyb Task               20            <1%
[8]   Terminal                 1            <1%
[9]   LwIP UP task             0            <1%
[10]  SD Card Task           594            10%
[11]  Idle Task             5152            90%
[12]  LwIP TCP/IP task         2            <1%
[13]  LwIP Eth task            0            <1%
```

Figura 9.4 Exemplo de saída da função *OSRuntimeStats()* do BRTOS.

9.8 *Shell*, console ou terminal

Um terminal é um programa que processa comandos e retorna uma saída. Os termos comumente utilizados para se referir a esse programa em diferentes sistemas são *shell*, console ou terminal. Se analisarmos o assunto a fundo, existem diferenças conceituais entre nesses termos, principalmente se considerarmos sistemas operacionais de propósito geral. Contudo, o termo "terminal"será utilizado no texto a seguir em referência a um interpretador de comandos.

O terminal é um programa muito interessante para gerenciamento de um RTOS, pois permite facilmente gerar uma interface de acesso a dados do sistema e das aplicações sendo executadas por ele. Assim, a grande maioria dos sistemas operacionais de tempo real possui uma implementação de terminal. No caso do FreeRTOS, o *framework* FreeRTOS+CLI permite que o desenvolvedor defina e registre seus próprios comandos. Já o BRTOS possui uma implementação de terminal disponibilizada como um módulo adicional. Usualmente as interfaces de terminal são implementadas a partir de uma porta serial, da classe CDC do padrão USB ou por meio de *sockets* TCP/IP. A seguir será apresentada uma implementação básica dos terminais de ambos os sistemas.

9.8.1 FreeRTOS+CLI

Uma interface de linha de comando recebe caracteres de uma entrada e escreve caracteres para uma saída de dados. Os *drivers* do sistema geralmente detalham como a recepção e a transmissão dos caracteres ocorre, pois geralmente dependem do *hardware* sendo utilizado e das interfaces que o sistema computacional provê. No exemplo apresentado na Listagem 9.15, o FreeRTOS+CLI é utilizado em conjunto com o FreeRTOS+IO para gerar um terminal acessível por uma UART. A API FreeRTOS+IO é utilizada para enviar e receber caracteres, por meio das funções **FreeRTOS_read()** e **FreeRTOS_write()**. Todavia, até mesmo um código de usuário pode ser utilizado para disponibilizar as funções de envio e recepção de caracteres. Note que a função **FreeRTOS_CLIProcessCommand()** da API FreeRTOS+CLI é utilizada para processar os comandos registrados. Ademais, o gerenciamento dos caracteres de entrada deve ser provido pelo código de usuário.

```
#include "FreeRTOS_CLI.h "

#define MAX_INPUT_LENGTH    50
#define MAX_OUTPUT_LENGTH   512

static const int8_t *const pcWelcomeMessage =
"Servidor de comandos do FreeRTOS.\r\nDigite Help para ver a lista de comandos registrados.\r\n
    ";

void vTerminalTask( void *pvParameters ){
    Peripheral_Descriptor_t xConsole;
    int8_t cRxedChar, cInputIndex = 0;
    BaseType_t xMoreDataToFollow;
    /* Os buffers de entrada e saída são declarados estáticos para mantê-los fora da pilha. */
    static int8_t pcOutputString[ MAX_OUTPUT_LENGTH ], pcInputString[ MAX_INPUT_LENGTH ];

    /* Este código assume que o periférico sendo utilizado como terminal já
    foi configurado e foi passado para a tarefa como um argumento. */
    xConsole = ( Peripheral_Descriptor_t ) pvParameters;

    /* Registra um comando que retorna a lista de tarefas instaladas */
    FreeRTOS_CLIRegisterCommand( &xTasksCommand );

    /* Envia mensagem de boas-vindas. */
    FreeRTOS_write( xConsole, pcWelcomeMessage, strlen( pcWelcomeMessage ) );

    for( ;; ){
        /* Lê um caractere por vez. Espera com a tarefa bloqueada até
        que um caractere seja recebido. */
        FreeRTOS_read( xConsole, &cRxedChar, sizeof( cRxedChar ) );
```

400 Sistemas operacionais de tempo real e sua aplicação em sistemas embarcados

```c
        if( cRxedChar == '\r' ){
            /* Um caractere de nova linha foi recebido. Portanto, o comando está completo
            e pode ser processado.  Transmite um separador de linha para facilitar a leitura
            da saída do comando. */
            FreeRTOS_write( xConsole, "\r\n", strlen( "\r\n" ) );

            /* O interpretador de comando é chamado repetidamente até que retorne pdFALSE. */
            do{
                /* Envia a string de dados recebida para o interpretador de comandos. Qualquer
                saída gerada pelo interpretador de comandos será adicionada ao buffer de saída
                pcOutputString. */
                xMoreDataToFollow = FreeRTOS_CLIProcessCommand(
                                pcInputString,    /* String do comando.*/
                                pcOutputString,   /* Buffer de saída. */
                                MAX_OUTPUT_LENGTH/* O tamanho do buffer de saída. */
                            );

                /* Escreve a saída gerada pelo interpretador de comandos. */
                FreeRTOS_write( xConsole, pcOutputString, strlen( pcOutputString ) );

            } while( xMoreDataToFollow != pdFALSE );

            /* O processamento do comando está completo. Limpar a string de entrada para
            deixá-la pronta para receber um novo comando. */
            cInputIndex = 0;
            memset( pcInputString, 0x00, MAX_INPUT_LENGTH );
        }
        else{
            /* Executa o processamento de qualquer caractere que não seja o de nova linha. */
            if( cRxedChar == '\n' ){
                /* Ignora o caractere de retorno de linha. */
            }
            else if( cRxedChar == '\b' ){
                /* Backspace foi pressionado. Apaga o último caractere do buffer de entrada. */
                if( cInputIndex > 0 ){
                    cInputIndex--;
                    pcInputString[ cInputIndex ] = '\0';
                }
                // Implementa o eco do caractere no terminal
                FreeRTOS_write( xConsole, &cRxedChar, 1);
            }
            else{
                /* Um novo caractere foi digitado e não é nenhum dos caracteres especiais do
                terminal (backspace, nova linha ou retorno de linha). Portanto, será adicionado
                à string de entrada para formar o comando digitado e será processado quando o
                caractere nova linha for detectado. */
                if( cInputIndex < MAX_INPUT_LENGTH ){
                    pcInputString[ cInputIndex ] = cRxedChar;
                    cInputIndex++;
                }
                // Implementa o eco do caractere no terminal
                FreeRTOS_write( xConsole, &cRxedChar, 1);
            }
        }
    }
}
```

Listagem 9.15 Exemplo de tarefa que implementa um terminal utilizando o FreeRTOS+CLI.

Funções que implementam o comportamento de um comando definido pelo desenvolvedor devem ter a estrutura apresentada na Listagem 9.16. O primeiro parâmetro é o ponteiro para o *buffer* de saída utilizado no interpretador de comandos. Se um comando simplesmente retorna "Olá, mundo", essa string será escrita no *buffer* de saída. Já o segundo parâmetro é o tamanho máximo do *buffer* de saída, utilizado para evitar o estouro de *buffer*. Finalmente, o terceiro parâmetro aponta para a *string* completa do comando recebido. Ao ter acesso a todo o texto digitado, o comando pode extrair seus parâmetros, caso existam. A API do FreeRTOS+CLI provê funções que recebem a *string* do comando e retornam seus parâmetros. Dessa forma, o desenvolvedor não precisa implementar o *string parsing*. Note que o FreeRTOS+CLI irá chamar a função do comando repetidamente, até que essa função retorne pdFALSE. Assim, essa API permite que as funções de comando tenham como saída somente uma linha por vez. Os desenvolvedores argumentam que esse comportamento ajuda a reduzir o consumo de RAM e a manter o determinismo.

```
BaseType_t xFunctionName(int8_t *pcWriteBuffer,
                         size_t xWriteBufferLen,
                         const int8_t *pcCommandString );
```

Listagem 9.16 Protótipo de função de comando no FreeRTOS+CLI.

No FreeRTOS+CLI, os comandos podem ter diferentes argumentos ou até mesmo nenhum argumento. A seguir, diferentes exemplos de comandos serão descritos. O primeiro exemplo é um comando sem argumentos, bastante utilizado para mostrar as informações das ferramentas de monitoramento do próprio RTOS, como lista de tarefas ou estatísticas de tempo de execução. A Listagem 9.17 apresenta um comando para retornar as informações de tarefas do sistema, a partir da função *vTaskList()* do FreeRTOS. Verifique que, apesar da tabela com a lista de tarefas possuir várias linhas, todas as linhas estão contidas em uma única *string*. A única limitação dessa abordagem é a quantidade de memória utilizada no *buffer* de saída, que deve ser suficiente para a tabela inteira de tarefas.

```
1  static BaseType_t prvTaskStatsCommand(int8_t *pcWriteBuffer,
                                         size_t xWriteBufferLen,
3                                        const int8_t *pcCommandString ){

5      // Texto de cabeçalho das informações impressas
       char *head = "Name            State  Priority  Stack  Number\n\r";
7
       /* O comando assume que o buffer de saída é grande o suficiente para armazenar
9      todo o texto gerado ao executar a função vTaskList(). Assim, o parâmetro com o
       tamanho do buffer não é utilizado. */
11     ( void ) xWriteBufferLen;

13     /* Utiliza o buffer de saída como parâmetro da função vTaskList().
       Assim a função escreve a lista de tarefas diretamente no buffer de saída. */
15     strcpy(pcWriteBuffer, head);
```

```
17      vTaskList( &pcWriteBuffer[strlen(head)]);

        /* Como todos os dados já estão no buffer de saída, a execução do comando está
19      completa e pode retornar pdFALSE. */
        return pdFALSE;
21  }
```

Listagem 9.17 Exemplo de comando para imprimir as tarefas instaladas no sistema FreeRTOS.

O segundo exemplo, mostrado na Listagem 9.18, imprime o comando *help* do FreeRTOS+CLI. Cada comando registrado na API possui sua própria *string* de ajuda. Essa *string* é uma linha de texto que demonstra como o comando deve ser utilizado. O comando *help* retorna todas as *strings* de ajuda, provendo uma lista de comandos disponíveis ao usuário. Diferentemente do primeiro exemplo, esse comando precisa ser chamado diversas vezes pelo processador de comandos para completar sua execução, pois gera somente uma linha de texto por chamada. Note que essa função é não reentrante.

```
1   static BaseType_t prvHelpCommand(int8_t *pcWriteBuffer, size_t xWriteBufferLen,
                                       const int8_t *pcCommandString ){
3   /* O comando help do FreeRTOS+CLI irá gerar múltiplas linhas de texto, sendo uma linha para
    cada chamada dessa função. Isso significa que a função deve guardar qual linha de texto já
5   foi e quais ainda faltam ser escritas no buffer de saída. A variável estática pxCommand é
    utilizada para saber qual é a próxima linha que será copiada para o buffer. */
7       static const xCommandLineInputListItem *pxCommand = NULL;
        signed BaseType_t xReturn;
9
        if( pxCommand == NULL ){
11          /* pxCommand é NULL entre execuções do comando. Assim, se esse valor for
            nulo, na entrada da função deve-se iniciar um novo comando help, e a primeira
13          linha deve ser copiada para o buffer. A linha seguinte é apontada por pxCommand
            para o primeiro comando registrado com a API FreeRTOS+CLI. */
15          pxCommand = &xRegisteredCommands;
        }
17
        /* Copia a string do comando apontada por pxCommand, tomando cuidado para
19      não estourar o buffer de saída. */
        strncpy( pcWriteBuffer, pxCommand->pxCommandLineDefinition->pcHelpString,xWriteBufferLen );
21
        /* Guarda a informação do próximo comando a ser impresso. */
23      pxCommand = pxCommand->pxNext;
25      if( pxCommand == NULL ){
            /* Se o próximo comando for nulo, o comando terminou de executar. */
27          xReturn = pdFALSE;
        }
29      else{
            /* Se ainda existirem comandos para imprimir, retorna pdTRUE. */
31          xReturn = pdTRUE;
        }
33      return xReturn;
    }
```

Listagem 9.18 Exemplo de comando para imprimir os comandos registrados no sistema.

Projetos de sistemas embarcados baseados em RTOS

O terceiro exemplo apresentado considera um caso de comando com parâmetros, como um comando de cópia a partir de um sistema de arquivos. Nesse comando é necessário passar como argumentos o arquivo de origem e o arquivo de destino da cópia. Na Listagem 9.19 é mostrada a implementação de um comando de cópia, que possui dois argumentos. Verifique que a função *FreeRTOS_CLIGetParameter()* é utilizada para receber os parâmetros do comando. Ainda, deve-se considerar que, se o comando foi registrado como tendo dois parâmetros, o FreeRTOS+CLI não irá chamar a função do comando a menos que exatamente dois parâmetros sejam fornecidos.

```
static BaseType_t prvCopyCommand(int8_t *pcWriteBuffer,
                               size_t xWriteBufferLen,
                               const int8_t *pcCommandString ){
    int8_t *pcParameter1, *pcParameter2;
    BaseType_t xParameter1StringLength, xParameter2StringLength, xResult;

    /* Obtém o nome do arquivo fonte e o tamanho de seu nome, a partir do primeiro parâmetro
       contido na string do comando. Para tanto, utiliza-se a função FreeRTOS_CLIGetParameter().
     */
    pcParameter1 = FreeRTOS_CLIGetParameter
                        (
                            /* String do comando. */
                            pcCommandString,
                            /* Seleciona o primeiro parâmetro. */
                            1,
                            /* Armazena o tamanho da string do parâmetro. */
                            &xParameter1StringLength
                        );

    /* Obtém o nome do arquivo de destino como segundo parâmetro */
    pcParameter2 = FreeRTOS_CLIGetParameter( pcCommandString,
                                             2,
                                             &xParameter2StringLength );

    /* Finaliza a string com o nome de ambos os arquivos. */
    pcParameter1[ xParameter1StringLength ] = 0x00;
    pcParameter2[ xParameter2StringLength ] = 0x00;

    /* Executa a operação de cópia. */
    xResult = prvCopyFile( pcParameter1, pcParameter2 );

    if( xResult == pdPASS ){
        /* Informa ao usuário que a cópia teve sucesso. */
        snprintf( pcWriteBuffer, xWriteBufferLen, "Cópia realizada com sucesso!\r\n\r\n" );
    }
    else{
        /* Informa ao usuário que a cópia não teve sucesso. */
        snprintf( pcWriteBuffer, xWriteBufferLen, "Erro durante a cópia.\r\n\r\n" );
    }

    /* Retorna pdFALSE porque o comando completou e só há uma linha de saída. */
    return pdFALSE;
}
```

Listagem 9.19 Exemplo de comando com parâmetros.

Existe ainda a possibilidade de se criarem comandos com tamanho variável de parâmetros. Para mais informações sobre esses outros modos de implementação de comandos, recomenda-se consultar a documentação oficial do FreeRTOS+CLI. Para registrar os comandos, é necessário criar uma variável do tipo CLI_Command_Definition_t por comando. Essa variável é uma estrutura de dados que contém o nome do comando, a *string* de ajuda, a função que implementa o comando e o número de parâmetros esperados. A Listagem 9.20 apresenta um exemplo de registro de comando a partir da API do FreeRTOS+CLI.

```
1  /* Definição do comando */
   static const CLI_Command_Definition_t xTasksCommand ={
3      "tasks",
       "\r\ntasks:\r\n Lista todas as tarefas instaladas\r\n\r\n",
5      prvTaskStatsCommand,
       0
7  };

9  /* Registro do comando. Deve ser realizado preferencialmente na
   tarefa que gerencia o terminal. */
11 FreeRTOS_CLIRegisterCommand(&xTasksCommand);
```

Listagem 9.20 Registro de um comando a partir da API FreeRTOS+CLI.

9.8.2 BRTOS Terminal

De maneira similar ao FreeRTOS+CLI, para implementar o terminal no BRTOS é necessário criar uma tarefa para gerenciar a entrada e a saída de dados e executar o interpretador de comandos. As funções de envio e recebimento de caractere podem ser implementadas a partir de um *driver* ou por código de usuário. No exemplo apresentado na Listagem 9.21, o código que inicializa e configura a porta UART é omitido. Já a recepção e transmissão de um caractere é provida pelas funções *UARTGetchar()* e *UARTPutChar()*, respectivamente. Nesse exemplo, a função *UARTPutString()* implementa a transmissão de múltiplos caracteres, desde que diferentes de zero. Note que a função *terminal_init()* que inicializa o terminal recebe como parâmetro a função que transmite um caractere.

O terminal do BRTOS possui duas funções para manipulação, *terminal_input()* e *terminal_process()*. A primeira função recebe a *string* de dados do comando e, quando retorna um valor diferente de zero, indica que o comando está pronto para ser executado. Nesse momento, a função *terminal_process()* deve ser executada. Um diferencial do terminal do BRTOS é a possibilidade de repetir o último comando digitado ao receber um caractere de tecla pressionada

Projetos de sistemas embarcados baseados em RTOS 405

```c
#include "terminal.h"
void Terminal(void *param){
    char data;
    (void)param;

    // Habilita e configura a porta serial.
    ...

    // Limpa o terminal e imprime uma mensagem de boas-vindas.
    UARTPutString("\033[2J\033[H");
    UARTPutString("BRTOS Start!\n\r");

    terminal_init(UARTPutChar);

    while(1){
        if(!UARTGetchar(&data, 0)){
            if (terminal_input(data)){
                terminal_process();
            }
        }
    }
}
```

Listagem 9.21 Exemplo de implementação de uma tarefa para gerenciar o terminal no BRTOS.

para cima. Como os valores enviados ao pressionar a tecla para cima diferem dependendo da plataforma, o terminal possui duas definições que ajudam o código a identificar essa tecla. Geralmente, ao pressionar uma tecla para cima são enviados dois ou mais caracteres. Assim, as definições do BRTOS determinam qual é o primeiro caractere que identifica uma tecla para cima e quantos caracteres serão descartados em seguida, UP_KEY_CHAR e CHARS_TO_DISCARD, respectivamente.

Os comandos podem ser registrados estaticamente em tempo de projeto ou dinamicamente em tempo de execução. Para registrar os comandos estaticamente, uma tabela deve ser formada como mostrado na Listagem 9.22. A instalação estática de comandos ocupa uma menor quantidade de memória RAM no sistema. Verifique que o nome do comando no terminal e o nome da função são iguais. Ainda, que o segundo parâmetro é a *string* de ajuda do comando.

```c
#define COMMAND_TABLE(ENTRY) \
ENTRY(help,"Help Command")     \
ENTRY(runst, "Runtime Stats")  \
ENTRY(top,"System info")       \
ENTRY(ver,"System version")
```

Listagem 9.22 Exemplo de tabela de comandos estáticos no BRTOS.

O protótipo das funções de comandos é apresentado na Listagem 9.23, junto com um exemplo de comando para listar as estatísticas de tempo de execução do BRTOS. Note que os parâmetros do comando são tratados da mesma forma que o padrão da linguagem C. Assim, o *string parsing* pode ser realizado semelhantemente, como demonstrado na Listagem 9.24. Note que o valor *argc* é a quantidade de parâmetros passados para o comando e que *argv[]* é um vetor de *strings* com o texto de cada parâmetro. Apesar de os comandos do BRTOS retornarem um ponteiro para uma *string*, seu uso não é obrigatório.

```
1  #define CMD_FUNC(x)              char *cmd_##x(int argc, char ** argv)

3  CMD_FUNC(runst){
     OSRuntimeStats(big_buffer);
5    printf_terminal("%s", big_buffer);

7    return NULL;
   }
```

Listagem 9.23 Exemplo de comando de terminal no BRTOS.

```
   for(int i = 0; i < argc; i++){
2      // argv[i] é o argumento com índice i
   }
```

Listagem 9.24 *String parsing* para os argumentos de um comando.

Diferentemente do FreeRTOS, no BRTOS os comandos podem acessar o periférico de saída de dados livremente, como no exemplo apresentado na Listagem 9.23. A função **printf_terminal()** nada mais é do que uma macro para a função *printf()* desenvolvida por Georges Menie, comentada anteriormente.

O registro dinâmico de um comando no BRTOS é realizado pela função **terminal_add_cmd()**, como apresentado na Listagem 9.25. Para adicionar um comando, deve-se criar uma variável do tipo *dcmd_t*, que armazena as informações do comando registrado. Os parâmetros da função que registra os comandos são o ponteiro para uma variável do tipo *dcmd_t*, a função de execução do comando, o nome do comando e a *string* de ajuda do comando.

Percebe-se claramente que as diferentes implementações de um terminal são semelhantes e apresentam comportamento muito próximo. A principal diferença entre os dois terminais apresentados é que no BRTOS os comandos são executados por completo em somente uma chamada da função do comando. Apesar de aparentemente mais complexa, a implementação do FreeRTOS tem a vantagem de economizar memória RAM em alguns casos.

```
1  /* Comando para teste */
   dcmd_t test_1;
3  char *cmd_test_1(int argc, char ** argv){
     UARTPutString("Teste 1!\n\r");
5    return NULL;
   }
7
   /* O registro do comando deve ser realizado preferencialmente pela
9  tarefa que gerencia o terminal. No entanto, qualquer tarefa pode
   registrar um comando */
11 terminal_add_cmd(&test_1,cmd_test_1,"tst1","Comando teste 1!");
```

Listagem 9.25 Registro dinâmico de comando no terminal no BRTOS.

9.9 Traçamento ou *tracing*

O modelo de programação concorrente com multitarefas/*multithreading*, embora tenha tido um crescimento muito grande na sua utilização em projetos de sistemas embarcados nos últimos anos, principalmente face à crescente complexidade de tais sistemas, não é por si só uma solução definitiva e que garanta o sucesso do projeto. Pelo contrário, adicionar concorrência ao programa computacional torna mais difícil para o ser humano analisá-lo, devido ao grande número de interações possíveis entre as tarefas/*threads*. Por isso, alguns autores inclusive defendem o abandono do modelo de *threads* na computação, principalmente em sistemas embarcados, em que a confiabilidade e o determinismo da computação são essenciais (LEE, 2006).

Por outro lado, boas práticas de projeto, como a divisão e a alocação adequadas das tarefas e respectivas prioridades, bem como técnicas e ferramentas para monitoramento e depuração, podem ser usadas para aumentar as chances de sucesso em projetos multitarefas. Uma dessas técnicas e que é muito útil no projeto de sistemas multitarefas é a utilização de uma ou mais ferramentas de gravação de traço ou traçamento (do inglês *trace recording* ou *tracing*).

O traçamento consiste na marcação do código sendo executado, de forma a armazenar eventos que permitam rastrear tal execução e, posteriormente, analisá-la externamente (isto é, em modo *offline*). Tal análise é realizada com o intuito de detectar possíveis problemas de execução, como perdas de prazos, estouro de pilha, problemas de desempenho, inversões de prioridades, intertravamentos, dentre outros. Para tanto, o traço gerado deve ter granularidades temporal e de eventos suficientes para poder reconstruir a execução do código com a fidelidade necessária ao rastreamento e à identificação da(s) causa(s) do problema a ser resolvido. Portanto, o traçamento difere da gravação de eventos (*logging*) por apresentar uma granularidade mais elevada e por ser feito continuamente, desde o início da execução ou a partir de alguma exceção ou detecção de falha, e não apenas na ocorrência do evento.

A implementação de traçamento pode ser feita por *hardware*, *software* ou de forma híbrida por *hardware* e *software*. Um exemplo trivial de implementação por *software* é uso da função do padrão C *printf()* para se realizar anotações no código, em pontos de interesse do projetista, e imprimi-las em um terminal de forma a rastrear sua execução. Entretanto, essa abordagem tem algumas características que a tornam pouco adequada para o traçamento de sistemas de tempo real, como uso elevado de CPU, que pode provocar atrasos no sistema e perda de prazos, uso elevado de memória de dados, que pode causar estouro de pilha, necessidade de anotação pelo projetista no código do sistema, que pode causar erros lógicos, e maior taxa de comunicação necessária para transmissão dos dados coletados.

Claramente, existe um compromisso no projeto do traçador (do inglês, *tracer*), pois quanto maior a quantidade de eventos gravados e a resolução temporal destes, maior tende a ser a sobrecarga do traçador em uso de CPU, memória de dados e taxa de comunicação. Essa sobrecarga pode ser significativa a ponto de adicionar falhas no sistema que não estariam presentes originalmente e, obviamente, deturpam o propósito da utilização do traçamento. Exemplos de falhas que podem ser adicionadas pelo traçador incluem atrasos temporais na execução das tarefas e, consequentemente, possíveis perdas de prazos, aumento de latência de interrupções e estouros de pilha. Além disso, mesmo que se consiga um projeto de traçador bastante eficiente em termos de consumo de CPU e memória, sua sobrecarga nunca será nula. Por isso, desaconselha-se a desabilitação do traçador no projeto, pois a ativação e desativação do traçador muda o comportamento do sistema, podendo provocar alterações na sequência de execução de eventos e tarefas e, consequentemente, a ativação de falhas que estavam latentes no projeto. A isso se chama efeito de prova (do inglês, *probe effect*).

Em projetos de tempo real, nos quais a execução do código não pode ser interrompida (por exemplo, pelo uso de pontos de parada, ou *breakpoints*) ou realizada lentamente (por exemplo, passo a passo), o traçamento pode ser uma alternativa para detecção e correção de falhas. Exemplos de tais situações incluem comunicações de dados, como USB e Ethernet, e sistemas de controle. Além disso,

Projetos de sistemas embarcados baseados em RTOS 409

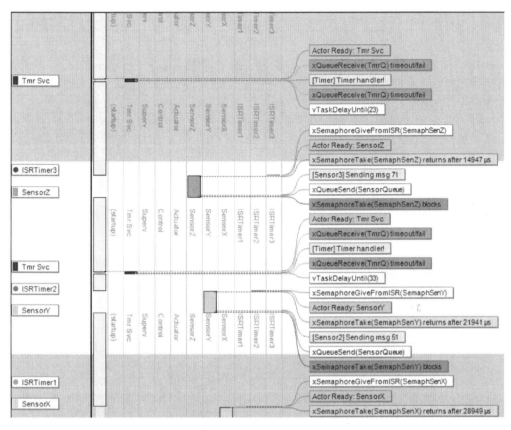

Figura 9.5 Linha de tempo vertical de execução das tarefas com utilização de objetos e serviços do sistema.

em sistemas multitarefas, um problema pode demorar muito tempo para ocorrer e ser de difícil reprodução, pois pode ser causado a partir de uma combinação bem específica de execuções de tarefas, cuja probabilidade de ocorrência seja muito pequena. Nesse caso, a utilização do traço gravado até a ocorrência do problema pode reduzir bastante o tempo necessário para detecção e correção do problema. Por isso, além de ter uma sobrecarga baixa, é desejável que o traçador guarde os eventos associados à operação do RTOS, como criação das tarefas, trocas de contexto, temporizadores, atrasos, esperas, *mutexes*, semáforos, filas etc. Assim, é comum que os RTOS já disponibilizem traçadores próprios ou tenham o código instrumentado de forma a permitir o acesso aos eventos a um traçador externo a partir de macros ou funções de gancho.

Alguns exemplos de utilização de traçamento podem ser observados nas figuras 9.5, 9.6 e 9.7, as quais foram obtidas por meio da ferramenta FreeRTOS+Trace

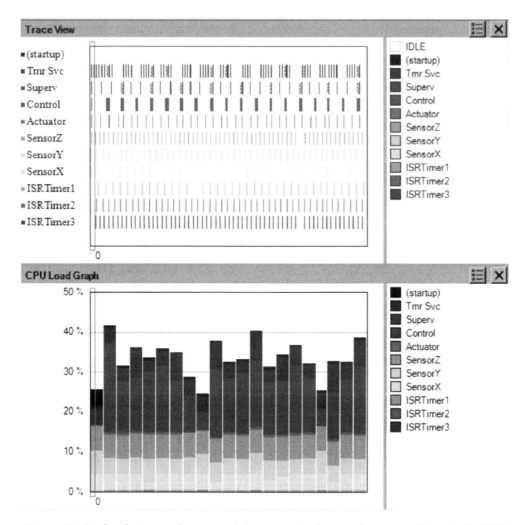

Figura 9.6 Linha de tempo horizontal de execução das tarefas com utilização de CPU.

e visualizadas por meio do *software* Tracealyzer da empresa Percepio.[1] Essa ferramenta permite visualizar gráficos sobre o comportamento da aplicação e do RTOS, incluindo uso de CPU e memória, linha de tempo de execução das tarefas e interrupções, utilização de eventos, objetos e serviços do sistema, entre outras visualizações possíveis.

---

[1] Disponível em: <percepio.com/tz/freertostrace>.

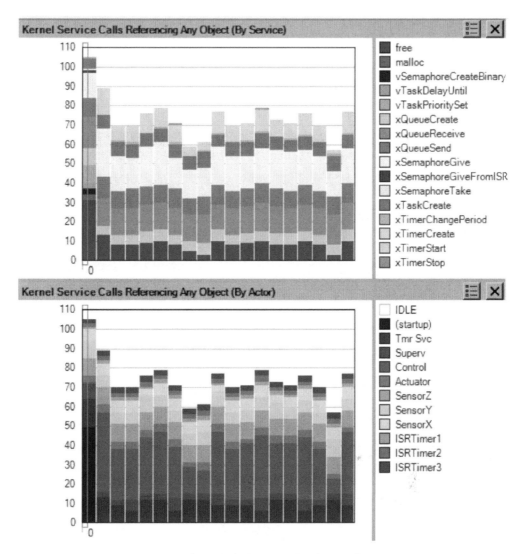

Figura 9.7 Gráfico de utilização de objetos do sistema.

9.10 Portando um sistema operacional de tempo real

O princípio de funcionamento de um RTOS, principalmente os preemptivos, é dependente de determinadas características do processador utilizado, como interrupções e registradores. Para tornar um RTOS mais fácil de ser utilizado em diversas plataformas, a parte do código independente do processador é usualmente separada da parte do código que depende do processador. Os trechos de códigos dependentes do *hardware* utilizado são conhecidos como porte do sistema operacional.

Portar um RTOS para uma nova plataforma não é algo trivial e depende tanto do processador quanto do RTOS utilizado. Outro fator que dificulta a portabilidade é que diferentes compiladores possuem diferentes recursos e funcionalidades. Portanto, o porte depende do conjunto processador/compilador, além do RTOS em si. No entanto, a maioria dos RTOS têm requisitos bem específicos e semelhantes para o desenvolvimento do porte.

Para exemplificar um procedimento de porte, será utilizado o BRTOS com um processador ARM Cortex-M4, com o compilador GCC. Apesar da dificuldade inicial, qualquer microcontrolador de qualquer fabricante que utilize como núcleo um ARM Cortex-M3/M4 e o compilador GCC poderá utilizar o porte descrito.

As principais características de um processador que devem ser conhecidas para se iniciar um porte são:

- que procedimento deve ser realizado para gerar uma interrupção de *software*;
- como os registradores são empilhados na pilha quando ocorre uma interrupção;
- como manipular os registradores na pilha do processador;
- como salvar o ponteiro de pilha do processador em uma variável;
- como gerar uma interrupção de tempo com frequência entre 100 Hz e 10 kHz;
- como proceder para bloquear as interrupções do processador;
- como colocar o processador em modo de baixo consumo de energia.

A melhor maneira de se iniciar um porte é realizar uma troca de contexto. No BRTOS, o procedimento de troca de contexto é definido por uma sequência de macros que são descritas no porte para um determinado processador. Existem RTOS e/ou portes em que a troca de contexto ocorre em qualquer interrupção. No entanto, nos processadores ARM é mais comum implementar a troca de contexto em uma interrupção de *software* conhecida como *PendSV*. Segundo a documentação da ARM, essa interrupção deve ser utilizada para serviços no âmbito do sistema, sendo que em um sistema operacional recomenda-se seu uso

Projetos de sistemas embarcados baseados em RTOS 413

para a troca de contexto. A sequência de macros para se implementar uma troca de contexto no BRTOS é apresentada na Listagem 9.26. Como pode-se perceber, o procedimento de troca de contexto somente irá ocorrer se o escalonador do sistema selecionar uma tarefa diferente da tarefa que está em execução no momento.

```
1  #define OS_EXIT_INT()                                          \
       SelectedTask = OSSchedule();                               \
3      if (currentTask != SelectedTask){                          \
           OS_SAVE_CONTEXT();                                     \
5          OS_SAVE_SP();                                          \
           ContextTask[currentTask].StackPoint = SPvalue;        \
7          currentTask = SelectedTask;                            \
           SPvalue = ContextTask[currentTask].StackPoint;        \
9          OS_RESTORE_SP();                                       \
           OS_RESTORE_CONTEXT();                                  \
11     }
```

Listagem 9.26 Sequência de macros para a troca de contexto no BRTOS.

No caso da troca de contexto ser necessária, o primeiro procedimento a ser realizado é salvar o contexto da tarefa que deixará de executar. Para realizar esse procedimento, é necessário manipular os registradores do processador e sua pilha, assim como conhecer seu *stack frame* (ou *exception frame*). O *stack frame* são as informações que serão salvas na pilha do processador, automaticamente por *hardware*, quando este saltar para uma rotina de tratamento de interrupção. Conhecer essa particularidade do processador é importante, pois um porte eficiente somente salvará o complemento dos registradores (ou seja, os que já não foram salvos pelo *hardware*).

O *stack frame* e o conjunto de registradores de um processador ARM Cortex-M3 podem ser visualizados na Figura 9.8 (a) e (b), respectivamente. Para facilitar o entendimento do porte de processadores ARM Cortex-M3/M4, será inicialmente considerada a derivação M3 do processador, por não possuir unidade de ponto flutuante e, consequentemente, apresentar um porte mais simples. Note que somente alguns registradores são salvos automaticamente pelo processador, sendo os primeiros o registrador xPSR, que contém as *flags* do processador (se a última operação teve resposta zero, se houve *overflow*, *carry* etc.) e o contador de programas. Em alguns processadores somente esses registradores são salvos automaticamente ao saltar para uma interrupção. No entanto, nos processadores ARM os registradores de propósito geral R0, R1, R2, R3 e R12 também são salvos, além do registrador LR, cuja função será abordada posteriormente.

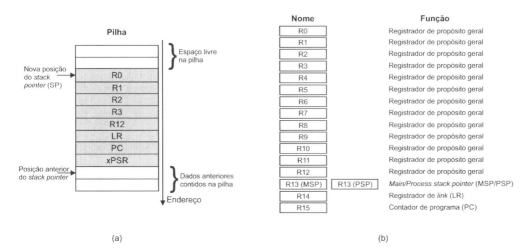

Figura 9.8 *Stack frame* (a) e conjunto de registradores (b) de um processador ARM Cortex-M3.

Como alguns registradores já foram salvos pelo processador ao saltar para uma rotina de tratamento de interrupção, a macro OS_SAVE_CONTEXT() somente deve salvar o complemento dos registradores. Na maioria dos processadores mais simples esse procedimento seria simples. No entanto, os processadores ARM possuem dois ponteiros de pilha, o MSP e o PSP. Antes de comentar sobre aspectos práticos de implementação, é importante ressaltar por que existem dois ponteiros de pilha no processador. Quando só há um ponteiro de pilha, ao ocorrer uma interrupção todas as variáveis locais e saltos realizados dentro da rotina de tratamento são armazenadas na pilha da tarefa. Assim, se houver a possibilidade de muitas interrupções aninhadas, todas as tarefas devem prever em suas pilhas o salto para múltiplas interrupções. Já se houver dois ponteiros de pilha, ao saltar para uma interrupção o processador altera o ponteiro de pilha do PSP (ponteiro de pilha de processo) para o MSP (ponteiro de pilha principal), no caso dos processadores ARM. Assim, a pilha utilizada nas interrupções é diferente da pilha das tarefas e, consequentemente, o espaço necessário em memória para a pilha das interrupções torna-se independente da quantidade de tarefas instaladas.

Considerando que os processadores ARM alteram o ponteiro de pilha de PSP para MSP ao saltar para uma interrupção, para salvar o complemento dos registradores na pilha da tarefa é preciso utilizar o ponteiro PSP, como apresentado na Listagem 9.27. Verifique que algumas instruções não são permitidas a partir do registrador PSP diretamente. Assim, o porte oficial do ARM no BRTOS move

Projetos de sistemas embarcados baseados em RTOS

o valor contido em PSP para o registrador R0, que já está salvo na pilha da tarefa. Como faltam oito registradores a serem salvos (R4 a R11), o valor em R0 é subtraído de 0x20, ou seja, reserva os 32 *bytes* para armazenar os oito registradores de 32 *bits* faltantes. Finalmente, a instrução STM salva os oito registradores na posição apontada por R0.

```
1  #define OS_SAVE_CONTEXT() __asm(                            \
                              "MRS     R0, PSP         \n"   \
3                             "SUBS    R0, R0, #0x20   \n"   \
                              "STM     R0, {R4-R11}    \n"   \
5                             )
```

Listagem 9.27 Salvamento de contexto para um ARM Cortex-M3 no BRTOS.

Após salvar o contexto na pilha da tarefa é necessário armazenar a posição atual do ponteiro de pilha no bloco de controle da tarefa. Para realizar esse procedimento, o porte do BRTOS utiliza uma variável auxiliar (*SPvalue*) para onde essa posição é copiada, de forma a implementar o salvamento do ponteiro de pilha no bloco de controle de tarefa (TCB) por código portável escrito em linguagem C. A Listagem 9.28 apresenta esse procedimento. Note que, para acessar o endereço da variável auxiliar, foi utilizado o registrador R1, que também já está salvo na pilha. Assim, o valor contido em R0 é armazenado em *SPvalue*.

```
1  #define OS_SAVE_SP() __asm( "LDR    R1, =SPvalue   \n"   \
                          "STR    R0, [R1]        \n"   \
3                         )
```

Listagem 9.28 Salvamento de ponteiro de pilha no TCB para um ARM Cortex-M3 no BRTOS.

Pode-se observar na Listagem 9.26 que a variável auxiliar será salva no TCB da tarefa que estava executando e que logo depois essa variável recebe o valor do ponteiro de pilha da nova tarefa a executar (tarefa selecionada pelo escalonador). Portanto, para trocar o contexto para essa nova tarefa é necessário copiar o valor do novo ponteiro de pilha para o ponteiro do processador e restaurar o contexto da tarefa selecionada nos registradores do processador. Esses procedimentos são realizados pelas macros OS_RESTORE_SP() e OS_RESTORE_CONTEXT(), respectivamente. Ainda, pode-se verificar nas listagens 9.29 e 9.30 que esse procedimento é exatamente o inverso dos apresentados nas listagens 9.27 e 9.28.

As últimas três linhas da Listagem 9.30 são diferentes da maioria dos portes existentes devido a uma pequena diferença dos processadores ARM. Ao retornar de uma interrupção, os processadores ARM analisam o conteúdo do registrador

416 Sistemas operacionais de tempo real e sua aplicação em sistemas embarcados

```
1 #define OS_RESTORE_SP() __asm("LDR     R1, =SPvalue   \n"   \
                               "LDR     R0, [R1]       \n"   \
3                    )
```

Listagem 9.29 Restaura o ponteiro de pilha no processador com o ponteiro de pilha da tarefa selecionada pelo escalonador.

```
1  #define OS_RESTORE_CONTEXT() __asm(                                      \
                              /* Restaura r4-11 para a pilha do nova tarefa */  \
3                             "LDM     R0, {R4-R11}     \n"                  \
                              "ADDS    R0, R0, #0x20    \n"                  \
5                             /* Carrega o PSP com o ponteiro da nova tarefa */  \
                              "MSR     PSP, R0          \n"                  \
7                             "LDR     LR,=0xFFFFFFFD   \n"                  \
                              /* Remove bloqueio das interrupções */        \
9                             "CPSIE   I                \n"                  \
                              "BX      LR               \n"                  \
11                            )
```

Listagem 9.30 Restaura o contexto de uma tarefa para um ARM Cortex-M3 no BRTOS.

LR. O valor final desse registrador como 0xD representa que o processador está saindo de uma interrupção para retornar para uma tarefa (e não para outra interrução), assim como indica que o processador deve utilizar o ponteiro de pilha PSP para restaurar o contexto salvo em *hardware*. Ainda, a instrução CPSIE remove o bloqueio de interrupções, necessário para realizar a troca de contexto de forma atômica. Assim, o código do porte restaura os registradores R4 a R11, e o *hardware* restaura automaticamente os registradores R0-R3/R12, LR, xPSR e PC para a nova tarefa. Como o valor do contador de programa é alterado, o processador passa a executar a tarefa selecionada pelo escalonador.

O procedimento apresentado de troca de contexto ocorre em uma interrupção de *software* conhecida como PendSV nos processadores ARM, como visto anteriormente. Cada processador possui uma estratégia para acionar interrupções de *software*. No caso do ARM, esse procedimento pode ser verificado na Listagem 9.31. Usualmente, em um porte a chamada dessa interrupção é atribuída a uma macro, como *yield()*, *ChangeContext()*, entre outros. Essa macro é utilizada por diversas funções da API de um RTOS para implementar a troca de contexto. Note que a chamada da interrupção é realizada ao setar um *bit* no registrador NVIC_INT_CTRL. Verifique ainda que no porte do BRTOS para processadores ARM a troca de contexto é um caso especial, pois ocorre sempre na interrupção PendSV. Assim, essa interrupção também deve ser chamada no processamento de qualquer outra interrupção que faça uso da API do sistema, por meio da macro

Projetos de sistemas embarcados baseados em RTOS 417

OS_INT_EXIT_EXT(). Outra particularidade do processador ARM é que esse *bit* deve ser zerado quando a interrupção PendSV for executada, utilizando-se a macro *Clear_PendSV()*.

```
1  // Registrador de controle das interrupções do processador ARM
   #define NVIC_INT_CTRL              ( ( volatile unsigned long *) 0xe000ed04 )
3  // Valor para disparar a interrupção PendSV.
   #define NVIC_PENDSVSET            0x10000000
5
   #define ChangeContext()    *(NVIC_INT_CTRL) = NVIC_PENDSVSET;   \
7                             __asm(" CPSIE I")

9  #define OS_INT_EXIT_EXT()  *(NVIC_INT_CTRL) = NVIC_PENDSVSET

11 #define Clear_PendSV()     *(NVIC_INT_CTRL) = NVIC_PENDSVCLR
```

Listagem 9.31 Definições para troca de contexto em processadores ARM no BRTOS.

Apesar da troca de contexto ser implementada pelas macros e definições descritas, a pilha de qualquer tarefa deve ser preparada para que a tarefa seja executada corretamente em sua primeira chamada. Para isso, todo sistema operacional tem em seu porte uma função que prepara a pilha da tarefa para ser despachada a primeira vez. Essa função deve considerar o *stack frame* do processador e a forma com que a troca de contexto foi implementada. Note na Listagem 9.32 que a pilha virtual da tarefa é montada a partir do *stack frame* do processador. O local do registrador PC recebe o endereço da função em que a tarefa é implementada. O conteúdo dos registradores é utilizado para verificar se a restauração do contexto está correta. Por exemplo, o registrador R12 deverá receber o valor 0x12121212 se o porte estiver correto. Verifique também que o BRTOS suporta uma marca d'água que permite monitorar a ocupação da pilha, da mesma forma que permite computar o espaço livre na pilha de uma dada tarefa.

```
1  void CreateVirtualStack(void(*FctPtr)(void*), INT16U NUMBER_OF_STACKED_BYTES, void *
      parameters){
      #ifdef WATERMARK
3     OS_CPU_TYPE *temp_stk_pt = (OS_CPU_TYPE*)&STACK[iStackAddress];
      *temp_stk_pt++ = (INT32U)(((NumberOfInstalledTasks+'0')<<24) + 'T' + ('S'<<8) + ('K'<<16));
5     #endif

7     OS_CPU_TYPE *stk_pt = (OS_CPU_TYPE*)&STACK[iStackAddress + (NUMBER_OF_STACKED_BYTES /
      sizeof(OS_CPU_TYPE))];

9     *--stk_pt = (INT32U)INITIAL_XPSR;                    /* xPSR */
      *--stk_pt = (INT32U)FctPtr;                          /* Entrada da tarefa */
11    *--stk_pt = 0;                                       /* R14 (LR) */
      *--stk_pt = (INT32U)0x12121212u;                     /* R12 */
13    *--stk_pt = (INT32U)0x03030303u;                     /* R3 */
      *--stk_pt = (INT32U)0x02020202u;                     /* R2 */
15    *--stk_pt = (INT32U)0x01010101u;                     /* R1 */
      *--stk_pt = (INT32U)parameters;                      /* R0 : argumento */

17
```

```
    /* Complemento de registradores salvos pelo porte */
19  *--stk_pt = (INT32U)0x11111111u;                      /* R11 */
    *--stk_pt = (INT32U)0x10101010u;                      /* R10 */
21  *--stk_pt = (INT32U)0x09090909u;                      /* R9 */
    *--stk_pt = (INT32U)0x08080808u;                      /* R8 */
23  *--stk_pt = (INT32U)0x07070707u;                      /* R7 */
    *--stk_pt = (INT32U)0x06060606u;                      /* R6 */
25  *--stk_pt = (INT32U)0x05050505u;                      /* R5 */
    *--stk_pt = (INT32U)0x04040404u;                      /* R4 */

27
    #ifdef WATERMARK
29  do{
        *--stk_pt = 0x24242424;
31  }while (stk_pt > temp_stk_pt);
    #endif
33 }
```

Listagem 9.32 Função que prepara a pilha para as tarefas em processadores ARM no BRTOS.

No ARM ainda é necessário utilizar uma interrupção específica para despachar a primeira tarefa do sistema, como apresentado na Listagem 9.33. Note que a definição **BTOSStartFirstTask()** no BRTOS é a responsável por iniciar a primeira tarefa. Como é necessária uma interrupção para isso no ARM, tal definição faz a chamada da interrupção SVC com esse propósito. O código da interrupção é visto logo abaixo. A rotina de interrupção de troca de contexto também é apresentada nessa listagem. No entanto, verifique que essa interrupção só está no porte do sistema por utilizar atributos específicos do compilador na declaração, pois o código é fixo para qualquer porte do BRTOS. O atributo *naked* faz com que o compilador não salve registradores na pilha dentro da interrupção. Esse comportamento poderia levar ao desalinhamento da pilha no sistema.

O próximo passo de um porte que sempre deve ser especificado são as funções para entrar e sair de regiões críticas. No BRTOS existe uma particularidade quanto a essas funções, pois existem as funções que mantêm o estado anterior ou não. As macros que implementam a entrada em região crítica sem manter o estado são chamadas de **UserEnterCritical()** e **UserExitCritical()**. Tais funções só devem ser utilizadas no código de usuário e com muita cautela, pois como o estado anterior do bloqueio não é considerado, pode ocorrer das interrupções serem liberadas erroneamente. Já as funções **OSEnterCritical()** e **OSExitCritical()** implementam as seções críticas com salvamento de estado. Essas funções são utilizadas pela API do BRTOS, assim como devem ser utilizadas para se obter maior segurança quanto a erros no desenvolvimento do código de usuário. A Listagem 9.34 apresenta o código que implementa ambos os modelos de região crítica nos processadores ARM. Note que é necessário definir uma variável de

Projetos de sistemas embarcados baseados em RTOS

```
1  #define BTOSStartFirstTask()                                                \
              __asm(                                                           \
3                 /* Chama a interrupção SVC para despachar a primeira tarefa. */ \
                  "cpsie i                  \n"                                 \
5                 "svc 0                    \n"                                 \
                  )
7
   __attribute__ ((naked)) void SwitchContextToFirstTask(void){
9      /* Torna as interrupções PendSV e SysTick as de menor prioridade no sistema. */
       *(NVIC_SYSPRI3) |= NVIC_PENDSV_PRI;
11     *(NVIC_SYSPRI3) |= NVIC_SYSTICK_PRI;
       OS_RESTORE_SP();
13     OS_RESTORE_CONTEXT();
       OS_RESTORE_ISR();
15 }

17 __attribute__ ((naked)) void SwitchContext(void){
       // Entrada de interrupção
19     OS_SAVE_ISR();

21     // Limpa flag da interrupção
       Clear_PendSV();
23
       // Saída da interrupção
25     OS_INT_EXIT();
       OS_RESTORE_ISR();
27 }
```

Listagem 9.33 Definições para despachar a primeira tarefa e interrupções de troca de contexto para processadores ARM no BRTOS.

nome CPU_SR sempre que as funções que guardam o estado são utilizadas, pois essa variável local armazena o estado anterior e é utilizada para restaurar esse estado ao sair da região crítica. Verifique ainda que, diferentemente do FreeRTOS, que permite bloquear as interrupções a partir de uma certa prioridade, o BRTOS implementa o bloqueio geral de interrupções como seção crítica. A vantagem dessa abordagem é acelerar o bloqueio e desbloqueio de interrupções. No entanto, perde-se em funcionalidade, pois não é possível gerar uma seção crítica parcial. Como essas funções são implementadas no porte do sistema, nada impede aos desenvolvedores que utilizam o BRTOS de modificá-las para suportar o bloqueio parcial de interrupções.

```
1  /* HAL.h */
   INT32U OS_CPU_SR_Save(void);
3  // Desabilita interrupções salvando estado anterior
   #define OSEnterCritical() (CPU_SR = OS_CPU_SR_Save())
5  // Habilita interrupções restaurando estado anterior
   void OS_CPU_SR_Restore(INT32U);
7  #define OSExitCritical()  (OS_CPU_SR_Restore(CPU_SR))

9  // Desabilita interrupções
   #define UserEnterCritical() __asm(" CPSID I")
11 // Habilita interrupções
   #define UserExitCritical()  __asm(" CPSIE I")
```

```
13
   /* HAL.c */
15 INT32U OS_CPU_SR_Save(void){
       INT32U priority;
17     __asm(
           "MRS    %0, PRIMASK          \n"
19         "CPSID  I                    \n"
           : "=r"  (priority)
21     );
       return priority;
23 }

25
   void OS_CPU_SR_Restore(INT32U SR){
27     __asm volatile ("MSR PRIMASK, %0\n\t" : : "r" (SR) );
   }
```

Listagem 9.34 Implementação de região crítica em processador ARM no BRTOS.

Para finalizar o porte do sistema, é necessário implementar a configuração da interrupção de marca de tempo e sua rotina de tratamento. Os portes tradicionais de processadores ARM utilizam o temporizador *systick*, que existe em qualquer processador ARM. Pelo nome do temporizador pode-se notar que é dedicado justamente a essa funcionalidade. Ainda, como esse temporizador existe em qualquer ARM, o código apresentado na Listagem 9.35 é compatível com qualquer processador ARM. No BRTOS, a frequência da marca de tempo é determinada pela definição configTICK_RATE_HZ, tendo seu valor padrão como 1.000 Hz.

```
   #define NVIC_SYSTICK_CTRL       ( ( volatile unsigned long *) 0xe000e010 )
 2 #define NVIC_SYSTICK_LOAD       ( ( volatile unsigned long *) 0xe000e014 )

 4 void TickTimerSetup(void){
       INT32U   module = configCPU_CLOCK_HZ / (INT32U)configTICK_RATE_HZ;
 6
       // Desabilita o temporizador systick
 8     *(NVIC_SYSTICK_CTRL) = 0;
       // Configura o timer para gerar uma base de tempo com frequência configTICK_RATE_HZ
10     *(NVIC_SYSTICK_LOAD) = module - 1u;
       // Habilita o temporizador systick
12     *(NVIC_SYSTICK_CTRL) = NVIC_SYSTICK_CLK | NVIC_SYSTICK_INT | NVIC_SYSTICK_ENABLE;
   }
14
   void TickTimer(void){
16     // Entrada de interrupção. Limpa flag da interrupção.
       TICKTIMER_INT_HANDLER;
18
       OSIncCounter();
20
       // BRTOS TRACE SUPPORT
22     #if (OSTRACE == 1)
           #if(OS_TICK_SHOW == 1)
24             #if(OS_TRACE_BY_TASK == 1)
                   Update_OSTrace(0, ISR_TICK);
26             #else
                       Update_OSTrace(configMAX_TASK_INSTALL - 1, ISR_TICK);
28             #endif
           #endif
30     #endif
```

```
32      // Rotina que gerencia as tarefas esperando por um evento temporizado
        OS_TICK_HANDLER();
34      // Saída da interrupção
        OS_INT_EXIT_EXT();
36  }
```

Listagem 9.35 Configuração e rotina de tratamento de interrupção da marca de tempo em processadores ARM para o BRTOS.

Como descrito anteriormente, o porte apresentado é específico para os processadores ARM Cortex-M3. Os processadores Cortex-M4 possuem adicionalmente uma unidade de ponto flutuante. Essa unidade de ponto flutuante contém um conjunto de registradores próprio, que aumenta a quantidade de registradores a serem salvos como contexto de uma tarefa. No total são 32 registradores de 32 *bits* para essa unidade, sendo que o *stack frame* das interrupções salva exatamente metade desse contexto automaticamente. A Figura 9.9 apresenta o *stack frame* do processador ARM Cortex-M4. Como pode-se perceber, o aumento da quantidade de registradores a serem salvos é considerável.

Felizmente, nos processadores ARM existe uma funcionalidade conhecida como *lazy stacking*. Esse recurso permite que o contexto de ponto flutuante somente seja salvo no caso de uso de uma instrução de ponto flutuante na tarefa. No entanto, se isso ocorrer, o sistema operacional deve salvar o restante do contexto, ou seja, os registradores S16 a S31. Para identificar o uso de uma instrução de ponto flutuante na tarefa, os processadores ARM marcam um dos *bits* do registrador LR com essa informação. Assim, a implementação do porte para salvamento e restauração do contexto pode identificar essa condição e utilizá-la para salvar ou não os registradores complementares, como apresentado na Listagem 9.36. Note que existe um teste para determinar o salvamento completar dos registradores de ponto flutuante, a partir do *bit* 4 (0x10) do registrador LR (R14). Assim, a instrução VSTMDBEQ somente irá salvar os registradores S16 a S31 se esse *bit* estiver com valor zero no registrador LR. Verifique ainda que o ponto de exclamação implementa a correção do ponteiro de pilha após o salvamento dos registradores, tanto na instrução VSTMDBEQ quanto na instrução STMDB.

Cada sistema operacional de tempo real possui camada de porte ou camada de abstração de *hardware* com características específicas. Ainda, diferentes processadores e compiladores apresentam particularidades que podem impactar a implementação dessa camada de abstração de *hardware*. No entanto, o porte

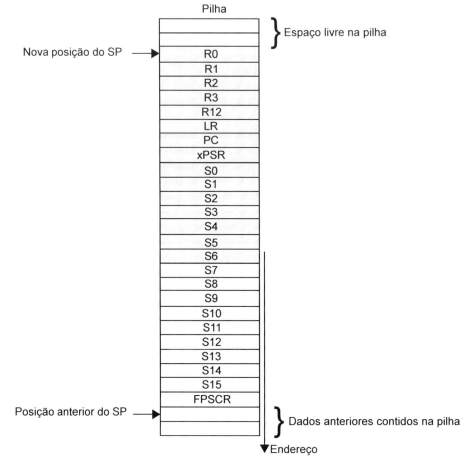

Figura 9.9 *Stack frame* de um processador ARM Cortex-M4.

apresentado descreve de maneira concisa os principais conceitos envolvidos na portabilidade de um RTOS.

9.11 Abstração de um RTOS a módulos externos

Um RTOS, por ter seu foco de aplicação atrelado a sistemas embarcados com reduzidos recursos computacionais, geralmente não provê as funcionalidades comumente encontradas em sistemas operacionais de propósito geral, como sistemas de arquivos, pilhas de protocolos, interfaces gráficas, entre outros. No entanto, é frequente que essas funcionalidades sejam ofertadas em um RTOS comercial como pacote adicional, quase sempre possuindo um custo de aquisição e/ou suporte.

Projetos de sistemas embarcados baseados em RTOS

```
#define OS_SAVE_CONTEXT()  __asm(                                    \
                           "POP      {LR}                  \n"      \
                           "MRS      R0, PSP               \n"      \
                           "TST      R14,#0x10             \n"      \
                           "IT       EQ                    \n"      \
                           "VSTMDBEQ R0!,{S16-S31}         \n"      \
                           "STMDB    R0!, {r4-r11, R14}    \n"      \
                           )

#define OS_RESTORE_CONTEXT()  __asm(                                 \
                           /* Restaura r4-11 para a pilha da nova tarefa */  \
                           "LDMIA    R0!, {R4-R11, R14}    \n"      \
                           "TST      R14, #0x10            \n"      \
                           "IT       EQ                    \n"      \
                           "VLDMIAEQ R0!, {S16-S31}        \n"      \
                           /* Carrega PSP com o SP da nova tarefa */   \
                           "MSR      PSP, R0               \n"      \
                           "ORR      LR,LR,#0x04           \n"      \
                           "CPSIE    I                     \n"      \
                           "BX       LR                    \n"      \
                           )
```

Listagem 9.36 Salvamento e restauração de contexto para um ARM Cortex-M4 no BRTOS.

Felizmente, existem soluções livres e de código aberto disponíveis para implementar a maioria das funcionalidades necessárias para os sistemas embarcados modernos. Exemplos desses módulos são:

- lwIP: implementação livre e de código aberto da pilha de protocolos TCP/IP com reduzido uso de memória RAM;

- FatFS: implementação livre e de código aberto do sistemas de arquivos FAT;

- emWin (*graphical user interface for embedded devices* by SEGGER): biblioteca livre para uso com processadores de certos fabricantes, disponibilizada como biblioteca para ser ligada ao projeto, permitindo a criação eficiente de interfaces gráficas de usuário para sistemas embarcados;

- FreeModbus: implementação livre e de código aberto para escravos da rede de campo Modbus com TCP/IP ou por barramento serial RS485.

Essas bibliotecas usualmente podem ser utilizadas em aplicações com superlaço e em aplicações com um sistema operacional de tempo real. Geralmente a implementação dessas soluções é mais eficiente ao ser combinada com os objetos e serviços de um RTOS, pois são casos clássicos em que existem eventos a serem respondidos com agilidade, associados ao processamento de tarefas que exigem dezenas a centenas de milissegundos para serem processadas. Para desvincular a implementação de um sistema operacional específico, essas bibliotecas costumam possuir um ou mais arquivos de porte, em que se adaptam os serviços e objetos do RTOS por macros e funções para as chamadas da biblioteca. Isso é possível devido aos serviços oferecidos por um RTOS serem padronizados, apresentando mais diferenças na implementação do que na funcionalidade. Objetos como semáforos e filas têm o mesmo objetivo em qualquer sistema baseado em um RTOS.

Algumas dessas bibliotecas possuem a camada de adaptação do RTOS para permitir seu uso em um ambiente multitarefa, como é o caso do FatFs. Essa implementação de sistema de arquivos não utiliza objetos de sincronização de atividades, mas deve ser protegida por um *mutex* a fim de evitar inconsistência nos dados devido ao compartilhamento da memória acessada (cartão SD, *pendrive* etc.) por mais de uma tarefa. Ademais, quando se utiliza memória alocada dinamicamente com a biblioteca, deve-se especificar as funções de alocação e liberação de memória a serem utilizadas.

A Listagem 8.5, já apresentada no Capítulo 8, descreve o porte do FatFs para o FreeRTOS. Note que o porte nada mais é do que uma abstração das chamadas de funções do FatFs para esse RTOS. Dessa forma, ao se alterar o sistema operacional, a única adaptação exigida por parte do desenvolvedor é modificar a chamada do serviço para o novo RTOS. Ao montar um disco lógico com o FatFs, um *mutex* associado ao recurso é criado. Assim, sempre que se realiza uma leitura ou escrita no disco lógico, o *mutex* é utilizado para garantir acesso exclusivo ao disco. Note que o FatFs só habilita essa camada de adaptação se em sua configuração a biblioteca for atribuída como reentrante pela definição **_FS_REENTRANT**. Como discutido anteriormente, em sistemas preemptivos é imprescindível a utilização de funções reentrantes.

Para a implementação de bibliotecas de interfaces gráficas os objetos de sincronização se tornam importantes. Uma interface gráfica possui eventos, como eventos gerados por toques ou eventos temporizados de atualização do conteúdo na tela. Portanto, nessas bibliotecas é importante haver objetos de sincronização de atividades, além dos objetos de sincronização de recursos. O controle de recursos compartilhados continua sendo necessário para permitir que uma tarefa atualize suas informações na tela sem interferências de outras tarefas. A Listagem 9.37 apresenta um exemplo de porte da biblioteca emWin da Segger para o BRTOS.

Verifique que, além dos objetos de sincronização, também se utilizam serviços de temporização, como o provido pelo serviço de atraso do sistema.

```c
#include "BRTOS.h"

// Global data
static BRTOS_Mutex *GuiMutex = NULL;
static BRTOS_Sem *GuiSem = NULL;

/* Funções para temporização do sistema gráfico */
// Retorna tempo atual do sistema
int GUI_X_GetTime(void){
  return ((int) OSGetTickCount());
}

// Atraso em unidades de tick, para o porte correto o tick deve ser de 1 ms
void GUI_X_Delay(int ms){
  DelayTask( ms );
}

/* Multitarefa */
// Inicializa objetos do sistema
void GUI_X_InitOS(void){
  if(GuiMutex == NULL){
    /* Cria mutex */
    OSMutexCreate(&GuiMutex,0);

    /* Cria semáforo */
    OSSemBinaryCreate(0,&GuiSem);
  }
}

// Libera recurso compartilhado
void GUI_X_Unlock(void){
  OSMutexRelease(GuiMutex);
}

// Adquire recurso compartilhado
void GUI_X_Lock(void){
  if(GuiMutex == NULL){
    GUI_X_InitOS();
  }
  OSMutexAcquire(GuiMutex,0);
}

// Espera por evento
void GUI_X_WaitEvent (void) {
  while( OSSemPend(GuiSem,0) != OK );
}

// Sinaliza evento
void GUI_X_SignalEvent (void) {
  OSSemPost( GuiSem );
}
```

Listagem 9.37 Camada de adaptação do Segger emWin para o BRTOS.

A implementação da pilha de protocolos TCP/IP na biblioteca lwIP necessita não só de objetos de sincronização, mas também de objetos de comunicação para operar. Ainda, para permitir a criação de diversas aplicações com essa pilha, como servidor HTTP, servidor FTP, cliente de *e-mail*, entre outros, também precisa criar novas tarefas. Finalmente, funções para gerar seções críticas e verificação da tarefa em execução também são necessárias. Como se pode perceber, o lwIP utiliza praticamente todos os serviços e recursos de um RTOS minimalista. Como o porte dessa biblioteca é muito extenso, a Listagem 9.38 o apresenta parcialmente, com as adaptações para criar tarefas e mensagens utilizando o BRTOS. Note que, ao criar caixas de mensagem, a camada de adaptação especifica a quantidade de itens na caixa. Pela definição dos objetos de comunicação, uma caixa de mensagem com vários itens é uma fila e, portanto, o porte desse serviço é realizado a partir de filas de mensagens. O porte completo do lwIP, tanto para o BRTOS quanto para o FreeRTOS, pode ser acessado nos códigos demonstrativos que acompanham o livro.

```
// Cria uma tarefa com o tamanho de pilha e prioridade especificados
sys_thread_t sys_thread_new(const char *name, lwip_thread_fn thread , void *arg, int
    stacksize, int prio){
    sys_thread_t CreatedTask;

    if ( s_nextthread < SYS_THREAD_MAX ){
        if (InstallTask(thread, name, stacksize, prio, arg, CreatedTask) == OK){
            return CreatedTask;
        }
        else{
            return NULL;
        }
    }
    else{
        return NULL;
    }
}

// Cria uma caixa de mensagens vazia
err_t sys_mbox_new(sys_mbox_t *mbox, int size){
    (void)OSDQueueCreate(size, sizeof( void * ), mbox);
    if (*mbox == NULL)
        return ERR_MEM;
    return ERR_OK;
}

// Apaga uma caixa de mensagem
void sys_mbox_free(sys_mbox_t *mbox){
    (void)OSDQueueDelete (mbox);
}
```

Listagem 9.38 Apresentação parcial da camada de adaptação do lwIP para o BRTOS.

A ARM é uma fabricante de tecnologia para processadores preocupada com a padronização do código utilizado em suas plataformas. Com o intuito de fomentar melhores práticas de programação, a ARM criou o *cortex microcontroller system interface standard* (CMSIS), ou seja, padrão de interface para sistemas baseados em microcontroladores ARM Cortex. Esse padrão define uma camada de abstração de acesso ao *hardware* (processador e periféricos), tendo evoluído também para um conjunto de bibliotecas otimizadas para esses processadores. Por exemplo, atualmente existem bibliotecas de processamento digital de sinais com funções para filtros FIR e transformada rápida de Fourier.

Como a ARM entende que os microcontroladores da linha Cortex-M são projetados para serem utilizados com sistemas operacionais de tempo real, uma interface de programação padronizada para serviços providos por um RTOS foi anexada ao padrão CMSIS. Essa camada de abstração de um RTOS, conhecida como CMSIS-RTOS, permite criar *templates* de *software*, *middlewares*, bibliotecas e outros componentes de um sistema embarcado portáveis entre diferentes RTOS. Um exemplo de uso dessa camada de adaptação ocorre nos códigos de demonstração da ST Microeletronics, em que todos os *middlewares* e aplicações fazem uso das chamadas da API CMSIS-RTOS.

O código de adaptação de um sistema operacional completo é extenso para ser apresentado em uma listagem. No entanto, alguns trechos são utilizados para exemplificá-la. Por exemplo, a Listagem 9.39 apresenta a função de criação de tarefas do CMSIS-RTOS adaptada ao FreeRTOS. Note que a enumeração utilizada para as prioridades adotadas no CMSIS-RTOS é apresentada justamente com as funções para ajudar na explicação do modelo adotado. É possível perceber que somente existem sete níveis de prioridades no CMSIS e que as prioridades mais baixas têm valores negativos. Assim, é necessário adaptar as prioridades utilizadas no argumento de criação das tarefas para o modelo do FreeRTOS. Como no FreeRTOS não existem prioridades negativas, basta somar 3 à prioridade especificada na função do CMSIS-RTOS.

```
1   // Prioridades usadas nas tarefas
    typedef enum  {
3     osPriorityIdle         = -3,        ///< prioridade: ociosa (mais baixa)
      osPriorityLow          = -2,        ///< prioridade: baixa
5     osPriorityBelowNormal  = -1,        ///< prioridade: abaixo do normal
      osPriorityNormal       =  0,        ///< prioridade: normal (padrão)
7     osPriorityAboveNormal  = +1,        ///< prioridade: acima do normal
      osPriorityHigh         = +2,        ///< prioridade: alta
9     osPriorityRealtime     = +3,        ///< prioridade: tempo real (mais alta)
      osPriorityError        =  0x84      ///< prioridade ilegal
11  } osPriority;

13  /* Converte uma prioridade do sistema CMSIS osPriority para o FreeRTOS */
    static unsigned portBASE_TYPE makeFreeRtosPriority (osPriority priority){
15    unsigned portBASE_TYPE fpriority = tskIDLE_PRIORITY;

17    if (priority != osPriorityError){
        fpriority += (priority - osPriorityIdle);
19    }

21    return fpriority;
    }
```

```
23
   typedef TaskHandle_t osThreadId;
25
   osThreadId osThreadCreate (const osThreadDef_t *thread_def, void *argument){
27   TaskHandle_t handle;

29   if (xTaskCreate((TaskFunction_t)thread_def->pthread,(const portCHAR *)thread_def->name,
                     thread_def->stacksize, argument, makeFreeRtosPriority(thread_def->tpriority),

31                   &handle) != pdPASS)  {
       return NULL;
33   }

35   return handle;
   }
```

Listagem 9.39 Adaptação da função de criação de uma tarefa do CMSIS-RTOS ao FreeRTOS.

É importante ressaltar que limitar os níveis de prioridades a sete níveis também limita o número de tarefas que podem ser instaladas no sistema quando se utiliza um sistema operacional como o BRTOS, em que cada prioridade deve estar associada a somente uma tarefa. Portanto, apesar de tentar ser um modelo a ser adotado, o padrão CMSIS-RTOS tem suas limitações.

A adaptação de muitos serviços é simples, como pode-se verificar na Listagem 9.40. Observa-se que a adequação de uma função de atraso (*delay*) é direta, basicamente passando o argumento da chamada padrão do CMSIS-RTOS para a função do FreeRTOS. Já o serviço de criação de semáforos no modelo CMSIS utiliza a mesma função para semáforos binários e contadores. Portanto, na adaptação basta verificar a contagem especificada, e, caso seja 1, criar um semáforo binário.

```
   // Adaptação do delay
2  osStatus osDelay (uint32_t millisec){
       TickType_t ticks = millisec / portTICK_PERIOD_MS;
4      vTaskDelay(ticks ? ticks : 1);              /* Delay mínimo = 1 tick */
       return osOK;
6  }

8  // Adaptação dos semáforos
   osSemaphoreId osSemaphoreCreate (const osSemaphoreDef_t *semaphore_def, int32_t count){
10     osSemaphoreId sema;

12     if (count == 1) {
           vSemaphoreCreateBinary(sema);
14         return sema;
       }
16     else {
           return xSemaphoreCreateCounting(count, count);
18     }
   }
```

Listagem 9.40 Adaptação da função de *delay* e da função de criação de semáforos do CMSIS-RTOS para o FreeRTOS.

Projetos de sistemas embarcados baseados em RTOS 429

Nota-se após essas demonstrações de esforços de diversas frentes que a padronização de código é algo importante para o reaproveitamento deste e redução na curva de aprendizado. Cada vez mais empresas especializadas e fabricantes investem em boas práticas de codificação para alcançar essa padronização, sendo uma tendência no mercado de desenvolvimento de sistemas embarcados.

9.12 Configuração de sistemas operacionais de tempo real

Os sistemas operacionais de tempo real geralmente podem ser personalizados a partir de um arquivo de configuração. Como visto anteriormente, no FreeRTOS esse arquivo é o FreeRTOSConfig.h e no BRTOS é o BRTOSConfig.h. Essa configuração do sistema é importante no sentido de adequar o sistema operacional à plataforma de *hardware* utilizada e à aplicação sendo desenvolvida. Portanto, um arquivo de configuração é específico para uma dada aplicação. Como sistemas embarcados possuem capacidade reduzida de memória de dados e programa, a personalização permite desabilitar as funções do sistema não utilizadas e limitar a quantidade de memória de dados disponível para os objetos do sistema operacional.

Muitas das configurações de um RTOS são macros de pré-compilação, como *ifdef*. Assim, caso um serviço do sistema não seja necessário, o pré-compilador removerá o trecho de código desse serviço ao gerar o código que será enviado ao compilador. Dessa forma, pode-se reduzir o consumo de memória de programa e de dados pelo sistema operacional. Ademais, como visto no Capítulo 6, no arquivo de configuração se define a quantidade de memória RAM que estará disponível para instalar tarefas, criar objetos do sistema, entre outros.

Algumas das possíveis personalizações dos sistemas já foram apresentadas anteriormente, como as configurações de ganchos, alocação de memória para o *heap*, ativação de ferramentas de monitoramento do sistema e ativação de temporizadores em *software*. No entanto, certas configurações são usuais em qualquer personalização de um RTOS e, como ainda não foram discutidas, serão abordadas a seguir. O FreeRTOS será utilizado como exemplo, apesar da maioria das configurações apresentadas serem comuns a qualquer RTOS. A Listagem 9.41 apresenta essas configurações típicas para o arquivo FreeRTOSConfig.h.

```
1  #define configUSE_PREEMPTION                     1
   #define configUSE_PORT_OPTIMISED_TASK_SELECTION  0
3  #define configUSE_TICKLESS_IDLE                  0
   #define configTICK_RATE_HZ                       1000
5  #define configCPU_CLOCK_HZ                       80000000
   #define configMINIMAL_STACK_SIZE                 128
7  #define configUSE_MUTEXES                        0
   #define configUSE_RECURSIVE_MUTEXES              0
9  #define configUSE_COUNTING_SEMAPHORES            0

11 /* Funções opcionais - a maioria dos linkers ira remover funções não utilizadas,
   mesmo que não estejam desabilitadas nesse arquivo de configuração. */
13 #define INCLUDE_vTaskPrioritySet                 1
   #define INCLUDE_uxTaskPriorityGet                1
15 #define INCLUDE_vTaskDelete                      1
   #define INCLUDE_vTaskSuspend                     1
17 #define INCLUDE_vTaskDelayUntil                  1
```

Listagem 9.41 Definições de um conjunto de configurações do FreeRTOS.

A definição configUSE_PREEMPTION determina se o escalonador utilizado pelo FreeRTOS será preemptivo, ao configurar o valor 1, ou cooperativo, para o valor 0. Já a configuração configUSE_PORT_OPTIMISED_TASK_SELECTION permite habilitar o escalonador otimizado do FreeRTOS, que se baseia em uma operação binária para identificar a tarefa mais prioritária a ser executada. Se a macro configUSE_PORT_OPTIMISED_TASK_SELECTION for definida como 0, esse escalonador será implementado a partir de um código genérico em linguagem C. No entanto, caso definido como 1, será utilizado um escalonador otimizado a partir de instruções específicas de uma arquitetura, como o CLZ já apresentado anteriormente para a arquitetura ARM. Note que essa abordagem, que não está disponível em todas as arquiteturas, é mais eficiente que o método genérico, mas está geralmente limitada a um número máximo de 32 prioridades. Essa limitação deve-se ao fato de que o teste implementado com instruções utiliza registradores de 32 *bits*.

Já a configuração configUSE_TICKLESS_IDLE permite habilitar o suporte ao modo *tickless*, abordado no Capítulo 5, reduzindo a carga computacional e o consumo de energia para o controle das marcas de tempo do sistema. Em grande parte das aplicações, a marca de tempo tem resolução de 1 ms. No entanto, para isso, deve-se configurar a macro configTICK_RATE_HZ para uma taxa de 1.000 Hz, o que garante a ocorrência de uma interrupção de marca de tempo a cada 1 ms. Para possibilitar que o *driver* do periférico utilizado para gerar a interrupção de marca de tempo seja configurado corretamente, deve-se informar

Projetos de sistemas embarcados baseados em RTOS 431

pela macro configCPU_CLOCK_HZ a frequência do *clock* interno utilizado para esse periférico. Geralmente esse *clock* é o mesmo do processador.

A configuração de quantidade de memória disponível para o sistema já foi abordada no Capítulo 6. No entanto, o FreeRTOS ainda configura um valor mínimo de pilha pela definição configMINIMAL_STACK_SIZE. Esse valor mínimo de pilha é utilizado para definir o tamanho da pilha da tarefa ociosa do sistema.

Como já comentado, nem sempre um sistema embarcado utiliza todos os objetos disponibilizados pelo RTOS. Para reduzir o consumo de memória, o FreeRTOS possui definições para retirar esses objetos do código a ser compilado. Exemplos dessas definições são configUSE_MUTEXES, configUSE_RECURSIVE_MUTEXES e configUSE_COUNTING_SEMAPHORES, em que se habilitam ou não os *mutexes*, *mutexes* recursivos e semáforos contadores, respectivamente. Os serviços do sistema operacional também podem ser desabilitados, a partir das definições que iniciam com INCLUDE, como é o caso da macro INCLUDE_vTaskDelete. Em uma aplicação na qual as tarefas não precisam ser apagadas, não há necessidade de incluir esse serviço. Note que a maioria dos *linkers* já deixam de ligar as funções não utilizadas na aplicação. No entanto, para auxiliar nos casos em que isso não ocorre, pode-se desabilitar essas funcionalidades na configuração do sistema.

Percebe-se que essas configurações em tempo de projeto limitam as capacidades do sistema em tempo de execução. No entanto, são fundamentais para liberar recursos para a aplicação, evitando a utilização desnecessária de memória e processamento por parte do sistema operacional. Essas configurações são particularmente importantes em sistemas embarcados, pois tais sistemas são específicos para uma dada aplicação e, portanto, os recursos necessários podem ser previstos em tempo de projeto. Em sistemas de propósito geral, essa não é uma abordagem usual, pois é impossível prever que recursos serão necessários em um dado momento do sistema. Nesses sistemas tenta-se utilizar da melhor forma possível os recursos computacionais para suprir as necessidades de um conjunto de tarefas em execução em um dado momento, a partir da alocação dinâmica desses recursos.

9.13 Utilizando uma unidade de proteção de memória

Uma unidade de proteção de memória (MPU, do inglês *memory protection unit*) é um *hardware* que permite configurar limites ao acesso da memória e dos dispositivos periféricos de um processador ou microcontrolador. Também é possível determinar limitações ou características das memórias do sistema. Por exemplo, pode-se definir um bloco de memória como *cacheable*, *shareable*, *bufferable* ou ainda se uma determinada região de memória é somente de leitura, de leitura e escrita e se essa região de memória é executável. Com uma MPU, torna-se possível aumentar a estabilidade e a segurança de sistemas embarcados, razão pela qual ela é comumente utilizada em aplicações críticas como dispositivos médicos, automóveis, aviões, entre outros.

O uso de uma MPU é particularmente importante porque a maioria dos sistemas operacionais de tempo real são projetados para executar o código de aplicação em modo privilegiado, também conhecido como modo supervisor. Nesse modo as aplicações têm controle total do processador e de seus recursos, o que melhora o desempenho do sistema em relação a aplicações executando em modo usuário. As permissões adicionais do modo privilegiado dependem de cada processador. Por exemplo, em um processador ARM existem instruções que só podem ser executadas nesse modo, como as instruções que permitem alterar o valor do ponteiro da pilha. Infelizmente, tal abordagem possibilita que o código de aplicação corrompa a pilha ou as variáveis das tarefas em execução. Permitir que qualquer tarefa ou rotina de interrupção tenho acesso completo aos periféricos pode ter consequências desastrosas.

Com a utilização de uma MPU pode-se introduzir o conceito de processos em um RTOS. Assim, as tarefas agrupadas em um processo somente podem acessar a memória e os periféricos alocados para o processo a que pertencem, como apresentado na Figura 9.10. Note que pode haver comunicação entre processos, desde que uma região de memória compartilhada esteja habilitada nas permissões de ambos os processos. Verifique também que apesar de se utilizar uma MPU, determinadas aplicações podem conter tarefas no âmbito do sistema e rotinas de tratamento de interrupções com acesso privilegiado, ou seja, com acesso a toda a memória RAM e periféricos do dispositivo utilizado.

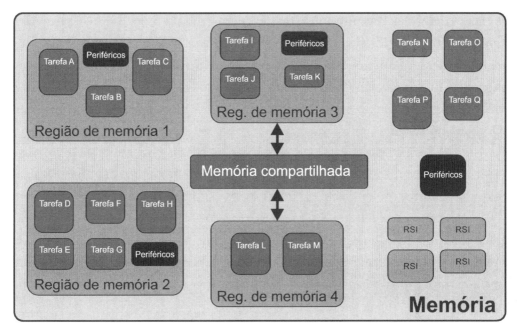

Figura 9.10 Exemplo de tarefas agrupadas em processos, em que cada processo tem permissão de acesso a uma quantidade limitada de memória e periféricos.

Apesar de o uso de uma MPU restringir o acesso a determinadas regiões de memória, nada muda no código das tarefas além do fato de que, estando no mesmo processo, terão acesso às mesmas regiões de memória e periféricos. Portanto, utilizar uma MPU praticamente não altera o código na perspectiva das tarefas, pois as tarefas geralmente são projetadas para não interferirem umas nas outras, a menos que seja necessário haver comunicação entre elas. É importante destacar que é possível criar um processo com somente uma tarefa.

Com a formação de processos, uma exceção é gerada sempre que uma tarefa tentar acessar um local de memória ou um periférico fora de sua caixa de proteção (*sandbox*). O código manipulador da exceção pode determinar as tarefas que pertencem ao processo que realizou tal acesso ilegal. A ação necessária para tratar essas violações de memória geralmente depende da aplicação e de qual tarefa causou o acesso indevido. Por exemplo, se a violação tiver sido causada por uma tarefa menos importante para a segurança da aplicação, como pela tarefa que gerencia a interface gráfica de usuário, terminá-la e reiniciá-la pode ser aceitável e não deveria prejudicar o resto do sistema. No entanto, se a violação tiver sido causada por uma tarefa que controla um atuador, o código da exceção deve parar tal atuador antes de reiniciar a tarefa. Idealmente, essas falhas devem ser descobertas e corrigidas durante a fase de desenvolvimento do produto. Como nem sempre isso ocorre, os projetistas do sistema devem avaliar todos os resultados possíveis dessas falhas e tomar decisões sobre o que fazer quando ocorrerem na utilização do equipamento ou sistema. Em muitos casos, a recuperação de uma violação de memória pode ser muito complicada e requerer uma reinicialização completa do sistema.

Uma das principais causas de violação de memória é o *overflow* de uma pilha, ou seja, a tarefa utilizar mais pilha do que lhe foi atribuído em sua inicialização. Sem a ajuda de um *hardware*, a detecção do estouro de pilha é realizada em *software* e suportada em grande parte dos sistemas operacionais de tempo real. Infelizmente, quando implementada em *software*, a detecção dessa violação de memória pode ser tardia e tornar o sistema instável. Isso deve-se à detecção por *software* ser realizada somente na troca de contexto, podendo ser tarde demais para realizar alguma ação de correção.

A MPU pode ser utilizada para detectar o estouro de pilha, apesar de não ter sido concebida para esse propósito. Para tanto, as regiões endereçáveis por um processo são definidas em uma tabela que é carregada na MPU quando uma tarefa do processo passa a executar. Essa tabela define o endereço inicial e o tamanho de múltiplas regiões, as quais recebem acesso à tarefa em execução. Os atributos dessa tabela especificam se essas regiões de memória são de leitura, leitura/escrita e executáveis. A quantidade de entradas na tabela da MPU depende do processador utilizado. Por exemplo, nos ARM Cortex-Mx permitem-se de oito até dezesseis valores de regiões de memória controladas pela MPU, dependendo de qual variação do processador é utilizada. Essas regiões são numeradas com índices de zero a quinze, quando dezesseis regiões são permitidas. Ademais, em qualquer ARM Cortex-Mx com MPU existe prioridade de regiões quando há sobreposição. Assim, se múltiplas regiões se sobrepuserem, as permissões de acesso aplicadas serão a da região com maior índice. Também existe um tamanho mínimo da região protegido. Nesse mesmo microcontrolador o tamanho mínimo da região protegida é de 32 *bytes* e deve ser múltiplo de 2 (32 B, 64 B, 128 B, 256 B, 512 B, 1 kB, 2 kB etc.).

Iremos utilizar a Figura 9.11 para auxiliar no entendimento de como uma MPU pode ser utilizada para detectar o estouro de pilha. Nesse exemplo, uma pequena região de memória, conhecida como região de detecção, é utilizada no final da pilha de cada tarefa. A MPU é configurada para gerar uma exceção se qualquer parte do código tentar escrever nessa região de memória. O tamanho dessa memória determina quão efetiva essa técnica pode ser para determinar a violação de memória. Um exemplo de por que a quantidade de memória é importante são os casos em que uma grande quantidade de pilha é alocada por um vetor e, posteriormente, algumas outras variáveis locais são alocadas. Se o código escrever primeiro nas variáveis locais definidas posteriormente ao vetor, a violação de memória pode ser superior à pilha alocada para a tarefa e já ter causado prejuízo. Nem sempre a primeira posição de memória que extrapola o tamanho da pilha da tarefa é a primeira região de memória violada a ser escrita.

Figura 9.11 Uso de uma região de memória para detecção de estouro de pilha.

No entanto, ao utilizar uma grande região de detecção de estouro de pilha, menos memória estará disponível para a aplicação. Verifique que a região de memória para detecção de estouro de pilha deve ser considerada indisponível, pois é utilizada para detectar escrita ilegal. Um valor típico de região de detecção de estouro é de 32 *bytes*, representando 6% de uma pilha com 512 *bytes* e deixando 480 *bytes* de pilha utilizável. No entanto, podem haver casos em que 10% a 20% da pilha sejam necessários para a detecção do *overflow*. Um exemplo são tarefas que manipulam interfaces gráficas, em que comumente se alocam grandes regiões de pilha durante sua execução.

As regiões de memória atribuídas a uma tarefa são geralmente definidas quando a tarefa é criada. O RTOS recebe o ponteiro para essa tabela de regiões de memória e o armazena no bloco de controle da tarefa. Isso gera código adicional para a troca de contexto das tarefas, pois é preciso atualizar as regiões de memória da MPU quando a tarefa em execução for alterada. Note que não é necessário salvar as regiões de memória protegidas quando uma tarefa sofrer preempção, pois as regiões de memória acessíveis são definidas na sua instalação.

A detecção de estouro de pilha não é a única forma de utilizar uma MPU, como comentado anteriormente. Quando o cenário é mais abrangente, como nos processos, uma maneira usual de organizar a memória utilizada pelo processo é agrupar a memória necessária em um grupo contíguo, como apresentado na Figura 9.12. Nessa figura, a memória acessada pelo processo 1 é expandida, demonstrando que o processo é formado por três tarefas. Esse processo ainda acessa dispositivos periféricos, variáveis globais e uma região de *heap* para alocação de memória. A região de memória não utilizada deve-se às restrições de alinhamento da MPU. Isso ocorre devido ao endereço base da região de memória configurada na MPU ter que ser alinhada para um valor múltiplo do tamanho da região utilizada em alguns processadores, como é o caso dos ARM Cortex-Mx. Assim, se uma região tem 8 kB, então a região deve ser alinhada em um endereço múltiplo de 8 KB, ou seja, se a memória RAM começa no endereço 0x20000000h, possíveis valores de endereços são 0x20000000h, 0x20002000h, 0x20004000h etc.

A maioria dos compiladores possui extensões de linguagem que podem ser utilizadas para forçar que uma variável seja alocada em um determinado endereço ou alinhamento de endereço, como demonstrado na Listagem 9.42 para o compilador GCC. Note que a segunda forma de modificar a alocação de memória, utilizando seções definidas no arquivo de *linker*, pode forçar endereço e alinhamento, desde que a seção tenha sido criada especificamente para tal variável.

```
1  /* Define um vetor de 1024 bytes exatamente no endereço 0x20006000 utilizando gcc */
   char vetor[1024] __attribute__((at(0x20006000)));
3
   /* Define um vetor de 1024 bytes dentro de uma seção de memória criada no arquivo de linker */
5  char vetor2[1024] __attribute__((section(".BUFFER")));
7  /* Define um vetor de 1024 bytes alinhado a um endereço múltiplo de 1024 utilizando gcc */
   char vetor[1024] __attribute__((aligned(1024)));
```

Listagem 9.42 Extensões de linguagem do GCC para modificações no endereço de variáveis.

Verifique que na Figura 9.12 existem regiões de memória marcadas com as letras A, B, C e D. A região de memória (A) é utilizada para permitir que as tarefas do processo acessem os periféricos necessários para sua execução. Por

Projetos de sistemas embarcados baseados em RTOS

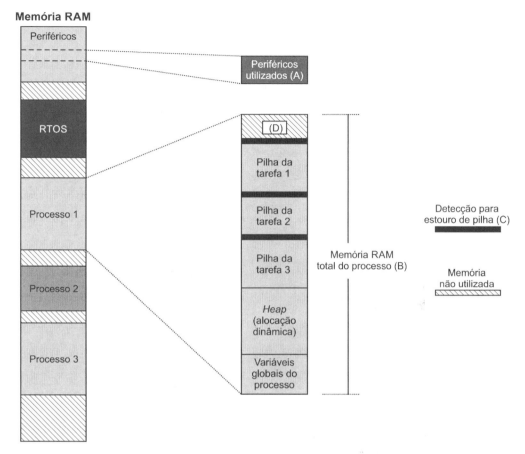

Figura 9.12 Regiões de memória agrupadas por processo.

exemplo, se um processo gerencia a comunicação USB de um microcontrolador, tal processo deve ter acesso a todos os registradores associados a esse dispositivo. Já a região (B) é utilizada para acessar toda a memória RAM utilizada no processo. É comum que tarefas acessem variáveis globais e um *heap* para alocação dinâmica de memória, e, portanto, o processo deve disponibilizar essa memória de forma compartilhada para todas as tarefas que o compõem. Note que provavelmente a região de *heap* será compartilhada por todos os processos do sistema. No entanto, alguns RTOS, como o FreeRTOS, permitem configurar múltiplas regiões de memória para o *heap* do sistema.

As múltiplas regiões marcadas como (C) são as regiões de detecção de estouro de pilha das tarefas no processo. Apesar de serem múltiplas regiões, em um processo só é necessária uma posição na tabela da MPU para a detecção de estouro de pilha de todas as tarefas, pois somente haverá uma tarefa executando por vez. Assim, deve-se alterar essa região de memória na tabela da MPU sempre que se alterar a tarefa em execução. Isso implica cada tarefa requerer uma pequena mudança na tabela de MPU. Cada sistema operacional implementa essa particularidade de uma forma. Por exemplo, o sistema pode manter uma determinada quantidade de regiões na tabela da MPU para todas as tarefas do processo e alterar somente a última região quando ocorre mudança de tarefa.

Finalmente, a região (D) representa a memória RAM não utilizada devido aos requisitos de alinhamento e tamanho de memória na MPU do processador ARM Cortex-Mx utilizado nessa demonstração. Por exemplo, se um processo requer 7 KB de RAM, certamente 1 KB será perdido pelo fato de as regiões de memória terem que ser múltiplas de dois.

Nem todo RTOS possui suporte ao uso de MPU. Por exemplo, o BRTOS ainda não tem essa funcionalidade implementada. Já o FreeRTOS suporta o uso de MPU nos processadores ARM Cortex-M3 e Cortex-M4 e é conhecido como FreeRTOS-MPU. A principal alteração ao utilizar o FreeRTOS com MPU ocorre no porte do processador. Em vez de utilizar o porte tradicional, deve-se escolher o porte ARM_CM3_MPU ou ARM_CM4_MPU, dependendo do processador utilizado. Ademais, são necessárias especificações de regiões de memória nos arquivos de *linker* e código-fonte do sistema, conforme será detalhado posteriormente.

Para melhor descrever as funcionalidades do FreeRTOS-MPU, cabem algumas ressalvas quanto aos modos de execução privilegiados e de usuário. Para tanto, iremos utilizar como exemplo os microcontroladores ARM Cortex-Mx. Esses microcontroladores podem executar o código em modo privilegiado ou modo usuário. O porte padrão do FreeRTOS executa todas as tarefas em modo privilegiado, o que é usual e já foi discutido anteriormente nesta seção. Já o FreeRTOS com suporte a MPU pode executar tarefas tanto no modo privilegiado quanto no modo usuário. Esses processadores passam automaticamente para o modo de operação privilegiado antes de executar o código de tratamento de uma interrupção. O modo de operação também passa a ser privilegiado durante a execução de uma função da API do FreeRTOS-MPU.

Restringir o acesso a certas regiões de memória por meio de uma MPU evita que tarefas executando em modo privilegiado possam causar erros no sistema, uma vez que tais tarefas podem acessar qualquer parte do processador e podem executar qualquer instrução. A MPU pode ser utilizada também para restringir o acesso de tarefas em modo usuário de certas regiões de memória e deixá-las acessíveis para o código executando em modo privilegiado. A Tabela 9.1 apresenta as possíveis permissões que podem ser configuradas para uma dada região de memória no FreeRTOS-MPU.

Tabela 9.1 Permissões de acesso de uma MPU no FreeRTOS

Definição no FreeRTOS	Acesso para tarefas em modo privilegiado	Acesso para tarefas em modo usuário
portMPU_REGION_READ_WRITE	Acesso total	Acesso total
portMPU_REGION_PRIVILEGED_READ_ONLY	Somente leitura	Sem acesso
portMPU_REGION_READ_ONLY	Somente leitura	Somente leitura
portMPU_REGION_PRIVILEGED_READ_WRITE	Acesso total	Sem acesso
portMPU_REGION_CACHEABLE_BUFFERABLE	Região de memória com *cache* ou *buffer*	Região de memória com *cache* ou *buffer*
portMPU_REGION_EXECUTE_NEVER	A região não pode conter código executável	A região não pode conter código executável

Certas regiões de memória são definidas previamente no porte do FreeRTOS com MPU para configurar um ambiente de execução seguro, criado a partir da função *prvSetupMPU()*. Essas configurações prévias utilizam as primeiras regiões (usualmente zero a três) da MPU. Nessa configuração inicial define-se que a tarefa somente pode acessar sua própria pilha em modo usuário, mas pode acessar todo o resto da memória RAM em modo privilegiado. Ademais, a região de memória *flash* em que está localizado o núcleo de FreeRTOS e os periféricos do sistema somente são acessíveis em modo privilegiado. Já o resto da memória *flash* e todos os periféricos não utilizados pelo sistema, como UART e conversores A/D, podem ser acessados por ambos os modos de operação. Para que isso seja possível, o porte deve conter os endereços dos registradores da MPU e os endereços de início e fim das regiões configuradas, como pode ser visto na Listagem 9.43, obtida do arquivo port.c de um ARM Cortex-M4. As outras regiões de memória da MPU podem ser utilizadas pelas tarefas, uma vez que o núcleo reconfigura algumas regiões da MPU a cada troca de contexto.

```
/* Constantes necessárias para configurar a MPU. */
#define portMPU_TYPE_REG                        (*((volatile uint32_t *) 0xe000ed90))
#define portMPU_REGION_BASE_ADDRESS_REG         (*((volatile uint32_t *) 0xe000ed9C))
#define portMPU_REGION_ATTRIBUTE_REG            (*((volatile uint32_t *) 0xe000edA0))
#define portMPU_CTRL_REG                        (*((volatile uint32_t *) 0xe000ed94))
#define portEXPECTED_MPU_TYPE_VALUE             (8UL << 8UL) /* 8 regiões. */
#define portMPU_ENABLE                          (0x01UL)
#define portMPU_BACKGROUND_ENABLE               (1UL << 2UL)
#define portPRIVILEGED_EXECUTION_START_ADDRESS  (0UL)
#define portMPU_REGION_VALID                    (0x10UL)
#define portMPU_REGION_ENABLE                   (0x01UL)
#define portPERIPHERALS_START_ADDRESS           0x40000000UL
#define portPERIPHERALS_END_ADDRESS             0x5FFFFFFFUL
```

Listagem 9.43 Definições de endereços para utilização da MPU no FreeRTOS para um ARM Cortex-M4.

Dependendo de como a MPU está sendo utilizada e o porte está configurado, pode ser necessário que essas informações também sejam especificadas no arquivo de *linker* do sistema. Um exemplo de uso das definições do *linker* é a função ***vPortStoreTaskMPUSettings()***. A Listagem 9.44 apresenta como verificar se essas informações estão definidas no *linker* para o compilador GCC e como é possível defini-las em caso de falta dessas informações.

```
#if defined ( __GNUC__ )
    /* Mapa de memória lido diretamente das variáveis do arquivo de linker. */
    extern uint32_t __FLASH_segment_start__[];
    extern uint32_t __FLASH_segment_end__[];
    extern uint32_t __SRAM_segment_start__[];
    extern uint32_t __SRAM_segment_end__[];
    extern uint32_t __privileged_functions_start__[];
    extern uint32_t __privileged_functions_end__[];
    extern uint32_t __privileged_data_start__[];
    extern uint32_t __privileged_data_end__[];
    extern uint32_t __privileged_functions_actual_end__[];
    extern uint32_t __privileged_data_actual_end__[];
#else
    /* Devem ser configuradas manualmente para um determinado mapa de memória. */
    const uint32_t * __FLASH_segment_start__     = ( uint32_t * ) 0x00UL;
    const uint32_t * __FLASH_segment_end__       = ( uint32_t * ) 0x00080000UL;
    const uint32_t * __SRAM_segment_start__      = ( uint32_t * ) 0x20000000UL;
    const uint32_t * __SRAM_segment_end__        = ( uint32_t * ) 0x20008000UL;
    const uint32_t * __privileged_functions_start__ = ( uint32_t * ) 0x00UL;
    const uint32_t * __privileged_functions_end__   = ( uint32_t * ) 0x8000UL;
    const uint32_t * __privileged_data_start__   = ( uint32_t * ) 0x20000000UL;
    const uint32_t * __privileged_data_end__     = ( uint32_t * ) 0x20000200UL;
#endif
```

Listagem 9.44 Verificação da configuração de regiões de memória no *linker* utilizando o compilador GCC.

As funções da API do FreeRTOS que adicionam a funcionalidade de MPU são: ***xTaskCreateRestricted()***, ***vTaskAllocateMPURegions()*** e

portSWITCH_TO_USER_MODE(). A primeira é uma modificação da função padrão disponível na API do FreeRTOS e cria uma tarefa com restrições de acesso pela MPU, além de configurá-la como pronta para executar. A função **xTaskCreateRestricted()** deve ser utilizada com o FreeRTOS-MPU e possui dois parâmetros, o ponteiro para um estrutura que define a tarefa e uma variável de manipulação por meio da qual a tarefa será referenciada. Os parâmetros de cada tarefa podem ser visualizados na Listagem 9.45. Note que as regiões de memória, com suas devidas permissões de acesso, são atribuídas por meio de uma estrutura de dados conhecida como *MemoryRegion_t*.

```
typedef struct xTASK_PARAMETERS{
   TaskFunction_t pvTaskCode;
   const signed char * const pcName;
   unsigned short usStackDepth;
   void *pvParameters;
   UBaseType_t uxPriority;
   portSTACK_TYPE *puxStackBuffer;
   MemoryRegion_t xMemoryRegions[ portNUM_CONFIGURABLE_REGIONS ];
} TaskParameters_t;

/* MemoryRegion_t é definido como: */
typedef struct xMEMORY_REGION{
   void *pvBaseAddress;
   unsigned long ulLengthInBytes;
   unsigned long ulParameters;
} MemoryRegion_t;
```

Listagem 9.45 Estrutura de parâmetros que definem uma tarefa com restrições de acesso pela MPU.

Os parâmetros iniciais da estrutura *TaskParameters_t* são os mesmos utilizados para criar tarefas da forma padrão no FreeRTOS, com uma pequena alteração. Para criar uma tarefa com permissões de modo usuário deve-se simplesmente atribuir o valor da prioridade. No entanto, se a tarefa deve operar em modo privilegiado, o valor da prioridade deve ser definido com a adição de uma *flag* de atribuição de modo privilegiado (por exemplo, para prioridade 2 define-se *uxPriority* como 2 | portPRIVILEGE_BIT).

A MPU é reconfigurada a cada alteração da tarefa em execução, para definir o acesso de leitura e escrita da pilha da tarefa que será executada. É importante relembrar que essa região deve cumprir com as restrições de tamanho e alinhamento comentados anteriormente. O FreeRTOS padrão utiliza a função **pvPortMalloc()** para alocar a pilha das tarefas criadas com a função padrão do sistema. Como implementar uma função de alocação de memória que se preocupe com as restrições de memória da MPU pode ser muito complexo, o

FreeRTOS-MPU permite alocar estaticamente a pilha da tarefa em tempo de compilação. Essa abordagem permite que o alinhamento de memória seja realizado pelas extensões do compilador, como demonstrado na Listagem 9.42. Assim, a variável *puxStackBuffer* deve apontar para o endereço declarado estaticamente. Como alternativa, essa variável pode ser declarada como nula, e, nesses casos, a função ***pvPortMallocAligned()*** será executada para alocar a pilha da tarefa. No entanto, é de responsabilidade do desenvolvedor prover a implementação dessa função a partir dos requisitos da MPU do processador utilizado.

A variável *xMemoryRegions* é um vetor da estrutura *MemoryRegion_t*, que define as regiões de memória configuráveis pelo usuário. A quantidade de regiões de memórias configuráveis é definida no porte pelo valor de **port-NUM_CONFIGURABLE_REGIONS**. Note que as regiões de memória configuradas na MPU por uma tarefa específica podem ser alteradas em tempo de execução pela função *vTaskAllocateMPURegions()*. Tal função faz uso de outra função definida no porte para MPU do FreeRTOS, chamada de ***vPortStoreTaskMPUSettings()***, pois as configurações de uma MPU dependem do *hardware* utilizado.

A Listagem 9.46 apresenta o uso da função ***xTaskCreateRestricted()*** para criar uma tarefa com acesso total à sua própria pilha e com acesso de leitura a um vetor de 512 *bytes* definido globalmente no sistema.

```
/* Declara a pilha utilizada pela tarefa respeitando os critérios de alinhamento
   da MPU utilizada. Como o portSTACK\_TYPE de um ARM Cortex-Mx é de 4 bytes,
   a borda de alinhamento deve ser o tamanho da pilha multiplicada por 4. */
static portSTACK_TYPE xTaskStack[ 128 ] __attribute__((aligned(128*4)));

/* Declara um vetor global que será acessado pela tarefa. A tarefa deve somente
   ler dados desse vetor, e não os escrever. */
char cReadOnlyArray[ 512 ] __attribute__((aligned(512)));

/* Preenchimento dos parâmetros da estrutura utilizada pela função xTaskCreateRestricted(). */
static const TaskParameters_t xTaskDefinition = {
  vTaskFunction,      /* ponteiro da tarefa */
  "A task",           /* nome da tarefa */
  128,                /* tamanho da pilha em words */
  NULL,               /* parâmetro da tarefa nulo */
  1,                  /* prioridade 1, começando em modo usuario. */
  xTaskStack,         /* pilha da tarefa. */

  /* Uma única região de memoria foi utilizada, para declarar o vetor
  cReadOnlyArray[] com permissões de somente leitura. */
  {
    /* Endereço base  Tamanho                 Parâmetros */
    { cReadOnlyArray, 512,                     portMPU_REGION_READ_ONLY },
    { 0,              0,                        0                        },
    { 0,              0,                        0                        },
  }
};
```

Projetos de sistemas embarcados baseados em RTOS

```
   void main( void ){
30    /* Cria uma tarefa definida por xTaskDefinition. */
      xTaskCreateRestricted( &xTaskDefinition, NULL );
32
      /* Inicia o escalonador do FreeRTOS. */
34    vTaskStartScheduler();
36    /* Não deve chegar aqui! */
   }
```

Listagem 9.46 Exemplo de uso da função *xTaskCreateRestricted()* no suporte a MPU do FreeRTOS.

Apesar de existir a função *xTaskCreateRestricted()*, a função *xTaskCreate()* também pode ser utilizada para criar tarefas em modo privilegiado ou usuário. No entanto, não pode ser utilizada para alocar regiões na MPU. Assim, tarefas privilegiadas irão acessar todo o mapa de memória do processador, e as tarefas em modo usuário terão acesso a toda a memória RAM e *flash* não definida como de acesso somente privilegiado. Para tanto, a informação de privilégio ou não deve ser atribuída em conjunto com a prioridade da tarefa a partir da operação lógica "ou" com portPRIVILEGE_BIT, como demonstrado na Listagem 9.47.

```
1  int main( void ){
      /* Cria uma tarefa em modo usuário utilizando a função xTaskCreate(). */
3     xTaskCreate(
         vOldStyleUserModeTask, /* Endereço da tarefa. */
5        "Task1", /* Nome da tarefa. */
         128, /* Tamanho da pilha da tarefa. */
7        NULL, /* Parâmetros da tarefa. */
         3, /* Prioridade e modo de operação (usuário, nesse caso). */
9        NULL /* Manipulador da tarefa. */
      );
11
      /* Cria uma tarefa em modo privilegiado utilizando a função xTaskCreate().
13    Note o uso do bit portPRIVILEGE_BIT na especificação da prioridade da tarefa. */
      xTaskCreate(
15       vOldStylePrivilegedModeTask, /* Endereço da tarefa. */
         ( signed char * ) "Task2", /* Nome da tarefa. */
17       100, /* Tamanho da pilha da tarefa. */
         NULL, /* Parâmetros da tarefa. */
19       ( 3 | portPRIVILEGE_BIT ), /* Prioridade e modo de operação (privilegiado, nesse caso). */
         NULL /* Manipulador da tarefa. */
21    );
23    /* Inicia o escalonador do FreeRTOS. */
      vTaskStartScheduler();
25
      /* Não deve chegar aqui! */
27 }
```

Listagem 9.47 Exemplo de uso da função *xTaskCreateRestricted()* no suporte a MPU do FreeRTOS.

Como comentado anteriormente, regiões de memória podem ser modificadas ou redefinidas em tempo de execução usando a função *vTaskAllocateMPURe-*

gions(), em que os parâmetros são o manipulador da tarefa sendo alterada e o ponteiro para o vetor de regiões de memória a ser configurado. A Listagem 9.48 demonstra o uso dessa função.

```
1  /* Define um vetor global em que a tarefa pode ler e escrever dados. */
   static unsigned char ucOneKByte[ 1024 ] __attribute__((align( 1024 )));
3
   /* Define o vetor que configura a MPU para as regiões de memória acessadas pela tarefa.
5    Nesse caso, define-se uma única região de memória com acesso a leitura e escrita. */
   static const MemoryRegion_t xAltRegions[ portNUM_CONFIGURABLE_REGIONS ] = {
7    /* Base address     Length      Parameters */
     { ucOneKByte,       1024,       portMPU_REGION_READ_WRITE },
9    { 0,                0,          0 },
     { 0,                0,          0 }
11 };

13 void vATask( void *pvParameters ){
     /* Essa tarefa foi criada com acesso a determinadas regiões de memória, como definido
15   na sua inicialização. No entanto, em um dado momento deseja-se alterar as definições
     previamente configuradas. Isso pode ser realizado pela função vTaskAllocateMPURegions().
17   O primeiro parâmetro nulo indica a operação para a função em execução, que passará a
     operar com as regiões definidas em xAltRegions. */
19   vTaskAllocateMPURegions( NULL, xAltRegions );

21   /* A partir de agora a tarefa só pode acessar sua própria pilha e o vetor ucOneKByte
     (A menos que outras regiões de memória tenham sido declaradas em outro local). */
23 }
```

Listagem 9.48 Exemplo de uso da função *vTaskAllocateMPURegions()* no suporte a MPU do FreeRTOS.

Finalmente, a última função específica da API para MPU do FreeRTOS é a *portSWITCH_TO_USER_MODE()*. Com essa função, uma tarefa pode reduzir seus privilégios, passando para o modo usuário. Verifique que não há forma de voltar a tarefa para o modo privilegiado. É importante destacar que o suporte à MPU ainda é limitado nos portes disponíveis para o FreeRTOS, não havendo atualmente implementação oficial para outros processadores da ARM, como os Cortex-M4F e Cortex-M7. Existem ainda casos em que os portes são desenvolvidos pelas empresas fabricantes do processador, como é o caso da família de microcontroladores ESP32, que utiliza o processador Xtensa LX6, desenvolvido pela Tensilica. Nesse caso, o porte do FreeRTOS disponibilizado pela empresa suporta o uso da MPU. A Tensilica agora faz parte do grupo Cadence Design Systems, Inc. e, com o lançamento de seu processador Xtensa LX6, foi responsável por introduzir um dos primeiros microcontroladores com dois núcleos simétricos no mercado de sistemas embarcados. Maiores detalhes de como o FreeRTOS foi modificado para suportar os dois núcleos do processador da Tensilica são apresentados na seção sobre gerenciamento de múltiplos núcleos.

9.14 Gerenciamento de múltiplos núcleos em um RTOS

Os processadores com múltiplos núcleos simétricos estão dando seus primeiros passos no mercado de sistemas embarcados baseados em sistemas operacionais de tempo real. Alguns fabricantes investiram na conceito de núcleos assimétricos, combinando, por exemplo, um processador ARM Cortex-M4 com um processador ARM Cortex-M0. No entanto, uma família de microcontroladores que tem se tornado muito popular é o ESP32, que possui em sua pastilha de silício um ou dois núcleos do processador Xtensa LX6 e um combo de rádios para comunicação Wi-Fi 2,4 GHz e Bluetooth.

O ESP32 foi projetado para os mercados de sistemas móveis, *wearables* (sistemas eletrônicos vestíveis) e internet das coisas. Um dos possíveis motivos para disponibilizar um microcontrolador com dois núcleos é a possibilidade de dedicar um núcleo para a aplicação e o outro núcleo para o gerenciamento dos sistemas de comunicação. No que diz respeito aos sistemas operacionais de tempo real, a disponibilidade de um processador com dois núcleos permite que as tarefas sejam executadas em ambos os núcleos. As memórias de programa e de dados são compartilhadas entre os processadores.

Para suportar os dois núcleos no FreeRTOS, foram realizadas modificações em seu código, bem como adicionadas funcionalidades por funções implementadas no porte desse RTOS para a família ESP32. A primeira modificação que fica evidente é a alteração da função *xTaskCreate()*, responsável por instalar as tarefas e adicioná-las à lista de tarefas prontas. Quando uma tarefa é instalada, por meio dessa função, nos microcontroladores ESP32, não há informação de qual núcleo será utilizado para executá-la. Portanto, o FreeRTOS irá executar a tarefa no núcleo que estiver disponível no momento.

Isso pode ser observado na Listagem 9.49, que descreve parcialmente a função *prvAddNewTaskToReadyList()* implementada no arquivo task.c. Note que um dos primeiros testes condicionais do código verifica se na instalação da tarefa foi especificado em qual dos núcleos a tarefa deve ser executada. Se a tarefa foi instalada a partir da função *xTaskCreate()*, o parâmetro *xCoreID* será tskNO_AFFINITY, como pode ser observado na Listagem 9.50, que apresenta a modificação realizada na função que instala tarefas para suportar mais de um núcleo. Nesse caso, o parâmetro tskNO_AFFINITY informa que a tarefa não possui afinidade com nenhum dos núcleos do processador, podendo ser executada em qualquer núcleo que esteja disponível no momento. Também é importante destacar que, apesar de existir somente uma lista de tarefas prontas, existe um vetor de ponteiros de blocos de controle de tarefas com o tamanho determinado pelo número de núcleos. Esses ponteiros são utilizados para acessar os dados das tarefas que estão sendo executadas por cada um dos núcleos do microcontrolador em um dado momento.

```
void prvAddNewTaskToReadyList(TCB_t *pxNewTCB, TaskFunction_t pxTaskCode, BaseType_t xCoreID){
  TCB_t *curTCB, *tcb0, *tcb1;

  /* Garante que as interrupções não acessem a lista de tarefas enquanto a lista está sendo
  atualizada. */
  taskENTER_CRITICAL(&xTaskQueueMutex);
  {
    uxCurrentNumberOfTasks++;

    // Determina em qual núcleo a tarefa será executada inicialmente
    if ( xCoreID == tskNO_AFFINITY ){
      if ( portNUM_PROCESSORS == 1 ){
        xCoreID = 0;
      }
      else{
        /* Se a tarefa não tem afinidade, busca nos núcleos disponíveis qual não está
        executando uma tarefa no momento. Se ambos os núcleos estiverem executando uma tarefa,
        coloque a tarefa na lista de execução do núcleo em que ela irá causar a preempção da
        tarefa de menor prioridade sendo executada. Se ambos os núcleos estiverem executando
        tarefas mais prioritárias que a nova tarefa, adicione a nova tarefa na lista de tarefas
        prontas do núcleo executando esse trecho de código. */
        tcb0 = pxCurrentTCB[0];
        tcb1 = pxCurrentTCB[1];
        if ( tcb0 == NULL ){
          xCoreID = 0;
        }
        else if ( tcb1 == NULL ){
          xCoreID = 1;
        }
        else if (tcb0->uxPriority<pxNewTCB->uxPriority && tcb0->uxPriority<tcb1->uxPriority){
          xCoreID = 0;
        }
        else if ( tcb1->uxPriority < pxNewTCB->uxPriority ){
          xCoreID = 1;
        }
        else{
          /* Ambos os núcleos estão executando tarefas mais prioritárias que a sendo instalada.
          Portanto, a tarefa será adicionada a lista de prontos no núcleo executando esse
          trecho de código. */
          xCoreID = xPortGetCoreID();
        }
      }
    }
  }

  ...

  taskEXIT_CRITICAL(&xTaskQueueMutex);
```

Listagem 9.49 Código parcial da função utilizada pelo FreeRTOS para incluir uma tarefa na lista de prontos.

Projetos de sistemas embarcados baseados em RTOS

```
1  BaseType_t xTaskCreate(
     TaskFunction_t pvTaskCode,
3    const char * const pcName,
     const uint32_t usStackDepth,
5    void * const pvParameters,
     UBaseType_t uxPriority,
7    TaskHandle_t * const pvCreatedTask){

9    return xTaskCreatePinnedToCore( pvTaskCode, pcName, usStackDepth, pvParameters, uxPriority,
        pvCreatedTask, tskNO_AFFINITY );
   }
```

Listagem 9.50 Modificação da função *xTaskCreate()* para suportar múltiplos núcleos.

Observe ainda na Listagem 9.50 que uma nova função foi desenvolvida como parte do porte para os microcontroladores ESP32, em que foi adicionado o parâmetro que informa o núcleo em que a tarefa será executada. Caso o desenvolvedor queira executar uma tarefa em um núcleo específico, esse parâmetro pode ser utilizado para informar em qual núcleo. Para o ESP32, os valores válidos são zero e um, determinando se a tarefa será executada no primeiro ou no segundo núcleo. Os outros parâmetros permanecem os mesmos, como pode ser observado na Listagem 9.51. Nesse exemplo, a tarefa implementada pela função *TarefaExemplo()* é instalada nos dois núcleos de um ESP32 com a prioridade 10. Note que, caso essas sejam as únicas tarefas instaladas no sistema, ambas irão executar ao mesmo tempo, cada uma em um dos núcleos do microcontrolador.

```
   // Tarefa que será executada em ambos os núcleos de um ESP32
2  void TarefaExemplo(void *pvParameters ){
     while(1){
4      printf("Tarefa executando no núcleo %d", xPortGetCoreID());
       delay(1000);
6    }
   }
8
   void main(void){
10   // Instala uma tarefa que será executada no primeiro núcleo de um ESP32
     xTaskCreatePinnedToCore(
12     TarefaExemplo,      /* Função que implementa a tarefa */
       "Exemplo Núcleo 0", /* Nome da tarefa */
14     512,                /* Tamanho da pilha da tarefa */
       NULL,               /* Parâmetros da tarefa */
16     10,                 /* Prioridade da tarefa */
       NULL,               /* Manipulador da tarefa */
18     0);                 /* Núcleo onde a tarefa deve executar */

20   // Instala uma tarefa que será executada no segundo núcleo de um ESP32
     xTaskCreatePinnedToCore(
22     TarefaExemplo,      /* Função que implementa a tarefa */
       "Exemplo Núcleo 1", /* Nome da tarefa */
24     512,                /* Tamanho da pilha da tarefa */
       NULL,               /* Parâmetros da tarefa */
26     10,                 /* Prioridade da tarefa */
       NULL,               /* Manipulador da tarefa */
28     1);                 /* Núcleo onde a tarefa deve executar */
```

```
30    /* Inicia o escalonador */
      vTaskStartScheduler();
32  }
```

Listagem 9.51 Instalação de duas instâncias da tarefa exemplo a partir da função *xTaskCreatePinnedToCore()* que permite especificar o núcleo que irá executar a tarefa.

O exemplo apresentado na Listagem 9.51 possui uma condição importante a ser observada. Se a tarefa instalada em ambos os núcleos é a mesma e essa tarefa utiliza a função *printf()* para apresentar informações ao usuário em um terminal, deve haver proteção para recursos compartilhados. A proteção de exclusão mútua não irá permitir que ambas as instâncias da tarefa executem ao mesmo tempo, apesar de haver dois núcleos no microcontrolador. No entanto, pode-se implementar um terminal para cada núcleo, caso a saída de dados seja realizada por uma porta serial. Nesse caso, um parâmetro pode ser utilizado para informar qual saída deve ser utilizada e, dessa forma, ambas as instâncias da tarefa poderão imprimir dados ao mesmo tempo, mas em diferentes terminais, como demonstra a Listagem 9.52.

```
    void TarefaExemplo(void *parametro){
2     int uart = (int)*parametro;
      while(1){
4       printf(uart, "Tarefa executando no núcleo %d", xPortGetCoreID());
        delay(1000);
6     }
    }
8
    void main(void){
10    int uart_number = 0;
      xTaskCreatePinnedToCore(/* Instala a tarefa que será executada no primeiro núcleo */
12      TarefaExemplo,      /* Função que implementa a tarefa */
        "Exemplo Núcleo 0", /* Nome da tarefa */
14      512,                /* Tamanho da pilha da tarefa */
        &uart_number,        /* Parâmetros da tarefa */
16      10,                 /* Prioridade da tarefa */
        NULL,               /* Manipulador da tarefa */
18      0);                 /* Núcleo onde a tarefa deve executar */

20    uart_number = 1;
      xTaskCreatePinnedToCore(/* Instala a tarefa que será executada no segundo núcleo */
22      TarefaExemplo,      /* Função que implementa a tarefa */
        "Exemplo Núcleo 1", /* Nome da tarefa */
24      512,                /* Tamanho da pilha da tarefa */
        &uart_number,        /* Parâmetros da tarefa */
26      10,                 /* Prioridade da tarefa */
        NULL,               /* Manipulador da tarefa */
28      1);                 /* Núcleo onde a tarefa deve executar */

30    /* Inicia o escalonador */
      vTaskStartScheduler();
32  }
```

Listagem 9.52 Instalação de duas instâncias da tarefa exemplo a partir da função *xTaskCreatePinnedToCore()* especificando diferentes parâmetros para cada instância.

Projetos de sistemas embarcados baseados em RTOS

Verifique ainda na Listagem 9.51, que a informação de qual núcleo está executando a tarefa pode ser obtida pela função *xPortGetCoreID()*, a qual é implementada com instruções específicas do microcontrolador ESP32, como pode ser observado na Listagem 9.53.

```
/* Retorna o identificador do núcleo em execução */
inline uint32_t IRAM_ATTR xPortGetCoreID(){
  int id;
  __asm__ (
    "rsr.prid %0\n"
    " extui %0,%0,13,1"
    :"=r"(id));
  return id;
}
```

Listagem 9.53 Implementação da função *xPortGetCoreID()* a partir de instruções específicas do microcontrolador ESP32.

9.15 Códigos demonstrativos de uso de RTOS

Muitos desenvolvedores de sistemas embarcados que nunca tiveram contato com um RTOS apresentam inicialmente dificuldades em vislumbrar as principais vantagens de se utilizar os recursos providos por um sistema operacional de tempo real. Para facilitar essa transição, uma série de exemplos são disponibilizados como material adicional ao conteúdo presente neste livro. Esses exemplos são desenvolvidos em uma grande variedade de plataformas e, geralmente, estão disponíveis utilizando tanto o BRTOS quanto o FreeRTOS como RTOS.

A seguir alguns desses exemplos serão analisados, com o intuito de demonstrar como se projetar sistemas multitarefas desde o mais simples ao mais complexo, no qual se faz uso dos serviços de um RTOS para permitir a concorrência entre tarefas. Note que empregar um sistema operacional para fracionar os problemas a serem abordados em um sistema embarcado não é garantia de uma boa solução. O que se pretende demonstrar são boas práticas que permitem o compartilhamento satisfatório de um processador entre diversas tarefas, sem que ocorra falha ou perda de desempenho durante a execução do sistema.

9.15.1 Sistema multitarefa cooperativo com protothreads

Nem sempre é necessário utilizar um RTOS para o projeto de um sistema embarcado multitarefa, principalmente quando não há restrições de resposta de tempo real rígidas *hard*, conforme discutido no Capítulo 1. Por isso, aqui será apresentado inicialmente um projeto de um sistema embarcado multitarefa com corrotinas utilizando a biblioteca Protothreads, introduzidas também no Capítulo 1. Esse projeto é um sistema registrador de dados (também conhecido como *datalogger*), que realiza periodicamente a leitura de dados de sensores e equipamentos externos, e guarda os dados lidos em arquivos em memória não volátil, como um cartão de memória. Ainda, o sistema também realiza a leitura dos dados contidos no arquivo para imprimi-los em um terminal de usuário e para transmiti-los.

O exemplo do projeto, denominado multiregistrador de dados, foi organizado em corrotinas (ou *protothreads*) de dois tipos: as escritoras e as leitoras. Assim, uma corrotina escritora, cujo código é mostrado na Listagem 9.54, é responsável pela obtenção dos dados de um único equipamento e sua gravação em arquivos, com uma periodicidade configurável. Já uma corrotina leitora, cujo código é mostrado na Listagem 9.55, realiza a leitura subsequente dos arquivos gravados e faz a impressão e/ou transmissão dos dados lidos. Essa modularidade do sistema facilita a testabilidade, a manutenção e a atualização do *software*, pois as corrotinas podem ser testadas separadamente e novas podem ser adicionadas caso haja a necessidade de se adicionar outros equipamentos a serem monitorados.

```
1  /** Registrador: protothread escritora (W) */
   static PT_THREAD(registrador_write_thread(struct pt *pt, uint8_t _registrador)){
3      /* Declaração e (re)inicialização de variáveis para período de execução e temporizador. */
       uint32_t period = (uint32_t)registrador_state[_registrador].config_h.time_interv*1000;
5      reg_timer_t* timer = &registrador_state[_registrador].write_timer;

7      /* Início da protothread */
       PT_BEGIN(pt);

9
       /* Configura um timer com seu período de execução. */
11     timer_set(timer, (uint32_t)(period));

13     while(1){
           printf("\r\nThread W %u, intervalo: %u ms\r\n", _registrador, period);
15
           /* Aguarda seu período de execução, caso o registrador esteja executando. */
17         PT_WAIT_UNTIL(pt, registrador_running && timer_expired(timer));

19         /* Reconfigura o timer para a próxima execução. */
           timer_set(timer, (uint32_t)(period));
21
           printf("\r\nThread W %u, tempo agora: %lu \r\n", _registrador, clock_time());
23
           /* Executa a lógica do registrador - leitura de dados e escrita em arquivo. */
25         registrador_writer(_registrador);

27     }
       PT_END(pt);  /* Fim da protothread */
29 }
```

Listagem 9.54 Corrotina (*protothread*) que escreve os dados em arquivo.

Projetos de sistemas embarcados baseados em RTOS

```c
/* Registrador: protothread leitora (R) */
PT_THREAD(registrador_read_thread(struct pt *pt, uint8_t _registrador)){

    /* Declaração de variáveis para cálculo dos tempos de execução. */
    clock_t time_before, time_now;
    uint32_t time_elapsed = 0;

    /* Declaração e (re)inicialização de variável para temporizador. */
    reg_timer_t* timer = &registrador_state[_registrador].read_timer;
    #define TIMER_READER_MS  2000   /* Período de execução fixo em 2 segundos.*/

    PT_BEGIN(pt); /* Início da protothread */
    while(1){
        /* Configura um temporizador com seu período de execução */
        timer_set(timer, TIMER_READER_MS);

        /* Aguarda seu período de execução, caso a leitura esteja sendo executada. */
        PT_WAIT_UNTIL(pt, registrador_uploading && timer_expired(timer));
        time_before = clock_time();
        if(registrador_state[_registrador].sending == 0){
            registrador_state[_registrador].reader_upload_start_time = time_before;
        }

        /* Executa a lógica de leitura do registro no arquivo e transmissão dos dados.*/
        if(registrador_reader(_registrador) < MAX_NUM_OF_ENTRIES){
            time_now = clock_time();
            time_elapsed = (uint32_t)(time_now-time_before);

            /* Guarda dados para acompanhamento de desempenho, como tempo de execução. */
            time_before = registrador_state[_registrador].reader_upload_start_time;
            time_elapsed = (uint32_t)(time_now-time_before);
            registrador_state[_registrador].reader_upload_time = time_elapsed;
            registrador_state[_registrador].reader_upload_time_avg =
                ((registrador_state[_registrador].reader_upload_time_avg*7) + time_elapsed)/8;
        }
    }
    PT_END(pt); /* Fim da protothread */
}
```

Listagem 9.55 Corrotina (*protothread*) leitora dos dados do arquivo de registro.

Um característica interessante do sistema multitarefa projetado é um menor uso de memória RAM em comparação a sistemas multitarefas com RTOS preemptivo, pois em sistemas cooperativos com corrotinas ou *protothreads* estas compartilham uma única pilha, já que não há necessidade de alocar pilhas exclusivas para cada tarefa ou *thread*. Note que, nos códigos das corrotinas do exemplo, há a necessidade de reinicializar as variáveis a cada execução, pois seus valores não são mantidos a cada execução. Por outro lado, não há priorização nem preempção de corrotinas, pois estas são executadas periodicamente e compartilham o processador de forma cooperativa. Portanto, quando uma corrotina está em execução, ela deve ser executada completamente antes de se executar uma próxima corrotina, de forma que um atraso na execução de uma corrotina afeta o tempo de resposta das demais corrotinas do sistema. Assim, quando houver requisitos temporais mais rígidos no sistema, o uso de um RTOS é recomendado.

9.15.2 Sistema embarcado com alta concorrência

Certas literaturas recomendam que a necessidade de se utilizar um RTOS em um sistema seja cuidadosamente avaliada. Já outros autores destacam as vantagens em longo prazo de se utilizar um sistema operacional no desenvolvimento de um sistema. Esse assunto é amplamente abordado nos diversos capítulos que compõem este livro. No entanto, são evidentes as facilidades providas por um RTOS para sistemas em que existem inúmeras tarefas com diferentes prazos e tempos de computação. Para melhor demonstrar como empregar essas facilidades, um código demostrativo é disponibilizado para a plataforma *STM32F746GDISCOVERY* da ST Microelectronics.

Essa plataforma de desenvolvimento é particularmente interessante por possuir uma grande variedade de periféricos. No código de exemplo disponibilizado, diversos desses periféricos são utilizados para evidenciar o uso dos objetos e serviços de um RTOS. Entre os periféricos acessados estão uma tela gráfica LCD com *touchscreen* capacitivo, conexão Ethernet, interface SDIO para cartão SD, botões, comunicação USB e portas seriais. As tarefas implementadas e suas respectivas prioridades nesse sistema são:

1. **System_Time (prioridade 31)**: controle do cão de guarda, gerenciamento de tempo de atividade do sistema, relógio e calendário.

2. **task_1 (prioridade 30)**: demonstra um simples uso de temporização baseada em *delay*.

3. **pisca_led (prioridade 29)**: troca o estado do LED de usuário a cada 500 ms.

4. **Keyboard_Handler (prioridade 28)**: implementa o *debounce* do teclado e armazena as teclas pressionadas em uma fila.

5. **ethernetif_input (prioridade 27)**: processa os pacotes recebidos pela comunicação Ethernet.

6. **USB_Task (prioridade 26)**: implementa a classe CDC da porta USB como dispositivo.

7. **Keyb_Task (prioridade 25)**: imprime informações do sistema no terminal ao receber uma tecla válida.

Projetos de sistemas embarcados baseados em RTOS

8. **Terminal (prioridade 24)**: implementa um terminal do sistema a partir de uma porta serial UART.

9. **NewClient (prioridade 18-23)**: conjunto de seis tarefas que permite o gerenciamento de até seis clientes conectados concorrentemente ao servidor *telnet*.

10. **SocketTelnetServer (prioridade 17)**: servidor de *telnet* básico.

11. **http_server_netconn_thread (prioridade 16)**: servidor HTTP.

12. **TCPIP_Task (prioridade 15)**: gerenciamento da pilha TCP/IP da biblioteca LwIP, bem como execução das aplicações da API nativa do LwIP, como utilizado no servidor FTP do código de exemplo.

13. **LwIPStartTask (prioridade 14)**: inicializa a interface de rede Ethernet, a pilha LwIP e implementa um cliente DHCP.

14. **BRTOSTimerTask (prioridade 13)**: tarefa responsável pelo controle dos *softtimers* do BRTOS.

15. **task_touch (prioridade 12)**: gerencia os toques na tela e informa à tarefa do LCD a posição do toque.

16. **task_LCD (prioridade 2)**: gerencia a interface gráfica da demonstração.

17. *Idle* **(prioridade 0)**: tarefa ociosa do sistema.

Como comentado anteriormente, os algoritmos de taxa e prazo monotônico são muito utilizados para definir, inicialmente, as prioridades das tarefas. No entanto, se fossem utilizados rigidamente nesse exemplo, o resultado da distribuição de prioridades seria diferente do apresentado. Um exemplo claro desse conceito pode ser aplicado à tarefa que gerencia os pacotes sendo recebidos por Ethernet. Assumindo um pacote máximo de 1.526 *bytes* a uma taxa de 100 Mb/s, poderia ocorrer a recepção de um pacote a cada 116 µs. Já o período da tarefa que pisca o LED de usuário tem período de 500 ms. Portanto, a tarefa que gerencia os pacotes de Ethernet deveria possuir prioridade superior à tarefa que pisca um LED, mas projetar o sistema dessa forma não estaria incorreto.

Apesar das evidências de que utilizar o período entre ativações ou o prazo de execução seja a melhor escolha para esse projeto, deve-se também observar o que a experiência no desenvolvimento de sistemas de tempo real comprova. Assim, pode-se considerar o fato de que executar primeiro tarefas com menor tempo de computação leva ao menor tempo médio de espera por execução, como evidenciado pelo algoritmo SJF.

Logo, facilmente podemos concluir que as tarefas 1, 2, 3 e 4 consomem muito pouco processamento por ativação. Aproximadamente, pode-se afirmar que cada ativação dessas tarefas ocupa o processador por menos que 1 µs em um processador ARM Cortex-M7 a 216 MHz, como o utilizado no exemplo. Além disso, como seus períodos de ativação são altos (10 ms, 50 ms, 500 ms e 1.000 ms), a ocupação de processador dessas tarefas é extremamente baixa. O único fator que poderia impedir a decisão de destinar uma alta prioridade para essas tarefas seria sua execução atrasar a recepção dos pacotes Ethernet, o que não é o caso nesse exemplo. Já a tarefa 13 é utilizada para implementar uma classe de comunicação de dispositivo (CDC) a partir de uma porta USB. Essa comunicação ocorre em pacotes a uma taxa de transmissão um pouco abaixo da utilizada pela comunicação Ethernet. Portanto, atribui-se a prioridade logo abaixo da utilizada pela tarefa Ethernet para a tarefa que manipula a comunicação USB.

As tarefas 7 e 8 recebem dados de uma fila (teclado e UART) e imprimem informações ao usuário pelo terminal serial. Utilizando uma taxa de transmissão de 115.200 bps, pode-se receber um caractere a cada 86 µs. Esse simples fato poderia levar a uma escolha de prioridade maior para as tarefas 7 e 8 do que para a tarefa 5. Porém, existem outras informações que podem ser levadas em conta: o tempo de ocupação de processador nas tarefas 7 e 8 é baixo e há a possibilidade de um pequeno atraso no processamento dessas tarefas devido à interação com um usuário, e não com outro dispositivo. As tarefas que interagem com o terminal recebem um caractere por ativação, enquanto a tarefa Ethernet recebe um pacote de até 1.526 *bytes* por ativação. Ainda, dificilmente o usuário iria perceber um atraso de poucos microssegundos na resposta do terminal devido ao processamento de um pacote Ethernet. Essas características das tarefas 7 e 8 possibilitam escolher uma prioridade superior para a tarefa de recepção de pacotes Ethernet, apesar de o algoritmo de taxa monotônica afirmar o contrário. É importante ressaltar que, embora a tarefa 8 manipule dados do cartão SD, as informações são apresentadas ao usuário pela comunicação UART, o que limita a ocupação do processador conforme a taxa de transmissão dessa comunicação. Todavia, se o cartão SD for lido ou escrito sem ocorrer envio de dados pelo

Projetos de sistemas embarcados baseados em RTOS 455

terminal, poderá ocorrer bloqueio temporário de todas as tarefas com prioridades inferiores à prioridade da tarefa do terminal, como as tarefas que gerenciam a tela gráfica.

As tarefas 9 a 13 do exemplo são destinadas a aplicações do protocolo TCP/IP ou até mesmo ao processamento do protocolo em si. Em um primeiro momento, pode-se pensar que a prioridade dessas tarefas deveria ser alta, visto que a comunicação dessas aplicações depende da comunicação Ethernet. Entretanto, os prazos de resposta de protocolos de aplicação como HTTP e FTP são altos, na casa de centenas de milissegundos. Assim, considerando ainda que o BRTOS (RTOS utilizado no exemplo) não permite atribuir uma mesma prioridade a mais de uma tarefa, pode-se distribuir uma faixa de prioridades intermediária para essas tarefas (14 a 23 nesse exemplo). Note que o uso dos objetos do RTOS para essas tarefas é realizado pela pilha TCP/IP, a partir do porte da pilha LwIP.

Finalmente, as tarefas 14 a 16 estão vinculadas à aplicação da tela gráfica. Note, no entanto, que as tarefas 14 e 15 são associadas a eventos, como a atualização do gráfico por tempo e a recepção de um toque na tela. Portanto, recebem prioridade superior à prioridade da tarefa que atualiza os dados na tela, de forma a evitar a perda de eventos. Percebe-se que a prioridade da tarefa que atualiza os dados na tela gráfica só é superior à da tarefa ociosa do sistema. Essa é uma atribuição de prioridade comumente utilizada, visto que o período de execução da tarefa está na faixa de centenas de milissegundos a segundos e que o tempo de ocupação do processador é o maior entre as tarefas instaladas no exemplo.

Após analisar a atribuição de prioridades desse exemplo, pode-se concluir que esse é um dos principais desafios do projetista de sistemas embarcados. Note que a experiência é importante para determinar esse parâmetro, visto que a maioria dos algoritmos apresentados na literatura não apresenta a solução definitiva para todos os casos encontrados na prática. Outro fator decisivo em uma boa implementação é o uso correto dos objetos disponibilizados pelo RTOS, pois somente a partir destes é possível obter um sistema multitarefa com resposta adequada.

9.15.3 Reprodutor de arquivos de áudio WAV

O uso dos recursos de um sistema operacional de tempo real para a implementação de um sistema qualquer nem sempre é evidente, principalmente para usuários pouco experientes. Assim, será utilizado como exemplo um reprodutor de áudio com a descrição detalhada de como esses objetos podem ser utilizados.

Inicialmente, observe a Listagem 9.56, em que as tarefas utilizadas são instaladas. Para implementar esse código de demonstração são utilizadas quatro tarefas. A primeira é uma tarefa de gerenciamento do sistema, como *watchdog*, calendário e relógio, entre outras funcionalidades, e não será descrita com detalhes. Já a segunda tarefa implementa o gerenciamento das teclas *play*, *pause* e *stop* do reprodutor de áudio. Como a manipulação de um teclado por tarefas já foi abordada anteriormente, essa tarefa também não será detalhada. As outras duas tarefas instaladas são as que irão reproduzir um arquivo de áudio. A tarefa **Audio_Task** é o reprodutor de áudio propriamente dito. Já a tarefa **ReadWaveFileTask** implementa a leitura dos dados em um cartão SD com sistema FAT. Note que o sistema utilizado nesse exemplo é o BRTOS.

```
void main(void){
    /* Inicia o clock do microcontrolador */
    MCU_init();
    /* Inicia variáveis do BRTOS */
    BRTOS_Init();

    if(OSInstallTask(&System_Time,"Gerenciamento do sistema",256,31) != OK){
        while(1){};
    };

    if(OSInstallTask(&keyboad_task,"Manipulador do teclado",256,12) != OK){
        while(1){};
    };

    if(OSInstallTask(&Audio_Task,"Reprodutor de áudio",512,15) != OK){
        while(1){};
    };

    if(OSInstallTask(&ReadWaveFileTask,"Leitura do streaming de áudio",512,10) != OK){
        while(1){};
    };

    if (BRTOSStart() != OK){
        for(;;){};
    }
}
```

Listagem 9.56 Código que implementa a instalação de duas tarefas para a reprodução de arquivos de áudio WAV.

Uma das principais diferenças que existem entre um sistema embarcado e um computador de uso pessoal é a quantidade de memória de dados disponível. Em um computador pessoal, é aceitável dizer que o arquivo de áudio será completamente carregado para a memória de dados e reproduzido a partir dela. No entanto, esse procedimento não é possível em um sistema embarcado de pequeno porte, visto que um arquivo de áudio WAV pode chegar facilmente a 50 MB de dados. Portanto, nesses sistemas, o áudio deve ser reproduzido ao mesmo tempo que o cartão de memória é lido. Tal procedimento remete à concorrência e justifica as duas tarefas utilizadas. Também é possível observar que a prioridade da tarefa que reproduz o áudio deve ser superior à da tarefa que lê o cartão, pois o cartão deve ser lido nos intervalos entre as amostras de reprodução do sinal digital.

A limitação de tal sistema é o tempo de leitura do cartão. Imagine um arquivo de áudio gravado com taxa de amostragem de 44.100 Hz (qualidade de CD). Se a leitura for realizada em blocos de 512 *bytes* e as amostras no áudio forem de 16 *bits*, é necessário entregar um novo bloco de dados para o reprodutor a cada 6 milissegundos aproximadamente. Isso remete a uma taxa de leitura do cartão de pelo menos 88,2 kB/s, o que é facilmente atingido com a maioria dos processadores e microcontroladores existentes atualmente.

Objetos do sistema operacional devem ser empregados para o sincronismo entre a tarefa de áudio e as tarefas de teclado, leitura de arquivo e interrupção de tempo. Verifique que a tarefa de áudio cria quatro semáforos e uma caixa de mensagem na Listagem 9.57. O semáforo **play** é empregado para sincronizar a tarefa de teclado com o reprodutor de áudio. Assim, no laço principal da tarefa existe uma espera pela liberação desse semáforo. Cada vez que a tecla *play* for pressionada, haverá uma postagem desse semáforo liberando a execução do reprodutor de áudio. Verifique ainda que o conversor digital para analógico e o temporizador para a reprodução do áudio são configurados antes do laço principal da tarefa.

```
void Audio_Task(void){
    INT8U  SR = 0;

    if (OSSemCreate(0,&Play) != ALLOC_EVENT_OK){
        while(1){
            DelayTask(1000);
        }
    }

    if (OSSemCreate(0,&Audio) != ALLOC_EVENT_OK){
        while(1){
            DelayTask(1000);
        }
    }

    if (OSSemCreate(0,&OpenWave) != ALLOC_EVENT_OK){
        while(1){
            DelayTask(1000);
        }
    }
```

```
22    if (OSSemCreate(0,&SyncWaveBuffer) != ALLOC_EVENT_OK){
          while(1){
24            DelayTask(1000);
          }
26    }

28    if (OSMboxCreate(&SendWaveBuffer,NULL) != ALLOC_EVENT_OK){
          while(1){
30            DelayTask(1000);
          }
32    }

34    Config_DAC();
      Config_timer();
36
      /* Laço da tarefa */
38    for (;;){
          // Reproduz um arquivo WAV a cada post desse semáforo
40        (void)OSSemPend(Play,0);
          Wave_Start_Playing();
42    }
}
```

Listagem 9.57 Tarefas para a reprodução de arquivos de áudio WAV.

Já a tarefa **ReadWaveFileTask** apresentada na Listagem 9.58 espera pelo semáforo **OpenWave**. Esse semáforo é liberado pela função *Wave_Start_Playing()* da Listagem 9.59, que realiza a reprodução do arquivo de áudio propriamente dito. Note que essa tarefa executa a função *Wave_ReadFile()*, que realiza a leitura de cartão SD. Como parâmetros estão o nome do arquivo a ser reproduzido, que deve ser controlado pelo teclado e até mesmo por um *display* e dois *buffers*. Esses *buffers* devem ter o mesmo tamanho (512 *bytes*) e são utilizados para reproduzir o áudio e ler o cartão ao mesmo tempo. Enquanto um *buffer* é reproduzido pela tarefa de áudio, o segundo *buffer* recebe o próximo pacote de dados do cartão SD. Tais *buffers* vão sendo intercalados entre leitura e escrita, de forma a manter a reprodução do áudio somente com 1 kB de memória RAM.

```
1  void ReadWaveFileTask(void){
       INT8U i=0;
3
       for(;;){
5          OSSemPend(OpenWave,0);
           SuccessfullyReproduced = Wave_ReadFile(SoundName, WaveBuffer0, WaveBuffer1);
7      }
   }
```

Listagem 9.58 Tarefa que realiza a leitura do cartão de memória SD com os arquivos de áudio a serem reproduzidos.

A Listagem 9.59 contém a função que reproduz o áudio. Note que, como primeiras ações, a função habilita o conversor DAC e posta um semáforo para liberar a tarefa que lê o arquivo de áudio do cartão SD. Ao liberar a leitura do cartão, essa tarefa utiliza uma caixa de mensagem para esperar o primeiro *buffer* a ser reproduzido.

A informação recebida da tarefa de leitura do cartão não se restringe a dados brutos de áudio, mas inclui também informações sobre taxa de *bits* por dado, taxa de amostragem, número de canais e tamanho do *buffer*, como visto na Listagem 9.60. Essa informação é utiliza na leitura do primeiro bloco, determinado pelo *flag first*, para configurar o temporizador que irá gerar a base de tempo para a reprodução do áudio. No exemplo são suportadas as taxas de 8, 11 e 44,1 kHz. A informação também é utilizada para verificar se o arquivo a ser reproduzido acabou, caso **size** seja zero, e para definir se os dados do arquivo de áudio são de 8 ou 16 *bits*.

Pode-se verificar no exemplo que o semáforo **Audio** é utilizado para sincronizar a interrupção de tempo com a taxa de alteração dos dados no conversor DAC. Ainda, como o conversor DAC do *hardware* utilizado é de 12 *bits*, torna-se necessário descartar 4 *bits* dos dados lidos quando as informações forem de 16 *bits*. Finalmente, como só existe um conversor DAC na plataforma utilizada, caso existam dois canais de áudio, um deles é descartado. Sempre que um *buffer* de 512 *bytes* acaba de ser reproduzido (*size* = 0), a função de reprodução de áudio solicita o próximo *buffer* a partir da postagem do semáforo **SyncWaveBuffer**. Esse semáforo é necessário para evitar que o cartão SD seja lido mais rapidamente do que o áudio é reproduzido. Assim que a tarefa de leitura do cartão SD é despertada por esse semáforo, essa tarefa posta o ponteiro do *buffer* a ser reproduzido e inicia a leitura do próximo bloco de dados. Se o *buffer* for entregue com tamanho zero, existe uma quebra no laço de reprodução, seguida do desligamento do conversor DAC e do temporizador.

```
void Wave_Start_Playing(void){
    WAVE_BUFFER *WaveInfo;
    INT8U    *Buff8, first = 0;
    INT16S   *Buff16;
    INT16U    size = 0;

    Enable_DAC();

    OSSemPost(OpenWave);

    for(;;){
        (void)OSMboxPend(SendWaveBuffer,(void **)&WaveInfo,0);

        if (first == 0){
            first = 1;
```

460 Sistemas operacionais de tempo real e sua aplicação em sistemas embarcados

```c
       //Configura taxa de amostragem: (8 kHz, 11,025 kHz or 44,1 kHz)
18     Wave_SetSampleRate(WaveInfo->SampleRate);

20     Enable_timer();
    }

22
    if ((WaveInfo->Size) == 0){
24         break;
    }
26  size = WaveInfo->Size;

28  if (WaveInfo->BitRate == 16){
        Buff16 = (INT16S*)WaveInfo->Buff;
30  }
    else if (WaveInfo->BitRate == 8){
32      Buff8 = (INT8U*)WaveInfo->Buff;
    }

34
    do{
36      OSSemPend(Audio,0);

38      if (WaveInfo->BitRate == 16){
            _DAC1_Write(((*Buff16) >> 4) + 2048);
40          Buff16++;
            if((WaveInfo->NumChannels) == 2){
42              Buff16++; //Pula o  pacote do outro canal
                size--;
44          }
        }
46      else if (WaveInfo->BitRate == 8){
            _DAC1_Write((*Buff8) << 4);
48          Buff8++;
            if((WaveInfo->NumChannels) == 2){
50              Buff8++;  //Pula o  pacote do outro canal
                size--;
52          }
        }
54      size--;
    }while(size > 0);
56  OSSemPost(SyncWaveBuffer);
    }
58  Disable_timer;
    Disable_DAC();
60 }

62 // Interrupção de timer
   void Timer_Handler(void){
64     OSSemPost(Audio);
   }
```

Listagem 9.59 Função que reproduz os arquivos de áudio WAV.

```c
1
   typedef struct {
3      INT8U*  Buff;         // Buffer
       INT16U  Size;         // Quantidade de dados no buffer
5      INT16U  SampleRate;   // Taxa de amostragem
       INT8U   BitRate;      // Bits por amostra
7      INT8U   NumChannels;  // Numero de canais
   } WAVE_BUFFER;
```

Listagem 9.60 Estrutura com as informações dos dados contidos nos *buffers* utilizados pelo reprodutor de áudio WAV.

A Listagem 9.61 descreve a função de leitura do cartão SD utilizando a biblioteca livre e de código aberto FATfs. Essa biblioteca é uma das mais utilizadas para a implementação de sistemas de arquivos FAT em sistemas embarcados. O tamanho do arquivo é lido em sua abertura para a variável *p1*, permitindo a identificação de seu final pelo decremento do tamanho do *buffer* a cada leitura. A leitura é realizada de 512 em 512 *bytes*, com os *buffers* sendo alternados. Verifique que no primeiro bloco de 512 *bytes* é lido o cabeçalho do arquivo WAV, que contém 44 *bytes* ordenados pela estrutura apresentada na Listagem 9.62.

As informações do cabeçalho são utilizadas para informar o tipo de dado que será enviado pelo *buffer* (tamanho e taxa de amostragem, por exemplo). O arquivo é lido em blocos de 512 *bytes* sincronizados pelos semáforos e caixas de mensagens descritos anteriormente. Quando os últimos *bytes* do arquivo são lidos, a função de leitura envia um *buffer* vazio pela caixa de mensagem, informando o final do arquivo para a tarefa de reprodução. Adicionalmente, o tempo em que o sistema não está lendo o cartão ou alterando os dados no DAC pode ser utilizado para a atualização de uma tela, a partir de uma tarefa de menor prioridade.

Vale observar que a estrutura do cabeçalho do arquivo WAV é declarada com os atributos *packed* e *aligned* do compilador GCC de forma a garantir que não haverá espaços de memória entre os dados da estrutura e que os dados estejam alinhados em endereços múltiplos de 2 *bytes*. Esses atributos são especialmente interessantes quando as estruturas de dados utilizadas têm alternância entre tipos de 1, 2 e 4 *bytes*. Sem esses atributos, os compiladores têm a tendência de alinhar os dados para endereços de 4 *bytes* em processadores de 32 *bits*, pois essa abordagem otimiza o acesso aos dados pelo processador. No entanto, ela pode gerar uma estrutura de dados com espaços vazios se a estrutura contiver uma variável de 1 *byte* entre duas variáveis de 4 *bytes*, por exemplo. Nesse caso, poderia ocorrer de 3 *bytes* serem deixados sem uso, para permitir o acesso de memória alinhado.

```
INT8U Wave_ReadFile(CHAR8 *FileName, INT8U* Buffer0, INT8U* Buffer1){
    INT32U          p1, p2, s2;
    INT16U          cnt = 0;
    INT16U          i = 0, j = 0;
    INT16U          ReadBytes;
    INT8U           *pData;
    INT8U           sd_status = 0;
    INT8U           SelectBuffer = 0; //Seleciona Buffer 0 or 1

    if (f_open(&file_obj, FileName, FA_READ) == FR_OK){
        p2 = 0;
        p1 = f_size(&file_obj);
```

```c
                // Lê o arquivo enquanto p1 é maior que zero
14  while (p1){
        if (p1 >= sizeof(Buff)){
16          cnt = sizeof(Buff);
            p1 -= sizeof(Buff);
18      }
        else{
20          cnt = (INT16U)p1;
            p1 = 0;
22      }

24      //Seleciona buffer de armazenamento
        if (SelectBuffer == 0){
26          pData = Buffer0;
28      }
        else{
            pData = Buffer1;
30      }

32      // Lê o arquivo
        if (f_read(&file_obj, pData, cnt, (UINT*)&s2) != FR_OK){ // Teste de erro
34          break;
        }
36      else{
            p2 += s2;
38          // Teste de erro
            if (cnt != s2) break;
40
            // primeiro bloco = cabeçalho
42          if (j == 0){
                WaveFile = *(WAVE_FILE*)pData;
44              pData += 44;              // Tamanho do cabeçalho de um arquivo WAV
                ReadBytes = (s2 - 44);   //Armazena do buffer passado para tarefa de Play
46              // Preencher dados
                WaveBuff.SampleRate = WaveFile.SampleRate;
48              WaveBuff.BitRate   = WaveFile.BitsPerSamples;
                WaveBuff.NumChannels= WaveFile.NumChannels;
50          }
            else{
52              ReadBytes = s2;      //Armazena do buffer passado para tarefa de Play
            }
54
            if (WaveFile.BitsPerSamples == 16){
56              ReadBytes = ReadBytes >>1;
            }
58      }

60      //Lê dados do arquivo WAV, considerando a troca de buffer
        if(SelectBuffer){
62          SelectBuffer = 0;
        }
64      else{
            SelectBuffer = 1;
66      }

68      // Se os dois buffers estão cheios, espera a reprodução de um deles.
        if (j){
70          OSSemPend(SyncWaveBuffer,0);
        }
72
        //Acorda tarefa PlayWaveSound;
74      WaveBuff.Buff     = pData;
        WaveBuff.Size     = ReadBytes;
76      (void)OSMboxPost(SendWaveBuffer,(void *)&WaveBuff);
        j++;
78  }
```

Projetos de sistemas embarcados baseados em RTOS 463

```
80      OSSemPend(SyncWaveBuffer,0);
        //EOF - Final do arquivo, retorna NULL Buffer
82      WaveBuff.Buff     = NULL;
        WaveBuff.BitRate = 0;
84      WaveBuff.Size    = 0;
        (void)OSMboxPost(SendWaveBuffer,(void *)&WaveBuff);
86
        //File Close
88      f_close(&file_obj);
    }
90   else{
        //EOF - Final do arquivo, retorna NULL Buffer
92      WaveBuff.Buff     = NULL;
        WaveBuff.BitRate = 0;
94      WaveBuff.Size    = 0;
        (void)OSMboxPost(SendWaveBuffer,(void *)&WaveBuff);
96      return SD_FILE_NOT_FOUND;
    }
98   return SD_FILE_READ;
}
```

Listagem 9.61 Código que implementa a reprodução de arquivos de áudio WAV.

```
1  typedef struct __attribute__((packed, aligned(2))) {
     unsigned long  ChunkID;       //4 bytes = "RIFF"
3    unsigned long  ChunkSize;     //4 bytes
     unsigned long  Format;        //4 bytes = "WAVE" /
5    unsigned long  Subchunk1ID;   //4 bytes = "fmt"
     unsigned long  Subchunk1Size; //4 bytes
7    unsigned short AudioFormat;   //2 bytes: 0=?; 1=Linear quantization; Others=compression
     unsigned short NumChannels;   //2 bytes: Mono = 1, Stereo = 2, etc.
9    unsigned long  SampleRate;    //4 bytes: 8000, 44100 etc.
     unsigned long  ByteRate;      //4 bytes: SampleRate * NumChannels * BitsPerSample/8
11   unsigned short BlockAlign;    //2 bytes: NumChannels * BitsPerSample/8
     unsigned short BitsPerSamples;//2 bytes: 8 = 8 bits; 16 = 16 bits; etc.
13   unsigned long  Subchunk2ID;   //4 bytes = "data"
     unsigned long  Subchunk2Size; //4 bytes: NumSamples * NumChannels * BitsPerSample/8
15 } WAVE_FILE;
```

Listagem 9.62 Cabeçalho de arquivo de áudio WAV.

Note que no exemplo apresentado os objetos do sistema operacional permitiram a sincronização entre leitura do cartão SD e reprodução do arquivo de áudio. Adicionalmente, é possível perceber que ambas as tarefas têm pontos de desistência do processador, por semáforo ou caixas de mensagem. Assim, tais tarefas não ocupam o processador em sua totalidade, mas somente o necessário para a reprodução do áudio em tempo real. Tal abordagem permite que o sistema monitore concorrentemente atividades de um teclado, um *display* ou quaisquer outros periféricos necessários para o dispositivo desenvolvido, como um acelerômetro para detectar movimentos de controle da reprodução.

9.15.4 Exemplo de tarefa *gatekeeper*

As tarefas *gatekeeper*, apresentadas no Capítulo 2, são uma forma de organizar a utilização de um recurso compartilhado em um sistema baseado em RTOS. Em muitas aplicações, utilizar esse modelo de tarefa ao invés de proteger os recursos compartilhados com *mutexes* torna a implementação do código mais simples, pois todas as requisições para utilizar um dado dispositivo e/ou recurso estão concentradas em uma tarefa. Geralmente essas requisições são geridas por uma fila de mensagens do sistema operacional, como visto na Listagem 9.63. O exemplo apresentado é o código da tarefa que gerencia o protocolo MQTT (*Message queuing telemetry transport*) no FreeRTOS AWS.

```
static void prvMQTTTask( void * pvParameters ){
  MQTTEventData_t xMQTTCommand;
  TickType_t xNextTimeoutTicks = 0;

  for( ; ; ){
    if( xQueueReceive( xCommandQueue, &xMQTTCommand, xNextTimeoutTicks ) != pdFALSE ){
      /* Verifica se expirou o tempo para o evento. Isso significa que a tarefa MQTT
       * processou esse comando muito tarde e, portanto, não há sentido em prosseguir. Assim,
       * ocorre falha de processamento por timeout e desbloqueia a tarefa esperando pelo
       * processamento do comando. */
      if( xTaskCheckForTimeOut(&(xMQTTCommand.xEventCreationTimestamp),
        &(xMQTTCommand.xTicksToWait)) == pdTRUE){
        prvNotifyRequestingTask(&( xMQTTCommand.xNotificationData ), eMQTTOperationTimedOut,
                    pdFAIL);
      }
      else{
        /* Processa o comando recebido. Note que xTicksToWait foi atualizado na chamada
         * anterior da função xTaskCheckForTimeout para garantir que ocorra bloqueio somente
         * pela duração especificada pelo usuário. */
        switch( xMQTTCommand.xEventType ){
          case eMQTTConnectRequest:
            prvInitiateMQTTConnect( &( xMQTTCommand ) );
            break;

          case eMQTTDisconnectRequest:
            prvInitiateMQTTDisconnect( &( xMQTTCommand ) );
            break;

          case eMQTTSubscribeRequest:
            prvInitiateMQTTSubscribe( &( xMQTTCommand ) );
            break;

          case eMQTTUnsubscribeRequest:
            prvInitiateMQTTUnSubscribe( &( xMQTTCommand ) );
            break;

          case eMQTTPublishRequest:
            prvInitiateMQTTPublish( &( xMQTTCommand ) );
            break;

          default:
            /* Qualquer outro comando é ilegal. */
            break;
        }
      }
    }
```

```
47
    /* Processa conexões ativas cada vez que a fila desbloqueia. Pode ser que a leitura da fila
49   * tenha expirado porque uma conexão precisa de serviço. Um exemplo de serviço é a leitura
     * de dados pelo socket de conexão com o broker para receber a resposta das requisições
51   * realizadas anteriormente. */
     xNextTimeoutTicks = prvManageConnections();
53  }
  }
```

Listagem 9.63 Exemplo de tarefa *gatekeeper* para processar mensagens do protocolo MQTT no FreeRTOS AWS.

O protocolo MQTT é um dos mais utilizados para soluções de internet das coisas. Esse protocolo se baseia em publicar/assinar tópicos a partir de um conjunto de mensagens pré-definidas. O gerenciamento das mensagens é realizado por um servidor a partir de um *broker* de mensagens. Quando um dispositivo publica uma mensagem em um tópico, o *broker* é responsável por redistribuir essa mensagens a todos os dispositivos que assinaram esse tópico. É importante destacar que o *broker* não armazena as mensagens, mas somente as retransmite. Note na Listagem 9.63 que a tarefa gerencia todas as requisições do protocolo MQTT, ou seja, conectar/desconectar em um *broker*, assinar/desassinar um tópico e publicar mensagens. Assim, pode-se dizer que tal tarefa é um *gatekeeper* para o protocolo MQTT em aplicações utilizando o FreeRTOS AWS. Ainda, que as requisições são implementadas por uma fila do FreeRTOS e executadas na sequência de solicitação. Para tanto, é necessário criar um modelo de mensagens de requisição para a tarefa *gatekeeper*. No caso apresentado, a fila gerencia mensagens do tipo *MQTTEventData_t*. Essa mensagem é uma estrutura de dados que contém todas as informações necessárias para que a tarefa MQTT atenda a solicitação de outras tarefas, como apresentado na Listagem 9.64.

```
  typedef struct MQTTEventData{
2   UBaseType_t uxBrokerNumber;                          //O broker para qual esse comando deve ser enviado.
    MQTTAction_t xEventType;                             //A operação a ser iniciada.
4   MQTTNotificationData_t xNotificationData;           /* Informação para notificar a tarefa que iniciou a
                                                           operação quando esta completar. */
6   TimeOut_t xEventCreationTimestamp;                  //Tempo de quando esse evento foi criado.
    TickType_t xTicksToWait;                            //Tempo limite da operação em ticks do sistema.
8   /* Somente uma das seguintes estruturas é relevante, baseado no valor de xEventType. */
    union{
10    const MQTTAgentConnectParams_t * pxConnectParams;        // Parâmetros de conexão.
      const MQTTAgentSubscribeParams_t * pxSubscribeParams;    // Parâmetros de assinatura.
12    const MQTTAgentUnsubscribeParams_t * pxUnsubscribeParams; // Parâmetros para desassinar.
      const MQTTAgentPublishParams_t * pxPublishParams;        // Parâmetros para publicar.
14  } u;
  } MQTTEventData_t;
```

Listagem 9.64 Tipo da variável de evento utilizada para solicitar ações para a tarefa *gatekeeper* de mensagens MQTT no FreeRTOS AWS.

A Listagem 9.65 apresenta um exemplo de solicitação para a tarefa MQTT, mais especificamente, uma mensagem para solicitar a assinatura de um tópico. Note que os parâmetros da mensagem são o *broker* para qual enviar a mensagem, o tipo de mensagem, o *timeout* para a resposta dessa mensagens e os parâmetros específicos da mensagem de assinatura. Esses parâmetros são diferentes para mensagens de conexão, desconexão, publicação e cancelamento de assinatura. No caso do FreeRTOS AWS, esses parâmetros foram organizados na estrutura de eventos como uma união, em que diferentes tipos de parâmetros ocupam o mesmo espaço de memória ao se declarar uma variável do tipo *MQTTEventData_t*, como apresentado na Listagem 9.64. Devido a isso os parâmetros de assinatura são passados na variável *xEventData.u.pxSubscribeParam*. Se a mensagem for de conexão, os parâmetros serão passados na variável *xEventData.u.pxConnectParams*, que ocupa a mesma região de memória na variável *xEventData*, mas é uma estrutura de dados diferente.

```
1  MQTTAgentReturnCode_t MQTT_AGENT_Subscribe( MQTTAgentHandle_t xMQTTHandle,
                        const MQTTAgentSubscribeParams_t * const pxSubscribeParams,
3                       TickType_t xTimeoutTicks ){
   MQTTEventData_t xEventData;
5  MQTTAgentReturnCode_t xReturnCode;

7    /* Configura o evento para ser enviado para a fila de comandos MQTT. */
   xEventData.uxBrokerNumber = (UBaseType_t)mqttDECODE_BROKER_NUMBER(xMQTTHandle);
9    xEventData.xEventType = eMQTTSubscribeRequest;
   xEventData.xTicksToWait = xTimeoutTicks;
11   xEventData.u.pxSubscribeParams = pxSubscribeParams;

13   /* Note que os dados de notificação de xEventData e xEventCreationTimestamp são configurados
    * na função a seguir. */
15   xReturnCode = prvSendCommandToMQTTTask( &xEventData );

17   /* Retorna o código de estado para o usuário. */
   return xReturnCode;
19 }
```

Listagem 9.65 Exemplo de requisição para a tarefa *gatekeeper* de mensagens MQTT no FreeRTOS AWS.

Observe ainda na tarefa MQTT apresentada na Listagem 9.63, que a função ***prvManageConnections()*** gerencia as conexões ativas e as mensagens solicitadas, recebendo as mensagens de resposta e verificando se o prazo de resposta de alguma requisição foi perdido. A partir do exemplo apresentado se percebe que a concepção de uma tarefa *gatekeeper* não é trivial e depende da complexidade do recurso gerenciado. Nesse exemplo também se percebe a versatilidade de uma fila de mensagens, que pode ser utilizada para transmitir e receber os mais variados formatos de estruturas de dados entre tarefas.

9.16 Resumo

O conhecimento teórico sobre sistemas operacionais de tempo real pode ser mais bem compreendido e utilizado quando aliado a exemplos práticos. Por isso, no presente capítulo, foram elucidados detalhes de utilização prática de RTOS em projetos de sistemas multitarefas, como a divisão do projeto em tarefas, a portabilidade do RTOS e a utilização de ferramentas de acompanhamento e depuração do projeto. Assim, espera-se que o leitor esteja apto a aplicar os conhecimentos teóricos e práticos obtidos até o momento, de forma a atingir o sucesso em seus projetos de sistemas embarcados baseados em sistemas operacionais de tempo real.

9.17 Problemas

Problema 9.1. Quais são as principais vantagens em se distribuir um sistema embarcado em diversas tarefas? Apesar dessas vantagens, por que um número excessivo de tarefas pode ser prejudicial ao projeto do sistema?

Problema 9.2. Por que podemos afirmar que utilizar a função *Delay()* de um RTOS não é a melhor forma de desenvolver uma tarefa periódica? Que correção pode ser utilizada para garantir a periodicidade de uma tarefa utilizando funções de *Delay()*?

Problema 9.3. Que diferenças possuem as funções gancho de *callback* de outras funções de *callback* em um sistema projetado com um RTOS? Quais são as funções gancho mais comuns em um RTOS? Que funcionalidades podem ser implementadas com cada uma dessas funções?

Problema 9.4. Quais são as principais ferramentas de monitoramento de sistema disponibilizadas pelos sistemas operacionais de tempo real? É recomendado a utilização dessas ferramentos em um produto final? Por quê?

Problema 9.5. Certos processadores possuem mais de um ponteiro de pilha (*stack pointer*). Que vantagens podem ser obtidas com este recurso para o desenvolvimento de um sistema operacional?

Problema 9.6. Que recursos são desejados em um processador para executar um sistema operacional preemptivo? Nesse mesmo contexto, podemos afirma que os processadores ARM tem uma série de facilidades para a implementação de um porte para sistemas operacionais. Comente cada uma destas facilidades (gerenciamento de tempo, gerenciamento de interrupções, ocupação de memória pela pilha das tarefas e gerenciamento de pilha para registradores de ponto flutuante).

Referências

ABENI, L.; BUTTAZZO, G. C. Integrating multimedia applications in hard real-time systems. In: *Proceedings 19th IEEE Real-Time Systems Symposium*. Madrid: IEEE, 1998. p. 4–13. Citado na página 155.

ALMEIDA, R. M. A. de; FERREIRA, L. H. de C.; VALÉRIO, C. H. Microkernel development for embedded systems. *Journal of Software Engineering and Applications*, Scientific Research Publishing, v. 6, n. 1, p. 20–28, 2013. Citado na página 353.

ARM Ltd. *Cortex Microcontroller Software Interface Standard (CMSIS)*. 2018. Disponível em: <http://www.arm.com/products/processors/cortex-m/cortex-microcontroller-software-interface-standard.php>. Acesso em: 25 set. 2018. Citado na página 353.

AUDSLEY, N. et al. Applying new scheduling theory to static priority pre-emptive scheduling. *Software Engineering Journal*, v. 8, n. 5, p. 284–292, set. 1993. Citado na página 143.

AUDSLEY, N. et al. Hard real-time scheduling: The deadline-monotonic approach. In: *Proc. IEEE Workshop on Real-Time Operating Systems and Software*. Atlanta: Elsevier, 1991. p. 133–137. Citado na página 148.

BINI, E.; BUTTAZZO, G. C.; BUTTAZZO, G. M. Rate monotonic analysis: the hyperbolic bound. *IEEE Transactions on Computers*, v. 52, n. 7, p. 933–942, jul. 2003. Citado na página 145.

BROWN, A.; WILSON, G. *The architecture of open source applications*. [S.l.]: lulu.com, 2012. v. 2. 432 p.

BURNS, A.; WELLINGS, A. J. *Real-time systems and their programming languages*. 2. ed. Boston: Addison-Wesley Longman Publishing Co., Inc., 1997. Citado nas páginas 198 e 202.

BUTTAZZO, G. C. *Hard Real-Time Computing Systems - Predictable Scheduling Algorithms and Applications*. New York: Springer US, 1997. Citado na página 155.

BUTTAZZO, G. C. *Hard real-time computing systems*. 3. ed. New York: Springer US, 2011. Citado na página 202.

BUTTAZZO, G. C.; SENSINI, F. Optimal deadline assignment for scheduling soft aperiodic tasks in hard real-time environments. In: *Proceedings. Third IEEE International Conference on Engineering of Complex Computer Systems*. Como: IEEE, 1997. p. 39–48. Citado na página 155.

CADENCE DESIGN SYSTEMS, INC. *ESP32-IDF Documentation*. [S.l.], 2015. Disponível em: <http://esp32.info/docs/esp_idf/html/index.html>. Acesso em: 25 set. 2018.

COOLING, J. *Real-time operating systems (The engineering of real-time embedded systems book)*. 1. ed. [S.l.]: Lindentree Associates, 2013.

DENARDIN, G. W.; BARRIQUELLO, C. H. *Manual de referência do BRTOS*. Santa Maria, 2012. Citado na página 161.

DUFF, T. *Duff's device*. Murray Hill, 1988. Disponível em: <http://www.lysator.liu.se/c/duffs-device.html>. Acesso em: 25 set. 2018. Citado na página 57.

EXPRESS LOGIC, INC. *RTOS interrupt architectures*. San Diego, 2016.

FARINES, J.-M.; FRAGA, J. da S.; OLIVEIRA, R. S. de. *Sistemas de tempo real*. Florianópolis: Departamento de Automação e Sistemas – Universidade Federal de Santa Catarina, 2000. Citado nas páginas 118, 119, 120, 155 e 202.

GHAZALIE, T. M.; BAKER, T. P. Aperiodic servers in a deadline scheduling environment. *Real-Time Syst.*, v. 9, n. 1, p. 31–67, jul. 1995. Disponível em: <http://dx.doi.org/10.1007/BF01094172>. Citado na página 155.

LABROSSE, J. J. *MicroC/OS-II*. 2. ed. Lawrence: R & D Books, 1998. Citado nas páginas 40, 54, 55, 85, 88 e 157.

LABROSSE, J. J. *uC/OS-III: The Real-Time Kernel and the Texas Instruments Stellaris MCUs*. Weston: Micrium Press, 2010.

LABROSSE, J. J. *uC/OS-III: The Real-Time Kernel / Reference Manual*. Weston, 2015.

LABROSSE, J. J. Using a memory protection unit with an RTOS. *Embedded Computer Design*, 2018. Disponível em: <https://www.micrium.com/using-a-memory-protection-unit-with-an-rtos/>. Acesso em: 14 out. 2018.

LAMIE, W. *Preemption-Threshold scheduling enables real-time systems to achieve higher performance*. San Diego, 2002. Disponível em: <https://rtos.com/support/white-papers/>. Acesso em: 10 out. 2018. Citado na página 172.

LEE, E. A. The problem with threads. *IEEE Computer*, v. 39, n. 5, p. 33–42, maio 2006. Citado na página 407.

Referências 471

LEE, I.; LEUNG, J. Y.-T.; SON, S. H. *Handbook of real-time and embedded systems*. 1. ed. Boca Raton: Chapman & Hall/CRC, 2007.

LEHOCZKY, J. P.; RAMOS-THUEL, S. An optimal algorithm for scheduling soft-aperiodic tasks in fixed-priority preemptive systems. In: *Proceedings Real-Time Systems Symposium*. Phoenix: IEEE, 1992. p. 110–123. Citado na página 155.

LI, Q.; YAO, C. *Real-time concepts for embedded systems*. San Francisco: CMP Books, 2003. Citado nas páginas 220 e 222.

LIU, C. L.; LAYLAND, J. W. Scheduling algorithms for multiprogramming in a hard-real-time environment. *Journal of the ACM*, v. 20, n. 1, p. 46–61, jan. 1973. Disponível em: <http://doi.acm.org/10.1145/321738.321743>. Citado nas páginas 142 e 143.

MOORE, R. *Deferred interrupt processing improves system response*. [S.l.], 2005. Disponível em: <http://www.smxrtos.com/articles/techppr/defint.htm>. Acesso em: 14 out. 2018.

OLIVEIRA, R. S. de. *Fundamentos dos sistemas de tempo real*. Primeira edição. Florianópolis: Amazon, 2018. Citado na página 155.

REAL TIME ENGINEERS LTD. *Reference Manual for FreeRTOS*. Version 10.0.0, issue 1. [S.l.], 2017.

SHA, L.; RAJKUMAR, R.; LEHOCZKY, J. P. Priority inheritance protocols: an approach to real-time synchronization. *IEEE Transactions on Computers*, v. 39, n. 9, p. 1175–1185, set. 1990. Citado na página 198.

SPRUNT, B.; SHA, L.; LEHOCZKY, J. Aperiodic task scheduling for hard real-time system. *Real-Time Syst.*, v. 1, n. 1, p. 27–60, jun. 1989. Citado na página 155.

SPURI, M. *Analysis of deadline scheduled real-time systems*. [S.l.], 1996. Disponível em: <https://hal.inria.fr/inria-00073920/document>. Acesso em: 14 out. 2018. Citado na página 148.

SPURI, M.; BUTTAZZO, G. C. Efficient aperiodic service under earliest deadline scheduling. In: *1994 Proceedings Real-Time Systems Symposium*. San Juan: IEEE, 1994. p. 2–11. Citado na página 155.

SPURI, M.; BUTTAZZO, G. C. Scheduling aperiodic tasks in dynamic priority systems. *Real-Time Systems*, v. 10, p. 179–210, mar. 1996. Citado na página 155.

STROSNIDER, J. K.; LEHOCZKY, J. P.; SHA, L. The deferrable server algorithm for enhanced aperiodic responsiveness in hard real-time environments. *IEEE Transactions on Computers*, v. 44, n. 1, p. 73–91, jan. 1995. Citado na página 155.

TANENBAUM, A. S.; WETHERALL, D. *Redes de computadores*. Naucalpan de Juárez: Pearson, 2003. Citado na página 247.

TATHAM, S. *Coroutines in C*. 2000. Disponível em: <https://www.chiark.greenend.org.uk/~sgtatham/coroutines.html>. Acesso em: 25 set. 2018. Citado na página 56.

VARGHESE, G.; LAUCK, T. Hashed and hierarchical timing wheels: Data structures for the efficient implementation of a timer facility. In: *Proceedings of the Eleventh ACM Symposium on Operating Systems Principles*. New York: ACM, 1987. (SOSP '87), p. 25–38. Disponível em: <http://doi.acm.org/10.1145/41457.37504>. Citado nas páginas 262 e 265.

WANG, Y.; SAKSENA, M. Scheduling fixed-priority tasks with preemption threshold. In: *Proceedings Sixth International Conference on Real-Time Computing Systems and Applications*. Hong Kong: IEEE, 1999. p. 328–335. ISSN 1530-1427. Disponível em: <doi.ieeecomputersociety.org/10.1109/RTCSA.1999.811269>. Citado na página 176.

Índice remissivo

Alocação dinâmica de memória, 279
Arquitetura de interrupção segmentada, 305
Arquitetura de interrupção unificada, 302
Arquiteturas de interrupções, 299

Bloco de controle de tarefas, 88
BRTOS, 110
BRTOS *device drivers*, 362
BRTOS terminal, 404

Caixas de mensagem, 212
Callbacks, 256
Cartão SD, 332
Chaveamento de contexto, 62
Comunicação serial, 325
Conjuntos de filas, 226
Console, 398
Corrotinas, 52

Deadline monotonic, 148
Deadlock, 107
Definição de prioridades, 376
Displays, 338
Drivers, 323

Earliest deadline first, 148
Escalonamento, 130
Escalonamento dirigido por prioridades, 140
Escalonamento dirigido por tempo, 133
Escalonamento por taxa monotônica, 142
Estatísticas de execução, 393

Event groups, 202
Exclusão mútua, 105
Executivo cíclico, 135

Filas de mensagens, 218
FreeRTOS, 110
FreeRTOS+CLI, 399
FreeRTOS+IO, 354
Funções de *callback*, 382

Gancho de alocação de memória, 384
Gancho de marca de tempo, 384
Gancho de tarefa ociosa, 383
Gancho de verificação de pilha, 385
Gerenciamento de memória, 277
Gerenciamento de recursos, 61
Gerenciamento de tarefas, 117
Gerenciamento de tempo, 245
Grupo de eventos, 202

Idle task, 176
Impasse, 107
Instalação de tarefas, 121
Interrupções, 95
Inversão de prioridades, 101

Latência de interrupção, 316
Limiar de preempção, 172

Marca de tempo, 90
Memory protection unit, 432
Message buffers, 238
Message mailboxes, 212
Message queues, 218
Modelo de camadas de *software*, 323
Monitoramento do sistema, 389

Mutex, 196

Núcleo, 62
Núcleo não preemptivo, 84
Núcleo preemptivo, 86
Núcleos cooperativos, 84
Notificação de tarefas, 229

Objetos básicos do sistema operacional, 181
Objetos de comunicação, 210
Objetos de sincronização, 182

Padronização de *drivers*, 351
Portabilidade, 411
Prazo mais cedo primeiro, 148
Prazo monotônico, 148
Prioridades, 60
Processos, 52
Projetos com RTOS, 369

Queue sets, 226

Rate monotonic scheduling, 142
Reentrância, 70
Roda de sincronismo, 261
Round-robin, 138

Seções críticas, 105
Semáforos, 186
Semáforos de exclusão mútua, 196
Shell, 398
Sincronização *rendezvous*, 183
Sincronização de atividades, 182
Sincronização de recursos, 191
Sincronização por barreira, 184
Sistema de arquivos FAT, 334
Sistema de tempo real *hard*, 38
Sistema de tempo real *soft*, 37
Sistemas *foreground/background*, 39
Sistemas multitarefas, 60
Sistemas operacionais, 42
Sistemas operacionais de tempo real, 83
Sobrecarga, 108
Stream buffers, 234

Tarefa ociosa, 176
Tarefas, 52
Tarefas aperiódicas, 151
Task notifications, 229
Taxa monotônica, 142
Teclados, 329
Telas, 338
Telas sensíveis ao toque, 347
Temporizadores, 246
Terminal, 398
Threads, 52
Threshold de preempção, 172
Tickless, 272
Timer tick, 90
Touchscreen, 347
Traçamento, 407
Tracing, 407
Troca de contexto, 62

Unidade de proteção de memória, 432